4

2020
第4辑

总第60辑

Nomocracy Forum

法治论坛

广州市法学会 / 编

中国法制出版社
CHINA LEGAL PUBLISHING HOUSE

目录 CONTENTS

Nomocracy Forum

民法典专题

实务研究

案例分析

民法典专题

从离婚冷静期看《民法典》对婚姻家庭的人文关怀

张雅萍*

【内容提要】《民法典》第1077条离婚冷静期的相关立法近来成为社会与学界的讨论热点，一些人提出质疑，认为这样的规定可能会干涉婚姻自由，不利于保障当事人权利，但《民法典》设立离婚冷静期是立法将社会主义核心价值观融入民法典的又一体现，对防止轻率离婚、维护婚姻家庭稳定以及构建平等、和睦、文明的婚姻家庭关系具有重要价值，体现了立法对婚姻家庭的人文关怀。当然离婚冷静期制度在司法实践中有待完善，应建立相关配套措施，如冷静期期间应“区分设置”，立法应明确规定在冷静期内夫妻人身关系及财产关系的变动规则，同时应增设离婚家事调解员制度。

【关键词】民法典　离婚冷静期　人文关怀　制度完善

家庭对于每个人来说都很重要，家庭幸福涉及社会的稳定，也影响着我们整个国家的繁荣。《民法典》针对社会冲动离婚、草率离婚情况增多的现象，确立了离婚冷静期制度，让“有可能不会离”的夫妻多了一个冷静思考的机会。民法典以审慎精神来应对在婚姻家庭领域出现的新情况新问题，彰显出中国民事立法的中国特色以及民事立法者们对家庭建设的大智慧、暖关怀。

---

* 张雅萍——广东金融学院法学院教授，主要研究领域：民事权利、物权法、合同法和法律逻辑学。

一、离婚冷静期概述

（一）离婚冷静期概念界定

离婚冷静期是针对协议离婚的一项前置程序，根据《民法典》第1077条的规定，离婚双方当事人自向婚姻登记机关申请离婚起30日内，任何一方不想离婚则可向婚姻登记机关撤回离婚登记申请。若30日期限届满后，双方仍要离婚，则双方应亲自在30日内到婚姻登记机关申请发放离婚证。申请期限届满30日内没有申请的，也视为撤回离婚登记申请。相较于之前的协议离婚制度，离婚冷静期多增加一个月的冷静期，即离婚冷静期制度下有意愿离婚的双方在协议离婚中完成离婚程序至少要“30+1”天，且在30天内夫妻双方任何一方反悔，都有权撤回离婚申请，可以主动申请撤回；也可以在冷静期30日期限届满后的30日内，被动撤回离婚申请，即不主动再次申请离婚登记，视为撤回离婚登记申请。

（二）离婚冷静期前期基础夯实

婚姻关系到家庭和谐、子女人格完整塑造以及离婚当事人的重大利益，即使法律给予公民最大限度的离婚自由，但在实践中，司法机关对于离婚的态度向来也是十分谨慎的，认为除非能够确定婚姻状态和感情已经死亡，否则，对于离婚的态度是“劝和不劝离”。因此，离婚冷静期在民法典编撰前，在民间早已存在。

自21世纪开始，我国迎来了“80后”独生子女们的婚恋时代，“双独婚姻”日渐主流，而“双独婚姻”夫妻在日常婚姻生活中对于对方的一些瑕疵往往缺少宽容，对婚姻缺乏耐心，当代中国的婚姻关系已从粗糙但稳如磐石的“石器时代”进入了精美但易破碎的“瓷器时代”。另，当代中国女性在社会的劳动参与率不断提高，逐渐改变了其在婚姻中“弱势群体”地位，越来越不依附于男性，独立性越来越强。[1]加之我国2003年颁布的《婚姻登记条例》取消了审批期的规定，为离婚提供了“快速、便捷”的平台，离婚成本极其低下，夫妻双方稍有不满，即把“离婚”二字挂在口头。截至2019年，我国的离婚率已经连续17年上涨，结婚率持续5年下滑。夫妻因生活琐碎事务争吵而造成的冲动离婚在离婚总额中就占了35%左右，长期分居、感情基础薄弱、家暴等因素也会导致夫妻直接选择离婚。面对离婚率不断上升之势，以及随之而来的诸

---

1 郑静燕：《浅析我国婚姻现状及其离婚冷静期的实践探索》，载《法制与社会》2020年第10期。

多社会问题，离婚冷静期是在新时代社会婚姻家庭观念的转变以及离婚率持续升高的背景下产生的。我国在近十年内进行了“离婚冷静期”的试点工作，这种做法取得了一定的效果，挽救了不少破碎的婚姻。法院在审理离婚诉讼案件时都要进行调解，并区分出“危机婚姻”与“死亡婚姻”，从而区别审理。当然，法官在认定“夫妻感情不和”方面存在较大的主观推测性，为了防止亲手将尚存希望的婚姻家庭拆散，审慎对待尤为必要，因此多地法院会在调解中采取下发《离婚冷静通知书》的方式，让当事人更加冷静慎重地考虑，给予作出离婚决定一个缓冲期，也为平复双方情绪提供了时间，避免冲动离婚、草率离婚。2012 年 4 月起，浙江省慈溪市民政局试行了“预约离婚”，即当事人要在预约一周之后才能办理离婚手续。截至当年 11 月底，1992 对预约离婚的夫妻中，一周后实际前去离婚的为 1045 对，离婚数下降了 47. 54%。最高人民法院总结了近两年在地方试行离婚冷静期的经验，于 2018 年 7 月 18 日公布了《关于进一步深化家事审判方式和工作机制改革的意见（试行)》，规定了诉讼离婚中的三个月冷静期及相应的配套制度。官方数据显示，离婚诉讼中的冷静期的适用颇有成效，挽救了不少婚姻家庭，也进而在一定程度上降低了社会的不稳定性。所以说，虽然离婚冷静期是初次被纳入《民法典》，但在司法实践中却是耳熟能详。

二、离婚冷静期规则困境之现实剖析

近年来，离婚冷静期司法试点已经积累了足够的实践经验，且陷入婚姻困境的家庭越来越多，这在一定程度上推动了离婚冷静期制度的完善。离婚冷静期从试点走向立法的过程并非一蹴而就，而是在试点中证明了推广的可行性，进而以立法的形式确定下来的。即使如此，离婚冷静期仍然存在着各种各样的争议，这些争议在离婚冷静期纳入民法典后，引发了更多的探讨。

（一）时间门槛“一刀切”之考量欠周全

对于不同的离婚案件采取“一刀切”的做法，没有正确地反映当事人诉求。[2]我国《民法典》中关于离婚冷静期的时长规定均为一个月，而未考虑是否有未成年子女的情况，而这一规定是无法体现离婚冷静期制度中对于未成年子女健康发展的特殊关怀的。在未成年子女的成长过程中，父母的离婚对其心理状态和未来的心理健康发展有着极为重要的影响。离婚后，未成年子女深受父母离婚带来的后遗症影响，增加子女自己未来婚姻变动的危险。显然，有未成年子

2　贾彦颖：《“完整版”民法典亮相 让清官更好断家务事》，载《人民法治》2020 年第 4 期。

女的夫妻在离婚时，对于未成年人子女的利益和发展应当作出充分的考虑，实现未成年子女的利益最大化，将父母离婚对子女的健康发展的负面影响降至最低，这无疑也是我国《民法典》离婚冷静期设置的初衷之一。而在我国《民法典》离婚冷静期的设置中却对于婚姻中有无未成年子女的冷静期时长设置均为一个月。在有未成年子女的婚姻家庭，离婚对夫妻双方和未成年子女来说是人生的一个重大转变。在当今生活节奏较快的社会状况下，离婚的夫妻多是中青年，他们多忙于工作，难以抽出时间来深思子女的健康发展问题，因此有未成年子女夫妻双方应当需要多于一个月甚至更多的时间来冷静思考是否离婚以及如何分配孩子抚养权等问题，避免因为冲动离婚或草率离婚对未成年子女造成无法弥补的伤害。对于存在家暴等情况的婚姻而言，更不应该设置冷静期。对于因一方家暴、恶习、赌博等原因离婚的，应当仔细甄别、排除，不能让离婚冷静期延长当事人的痛苦，当事人可向法院提起离婚诉讼。

（二）离婚冷静期内之暴力行为易出现

当婚姻出现危机时，配偶双方都容易出现情绪化的情形（包括但不限于暴躁、抑郁、难以沟通等）。加之现在社会的工作压力非常大，生活节奏也很快，这就导致人们的情绪会积压到家里发泄。在离婚冷静期内，假如夫妻一方有暴力倾向，那么将有可能出现以家暴的方式来抒发内心烦躁的情况，这对家庭的另一方而言是一个巨大的身体与心理的伤害。此外，很多当事人有着“家丑不可外扬”的心理，在遭受家庭暴力时并不会去举报，这就有可能导致更严重和更持续的家庭暴力。离婚冷静期内的夫妻正处于婚姻危机期，在离婚冷静期内双方的矛盾激化可能会导致暴力行为，这种隐蔽的家庭暴力不利于社会的和谐与安定。

（三）离婚冷静期内之恶意转移财产现象高发

离婚冷静期的设立，延长了离婚的时间，容易给夫妻一方进行恶意转移共同财产的行为创造机会。民法典规定的离婚冷静期仅仅适用于登记离婚，夫妻双方在去民政部门办理离婚登记前，应对共同财产归属以及子女抚养事项，双方达成意思表示的一致，但离婚冷静期内，因为夫妻双方之间的猜疑、暗斗的升级，在实际中可能会出现夫妻一方为了自己的私益而恶意转移财产的情形。登记离婚中，虽然夫妻两人已对双方共同财产进行了协议分割，但离婚冷静期作为登记离婚中一个关键的生效要件，在离婚冷静期内夫妻的婚姻关系仍处于存续状态，离婚协议并未生效，不对双方具有约束力。在这种情形下，如果夫妻一方违反契约精神，对共同财产进行恶意转移或者非法隐藏、变卖等也是存在可能性的。增设离婚冷静期无疑拉长了离婚所需时间，夫妻一方恶意转移财产在这30天期间内获得一定程度的方便，所以，离婚冷静期内夫妻一方恶意转移财产的行为也会频频出现。

（四）离婚时间成本之增加

离婚冷静期会对理性离婚有正面的引导，但对于有些案件，会增加时间成本。因为离婚登记生效的要件关键在于度过30日的冷静期，在30日后双方还需要去登记机关再次确认才可以生效，虽然对轻率离婚的夫妇起到劝阻作用，但是对真正决定离婚的夫妻加大了时间成本。而且，这可能会在实践中增加协议离婚的变数和不确定性，从而增加民政局的工作量，甚至让协议离婚上升为诉讼离婚，加重法院的负担。尽管目前我国轻率离婚的概率逐年上升，但是现实中的情况千差万别，婚姻实质上还是和个人的生活与道德社会有关，法律应起辅助的作用。登记离婚冷静期的设置过于单一，只考虑到要遏制轻率离婚的现象。婚姻关系的本质还是夫妻双方之间的感情基础，感情的走向无法用法律条款去解释，登记离婚中单一的30日冷静期的设置过于僵硬，并不能很好地适应实际中离婚所产生的各种问题。

（五）公权力之过分干涉离婚自由

从民法的角度看，在被称为“市民生活”的私人生活领域内，包含经济生活和伦理生活两大角度。规范伦理生活以保护身份秩序的法律为身份法。婚姻法更多的是一种身份法，婚姻登记和离婚登记都是行政确认行为，即行政机关依照法定程序和要求认定某一事实或法律关系存在或者不存在的一种行为，其目的在于依法确认当事人之间是否存在婚姻关系。婚姻应当被看作一个整体的长时间的事情，不应当将结婚和离婚分开分析，结婚的门槛相对简单，但是离婚的门槛相对复杂，不符合法学逻辑的一致性。我国《民法典》第110条规定自然人享有婚姻自主权，既然结婚申请没有时间期限的限制，而离婚申请规定了时间门槛，本身在逻辑上就显示了内在不一致。离婚登记中加设的30天冷静期无疑是勒紧了离婚的口子。结婚和离婚同样是婚姻家庭生活中产生的民事关系，现如今结婚率低下和离婚率高涨的社会现象并不会单纯因为法律的宽松或收紧设置而改变，结婚和离婚拥有相同的自由才是社会的要求与历史的进步。

三、离婚冷静期制度之立法关怀

婚姻家庭领域法治和德治密不可分，离婚冷静期制度之设立增加了家风建设，发扬了中华民族传统美德，对防止轻率离婚，构建平等、和睦、文明、稳定的婚姻家庭关系具有重要价值，体现了立法机关对婚姻家庭的温暖关怀。

（一）弘扬社会主义核心价值观

继2017年“社会主义核心价值观”写入民法总则后，离婚冷静期制度的设立是社会主义核心价值观融入民法典的又一体现。家庭是社会的基本细胞，是人生的第一所学校。[3]为贯彻落实习近平总书记关于加强家庭文明建设的讲话精神，更好地弘扬家庭美德，体现社会主义核心价值观，民法典中“自然人因婚姻家庭关系等产生的人身权利受法律保护”及“自婚姻登记机关收到离婚登记申请之日起三十日内，任何一方不愿意离婚的，可以向婚姻登记机关撤回离婚登记申请”，这样法律规范无疑都是国家和立法者对婚姻家庭建设的高度重视和人文关怀。

（二）维护家庭稳定与社会秩序

婚姻是家庭完整和睦的基础，更是社会稳定的基础；有稳定的婚姻关系才能有和谐的家庭关系，国家、社会才能更加繁荣富强。“离婚冷静期”制度的建立，从某种程度上，对于抑制逐年上涨的离婚率有较大作用，这便为维护婚姻的稳定提供了政策支持。设立“离婚冷静期”这一制度最直接的目的就是要缓解离婚率逐年上升的趋势。通过给予登记离婚的夫妻一个月的考虑时间，让夫妻双方冷静思考两人之间的感情是否已经到了无法挽回的地步；有未成年子女需要抚养的夫妻双方也要认真思考离婚的决定对于孩子的成长是否会有较大的影响。在冷静期内审慎考虑离婚这一决定，而不是因为当下夫妻间存在的一些小矛盾或者一时的冲动而最终以离婚的方式来逃避一些问题。这一规定对那些本来已经决定离婚但属因一时冲动而选择离婚的夫妻，产生了缓和夫妻双方关系的作用，使他们可以从多方面考虑离婚这一选择是否恰当或者寻找有无更好的选择。婚姻的稳定，关系到个人的人生幸福和未成年儿童的健康成长，个人的婚姻幸福也可能会提升周围其他人对于婚姻家庭的向往与信心，从而建立更多的家庭单位，形成更多稳定的个体集合，使得社会能够趋于更加稳定；对于未成年儿童而言，家庭的完整直接关系到其成长过程中心理的建设以及人格的发展。

从更深层面的角度来看，离婚冷静期的设立是为了降低增长的离婚率所付出的“社会成本”。离婚所带来的社会成本一般可分为两大方面：一方面是对离异家庭中未成年人的身心健康的影响，由于家庭中父母离异，未成年儿童被迫选择跟随父或者母生活，因此在其成长过程中就可能缺少了父爱或者母爱以及

---

3 王晓琳：《婚姻家庭编草案：构建和谐稳定的婚姻家庭制度》，载《中国人大》2020年第3期。

相对应的家庭教育，随之直接影响到我国社会中未成年儿童的犯罪率；此外，由于部分单亲家庭有较大的经济压力，随之也可能产生直接影响未成年儿童的生活质量以及受教育程度问题。另一方面则是对于其他享有婚姻自由权利主体对于婚姻家庭经营的信心问题，面对逐渐上涨的离婚数据，极有可能导致一部分人产生“恐婚”“不婚”“追求个人自由”的想法。如果这种观念影响的群体人数过大，就会关系到我国社会未来人口年龄结构失衡以及逐渐趋于老龄化等问题。因此降低可能付出的“社会成本”，实质上是在为社会的稳定发展奠定基础。

（三）契合婚姻本质价值追求

我国自1950年设立《婚姻法》开始，便秉承着人格独立和婚姻自由的原则，对涉及婚姻的各项法条进行了规定。婚姻自由在我国受到了良好的诠释与表达，在我国婚姻的本质是建立和巩固以爱情（感情）为基础的婚姻关系。但是假如当事人从婚姻中收获的不是幸福，而是痛苦和煎熬时，离婚无疑是当事人的最优解决办法。法律不应该干涉当事人脱离痛苦，也不应当阻止当事人追求幸福，因此法律应当对当事人离婚的权利予以保护。然而，离婚也存在轻率离婚的可能性，当出现轻率离婚的情况时，法律是否仍要进行保护则成为一个值得商榷的事情。这是因为婚姻并不纯粹关乎个人，它还牵扯到家庭和社会。轻率离婚不仅是对婚姻的不尊重，也会极大地破坏家庭和社会的团结，对社会有不好的示范效应。轻率离婚不仅直接导致家庭的解体，也会衍生出子女的家庭教育问题，甚至会引起公众对婚姻的集体焦虑。离婚冷静期制度的设立，本质上是为了让当事人冷静下来重新审视这段关系，在理性的状态下思考家庭与未来，为保障家庭的安定团结而做出的努力，相当于一种婚姻保障机制，这也是我国维护家庭与社会稳定在立法上的体现。

（四）完善离婚法律制度之必然抉择

婚姻家庭关系是社会关系的基本构成。离婚法规则的设计，尤应坚持和体现离婚个体利益、家庭利益和社会利益的和谐统一。现实中，因离婚手续及程序更加简单、方便之故，离婚率年年上升，轻率离婚以及以离婚实现不法利益的虚假离婚更是屡见不鲜，即便被婚姻登记人员所识破，碍于执法无据，亦只得为其办理离婚。离婚冷静期制度的设立，就是为婚姻危机中的当事人创设情感疏通机制，通过系列配套制度的实施为当事人进行情感疏导和修复，从而使其恢复至健康状态，为当事人提供适当的深思熟虑期间，以供其冷静理性地评估婚姻，在此基础上作出最终抉择。

四、离婚冷静期制度之立法建议

目前我国规定离婚冷静期的法律仅有《民法典》1077条的规定，该条也仅对离婚冷静期作出了阐述，并没有对离婚冷静期的适用、执行作出详细的规定，也没有相应的配套措施。以诉讼离婚为例，法律规定了数种特殊情况时，法院应当准予离婚，而在协议离婚冷静期中却没有详细的规定，这将会导致当事人在协议离婚中可能会因为家暴、虐待等特殊情况受到伤害。同时离婚冷静期制度在实行的过程中往往会有现实问题，较为简单的法条将会给行政人员过大的裁量权，容易导致相同问题不同结果。没有与法条相应的配套措施也会导致离婚冷静期成为“走过场”，离婚的夫妻只要等过30天的冷静期就可以办理离婚登记，这违背了离婚冷静期调整离婚率上升趋势的初衷。因此，如果想要有效地调整离婚率的上升，就应该有相应的有效配套措施。

（一）离婚冷静期期间应“区分设置”

为充分保障离婚当事人以及未成年子女的利益，离婚冷静期制度应当根据婚姻家庭中有无子女有梯度地设置时长。建议我国离婚冷静期期间设置采“区分设置”模式。在早已设置类似离婚冷静期制度的国家如韩国、英国等出于对未成年子女的特殊关怀已有类似的规定。原则上赞同离婚冷静期1个月之规定，但为保护未成年子女利益，在有未成年子女的情况下，离婚冷静期为3个月较为妥当。[4]这样的规定，是希望通过长时间的考虑与反省，唤醒父母对于子女和家庭的责任感。同时，赋予当事人在离婚冷静期任意时间提出中止或延长期间的请求权。但为防当事人无限期中止或延长，应对中止后的反省期以及延长期予以限制，以不超过3个月为宜。有区分的、有时长梯度的离婚冷静期设置更能够促进夫妻在离婚时充分考量未成年子女的发展和利益，更能够体现《民法典》对于未成年人的关怀和人情味。另外，为保护夫妻一方的合法权益，建议明确规定，在当事人一方遭受另一方之严重暴力、遗弃或虐待等人身侵害情形或在冷静期内遭受上述情形，冷静期得免除适用为宜。[5]

（二）离婚冷静期设立夫妻关系变动规则

建议明确规定在离婚冷静期内夫妻关系的变动规则。关于离婚冷静期内的

4　姜大伟：《离婚冷静期：由经验到逻辑——〈民法典〉第1077条评析》，载《华侨大学学报（哲学社会科学版）》2020年第4期。

5　杨立新、蒋晓华：《对民法典婚姻家庭编草案规定离婚冷静期的立法评估》，载《河南社会科学》2019年第6期。

夫妻人身关系，应由离婚当事人自主地决定同居义务是否中止，如果夫妻一方要求分居则夫妻同居义务自动中止。离婚冷静期内的夫妻之间仍互负忠诚义务，不得违背婚姻关系中的身份权，同时在离婚冷静期间夫妻双方的家事代理权并不必然终止。在离婚冷静期内，夫妻应妥善地协商安排婚姻住房问题。对于离婚冷静期内的夫妻财产关系，扶养义务继续履行，如有扶养义务一方拒绝给付，则被扶养一方有权要求对方给付扶养费。为防止夫妻一方利用离婚冷静期恶意隐藏、变卖、毁损、挥霍夫妻共同财产或伪造夫妻共同债务，建议规定在离婚冷静期施行前对夫妻共同财产、个人财产以及债权债务等制作财产清单。离婚冷静期内夫妻一方或双方所得财产的归属，由夫妻双方协商确定，协商不成的，在双方坚持离婚意图的前提下，夫妻各方所得财产宜为个人财产。[6]以个人名义所欠之债为个人债务，由其个人财产负责清偿，但夫妻双方另有约定或为履行法定扶养义务的除外。

在离婚冷静期内，夫妻一方恶意转移财产的行为及违反离婚协议内容之行为，对另一方的不公平、不道德是显而易见的，同时也会加深夫妻矛盾，使得登记离婚程序复杂化。针对冷静期内可能出现夫妻一方恶意转移财产的行为，可以设置相应的婚姻财产登记制度，在一定程度上能够保护受害者的财产权益，避免不必要的损失。对夫妻之间的共同财产进行登记是一种事前的预防手段，可以起到一种个人财产监督作用，同时以制度的方式确保受害者在遭受另一方恶意侵犯时能够运用法律的武器进行救济。

（三）诉讼离婚程序也应适用离婚冷静期

离婚冷静期的设置不是立法者不顾社会现实、脱离实际的设定，它的本质是我国相关部门为了让社会大众不再如此轻率地离婚而作出的立法措施。值得肯定的是，目前我国试行多年的“预约离婚”程序已经被纳入我国的协议离婚程序。在司法实践中，轻率离婚的问题不仅存在于协议离婚中，还应存在于诉讼离婚中。假如离婚冷静期不仅适用于协议离婚，还能够适用于诉讼离婚，将会极大地促进社会的安定与和谐。

（四）增设离婚家事调解员制度

应该设立专业的调解部门或者构建调解委员会，并且联合相关组织如妇联和居民委员会等，来有效解决夫妻之间产生的感情破裂问题甚至是家庭关系问

6　姜大伟：《离婚冷静期：由经验到逻辑——〈民法典〉第1077条评析》，载《华侨大学学报（哲学社会科学版）》2020年第4期。

题。在这个持续发展的多元化社会中，人类情感的修复无论是涉及道德层面问题还是法律层面问题，都需要社会和政府提供相关的供给支持，社会需要家事调解员在离婚中进行调查和调解，这样才能更好地促进家庭的回归与社会的发展。离婚冷静期制度涉及的家事调解的工作可以由村委会、居委会担任，[7]还可以尝试从妇联、大专院校等相关专业机构中，聘请具有丰富社会阅历、亲和力强、具有社会学、心理学背景的人员担任家事调解员，负责家事纠纷案件的调解工作，对夫妻双方进行矛盾疏解及心理辅导。应建立专门的家事调解员名册，对家事调解员的选用条件、录用程序以及相关培训都应作出明确规定。家事调解员深入双方当事人当中进行细致的调查，势必会触碰当事人的隐私权等一些民事权利，可以赋予家事调解员多大的权力、如何在当事人的隐私权与调查的详尽程度中达到平衡，这都是引入家事调解员制度需要考量的问题。

结语

家庭始终是人们最温馨的港湾，拥有家庭的幸福，才会有社会的和谐与国家的繁荣昌盛。现代婚姻中的变故是带有浓厚时代特色的，现代经济社会的发展确实使得人们的生活浮躁了许多，越来越多的人敢于冲破婚姻的“束缚”，追求所谓的个人“自由”或者逃避夫妻之间产生的矛盾。但是轻率离婚并不是最佳选择路径，盲目解除婚姻对夫妻双方及子女乃至社会来说，都是失败的选择。因此，对离婚设置一些合理的法律障碍是有积极意义的，可以帮助人们认真选择婚姻的未来走向。社会的发展必须依靠人们的素养，人们素养的提高、思想的成熟不仅决定着自身的选择，更应体现在情感上慎重对待婚姻。《民法典》是经世济民、治国安邦之重器，它也同样关怀着每一个家庭、每一个个体。通过“离婚冷静期”制度可以深刻体会到《民法典》对于现代社会的温情关怀，[8]不但能加强人们对于婚姻和家庭生活的敬畏、珍惜、感恩之情，同时也将会构建一个更加和谐、民主、具有中华美德的社会。相信我们在《民法典》的护佑下，一定会营造出注重家庭、注重家教、注重家风的良好社会氛围，持续进行家庭文明建设，有助于让千千万万个家庭成为国家发展、民族进步、社会和谐的重要基点，让家庭成为人们梦想起航的港湾。

7　黄佳雯：《浅谈关于离婚冷静期制度的立法建议》，载《决策探索（下）》2020 年第 5 期。

8　王婧：《对民法典婚姻草案登记离婚冷静期的立法思考》，载《法制与经济》2020 年第 4 期。

浅析《民法典》第679条之微变

——评自然人之间的借款合同成立问题

王　超　朱惠君　彭赫威*

【内容提要】《民法典》对《合同法》第210条的修改，明确了自然人之间借款合同是实践合同而非诺成合同，在立法层面解决了让人困惑已久的合同成立与生效的法律概念问题。但由此也出现了衍生问题，即在自然人借款中，贷款人未提供借款时的合同状态判断，以及贷款人未提供借款时借款人的权利救济模式的问题。笔者认为，在自然人之间的借款合同中，应将签订借款合同和支付借款作为一个法律行为的不同阶段来看待，在双方达成合意但款项尚未出借的空窗期，应当认定合同状态仍处于双方缔约磋商状态。若贷款人在签订借款合同后，未提供借款，借款人无权主张对方支付借款，仅能依据《民法典》第500条规定的缔约过失责任来寻求救济。

【关键词】《民法典》第679条　自然人之间的借款　合同成立　权利救济

《民法典》合同编对《合同法》进行了多处修订。其中第十二章借款合同部分，虽文字变化不大，但笔者认为用意颇深，本文试从《民法典》第679条的细微变化入手，探讨其对自然人之间的借款合同“诉”“辩”思路的冲击。

一、《民法典》第679条微变后的法理探析

《民法典》第679条规定：“自然人之间的借款合同，自贷款人提供借款时

* 王超——广东胜伦律师事务所高级顾问；朱惠君——西南政法大学民商法学院硕士研究生；彭赫威——广东胜伦律师事务所高级项目律师。

成立。”在此之前，《合同法》第210条规定，自贷款人提供借款时，自然人之间的借款合同“生效”。若仅浮于表面、望文生义地看法条，很容易令人混淆合同成立和生效的法律概念。

（一）合同“成立”与合同“生效”之区别

合同的成立与生效是两个不同性质、不同范畴的概念。从司法实务中的主流观点来看，合同成立解决的是合同是否订立、是否存在的问题，属于事实判断的范围。而合同生效是合同是否符合法律规定、是否具有法律效力的问题，属于价值判断的范围。

合同成立是合同生效的前提，合同只有在成立以后，才谈得上判断是否生效。换言之，只有在事实上认定了合同已经成立，才能进一步在价值上判定该合同能否产生法律效力，能否产生当事人所预期的法律后果，能否在司法上获得法律救济。实践中存在不少合同已经成立，但并未发生法律效力的情况。对于这类合同，当事人事实上发生了某种确切的、具备法律内容的往来关系，但这种合同仅能反映这种“关系”事实。由于该类合同尚未发生法律效力，当事人订立的合同非但不能得到法律的有效保护，有时甚至还会受到法律的制裁。不难看出，合同成立与合同生效的概念、法律效力完全不同，《民法典》此次对法律条文的字眼进行修订，意在规范法律用语，统一裁判路径。

（二）诺成合同与实践合同的区别

根据合同成立的要件，合同可分为诺成合同和实践合同。《民法典》从立法层面进一步明确了自然人之间的借款合同不是诺成合同，而是实践合同，这对于司法实务的意义非凡。诺成合同，又称“一诺即成”合同，仅依当事人双方意思表示一致即可成立。[1]而实践合同除当事人意思表示一致外，尚需交付标的物或完成其他现实给付才能成立，因此实践合同又称要物合同、践成合同。这一分类事关合同成立，自然又关系到后续合同能否发生法律效力，进而影响当事人的风险负担，以及一方不履行时如何救济等一系列问题。诺成合同，抑或实践合同，在合同理论体系的构建及立法司法实践中有着重要的现实意义。

早在罗马时期，实践合同就在消费借贷和使用借贷的无偿性基础上产生，立法者鉴于对出借人这一出于好意仅仅负担义务的主体利益的保护，赋予其在交付前的任意撤销权。优士丁尼的《法学阶梯》也将实践合同归纳为消费借贷、使用借贷、寄托和质押四种类型。它们的共同特点是：债不是产生于协议本身，

---

1 韩世远著：《合同法总论》，法律出版社2011年版，第58页。

而是产生于对有形物的交付。其实质在于要返还所接受的物。[2] 由于在罗马法时代即有这种对要物合同的认识，所以围绕要物合同逐渐形成了一种“标的物的返还是该合同的一个核心内容，在借用人没有收到标的物之前，不可能产生返还义务”。由此，基本构成了人们长期接受实践合同的逻辑支撑，各国也都基本延续了自然人之间的借款合同应作为实践合同定性的观点。

经过学术界和实务界的不断探索，通说认为，自然人之间的借款合同属于实践合同。但《合同法》第 210 条中的自然人之间借款合同到底是诺成合同还是实践合同，在学术界曾一度存在争议。围绕这个争议，逐渐形成了主张自然人之间的借款合同为实践合同的通说观点。彼时，针对《合同法》第 210 条中的“生效”字眼的含义与实践合同的矛盾，大致可归为两种解读：第一种观点认为，对于《合同法》第 210 条之理解，不能望文生义地解读为借款合同“成立”了但“不生效”，而应解释为“不生效”乃因为其“未成立”，故贷款人提供借款为自然人之间的借款合同的“成立要件”[3]。第二种观点认为，根据《合同法》第 44 条的规定：“依法成立的合同，自成立时生效。法律、行政法规规定应当办理批准、登记等手续生效的，依照其规定，”自然人之间的借款合同并非法律规定的需要特殊报批手续的合同，只能属于“自成立时生效”的合同，其成立和生效的时间差短至足以忽略，即成立的时间点等于生效的时间点。且认为这不改变自然人之间的借款合同的实践性。以上两种观点虽然摆脱了文义束缚，把“生效”的规定视为立法技术上的失误，将“生效”看作“成立”，但综观司法实践的理解、配套法律法规的出台[4] 以及最高人民法院的态度，这种理解应当说是比较中肯的。另外，从体系解释的角度看，《合同法》其他规范明确区分了合同的成立与生效。例如，《合同法》第 115 条规定的定金合同、第 365 条规定的保管合同均为实践合同，两类合同的规定均是“交付时成立”[5] 这

---

2 ［英］巴里·尼古拉斯著：《罗马法概论》，黄风译，法律出版社 2004 版，第 208 页。

3 韩世远著：《合同法总论》，法律出版社 2011 年版。“诺成合同与要物合同的区别，在于要物合同义务的交付或其他现实给付的完成为要件，就民法理论而言，此所谓‘要件’，均是指合同的成立要件，不生疑问。”

4 参见《最高人民法院关于审理民间借贷案件适用法律若干问题的规定》第 9 条：“自然人之间的借款合同具有下列情形之一的，可以视为合同成立：（一）以现金支付的，自借款人收到借款时；（二）以银行转账、网上电子汇款等形式支付的，自资金到达借款人账户时；（三）以票据交付的，自借款人依法取得票据权利时；（四）出借人将特定资金账户支配权授权给借款人的，自借款人取得对该账户实际支配权时；（五）出借人以与借款人约定的其他方式提供借款并实际履行完成时。”第 10 条：“除自然人之间的借款合同外，当事人主张民间借贷合同自合同成立时生效的，人民法院应予支持，但当事人另有约定或者法律、行政法规另有规定的除外。”

5 参见《合同法》第 367 条：“保管合同自保管物交付时成立，但当事人另有约定的除外。”

种符合传统实践合同定义的表述，而《合同法》第 210 条，则别出心裁地引入“生效”之说，偏离了实践合同的典型构造，因此《民法典》的修改自然应当承担将其引回正轨的责任。所以，无论从法律规范和立法逻辑本身，还是从司法实践及公众理解，都应当作这种解读。《民法典》将《合同法》中的“生效”改为“成立”，在学术界和实务界所达成的通说的基础上进一步明确了自然人之间的借款合同为实践合同，而非诺成合同。

二、自然人之间借款合同实务应对

随着《民法典》的明确，就自然人之间借款合同的成立和生效而言，许多问题变得清晰起来，就贷款人支付贷款后的问题，争议不大，本文不再赘述。

笔者认为，实务中的难点变得更加集中，如“自然人签订借款合同至贷款人发放借款之前，借款合同的状态如何判断”“若贷款人在签订借款合同后未按借款合同发放贷款，会对当事人产生何种影响”。

（一）合同状态问题

在固定自然人之间的借款合同为实践合同的基础上，对于当事人签订借款合同但贷款人未提供借款时合同状态的判断，有不同的理解。大致可以分为如下两类。

观点一：借款合同应视为预约合同，后续提供借款的行为则为本约。

所谓预约，也称预备性契约。它是指当事人达成的、约定在将来一定期限内订立合同的允诺或协议。预约的内容是将来订立本约，而本约则是关于合同具体内容的约定。[6]《民法典》第 495 条规定：“当事人约定在将来一定期限内订立合同的认购书、订购书、预订书等，构成预约合同。当事人一方不履行预约合同约定的订立合同义务的，对方可以请求其承担预约合同的违约责任。”据此可见，预约为独立的合同，其既有预设的本约合同中的民事权利义务关系，同时也有预约合同本身中的标的即双方负有订立本约合同的权利义务，完全符合《合同法》的规范并受其调整，故预约合同和本约合同均为各具效力之独立契约。预约与本约之间既相互独立，又相互关联，两者之间是手段与目的的关系，预约合同的法律性质宜认定为“独立契约说”[7]。

本问题项下的合同是当事人合意签订的合同文本，在贷款人未提供贷款前，

6 刘承韪：《预约合同层次论》，载《法学论坛》2013 年第 6 期。

7 杜万华主编：《最高人民法院商事审判指导丛书——合同案件审判指导》，法律出版社 2018 年版，第 50 页。

符合“独立契约说”之特质，而贷款人提供借款前合意签订合同文本，就是为了促成借款合同的成立。因此，此观点认为，本问题项下的借款合同，应视为预约，当贷款人提供借款时则为另一民事法律行为，该行为能够促使借款合同本约之成立。

笔者认为，这种观点貌似合理，但逻辑内核存在不周延之处。

首先，从当事人的意思表示来看，《民法典》第668条明确规定：“借款合同应当采用书面形式，但是自然人之间借款另有约定的除外”，据此可见，法律并未强制要求自然人之间的借款应当采用书面形式，而当事人若签订“借款合同”，通常会约定“借款种类、币种、用途、数额、利率、期限和还款方式”等条款。完全符合《民法典》第668条第2款之规定，也符合《民法典》第667条有关借款合同之定义。进而，当事人之间签订借款合同，通常意义上的真实意思表示即约定“借款事宜”，并无“将来订立借款合同”的意思表示，将《借款合同》强行拆分为订立借款合同的“预约合同”，有违当事人之间的真实意思表示。

其次，预约只是将来订立合同的约定，本约才是对数量、标的、价金等具体内容进行约定的合同。通常意义上而言，当事人在签订预约合同后，才会进一步对本约的合同条款进一步磋商、细化，进而签订当事人权利义务更为详尽的本约合同。若将借款合同视为预约，将贷款人提供借款的行为视为本约，一是必然会出现一种预约合同无尽详细，本约（支付借款的行为）却连借款合同最重要的利息、违约金、还款期限都无法涵射的荒唐怪异之象；二是签订借款合同后，缺乏再次磋商的过程，借款“本约”合同成立过程变得十分突兀。

再次，将订立借款合同理解为预约不利于当事人将来主张权利。预约的标的是一定期限内订立本约，而违反预约合同后的违约责任问题，理论和实务界争议较大，“应当缔约说”“应当磋商说”“区分说”“视为本约说”[8]等众说纷纭。司法实务中，法院一般会尊重当事人的真意，将违反预约合同的违约责任限定在订立本约与否上，不会用预约来界定当事人的本约义务。当事人在订立本约之后，预约合同的使命基本完成，这时才会在本约合同中约定违反合同所需承担的责任。如将借款合同认定为预约合同，在当事人发生争议之后，裁判者又需要结合之前的“预约合同”内容来评析借款方应当支付的利息标准，延期还款的违约责任等，凭空增加寻找法源的难度，也使论证说理变得十分别扭。显然，这与现实司法实践是不相符的。

---

8 最高人民法院民法典贯彻实施工作领导小组主编：《中华人民共和国民法典合同编理解与适用（一）》，人民法院出版社2020年版，第231页、第232页。

最后，这种“预约—本约论”没有回答贷款人支付借款的行为究竟是“本约”合同的成立要件，还是预约合同的履行行为的问题，有意回避了实践合同的典型构造。

观点二：合同签订与履行是同一个法律行为的不同阶段，此时借款合同仍处于双方缔约磋商状态。

自然人之间的借款合同属于实践性合同无须多言。此种合同的特点是以合意和交付标的物或完成其他给付义务为成立要件。因此，合同的签订与借款的提供是同一个法律行为的不同阶段，在贷款人未提供借款前，均处于双方缔约磋商过程，双方所做的一切都应当视为为了促成合同成立的条件。在贷款人支付贷款之后，借款合同方始成立，双方当事人在磋商阶段形成的借款合同条款自然成为评判当事人权利义务的依据。

笔者同意第二种观点，此观点更符合我国合同体系的特点，并且在合同理论的法律逻辑上更加周延，也使得法官为评判当事人之间的权利义务而寻找法源时变得十分顺畅。

（二）自然人借款中，贷款人违反借款合同约定不提供借款时借款人的权利救济模式

因自然人之间的借款合同，自贷款人提供借款时方成立，故在合同成立之前当事人订立的借款合同中明确约定的贷款人提供贷款的义务，对贷款人而言只能是先合同义务。

自然人之间的借款合同往往具有互助性质，更偏向一种具有情谊属性的民事行为，履行过程中往往具有不稳定、容易出现变数的特性。对此，司法实践对自然人借款合同关注的重点是发生借款的事实能否被证明，至于合同的形式等问题则显得没那么重要。实践中，大多数情况下是贷款人与借款人分别同时提供借款和签订借款合同/出具借据，但也确实存在双方签订借款合同之后，贷款人一方反悔不愿提供借款的情形，这就需要对借款人的“救济”进行讨论。理论上，有关贷款人不放款的情况，大致可以分为两种情形看待。

1. 贷款人完全没有发放贷款的情形

借款合同签订以后贷款人完全没有发放贷款。结合前述分析，笔者认为此情形下，自然人之间借款合同的签订与贷款人的借款发放是同一个法律行为的不同阶段，若贷款人不放款，因此时合同尚不成立，法律允许贷款人在交付借款前可行使“任意撤销权”。但双方毕竟对预期借款达成了合意，形成了书面合同，书面合同的内容可以让借款方具有一定的期待权，借款方可能具有一定的期待利益。《民法典》第500条规定：“当事人在订立合同过程中有下列情形之

一，造成对方损失的，应当承担赔偿责任：（一）假借订立合同，恶意进行磋商；（二）故意隐瞒与订立合同有关的重要事实或者提供虚假情况；（三）有其他违背诚信原则的行为。”据此规定，借款人最多只能向贷款人主张缔约过失责任，责任份额一般也应限定于信赖利益赔偿范围内，毕竟本约尚未订立，不可强制要求贷款人履行本约义务，即借款人（自然人）基于借款合同约定，主张贷款人支付借款的主张无法获得支持。

2. 贷款人部分履行借款合同的情形

双方在同一合同中约定了若干笔分期借款，而贷款人在履行了一部分借款发放义务之后，停止提供借款，即贷款人部分履行借款合同。对此亦分为两种观点。第一种观点认为，对此情形中合同已履行和未履行的部分应当区分看待，对已履行的部分，借款合同成立且生效，此时若借款人违约不返还借款，贷款人当然拥有追究借款人违约责任的权利。值得注意的是，对该部分一般均为单向违约，因为此时贷款人已经履行了其在该部分借款合同项下的所有义务——提供借款，因此只存在借款人违约的情形。对未履行的部分，应当作自然人之间独立的借款合同看待。此时，贷款人不提供借款，就未提供的借款部分所针对的借款合同不成立。对未履行的部分，借款人的救济手段回到第一种“完全未履行”的情形，在此不再赘述。第二种观点认为，分期借款合同应当作为一个整体来看待，在贷款人提供第一笔借款时，整个合同成立，对贷款人剩余未履行的部分，借款人也可以主张违约责任。对此，笔者认为第二种观点失之偏颇，其对在今天已经占据主流观点的自然人之间的借款合同属于实践合同的性质，提出了挑战，也对过往乃至现如今的司法实践提出了质疑，此有剑走偏锋之意；同时，该观点科以贷款人过重的责任，给贷款人的好意施助行为增加了太多负担，反而不利于社会良好风尚的维持，似有使贷款人披枷带锁之虞。

《民法典》遗嘱信托的继承法内涵研究

陈一天*

【内容提要】遗嘱信托应当是与遗嘱继承、遗赠、遗赠扶养协议相并列的遗产处理方式，也是公民对自己所有财产享有处分自由权利的重要补充。信托遗嘱，是遗嘱人依法拟定，委托受托人依照预定方式为受益人利益占有、使用、管理、经营、处分自己合法财产，在继承开始后生效，由受托人于特定期限内或条件下向受益人支付遗产收益、移交遗产的法律文件。合同信托可以在一定条件下转化为遗嘱信托，合同信托财产也可以在一定条件下成为遗嘱信托财产的一部分。信托物权是不完整所有权，却又是一种与所有权、用益物权、担保物权相对独立的物权。遗嘱信托制度的完善，应与现有法律制度，中国的传统家庭文化相融合，才能保持旺盛的生命力。

【关键词】民法典　遗嘱继承　遗嘱信托　信托遗嘱

引言

《民法典》第 1133 条第 4 款规定“自然人可以依法设立遗嘱信托”，这是我国第一次明确将遗嘱信托写进继承法。遗嘱信托应当是与遗嘱继承、遗赠、遗赠扶养协议相并列的遗产处理方式，也是公民对自己所有财产享有处分自由权利的重要补充。虽然，早在 2001 年 10 月 1 日施行的《信托法》第 8 条已经明确将遗嘱作为设立信托的方式之一，但是整部《信托法》仅有两个条文涉及信托遗嘱的内容，且缺少与继承法的有效衔接。遗嘱信托中的遗嘱，仅为设立信托的方式，依据《信托法》第 13 条的援引性规定，应当遵守继承法关于遗嘱的

---

* 陈一天——广东省社会科学院法学研究所助理研究员，主要研究领域：刑事诉讼法、未成年人犯罪、遗产继承。

规定。这主要是继承法关于遗嘱设立、形式、要件以及效力的规定，信托遗嘱与普通遗嘱的区别并未得到关注。至于遗嘱信托的具体运用，应当遵循《信托法》的规定执行，除了受托人的选任之外，《信托法》对遗嘱信托再未有其他的特别规范。

我国关于遗嘱信托的司法实践不足、法律规则不清是限制我国遗嘱信托发展的两个主要原因，法律规定不够完善，信托风险不足以有效控制、遗产所有权转移给继承人以外的人、受益人受益权难以保障也是导致遗嘱信托实践不足的关键。相对于《信托法》以合同信托、营业信托、公益信托为主的规则，遗嘱信托有其独特性，特别是设立遗嘱信托的信托遗嘱应当归属于继承法的范畴。信托遗嘱是通过遗嘱设立信托的遗产处置方式，同时也是区别于普通遗嘱直接处理遗产所有权的关键因素。因此，十分有必要将信托遗嘱与普通遗嘱区别开来，依法作出相应规范。特别是包含信托内容以及以信托作为处理遗产主要内容的遗嘱，遗嘱人无所遵循、遗嘱内容不清、含义不明，易导致遗嘱继承纠纷，应当予以避免。

一、信托遗嘱的概念与内涵

信托遗嘱，是指由遗嘱人依法拟定，委托受托人依照预定方式为受益人利益占有、使用、经营、管理、处分自己的合法财产，在继承开始后生效，由受托人于特定期限内或条件下向受益人支付遗产收益、移交遗产的法律文件。信托遗嘱应当有明确的遗产范围、受托人、受益人、向受益人支付遗产收益的具体办法与期限，以及向受益人移交遗产的条件。

（一）拓宽信托遗嘱的法定形式

信托遗嘱必须是依法设立的，即符合《民法典》继承编关于遗嘱形式的规定。《信托法》规定，设立信托的遗嘱必须采用书面形式；[1] 同时又规定，设立遗嘱信托，应当遵守继承法关于遗嘱的规定。[2] 而《民法典》继承编所规定的遗嘱形式不仅是自书遗嘱、代书遗嘱、打印遗嘱、公证遗嘱等书面形式，同时还存在口头遗嘱、录音录像遗嘱等非书面形式。《信托法》不加选择地完全排除口头遗嘱设立信托的效力，似乎过于看重设立信托的形式要件，剥夺了遗嘱人自由处分财产的权利。[3]《信托法》对于通过录音录像遗嘱设立信托的法律效力

---

1 《信托法》第 8 条："设立信托，应当采取书面形式。书面形式包括信托合同、遗嘱或者法律、行政法规规定的其他书面文件等。"

2 《信托法》第 13 条第 1 款："设立遗嘱信托，应当遵守继承法关于遗嘱的规定。"

3 徐卫著：《遗嘱信托制度构建研究》，法律出版社 2014 年版，第 185－186 页。

的否定，缺乏有效的理据支持。在《民法典》关于口头遗嘱有效的特定情况下，口头遗嘱应当具备设立信托的法律效力；遗嘱人经过深思熟虑，录音录像内容条理清晰，应当同样具备设立信托的法律效力。遗嘱信托设立的形式应该遵循继承法思路，而非信托法思路，否则也会导致法律适用上的冲突。[4]

（二）坚持信托遗嘱的继承法本质

遗嘱信托所处置的财产，属于继承法遗产的范畴。信托遗嘱是为指定的受益人利益而设立与执行。信托遗嘱具备普通遗嘱的一切功能，其特别之处在于对其遗产的处理方式并不是由继承人直接继承，而是为受益人的利益将遗产交由受托人在一定期限内代管。此处的代管，应当包含所有权除了收益权之外的三项权能，即占有、使用、处分，同时赋予受托人就信托遗产进行管理经营的权利。而这一切权利，均应以受益人利益为前提。根据《信托法》第43条第3款的规定，“受托人可以是受益人，但不得是同一信托的唯一受益人”。如果是唯一受益人，变成了单纯遗赠，而非信托。特别是受托人不能为自身利益而行使前述权能，否则存在直接利益冲突，一方面是受托人与委托人的利益冲突，另一方面就是受托人与受益人的利益冲突。至于受托人所应当取得的报酬，可以由委托人于信托遗嘱中以专门条文予以明确。

（三）信托遗产权利属性的本土化

关于信托财产所有权的转移，虽然作为信托这一制度源头的罗马法系[5]、欧美法系[6]均明确了信托财产必须转让所有权的规定，国内学者也大多认可受托人对信托财产的所有权是信托制度的基础或者基石。但是，国外信托制度所有权

4 余卫明著：《信托受托人研究》，法律出版社2007年版，第130页。

5 以《十二铜表法》为代表的罗马法系在遗产继承方面明确规定了只有罗马市民才能继承，为了绕过这一古老规定，有聪明人想出经由委托具有接受遗赠资格的受托人占有管理财产，并通过受托人向没有继承资格的继承人获得财产的收益权和处分权，使受益人在事实上获得遗产。日耳曼法律规定，不动产只能由儿子继承，没有儿子则归国民或国王所有。则催生了由受托人接受遗赠，再由受托人将遗产转交事实继承人的受托人制度。参见赵涛：《海外家族信托的理论与实践及其对中国的启示》，中国社会科学院研究生院2017年博士学位论文，第9－10页。

6 在中世纪的英国，虔诚的教徒会立下遗嘱将其所有的土地遗赠给教会，特别是公元13世纪德国的弗朗西斯僧侣团的到来，使德国教会取得了大量的英国的土地。当时的统治者亨利三世颁布了《没收条例》，规定信徒向教会捐赠土地必须征得统治阶级同意，否则所捐赠土地将被没收。这导致全英国的所有教会的利益都因为《没收条例》的颁布受到了严重的损害。于是，身为教徒的法官们为了帮助教会对抗国王的法令，参考罗马的信托遗赠，创制了“尤斯制”，即教徒不再直接将土地遗赠给教会，而是通过遗赠给中间人，再由中间人向教会捐赠土地收入，成功规避了《没收条例》。参见赵涛：《海外家族信托的理论与实践及其对中国的启示》，中国社会科学院研究生院2017年博士学位论文，第13页。

的转移有其历史传统原因，并非以其法律规定凭空而来。国外信托的原型，其本质上是附条件的遗赠，而且均是为了规避法律的强制性规定。但是，在当今中国并没有需要以转移遗产所有权来进行规避的法律条文。我国既然不需要规避遗产的继承不能、限制、没收等问题，就没有必要规定信托遗产的所有权转移。特别是将遗产所有权转移给继承人以外的人，完全不符合中国的传统文化。

（四）信托物权的法理依据与配置

根据我国《信托法》的规定，受托人因承诺信托取得的财产，可以是对财产的占有、使用、经营、管理、处分，但并无确定的取得财产所有权的含义。而受托人因信托财产的管理、处分或者其他情形而取得的财产，是归入信托财产，而非归属于受托人。[7]信托财产权是不完整所有权，却又是一种与所有权、用益物权、担保物权相对独立的物权，姑且可以称之为信托物权。依据《民法典》的规定，所有权是权利人依法对自己的不动产或者动产享有占有、使用、收益和处分的权利。受托人不能直接取得信托遗产的收益权，则也不可能取得完整的所有权。更为重要的是，根据《信托法》第15条、第16条的规定[8]，信托物权一经设立即与委托人的财产所有权相区别，也与受托人的财产所有权相区别。当然，依民法自由原则，法律也应当给予信托遗嘱人选择转移财产所有权予受托人与否的权利，不宜一刀切地强制必须转移遗产所有权给受托人。

二、遗嘱信托与合同信托的比较

信托，主要有合同与遗嘱两种设立方式。单纯以合同方式设立的信托是合同信托，设立信托的合同为信托合同；单纯以遗嘱方式设立的信托是遗嘱信托，设立信托的遗嘱为信托遗嘱。虽然都是以信托的方式处理财产，但是与合同信托相比较，合同信托是委托人与受托人经过协商所达成的合意，是委托人通过双方法律行为对当前财产的处置。遗嘱信托则是委托人通过遗嘱这一单方法律

7　《信托法》第14条："受托人因承诺信托而取得的财产是信托财产。受托人因信托财产的管理运用、处分或者其他情形而取得的财产，也归入信托财产。"

8　《信托法》第15条："信托财产与委托人未设立信托的其他财产相区别。设立信托后，委托人死亡或者依法解散、被依法撤销、被宣告破产时，委托人是唯一受益人的，信托终止，信托财产作为其遗产或者清算财产；委托人不是唯一受益人的，信托存续，信托财产不作为其遗产或者清算财产；但作为共同受益人的委托人死亡或者依法解散、被依法撤销、被宣告破产时，其信托受益权作为其遗产或者清算财产。"

《信托法》第16条："信托财产与属于受托人所有的财产（以下简称固有财产）相区别，不得归入受托人的固有财产或者成为固有财产的一部分。受托人死亡或者依法解散、被依法撤销、被宣告破产而终止，信托财产不属于其遗产或者清算财产。"

行为对其遗产的处置，是单方法律行为。尽管遗产继承开始后，受托人仍需对是否接受委托进行认诺，但是已不能通过修改遗嘱来改变委托遗产的内容及委托人对遗产处置的意见。

事实上，在合同信托中也存在委托人于生前与受托人就信托合同或遗产处置内容进行协商的情形，如果该信托合同明确委托财产为遗产，且约定于遗产继承开始后生效，就具有了遗嘱的内容，则该合同信托因其具有遗嘱的内容，同时具有合同与遗嘱信托的混合属性。因此，合同信托可以在特定条件下转化为遗嘱信托。以法律规定的遗嘱形式设立对遗产的信托，虽然已经征求过受托人的意见，但只要受托人未以受托人的身份作为该遗嘱的信托一方签署确认，则不能改变遗嘱的法律性质，仍为委托人单方作出的信托遗嘱。如果受托人以见证人的身份在遗嘱上签名，且该遗嘱已指明受托人身份，则该遗嘱应首先确认见证人的身份，以确认该遗嘱的法律效力。如无证据证明受托人具备除见证人与受托人的身份外，在与继承人、受遗赠人存在利害关系的情况下，该遗嘱所立信托应当合法有效。另外，见证人身份与作为合同一方的受托人身份存在冲突，存在影响遗嘱法律效力的可能性。

（一）信托合同与信托遗嘱形式的区别

信托合同本质上仍是合同的一种，在符合《民法典》合同编所规定的生效条件的同时，应当符合《信托法》的特别规定，即应当采用书面形式。因信托合同涉及合同双方的权利义务，非以书面形式不足以明确双方约定，易生纠纷。信托遗嘱本质上是遗嘱，应当符合《民法典》继承编关于遗嘱的规定，凡是能够有效证明遗嘱人意思表示、见证人符合继承法要求的遗嘱形式，均应当具备设立信托的法律效力。信托遗嘱除应当符合继承编关于遗嘱的形式规定外，其内容、处理财产的范围，以及为缺乏劳动能力又没有生活来源的继承人保留必要的遗产份额等均应符合法律规定。

（二）合同信托与遗嘱信托财产范围的异同

合同信托是通过委托人与受托人合意的形式，通过签署信托合同设立的信托；遗嘱信托是委托人通过单方面订立信托遗嘱设立的信托。二者的区别在于，合同信托约定处理的信托财产可以包含委托人的遗产，而遗嘱信托所处理的信托财产只能是委托人的合法遗产。在特定遗嘱人既有合同信托，又设立了遗嘱信托的情况下，如果合同信托约定转移信托财产的完整所有权，并且依法履行了登记手续，则合同信托约定的财产范围可以小于、等于、大于遗嘱信托可以处置的财产范围；如果合同信托没有约定转移信托财产的完整所有权，或虽有约定，但并未依法履行登记手续，则遗嘱信托财产可以处置的财产范围必然大于合同信托处置的财产范围。在继承开始后，合同信托所处理的财产成为遗产，可以包含于遗嘱信托所处置的财产范围。

（三）信托合同与遗嘱信托的关联与转化

信托合同应当符合《民法典》关于民事法律行为及合同的规定，在不违反法律强制规定的前提下，合同双方享有契约自由。信托合同所处置的委托人财产，可以约定效力期限，也可以约定生效或者失效的条件。当然也可以约定信托财产将于委托人死亡后，直接转为委托人遗产，进入继承程序，由委托人的法定继承人或者指定继承人继承；也可以约定，信托财产转为遗产后，由受托人继续履行信托合同，并向委托人的法定继承人或指定受益人定期按时支付信托财产收益。公民为处置遗产所签署的信托合同，可以独立处理列明范围内的财产，并以继承开始为条件，产生与遗嘱信托相同的法律效力。[9]同样，信托合同也可以明确约定信托财产及其收益在继承开始后，作为遗产并依据信托遗嘱的安排处理。在这样的情况下，受托人无疑同时具备了遗嘱见证人与以委托财产作为遗产的遗嘱执行人角色。应当允许信托人以信托遗嘱对信托财产进行处分，信托合同委托的财产可以作为遗嘱信托处置遗产的一部分。

（四）信托遗嘱对合同信托的变更

委托人在设定受益人为自己的合同信托之后，仍然可以通过信托遗嘱对未因合同信托而转移所有权、未排除委托人处置权限的合同信托财产进行处置。通过信托遗嘱对合同信托财产进行处置，必须满足两个条件：一是信托合同未明确约定信托财产完整所有权的转移，或者虽有约定，但因未依法办理信托财产权属变更登记而未完成所有权转移；二是信托合同未排除委托人对信托财产进行处置的权利。否则，委托人则不能通过信托遗嘱变更合同信托所处置的财产内容及方式。如《日本信托法》第 90 条规定："信托中规定在委托人死亡后，受益人接受信托财产之给付的，委托人拥有变更受益人的权利。"因此，在没有法律强制规定信托财产必须转移所有权的前提下，信托合同可以约定权能分配及变更条件，特别是在以委托人为被继承人的继承开始后，合同信托可以成为信托遗嘱的一部分。

9　生前信托是家族信托的一种形式，委托人借助信托的方式在将资产管理权交给受托人的同时约定：生前自己是受益人，身后自己的亲属则成为受益人，因此也被称为"遗嘱代用生前信托"。参见赵涛：《海外家族信托的理论与实践及其对中国的启示》，中国社会科学院研究生院 2017 年博士学位论文，第 25 页。

三、遗嘱信托与遗嘱继承、遗赠、遗赠扶养协议的关系

《民法典》以继承是否有遗嘱作为依据，将继承分为遗嘱继承和法定继承。其中继承人依据遗嘱进行继承的是遗嘱继承；没有遗嘱或者遗嘱部分、全部无效的，由继承人依据法定继承顺序对全部遗产或对遗嘱无效部分遗产进行继承的为法定继承。《民法典》将通过遗嘱方式把遗产赠与法定继承人以外的人规定为遗赠，以区别于遗嘱继承。即由法定继承人依据遗嘱继承的为遗嘱继承；依据遗嘱将遗产遗赠给法定继承人以外的人为遗赠。《民法典》规定遗嘱继承和遗赠可以附义务，继承人或者受遗赠人应当履行义务。[10] 其中，将被继承人以自己的生养死葬作为遗赠所附条件，签署的遗赠协议规定为遗赠扶养协议；那么，将被继承人以向自己指定的受益人支付遗产收益并向受托人支付报酬作为所附条件，订立的遗嘱就是遗嘱信托。那么为遗嘱继承与遗赠所订立的遗嘱，为普通遗嘱；遗赠扶养协议是双方法律行为，依据法理不属于遗嘱范畴。信托遗嘱本质上是遗嘱，虽同为单方民事法律行为，但因其对遗产的处置并非直接向继承人或受益人转移遗产完整所有权，而是由受托人代管或经由受益人转授予受益人，受托人又附有向受益人支付遗产收益的义务，同时依据信托遗嘱取得报酬，并于遗嘱确定的时间完成遗产处分的特殊遗产处理方式。因而，遗嘱信托与遗嘱继承、遗赠、遗赠扶养协议是相互关联又各自独立的并列关系，具有其独特继承法地位。

（一）遗嘱信托与遗嘱继承的异同

遗嘱信托与遗嘱继承均为单方法律行为，均是遗嘱人以遗嘱处分遗产的行为，遗嘱均为遗嘱人生前所订立，并以遗嘱人死亡为生效要件的单方民事法律行为。但是，二者在处理财产权利上有所区别：遗嘱继承以继承人取得遗嘱人遗产所有权为主要内容；继承人的范围以具备符合法律的明确规定为限；遗嘱生效后，其当事人仅有继承人一方。遗嘱信托以受托人取得遗产的占有、使用、管理、经营、处分为主要内容，是排除了收益权能的不完整所有权；继承人不能直接取得遗产的所有权；且受益人的范围不限于法定继承人；受托人有就委托遗产向受益人支付收益的义务；享有就委托事项取得报酬的权利；遗嘱信托生效后，当事人有受托人与受益人两方。

10　《民法典》第1144条：“遗嘱继承或者遗赠附有义务的，继承人或者受遗赠人应当履行义务。没有正当理由不履行义务的，经利害关系人或者有关组织请求，人民法院可以取消其接受附义务部分遗产的权利。”

（二）遗嘱信托与遗赠的异同

遗嘱信托起源于附条件的遗赠，属于附特殊条件的遗赠，与附条件的遗赠仍存在根本区别。二者均是以遗嘱的形式对遗产的处分行为，对遗产的处分均涉及财产权利的转移，受遗赠人均需履行特定义务。但是，遗嘱信托的受托人享有获取报酬的权利，以与其接受委托的义务形成对价；受遗赠人所应履行的义务与接受赠与的权利形成对价，受遗赠人不再额外享有获取报酬的权利。二者更为重要的不同在于，受托人仅在形式上取得遗产所有权，不能取得遗产的完全所有权，且不能与其自有财产相混同；受遗赠人接受遗赠后则取得遗产的完整所有权，享有所有权占有、使用、收益、处分四项权能，可以与自有财产相混同。

（三）遗嘱信托与遗赠扶养协议的异同

遗嘱信托与遗赠扶养协议，均为以特定目的对遗产进行处分，对受托人、扶养人附有义务，并于委托人、遗赠人死亡后遗产产权发生变动的行为。但是，遗嘱信托是单方法律行为，遗赠扶养协议是双方法律行为；遗嘱信托经由遗嘱所设立，遗赠抚养协议经由遗赠人与扶养人的协议所设立。信托遗嘱是委托人为了受益人的利益而订立的，委托人不能成为受益人，委托人死亡后生效，在生效前委托人可以无条件撤销或者变更，遗嘱所附条件为由受托人履行对受益人的义务，委托人需支付额外报酬；遗赠扶养协议是遗赠人为了自己的利益而订立的，他人不能成为被扶养人，遗赠抚养协议依双方约定于协议订立后、被扶养人死亡前生效，生效后仅在扶养人不履行或者不充分履行扶养义务时，遗赠人才可依法撤销或变更，扶养人承担被扶养人生养死葬的义务，遗赠人死亡后遗产转移所有权于扶养人，遗赠人除约定遗赠的遗产外，无须额外支付报酬。

综上所述，将遗嘱信托规定于《民法典》，应当做好继承法基础理论研究及相应制度安排，使其适应继承法的发展需求，丰富其理论基础，并与《信托法》相衔接，在制度安排上成为继承法的有机组成部分。其中，应以建立信托遗嘱的基本概念为前提，明确遗嘱信托的继承法地位，一方面用以区别于《信托法》中的合同信托，另一方面以丰富遗嘱信托的继承法内涵。再者，应在现行《信托法》的框架下，明确信托遗产权利转移的具体内涵，同时赋予委托人选择权，以使其适应我国的传统家庭文化伦理，提高其本土化程度，以促进其中国化发展，并保持旺盛的生命力，完善继承法律制度。最后，应当明确遗嘱信托在继承法系统中的具体定位，遗嘱信托是与遗嘱继承、遗赠、遗赠扶养协议相并行的遗产处理方式，以弥补继承法制系统的不足，丰富公民对遗产处置方式多样性的需求，促进家庭、家族财产在代际间的有效传承。

《民法典》第1185条适用的困境

——论侵害知识产权惩罚性赔偿规则的体系化

欧阳福生*

【内容提要】《民法典》第1185条设立了侵害知识产权惩罚性赔偿规则，明确了适用惩罚性赔偿的主客观要件，但对如何计算惩罚性赔偿数额未作规定。司法适用时，如果类推适用《商标法》第63条之规定，必然会面临商标侵权惩罚性赔偿规则所遭遇的困境。为实现惩罚性赔偿规则的立法目的，需对《民法典》第1185条中的“相应”进行解释。具体而言，应当基于惩罚性赔偿功能，以“侵权获利”作为惩罚性赔偿数额的计算基数，并将准惩罚性赔偿融入惩罚性赔偿，构建侵害知识产权惩罚性赔偿规则体系。

【关键词】民法典　知识产权　惩罚性赔偿　功能　侵权获利

一、问题的提出

惩罚性赔偿又称惩戒性赔偿、示范性赔偿，是指法院判决超出原告实际损失的赔偿。2013年修正后的《商标法》最先在知识产权领域引入惩罚性赔偿规则，该法第63条规定：“……对恶意侵犯商标专用权，情节严重的，可以在按照上述方法确定数额的一倍以上三倍以下确定赔偿数额……”（2019年修正后的《商标法》第63条修改为“……对恶意侵犯商标专用权，情节严重的，可以在按照上述方法确定数额的一倍以上五倍以下确定赔偿数额……”）2019年修正的《反不正当竞争法》第17条确定了侵害商业秘密的惩罚性赔偿规则：“……经营者恶意实施侵犯商业秘密行为，情节严重的，可以在按照上述方法确定数额的一倍以上五倍以下确定赔偿数额……”2020年修正的《著作权法》

---

* 欧阳福生——华东政法大学知识产权法博士研究生，广州市越秀区人民法院法官、知识产权庭副庭长。

《专利法》亦引入惩罚性赔偿[1]。可以预见，惩罚性赔偿规则将在知识产权各单行法中落地，成为与补偿性赔偿相对应的侵害知识产权的赔偿方式。为协调知识产权单行法之间的关系，建立统一的知识产权惩罚性赔偿法律规则，实现知识产权赔偿制度的体系化[2]，我国《民法典》规定了侵害知识产权惩罚性赔偿的一般规则，该法典第 1185 条规定："故意侵害他人知识产权，情节严重的，被侵权人有权请求相应的惩罚性赔偿。"据该规定，惩罚性赔偿的构成要件为，行为人主观上有实施侵害知识产权的故意，客观上造成了情节严重的后果。对比分析《民法典》与《商标法》《反不正当竞争法》关于惩罚性赔偿的规定，三者在构成要件上并无实质差别。[3]此外，关于赔偿数额的确定，《民法典》第 1185 条没有明确以何种标准确定赔偿数额，只是规定"被侵权人有权请求相应的惩罚性赔偿"，裁判具体个案时，对何谓"相应"需要法官作进一步解释。《民法典》与《商标法》是一般法与特别法的关系，按照特别法优于一般法的法律适用原则，侵害商标权的惩罚性赔偿应当适用《商标法》的规定，以"一倍以上五倍以下"的补偿性赔偿数额来确定惩罚性赔偿数额。著作权、专利权与商标权性质相同，同属于知识产权，如果需要确定侵害著作权、专利权的惩罚性赔偿数额，可以类推适用《商标法》第 63 条之规定。

然而，商标侵权惩罚性赔偿规则的实践效果非常不理想，自 2013 年设立该规则以来，迄今 7 年有余，却只有极少数案例适用该规则。出现这一问题的主要原因在于，作为计算惩罚性赔偿数额基数的补偿性赔偿数额很难确定。如果将《民法典》第 1185 条中的"相应"解释为直接适用或参照适用《商标法》第 63 条之规定，仍然以补偿性赔偿数额作为惩罚性赔偿数额的计算基数，不难想象《民法典》第 1185 条亦会在实践中遭受极少被适用的困境。为免"重蹈覆辙"，防止《民法典》第 1185 条遭遇同样的司法适用困境，有必要分析商标侵权惩罚性赔偿规则司法适用的现状、问题及成因，并提出相应的解决方案。

1　2020 年修正的《著作权法》第 54 条规定："……对故意侵犯著作权或者与著作权有关的权利，情节严重的，可以在按照上述方法确定数额的一倍以上五倍以下给予赔偿……"2020 年修正的《专利法》第 71 条规定："……对故意侵犯专利权，情节严重的，可以在按照上述方法确定数额的一倍以上五倍以下确定赔偿数额……"可见，两部法律草案均确定了惩罚性赔偿规则，但何时通过并实施仍处于待定状态。

2　参见王利明：《论我国民法典中侵害知识产权惩罚性赔偿的规则》，载《政治与法律》2019 年第 8 期。

3　虽然《商标法》《反不正当竞争法》规定惩罚性赔偿的主观要件为"恶意"，但"恶意"概念模糊，实践中常常以"故意"来替代性判定。

二、商标侵权惩罚性赔偿规则的司法适用困境及成因

笔者以“侵害商标权纠纷”和“惩罚性赔偿”为条件在无讼网、中国裁判文书网进行裁判文书检索，检索期间为2014年5月至2020年7月，剔除无关案例后，共检索到767份裁判文书，逐一分析后发现，只有5个案件[4]明确适用《商标法》第63条的惩罚性赔偿规则。这一调查结果与广州市越秀区人民法院的司法实践状况基本吻合，2014年5月至2019年12月，该院审理商标侵权案件627件，没有一个案件适用商标侵权惩罚性赔偿规则。另外，学者詹映对3085件商标侵权纠纷进行分析，也发现只有一个案件——河南泉星创世纪种业有限公司诉河南丰产种业有限公司侵害商标权案明确适用商标侵权惩罚性赔偿。[5]由此可见，商标侵权惩罚性赔偿规则在司法实践中不被适用是常态，而被适用则属于例外。如此司法实践效果，显然有悖于设立商标侵权惩罚性赔偿规则的立法目的——“加强知识产权保护，提高侵权违法成本”。[6]分析该现状之形成，主要有如下两方面原因。

（一）惩罚性赔偿数额的计算基数难以确定

《商标法》第63条规定了三种确定惩罚性赔偿数额计算基数的方法，即以权利人的实际损失、侵权人的侵权获利或商标许可使用费倍数确定的赔偿数额作为计算基数。按照这三种方法确定的赔偿数额，意在填补权利人因侵权遭受的损失，属于补偿性赔偿数额。换言之，惩罚性赔偿数额以补偿性赔偿数额为计算基数。然而，补偿性赔偿数额是侵权损害赔偿领域的“哥德巴赫猜想”，举

4　这5件适用惩罚性赔偿规则的案件分别是：江苏省高级人民法院（2019）苏民终95号案——上诉人丹阳市天宇五金磨具有限公司等与被上诉人上海长江砂轮厂有限公司等侵害商标权纠纷（以下简称“天宇案”）；北京市高级人民法院（2018）京民申4666号案——刘某等与斐乐体育有限公司侵害商标权及不正当竞争纠纷（以下简称“斐乐案”）；北京市高级人民法院（2017）京民终413号案——兰西佳联迪尔油脂化工有限公司、约翰迪尔（丹东）石油化工有限公司等与约翰迪尔（中国）投资有限公司、迪尔公司侵害商标权纠纷（以下简称“约翰迪尔案”）；苏州市中级人民法院（2016）苏05民初41号案——原告巴洛克木业（中山）有限公司与被告浙江生活家巴洛克地板有限公司等侵害商标权及不正当竞争纠纷（以下简称“巴洛克案”）；广州知识产权法院（2017）粤73民初2239号案——原告广州市红日燃具有限公司诉被告广东睿尚电器股份有限公司等侵害商标权纠纷案（以下简称“红日案”）。

5　詹映：《我国知识产权侵权损害赔偿司法现状再调查与再思考——基于我国11984件知识产权侵权司法判例的深度分析》，载《法律科学（西北政法大学学报）》2020年第1期。

6　参见全国人民代表大会常务委员会副委员长王晨在2020年5月22日第十三届全国人民代表大会第三次会议上所作的《关于〈中华人民共和国民法典（草案）〉的说明》。

证予以证明或确定绝非易事。

首先，根据《最高人民法院关于审理商标民事纠纷案件适用法律若干问题的解释》（以下简称《商标法司法解释》）第15条之规定，权利人损失 = 注册商标商品销售减少量或侵权商品销售量 × 注册商标商品单位利润。与其他知识产权客体一样，商标权客体也具有非物质性。《商标法》的保护对象并非商标标识本身，而是商标标识所承载的商誉。正是由于商标权客体的非物质性特征，商标权保护范围不可能如物权一般容易界定，由此商标侵权的程度、后果亦难以量化。商标权人很难举证证明哪些损失与商标侵权行为有关。例如，注册商标商品销售量在一段时间内减少，其原因可能是权利人经营策略不当或商品质量本身存在问题，与商标侵权行为并无关系。此外，注册商标商品单位利润并非全部由注册商标本身贡献而来，广告宣传、商品质量、经营方式等因素带来的商品利润与注册商标的贡献无关，在计算权利人遭受的损失时，应当扣减这些因素为商品贡献的利润。概言之，按照注册商标商品销售减少量或侵权商品销售量与注册商标商品单位利润的乘积来计算权利人遭受的损失，既不科学严谨，也不具有可操作性。其次，根据《商标法司法解释》第14条的规定，侵权获利 = 侵权商品销售量 × 侵权商品单位利润或注册商标商品单位利润。与侵权商品销售量、单位利润有关的账册、报表等证据均由侵权人持有，在侵权人不主动提供这些证据的情况下，权利人无法完成举证，侵权获利亦很难查明和认定。最后，由于商标许可使用的方式、对象、地域、商标数量、商品种类不同，实践中权利人提交的商标许可使用费数据往往不能作为参照计算权利人因侵权遭受损失的依据。例如，“北京同仁堂有限公司诉黄卫东商标侵权纠纷案”中，原告提供了商标许可使用合同作为计算许可使用费证据，法院认为该许可使用费涉及9个商标、30种同仁堂药品，而涉案侵权行为针对一个商标、一种药品，故认为不具有可参照性。[7]

前述统计分析的767件案例的裁判文书中，有57件案例的判决书指出，由于计算惩罚性赔偿基数无法确定，故缺乏适用惩罚性赔偿规则的可能。例如，在美商NBA产物股份有限公司诉成都蓝飞互娱科技有限公司侵害商标权纠纷案的裁判文书中，法院认为：“关于惩罚性赔偿，在前三种方式无法确定赔偿数额的情况下，原告主张被告应承担一倍以上三倍以下的惩罚性赔偿，既没有法律依据，也没有计算的可能。”[8]又如，康成投资（中国）有限公司与大润发购物广场有限公司侵害商标权纠纷案中，法院指出：“由于本案无法按照原告的损

7 参见广州市越秀区人民法院（2016）粤0104民初1506号民事判决书。

8 参见广州知识产权法院（2015）粤知法商民初字第64号民事判决书。

失、被告的获利以及涉案商标许可使用费确定赔偿数额，故计算惩罚性赔偿数额的基数并不存在，进而惩罚性赔偿数额亦无法确定。”[9]

详细分析前述 5 个适用惩罚性赔偿的案件，笔者发现，这 5 个案件之所以成功适用惩罚性赔偿规则，是因为出现了确定补偿性赔偿数额的“偶然因素”。“斐乐案”“约翰迪尔案”以及“天宇案”中，被告对侵权商品销售量在诉讼案件或商标异议行政纠纷案中予以自认，基于当事人自认，权利人才能获得侵权商品销售量数据，结合侵权商品的行业利润，法院方可按照侵权商品销售量与商品单位利润乘积计算出惩罚性赔偿数额。“巴洛克案”案的原告是上市公司，上市公司财务报表载明的销售信息翔实、可信度高，法院依据上市公司财务报表查实注册商标商品销售量以及单位利润，并以两者的乘积计算原告因侵权遭受的实际损失。在“红日案”中，原告为消除被告商标侵权的影响而专门投放了有针对性的广告，因此该广告费支出属于直接经济损失，法院以该损失作为计算惩罚性赔偿的依据。

我国司法判决遵循“以法律规范为大前提，以待决案件事实为小前提，以特定法律效果之发生为结论”的“司法三段论”涵摄模式。如果作为法律规范的惩罚性赔偿规则，适用时要求其所涵摄的要件事实为偶然发生或不常见的事实，才能产生规则预设的法律效果，可想而知，该规则难以摆脱被搁置而处于不被适用的困境。

（二）准惩罚性赔偿的替代适用

《商标法》第 63 条第 3 款规定了法定赔偿，权利人损失、侵权获利以及注册商标许可使用费难以确定的，由法院根据侵权行为的情节判决给予 500 万元以下的赔偿。对于哪些属于适用法定赔偿制度应当考虑的侵权情节，立法未明确界定，司法实践中，法院认定的侵权情节，既包括侵权人主观过错，也包括行为方式、时间、地点、后果等客观因素。如果将侵权人的主观故意作为确定损害赔偿的考虑因素，且赔偿数额高于权利人实际损失，就带有惩罚性赔偿属性。有学者将这类具有惩罚性的法定赔偿称之为“准惩罚性赔偿”。[10]

如前所述，权利人损失、侵权人获利或商标许可使用费在实践中难以证明或确定，因此，法定赔偿成为最主要的赔偿方式。据广州市越秀区人民法院的司法统计数据，2015 年以来，该院仅有 3 个商标权侵权案件使用侵权获利或权利人损失计算方法，99% 以上的案件适用法定赔偿。詹映教授对其调查取得的

9　参见上海知识产权法院（2016）沪 73 民初 443 号民事判决书。

10　参见张广良：《知识产权损害赔偿惩罚体系的构建》，载《法学》2020 年第 5 期。

司法案例进行分析，也得出了类似的结论，99.6%的商标权案件采用法定赔偿确定赔偿数额。[11] 法定赔偿被广泛适用，商标侵权人的过错被纳入法定赔偿的考量的做法就使得准惩罚性赔偿被广泛地适用。[12]

由于准惩罚性赔偿数额由法院酌情确定，不存在计算基数难以确定的问题，故在实践中常替代惩罚性赔偿进行适用，以实现惩戒侵权人的目的。虽然《商标法》第63条第1款规定了惩罚性赔偿专门条款，并且置于法定赔偿条款之前，理应优先于法定赔偿得到适用，但绝大多数案件在具备主观恶意的情形下并未适用惩罚性赔偿专门条款，而是仍然适用法定赔偿条款，由此造成惩罚性赔偿专门条款被实质上“架空”。[13] 从实践反馈的数据来看，2014年5月1日至2019年5月1日适用惩罚性赔偿予以判赔的16起案件中，有14起适用了法定赔偿条款，[14] 而非《商标法》第63条第1款规定的惩罚性赔偿条款。例如，在前文已提及的康成投资（中国）有限公司与大润发购物广场有限公司侵害商标权纠纷案中，法院认定计算惩罚性赔偿数额的基数不确定，故不适用惩罚性赔偿，同时又认为被告主观侵权恶意明显，该情节应当在法定赔偿中考虑。[15] 在杭州互联网法院宣传的首例知识产权惩罚性赔偿案——“抖音”商标侵权案中，法院更是明确地指出：“新修订的《商标法》中明文规定了惩罚性赔偿条款，不仅是对权利人的补偿，也是对故意加害人的惩罚，本案未以商标许可使用费作为惩罚性赔偿判赔的基数，但是在适用法定赔偿的过程中充分考量了惩罚性赔偿因素。”[16]

三、侵害知识产权惩罚性赔偿的功能—规则设计的指引

一项制度的功能或目的决定着与该制度有关的规则的具体内容。惩罚性赔偿的功能对惩罚性赔偿规则的设计具有指引作用。关于惩罚性赔偿的功能，学界存在多种学说，代表性观点有“三功能说”和“四功能说”。“三功能说”认

---

11 詹映：《我国知识产权侵权损害赔偿司法现状再调查与再思考—基于我国11984件知识产权侵权司法判例的深度分析》，载《法律科学（西北政法大学学报）》2020年第1期。

12 冯术杰、夏晔：《警惕惩罚性赔偿在知识产权法领域的泛用—以商标法及其实践为例》，载《知识产权》2018年第2期。

13 焦和平：《知识产权惩罚性赔偿与法定赔偿关系的立法选择》，载《华东政法大学学报》2020年第4期。

14 参见程娅、孔文豪：《惩罚性赔偿适用条件的反思与重塑——从商标侵权司法判赔实践谈起》，载《中华商标》2019年第9期。

15 参见上海知识产权法院（2016）沪73民初443号民事判决书。

16 《“实际损失+惩罚性赔偿”，“抖音”胜诉共获赔200万！杭州首例!》，载“搜狐网”，https：//www. sohu. com/a/383336360_ 696963，最后访问于2020年8月5日。

为，惩罚性赔偿的目的是补偿权利人、遏制侵权再次发生、惩罚侵权人。[17]“四功能说”认为，损害填补、吓阻、报复惩罚和私人执行法律是惩罚性赔偿的目的。[18]两种学说均将“补偿”“惩罚”作为惩罚性赔偿的功能。笔者以为，“补偿”是补偿性赔偿的目的，并非惩罚性赔偿的功能，将“补偿”作为惩罚性赔偿的功能，必然导致惩罚性赔偿与补偿性赔偿的关系难以厘清，进而导致惩罚性赔偿规则的适用条件模糊，遭遇司法适用困境。一方面，“补偿”功能要求惩罚性赔偿数额足以填补权利人遭受的损失，所以，在计算赔偿数额时应当首先以权利人损失作为计算基数，权利人损失不能证明时，以侵权获利替代之。然而，无论是权利人损失还是侵权人的侵权获利均难以查明，这就增加了惩罚性赔偿的适用难度。另一方面，惩罚性赔偿的目的在于通过高额赔偿金来惩戒、吓阻侵权人，遏制侵权行为再次发生。如果将“补偿”作为惩罚性赔偿的功能之一，意味着补偿性赔偿被惩罚性赔偿所覆盖，在规则设计时，就会将两种赔偿方式“杂糅”在一起，导致两种赔偿方式不能相互独立，即在同一法律规范中设立两种赔偿方式，出现了如《商标法》所规定的惩罚性赔偿数额以补偿性赔偿数额作为计算基数的局面。

本文认为，“惩罚”“吓阻”以及“激励”是惩罚性赔偿的功能。首先，惩罚性赔偿的首要目的在于惩罚侵权人，谴责其不法行为；其次，“吓阻”包括特别吓阻和一般吓阻，前者是指吓阻个别加害人再犯侵害行为，后者是吓阻第三人从事相同或类似的不法行为；[19]最后，赔偿金归属权利人，能激励权利人积极维权。如此定位惩罚性赔偿的功能，有助于理顺惩罚性赔偿与补偿性赔偿的关系，化解惩罚性赔偿的司法适用困境。

第一，惩罚性赔偿与补偿性赔偿有着不同的功能，规则设计时应当对两者进行区分，分别设立适用条件。补偿性赔偿在于填补权利人的实际损失，是否适用补偿性赔偿，需着重考虑权利人遭受的实际损失。侵权人主观故意是侵权成立要件，不是确定补偿性赔偿数额时应当考虑的因素。惩罚性赔偿的目的在于惩戒故意侵权人，如果侵权人主观上无过错，则不具有可谴责性，无适用惩罚性赔偿之必要。为此，适用惩罚性赔偿规则时，应当分析侵权人主观上是否存在侵权故意。由于弥补权利人损失与惩罚侵权人无必然关系，故确定惩罚性赔偿数额时，不能将权利人遭受的损失作为考量因素，重点斟酌的应当是如何剥夺侵权人的侵权获利，并让其付出除了侵权获利之外的赔偿金额。

---

17 方明：《论惩罚性赔偿与现代侵权法功能的嬗变》，载《学海》2102年第2期。

18 陈聪富著：《侵权归责原则与损害赔偿》，北京大学出版社2005年版，第203页。

19 王泽鉴著：《损害赔偿》，北京大学出版社2017年版，第364页。

第二，惩罚性赔偿与补偿性赔偿数额的计算基数不同。惩罚性赔偿数额的确定不以补偿性赔偿数额为计算基数。补偿性赔偿的主要功能是补偿权利人遭受的损失，因此，补偿性赔偿金额的计算标准为实际损失数额，损失多少就补偿多少。由于权利人实施侵权行为的目的是获得利益，剥夺侵权人侵权获利的同时判决侵权人再支付赔偿金，才能惩罚侵权人、防止侵权再次发生。权利人的损失不等于侵权人的侵权获利，有些情况下权利人的损失会少于侵权获利，如果以权利人的损失作为惩罚性赔偿的计算基数，最终赔偿数额可能少于侵权人的侵权获利。所以，惩罚性赔偿功能的实现要求以侵权获利作为赔偿数额计算基数。同时考虑侵权人主观故意、侵权情节严重程度在“一倍以上五倍以下”范围内确定“倍数”，最终的惩罚性赔偿数额是侵权获利与“倍数”的乘积。需要说明的是，作为计算基数的“侵权获利”是法律真实意义上的，而非客观真实意义上的侵权获利。从前述“斐乐案”“约翰迪尔案”以及“天宇案”判决认定情况来看，三个案件均是以法律真实意义上的“侵权获利”作为确定惩罚性赔偿数额的计算基数。换言之，如果能证实有侵权获利，只是不知道具体数额时，法院可酌情确定侵权获利金额，并以该金额作为计算惩罚性赔偿的基数。

第三，惩罚性赔偿金归属于权利人，是为了激励权利人积极维权。因此，惩罚性赔偿的“激励”功能，是区分私法规则的惩罚性赔偿与公法上的惩罚性责任的理论基础。关于惩罚性赔偿金的归属，学界一直以来存在不同的看法。有学者认为，“惩罚”是公法意义上的概念，惩罚赔偿金全部归属权利人不具有正当性，主张将惩罚性赔偿金中不低于60%的部分归属权利人，剩下的部分归属有公益性质的维权基金。[20] 笔者以为，行为人侵害知识产权，构成刑事犯罪或行政违法，应当受公法上的惩罚，该惩罚是公法意义上的，行政罚款或刑事罚金应当归属国家。然而，侵害知识产权的惩罚性赔偿，是因私权受侵害而产生的，赔偿金当然归属于权利人。诚然，补偿性赔偿金已填补权利人损失，但仅是填补损失，不足以激励权利人与故意侵权行为抗争。在当前知识产权侵权和维权环境令人堪忧的状况下，给予权利人高于实际侵权获利部分的赔偿金能激励权利人积极维权，具有正当性。

四、侵害知识产权惩罚性赔偿规则的体系化

商标侵权惩罚性赔偿规则极少被适用的主要原因在于赔偿数额的计算基数难以确定。如果将《民法典》第1185条中的“相应”解释为参照《商标法》

20　袁杏桃著：《著作权侵权惩罚性赔偿研究》，知识产权出版社2019年出版，第298－299页。

第63条的规定，以补偿性赔偿数额作为惩罚性赔偿的计算基数，毫无疑问，《民法典》第1185条规定的侵害知识产权惩罚性赔偿规则也会面临难以适用的困境。本文认为，从《民法典》第1185条的“相应”表述来看，立法并未限定惩罚性赔偿数额的计算方式，只要有助于实现“惩罚”“吓阻”和“激励”功能，就可考虑作为确定赔偿数额的基础。故此，“相应”之立法表述为惩罚性赔偿规则的体系化创造了条件。规则体系化的结果，是对各类赔偿制度关系的厘清，划清各规则适用的界限。基于规则的体系化，可对“相应”之含义作另一番解释，这有助于避免《民法典》第1185条在将来的司法适用过程中步入困境。

（一）区分惩罚性赔偿成立要件与确定赔偿数额的条件

惩罚性赔偿的成立与赔偿数额的确定，是“定性”与“定量”的关系。从《民法典》第1185条的规定来看，“故意”和“情节严重”是惩罚性赔偿的成立要件，其中“故意”针对行为人的主观状态，表明其行为的可责难性，“情节严重”则从行为人的外在手段方式及其造成的后果等客观方面进行考察，一般不涉及行为人的主观状态。[21] 如果侵权人主观上存在侵害知识产权的故意，且侵权情节严重，就可成立惩罚性赔偿。至于如何计算赔偿数额，是“定性”之后再考虑的“定量”问题。易言之，赔偿数额的计算尤其是赔偿基数的确定，在认定构成惩罚性赔偿后，不能再将“故意”和“情节严重”作为评价因素。前已论述，确定惩罚性赔偿基数时，应当考虑侵权行为人侵权获利，按照此种方式计算惩罚性赔偿数额，更能体现惩罚性赔偿的惩罚、吓阻功能。正如弗里德曼教授所言，通常获利返还（disgorgement）的威慑性要小于惩罚性赔偿，因为当侵权人返还所获利润时，即使该利润大于权利人的实际损失，其也不至于因侵权行为而折本，但当对其适用惩罚性赔偿时，在获利的基础上增加几倍，侵权人将可能会因此得不偿失。[22] 当然，此处侵权获利是法律真实意义上的，在无法查清实际侵权获利时，法庭在认定被告有侵权获利的基础上，综合案件事实，酌情确定被告可能获利的金额。

（二）将准惩罚性赔偿融入惩罚性赔偿

从域外立法来看，关于法定赔偿与惩罚性赔偿的关系，国内外立法上存在

21　王利明：《论我国民法典中侵害知识产权惩罚性赔偿的规则》，载《政治与法律》2019年第8期。

22　Friedmann, Restitution of Benefits Obtained Through the Appropriation of Property of the Commission of a Wrong, 80 Colum. L. Rev. （1980） p. 552. 转引自王利明：《论我国民法典中侵害知识产权惩罚性赔偿的规则》，载《政治与法律》2019年第8期。

替代模式、并列模式和融合模式。[23]《美国版权法》没有专门设立惩罚性赔偿规则，但该法第 504 条（c）款规定："如果原告能够证明侵权行为系被告故意实施且经法院认定的，法院可酌情决定将法定赔偿金增加至不超过 15 万美元。"可见，《美国版权法》是以高额法定赔偿的方式实现对侵权人的惩罚，法定赔偿与惩罚性赔偿的关系属于替代模式。我国《商标法》第 63 条第 1 款明文规定了惩罚性赔偿规则，第 63 条第 3 款设立法定赔偿制度。不难发现，在立法模式上，我国《商标法》上的法定赔偿是计算补偿性赔偿数额的一种方式，由法官酌情确定补偿性赔偿数额，其与惩罚性赔偿的关系，应该是相互独立的，没有交叉，属于前述的并列模式。司法实践中，法定赔偿却融入了惩罚性赔偿，在补偿性赔偿数额无法确定时，作为惩罚性赔偿的计算基数确定赔偿数额，以实现对故意侵权人的惩罚。因此，我国的法定赔偿可视情况融入补偿性赔偿、惩罚性赔偿。当融入惩罚性赔偿时，其就具有了惩罚性。

法定赔偿融入惩罚性赔偿，有利于化解惩罚性赔偿数额难确定的问题，使得惩罚性赔偿规则在实践中被广泛适用。根据《民法典》第 1185 条有关"相应"的表述，该规定没有排除以法定赔偿数额作为惩罚性赔偿的计算基数，因而，司法适用时将法定赔偿融入惩罚性赔偿，不违背立法原意。不过，基于惩罚性赔偿功能考虑，作为惩罚性赔偿基数的法定赔偿数额的确定，重点考虑的是被告有无侵权获利。如果能酌情认定被告有侵权获利，只是获利金额无证据查明时，法官可基于各类情节认定被告的侵权获利金额。从这个意义上说，融入惩罚性赔偿的法定赔偿数额，实际上就是法律真实意义上的、由法官酌情认定的侵权获利金额。

（三）惩罚性赔偿数额的限制

《民法典》第 1185 条有关"相应"之表述，没有对惩罚性赔偿数额进行明确限制。惩罚性赔偿属于私法规则，对行为人进行惩罚应当控制在一定范围之内，过度惩罚不仅可能混淆私法与公法的界限，还可能产生权利滥用。如何限制惩罚性赔偿数额？有些国家立法采用具体数额上限方式，如《美国版权法》第 504 条（c）限定惩罚性赔偿金额不超过 15 万美元。我国《商标法》和《反不正当竞争法》采用"倍数"方式予以限制，即惩罚性赔偿数额不得超过赔偿基数的 5 倍。笔者认为，采用"倍数"方式限制赔偿数额较为合理。一方面，作为计算基数的侵权获利金额最高能达到多少，立法没有办法预见，以统一具

23　焦和平：《知识产权惩罚性赔偿与法定赔偿关系的立法选择》，载《华东政法大学学报》2020 年第 4 期。

体的最高数额限制惩罚性赔偿数额，不具有可行性。另一方面，采用“倍数”方式限制惩罚性赔偿数额，在实践中已适用多年，并没有引起很大争议。所以，不宜另行改变现行较好的立法规定，采用具体数额上限方式限定赔偿数额。

结语

《民法典》第 1185 条为侵害知识产权惩罚性赔偿的一般规则，知识产权单行法关于惩罚性赔偿的规定不得与该一般规则冲突。一般规则未就如何确定赔偿数额进行明确规定，但依据惩罚性赔偿功能的指引，赔偿数额的计算基数应当是行为人的侵权获利金额，而非补偿性赔偿数额。此外，侵权获利是法律真实意义上的侵权获利，在无法查清实际获利情形下，法院可酌情确定侵权获利金额。因而，具有惩罚性的法定赔偿可融入惩罚性赔偿，成为惩罚性赔偿数额的计算基数。基于此，《民法典》第 1185 条中的“相应”可解释为“按照行为人侵权获利一倍以上五倍以下确定惩罚性赔偿数额”。

《民法典》高空抛物责任的规则审视与完善进路

郝晶晶*

【内容提要】《民法典》第1254条在《侵权责任法》第87条的基础上，对高空抛物责任从实际加害人赔偿、可能加害人补偿、公安等机关前置调查、建筑物管理人履行安保义务等方面综合施策，其积极意义值得肯定。遗憾的是，《民法典》未改变以可能加害人补偿为原则的责任机制，在侵权法理上欠缺正当性。可能加害人补偿责任是替代尚不完善的社会保障制度，对受害人承担的社会法意义上的救济，在适用上应作严格限制。进一步限缩补偿责任的适用范围，细化综合施策实施细则，引入政府责任、保险机制和社会救助等保障手段，方为高空抛物侵权的合理救济路径。

【关键词】高空抛物　补偿责任　侵权责任　社会救助

一、问题的提出

近年来，高空抛物致人损害甚至死亡的案件呈高发态势，以广东省为例，统计数据显示，2019年至2020年第一季度，省内各级法院共审结61件涉高空抛物坠物案，其中刑事案件6件，民事案件53件，行政案件2件。广东省高级人民法院于2020年5月发布“涉高空抛物、坠物十大典型案例”，对高空抛物坠物案的司法裁判提供参照。遗憾的是，上述案例均有明确的侵权主体，未涉及无法确认实际加害人的情形，而此类情形因侵权主体不明、损害后果严重、涉诉当事人众多等因素引发了更为广泛的社会关注。

---

* 郝晶晶——深圳大学法学院助理教授，主要研究领域：民事诉讼法、证据法、司法制度。

在《侵权责任法》颁布之前，我国并无不明抛掷物、坠落物损害责任的相关规定。规则的缺位也导致实践中出现了针对该类案件的不同判罚：有法院因无法确定侵权主体而裁定驳回起诉；[1]有法院判决由可能加害人进行赔偿；[2]有法院认定应由物业公司承担一定比例的赔偿责任等。[3]为统一法律适用，《侵权责任法》在借鉴已有案例裁判内容的基础上，于第87条规定，建筑物中抛掷物、坠落物致人损害，难以确定侵权人的，除能够证明自己不是侵权人的外，由可能加害的建筑物使用人给予补偿。从明确责任认定、统一裁判尺度、救济受害人权利的角度来看，《侵权责任法》的规定无疑具有积极意义。然而，该条文自颁布起便饱受诟病：有学者认为该规定缺乏伦理上的公平正义，不仅伤害无辜连带者，还会损害全体社会成员的自由；[4]更有学者认为其与我国古代的连坐恶法并无二致。[5]不仅如此，高空抛物责任的实践适用也不容乐观，出现了裁判尺度不一、补偿范围扩大、可能加害人承担证明责任过重等诸多问题。在《民法典》侵权责任编的编纂过程中，该项法条的修订再次引发争议。不仅在规则设置方面难以形成统一意见，还多次出现因理论争议大、实践问题多而建议删除该项规定的意见。[6]

即便如此，为回应社会关切，也为更好地实现高空抛物案件社会效果和司法效果的统一，经反复研究论证，《民法典》侵权责任编第1254条在保留《侵权责任法》第87条内容的基础上，坚持综合施策原则，全方位、多角度地对高空抛物责任的相关规则进行了补充完善。为全面考量《民法典》高空抛物规则对司法实践的积极意义及限度，为其细则完善提供合理化建议，有必要对该类案件的实践适用作全面分析。

二、《侵权责任法》高空抛物责任的实践适用

笔者在中国裁判文书网，以“案由：民事案由”“全文：不明抛掷物、坠落物损害责任纠纷”“文书类型：判决书”为条件进行案例检索，获得2014年至

1　参见山东省济南市市中区人民法院（2001）市民初字第1663号民事裁定书。

2　参见重庆市第一中级人民法院（2002）渝一中民终字第1076号民事判决书。

3　深圳市南山区法院对“深圳好来居高空抛物案”作出的一审结果为物业公司承担损失额30%的赔偿责任；深圳市中级人民法院撤销一审判决，改判为物业公司不承担责任，由可能加害人分担损失。

4　张新宝著：《侵权责任法立法研究》，中国人民大学出版社2009年版，第42页。

5　孟祥沛：《连坐恶法岂能死灰复燃——论〈侵权责任法〉第87条及民法典编纂中的高空抛物责任》，载《上海政法学院学报》2020年第3期。

6　《民法典立法背景与观点全集》，法律出版社2020年版，第760页。

2020年的134份判决书。经逐份阅读筛选后，以《侵权责任法》第87条为裁判依据的高空抛物责任案件判决书有68份，包括52份一审判决书和16份二审判决书。以上样本案例凸显了高空抛物责任案件在司法实践中的诸多问题。

从损害结果上看，高空抛物行为给民事主体的人身和财产权益带来了严重侵害，有的甚至危及生命。68份案例中，43份案例涉人身伤害、25份案例涉财产损失。在人身伤害方面，抛物行为造成受害人死亡的案例有2份，[7]造成受害人身体严重损伤、伤残、失明，需要支付残疾补偿金的案例有26份，[8]高空抛物导致受害人身体残障甚至死亡的案件比例高达41%，这一触目惊心的数字再次提示了高空抛物行为的社会危害性和惩治必要性。在财产损害方面，高空抛物的严重后果同样不容小觑。抛物致损的情形主要是丢石头、花瓶、酒瓶等砸坏车窗玻璃或楼下建筑物顶篷，赔偿金额最低也需近万元。[9]

从责任负担上看，各地法院对“可能加害人”之赔偿责任的认定持不同态度，造成了一定程度的“同案不同判”现象。依据《侵权责任法》第87条，在抛物主体不明的情况下，由可能加害人“给予补偿”。“给予补偿”和“承担赔偿”属于明显不同的责任负担原则。[10]可能加害人并非实际的侵权主体，补偿义务的设置意在适度平衡两极利益，不应要求可能加害人承担受害人的全部损失。遗憾的是，该项立法精神在实践中并未完全体现。在目标案例中，有30份案例的可能加害人承担了全部的赔偿责任，且从赔偿数额上看，可能加害人分摊的金额均达数千元，最多的甚至接近两万元。在赵某、沈某凯不明抛掷物坠落物损害责任纠纷案中，原告被高空抛下的大理石块砸中头部，法院认定赔偿金额合计238719.71元，由无法证明自己未实施侵权行为的12位被告共同分摊，每人承担19893.31元。本案被告不服提出上诉，二审判决驳回上诉，维持原判。

从证明过程来看，法院对可能加害人免责事由的证明标准要求过高，且出现了针对同类证据作不同认定的情况。依据《侵权责任法》，可能加害人免除补偿责任的唯一方式便是证明自己并未实施侵权行为。多份目标文书的说理部分都对可能加害人提出了过高的证明要求，如有法院认为：被告提供的原告受伤时家中无人的相关证据，并不能完全排除被告家没有其他亲属或朋友居住的可能性，不足以证明被告不是可能侵权人。[11]其他案例中也出现了被告提供的不

7　如广东省深圳市宝安区人民法院（2018）粤0306民初5212号民事判决书。

8　如青海省西宁市城北区人民法院（2019）青0105民初1361号民事判决书。

9　如河南省中牟县人民法院（2018）豫0122民初4207号民事判决书。

10　《侵权责任法（草案三次审议稿）》在草案二次审议稿的基础上，将“承担赔偿责任”修改为“给予补偿”，足见两者的明显不同。

11　如陕西省西安市中级人民法院（2017）陕01民终4620号民事判决书。

在场证明、单位证明、水电费明细等相关证据未被法院采纳的情况。[12]与此相反，同样是家中无人的证据，有的法院即依此免除了可能加害人的补偿责任。[13]

综上所述，以实践效果为考察标准，《侵权责任法》高空抛物责任的运行效果不容乐观，暴露出的主要问题有二：一是未严格贯彻可能加害人的“补偿责任”，将“补偿责任”与“赔偿责任”混为一谈，无论在比例上还是在数额上，可能加害人承担的责任均远超立法“补偿责任”的本意，可能加害人承受了明显的实质不公。二是对可能加害人免责事由的证明标准要求过高，从而进一步加剧了其在高空抛物诉讼中的弱势地位。由于各地法院对上述问题持不同的裁量尺度，也导致了高空抛物案件“同案不同判”的现实困境。

三、《民法典》关于高空抛物责任的综合施策

在《民法典》编纂过程中，关于高空抛物责任的修订是各方关注的焦点之一。为示慎重，直至民法典侵权责任编三审稿才在大量调研和研讨的基础上对高空抛物责任作出重大修订，最终形成了《民法典》第1254条。在《侵权责任法》第87条的基础上，《民法典》以综合施策、高效治理为原则，从五个方面对高空抛物行为的侵权责任作出较大修改和完善。

第一，明确禁止从建筑物抛掷物品。鉴于民法以平等主体间的权利义务关系为调整对象，坚持意思自治原则，我国的民事法律规范中明确使用“禁止”表述的条文十分少见。此处的禁止性规定，意图发挥法律之行为指引的功能，同时表明立法对高空抛物行为严厉谴责的态度。第二，增加规定“从建筑物中抛掷物品或者从建筑物上坠落的物品造成他人损害的，由侵权人依法承担侵权责任”，明确实际加害人之过错责任原则。第三，增加公安等机关对高空抛物行为的调查责任。《民法典》第1254条不仅在第3款对上述机关的调查责任进行明示，还在第1款中将“经调查”作为适用可能加害人补偿责任的前置要件。第四，增加规定可能加害人承担补偿责任后，可向实际加害人追偿。高空抛物致损本就应由实际加害人赔偿，可能加害人的补偿只是在实际加害人不明的情形下基于同情受害人、风险共担的角度在立法层面作出的无奈权衡。在《民法典》中明确“补偿+追偿”的责任模式，不仅再次宣示实际加害人的责任负担，也可在一定程度上安抚可能加害人的情绪。第五，规定建筑物管理人的必要安保义务，违反该项义务需承担一定范围内的侵权责任。这里的管理人多指物业公司。物业公司在高空抛物案件中的责任负担问题在实践中一直存在争议，目

12 如湖北省武汉市中级人民法院（2017）鄂01民终2469号民事判决书。

13 如江苏省徐州市泉山区人民法院（2017）苏0311民初6826号民事判决书。

标案例中有 2 例案件出现了受害人申请物业公司承担赔偿责任的请求，但均未获支持。[14] 该条修订回应了上述问题并明确了物业公司的过错责任。

综上所述，《民法典》第 1254 条在《侵权责任法》第 87 条的基础上作了较大幅度的修改。对高空抛物行为的明令禁止有益于从源头上降低该类行为的发生频率；加强公安等机关的调查义务和建筑物管理人的安全保障义务有助于明确实际侵权人，从而减少可能加害人补偿责任的适用；规定未尽安保义务之建筑物管理人的过错责任，可以适度分担可能加害人的补偿范围。以上规定从综合施策的角度对高空抛物责任作出明确规定。

在肯定《民法典》高空抛物责任之积极意义的同时，也需要清醒地意识到，上述规则的宣示性条文居多，[15] 实质性的改动仅有公安等机关的调查责任和建筑物管理人的安保责任，且具体实施规则尚待细化。尤为遗憾的是，《民法典》高空抛物责任仍以可能加害人之补偿责任为主，未触及该类责任在理论上的正当性缺陷，也未引入效率更高的社会救济赔偿机制。

四、《民法典》高空抛物责任配套机制之完善建议

为回应高空抛物责任的理论质疑，同时更好地发挥《民法典》第 1254 条对司法实践的积极作用，有必要从以下方面对该类侵权责任作进一步完善。

（一）明确可能加害人补偿责任的性质是完善高空抛物责任的重要前提

我国的高空抛物责任规则承载了保护受害人、合理分担损失、促进社会稳定等多项任务，却唯独忽视了对可能加害人权益的适当权衡，上述功能的实现均建立在课以可能加害人补偿责任的基础上，此处的补偿责任明显欠缺正当性。

从构成要件上看，侵权行为、损害结果、因果关系、主观过错是认定侵权责任不可或缺的重要条件。除“主观过错”要件在无过错责任之归责原则中免于证明，其他三项要件原则上均需由受害人完成证明责任。该证明原则也有例外，在法定的特殊情形中，会发生“因果关系”要件的举证责任倒置。如在环境污染侵权中，考虑侵权行为的特殊性和受害人举证的困难程度，实行举证责任倒置，由侵权人就因果关系不存在承担举证责任。然而，因果关系的正置和倒置均建立在行为人实施了加害行为这一重要前提下。在高空抛物责任的构成要件中，若无法确认实际加害人，立法对可能加害人要求的是“侵权行为”要

14 如四川省宜宾市中级人民法院（2017）川 15 民终 1877 号民事判决书。

15 如禁止从建筑物中抛掷物品；实际加害人的赔偿责任；可能加害人补偿后可向实际加害人追偿，均是对已有规则或侵权法理的重申，未设置新的权利义务关系。

件而非“因果关系”要件的证明责任倒置，可能加害人被要求证明自己并未实施侵权行为。此类倒置在侵权责任法理中欠缺正当性依据。第一，从逻辑上讲，“侵权行为”的证明倒置可以理解为侵权责任法在此处采用了“有责推定原则”，法律将特定建筑物范围内的可能加害人均推定为责任人，除非可以证明自己并未实施侵权行为。第二，从证明难度上看，无责事实之证明远比有责证明困难得多，因为有责的事实由法律明确规定，而无责事实只能在证明有责事实不存在的前提下进行推定。[16] 第三，从实践适用来看，已有案例明确反映了法院对可能加害人之“无责证明”提出了较高的证明标准。第四，从立法目的上看，除了及时救济受害人，立法还期待高空抛物条款发挥预防损害、制止高空抛物行为的作用。若想免除补偿责任，仅保证自己不实施高空抛物行为尚且不足，还需保证其他建筑物使用人不实施高空抛物行为，这一注意义务明显超出了合理范畴。因此，《侵权责任法》中的高空抛物责任导致可能加害人承担了于法理无据的补偿义务。

从归责原则上看，多数观点将高空抛物责任界定为公平责任，[17] 这一观点同样不够准确，依《民法典》侵权责任编第 1186 条，公平责任是指受害人和行为人对损害的发生均没有过错，依法律规定由双方分担损失。公平责任的适用主体是受害人和行为人，此处的行为人应是明确具体的，如实施侵权行为的无民事行为能力人，紧急避险、见义勇为、好意相助的行为主体等。高空抛物案件中的可能加害人并非实际行为人，并未实际实施侵权行为，因此适用公平责任规则使其承担补偿责任亦不合理。

综上所述，从侵权责任之构成要件和归责原则上看，高空抛物责任均欠缺正当性，其实质是一种道义补偿。可能加害人对受害人之损失无任何可归责性，其仅是替代了尚不完善的社会保障制度，对特定受害人进行社会法意义上的救济。[18] 因此，立法和司法解释应对高空抛物的适用作严格限制，将可能加害人承担的道义补偿与赔偿责任作明确区分。

（二）从区分补偿和赔偿责任的角度，对补偿责任设置限制条件

高空抛物责任中可能加害人之补偿责任，是在社会保障制度和保险制度尚

---

16 夏锦文：《无罪推定原则的意义解读——一种诉讼法哲学分析》，载《南京师范大学学报（社会科学版）》2002 年第 4 期。

17 张善斌：《公平责任原则适用存在的问题及对策》，载《河北法学》2016 年第 12 期；中国审判理论研究会民事审判理论专业委员会主编：《民法典侵权责任编条文理解与司法适用》，法律出版社 2020 年版，第 88 页。

18 曹险峰：《侵权法之法理与高空抛物规则》，载《法制与社会发展》2020 年第 1 期。

不完善的条件下对受害人承担的道义补偿，与实际加害人和未履行安保义务的物业管理人应承担之赔偿责任应作显著区分。不仅如此，为改善司法实践中将补偿责任和赔偿责任混为一谈并要求可能加害人分摊受害人所有损失的错误做法，立法及司法解释应对可能加害人的补偿前提和补偿范围作进一步明示：可能加害人补偿责任的承担应以“受害人无法得到充分救济”为前提，且将“给予补偿”限缩为“给予适当补偿”。具体来说，若受害人经济状况良好，高空抛物导致的损失不足以对其造成经济压力；或已通过商业保险等机制获得了一定的救济，均可构成限缩可能加害人补偿范围的正当理由。若已通过其他机制得到充分救济，可能加害人便无须承担补偿责任。当然，补偿责任的限缩甚至免除不影响受害人对实际加害人赔偿责任的追偿。

（三）从限制责任人范围的角度，细化建筑物管理人和公安等机关的责任负担规则

限制责任人范围可从两个方面入手：一是尽可能明确实际加害人，二是尽量限缩可能加害人的范围，降低被无辜牵连的主体范围。以上两点均需倚赖建筑物管理人和公安等机关的功能发挥。对于物业公司等管理人来说，《民法典》第 1254 条关于“必要的安全保障措施”之表述过于抽象，司法解释应作进一步明确。如视建筑物周边情况采用楼顶吊装、地面仰拍等方式确保将管理范围内的建筑物纳入视频监控范围。对高空抛物过程的监控和记录不仅可以回溯事件真相，为公安等机关的调查提供有力证据，还可以在高空抛物行为发生前对潜在行为人起到震慑作用，同时还可以对建筑物管理人的安全保障责任之履行作真实记录。对公安等机关的调查责任来说，《民法典》新增的前置调查程序理论上可以增加高空抛物案件的侦破概率，但实践案例显示，在《民法典》修订之前，本文第二部分 68 份目标案例中，有近 80% 的案例有受害人报警、公安机关介入调查的情节，但均未能确认实际加害人。因此，仅在立法上对公安机关的调查责任进行宣示显然不足，有必要对具体的调查规则作出明示。这方面可借鉴我国香港地区的成功经验：为打击高空抛物行为，香港房屋署自 1998 年起便在全市范围内装设高空掷物监察系统，并成立“侦查高空掷物特别任务队”，利用摄像机、夜视望远镜等设备持续监视，有效侦破多宗高空掷物案。[19]

（四）从损失分担的角度，引入政府责任、保险机制和社会救助等保障手段

维护社会公共安全是政府重要的公共职能之一，具体到高空抛物案件，政

19　杨垠红：《高空不明抛掷物致害责任之比较研究》，载《福建师范大学学报（哲学社会科学版）》2014 年第 6 期。

府在预防、惩治和救济方面应承担更多责任。实践中也出现了政府承担预防及救济责任的案例：在案号为（2015）鄂汉阳民二初字第00781号的民事判决中，高空抛物行为造成受害人损失合计22万元，因武汉市汉阳区人民政府投保了公众责任险，保险公司向受害人支付公众责任保险理赔款10万元，进而使受害人未获救济的损失数额降至12万元。此处的公众责任险与交通强制险和工伤保险制度类似，在实现权利救济的同时，将个体承担的道义补偿责任转为所有投保人的风险共担。[20]政府投保覆盖的受益人范围较广，但理赔数额往往无法承担全部损失。为进一步提高风险规避能力和赔偿支付能力，除了政府投保，全体业主也可成为相关责任险的投保主体。业主以业主委员会的名义，筹措资金向保险公司投保。一旦发生高空抛物行为，保险公司给付保险金以赔偿受害人。

损失分担的另一思路是引入社会救助，以社会保障基金的方式弥补个人救济的被动和滞后。此类社会保障制度在交通事故救济中已有尝试，我国《道路交通安全法》第17条明确规定，国家实行机动车第三者责任强制保险制度，设立道路交通事故社会救助基金。社会救助基金通过政府投入、社会捐款等方式募集资金，在高空抛物受害人无法通过强制责任险获得充分赔偿的场合，经当事人申请可以先由救助基金垫付赔偿差额，并可对实际侵权人进行追偿。[21]

作为高空抛物责任的替代，高空抛物责任险、高空抛物社会救助基金以风险分担为原则，更好地保障受害人的权益、维护社会公平正义。在难以查明实际侵权人的场合，高空抛物责任险可通过保险金的赔付为受害人提供基本救济，对于保险金未覆盖的损失，则由社会救助基金予以适当的二次填补。相较于可能加害人补偿责任在实践中的执行效果，此种方式在赔偿效率和赔偿范围方面有明显优势。尤为重要的是，责任保险和社会救济可以缓和可能加害人因强制补偿责任的承担而造成的紧张情势，更好地体现社会公平、实现社会稳定。[22]

上述政府责任和社会救济并非意味着对高空抛物行为的纵容和放任，查明实际侵权人并由其承担侵权责任始终是高空抛物责任的根本解决方式。只有在实际侵权人不明的场合，为防止可能侵权人补偿责任的过分承担，从社会救助和风险分担层面施行的权宜之策。值得注意的是，可能加害人补偿责任的免除

---

20 凌捷：《高空抛物致人损害救济规则研究——兼论〈侵权责任法〉第87条"社会本位"趋势》，载《行政与法》2016年第8期。

21 重庆市第三中级人民法院课题组主编：《权衡与博弈：高空抛物致害责任的路径抉择——兼评〈侵权责任法〉第87条》，载《法律适用》2012年第12期。

22 刘晓霞、王振宇：《论高空抛物责任之废除》，载《西部法学评论》2018年第6期。

不是一蹴而就的，在上述救助制度完善之前，可能加害人仍需先行承担合理范围内的补偿责任。随着监控设备、安保设备的逐步完善和居民素质的不断提高，加之政府责任、保险制度、社会救助制度的全面施行，可能加害人的补偿责任最终应被废止。

《民法典》中的人类基因权利保护问题研究

莫丽华*

【内容提要】《民法典》对高新科技应用于人体基因对人格权保护造成冲击等问题作出了回应，但基因权利作为一项综合性权利，单一条款无法涵盖与基因权利保护相关的所有内容。在《民法典》没有明文规定"基因平等权""基因隐私权"等权利的情况下，可以通过司法机关恰当地运用民法解释方法、民法原则填补规则漏洞，以及检察机关探索"等外"公益诉讼等，为基因权利提供全面的司法保障。

【关键词】民法典　基因权利　人格权　民法适用

《民法典》应对时代进步和科学技术发展对人格权立法的挑战，在人格权编中对人体基因、人类胚胎、临床试验等新的科学技术之于人格权保护面临的问题作出了回应。[1]《民法典》中明确出现"人体基因"的条文为第1009条，该条款规范的是从事人体基因、人体胚胎等有关的科学和科研活动时的义务，立法主要考虑到部分医疗、科研机构和人员贸然从事有关人体基因和人体胚胎方面的科研活动，"不仅可能对试验个体造成损害，也可能对社会整体道德造成冲击"，有必要通过法律规制使科研活动在科学、伦理的指引下健康有序发展。[2]从立法进展现状来看，《人类遗传资源管理条例》等行政法规已问世，《生物安全法》草案于2019年10月首次提请最高立法机关审议，《民法典》虽对人体基

* 莫丽华——广州市南沙区人民检察院第四检察部员额检察官。

1 参见杨立新：《我国民法典人格权立法的创新发展》，载《法商研究》2020年第4期。

2 参见《基因科研、"AI换脸"、人体试验、个人信息，民法典人格权编草案二审稿都作出规范》中王利明教授之观点，载新华网，https：//www. chinacourt. org/article/detail/2019/04/id/3847695. shtml，最后访问于2020年8月19日。

因科研活动作出了规范，但未阐明人类基因的法律地位，对基因歧视等新型社会风险亦未有直接规定，现实司法可能陷入困顿以至于未能有效保护人类基因权利。[3]

一、《民法典》视野下人类个体基因的权利属性

（一）人类基因权利内涵尚存争议

《人类遗传资源管理条例》第2条规定，人类遗传资源包括人类遗传资源材料和人类遗传资源信息。遗传资源材料是指含有人体基因组、基因等遗传物质的器官、组织、细胞等遗传材料。人类遗传资源信息是指利用人类遗传资源材料产生的数据等信息资料。该条文道出了人类基因物质和信息的双重属性，也正因人类基因具备非常复杂的利益属性，《民法典》等法律不容易作出明确、具体的规定。[4]针对人类基因的私法定性，形成了“人格权本质说”“人格性财产权说”“人格物说”“知识产权（无形财产）说”和“人格权或财产权选择说”等不同理论学说。针对人类基因此种新兴权利，由于经典私权理论范式失灵，实践中往往在“人格权”和“财产权”之间寻求平衡，通过折中来维护理论体系的完满性和自洽性。[5]

（二）人类个体基因的人格权属性

《民法典》将规范人体基因相关的医学和科研活动条款置于人格权编生命权、身体权和健康权一章中，表明立法者更为认可的是基因的人格权属性。基因与生命、健康和身体有着密切的联系，基因在人体正常转录与翻译决定着生命的外在表现形式，基因的完整性和功能的健全性在一定程度上决定机体的健康，基因作为人格利益，具有人格权的法律特征。[6]但不可否认的是，基因信息具有独特性，它有天然的生物识别功能，又可以用于医疗研究等健康领域；每个人对于自己的基因信息拥有隐私权和自主权，从这个角度而言，人类基因的保护也应被纳入人格权编第六章“隐私权和个人信息保护”。另外，基因物质可从人体分离，民事主体可拥有分离后基因物质的物权。《民法典》第1009条更

---

3 参见王康：《基因正义论——以民法典编纂与基因歧视司法个案为背景》，载《法学评论》2019年第6期。

4 参见邱格屏著：《人类基因的权利研究》，法律出版社2009年版，第31－36页。

5 参见郭明龙著：《基因科技成果权利分享研究——以人体组织提供者私权保护为视角》，中国人民大学出版社2019年版，第46－64页。

6 参见曹丽荣：《自然人基因的法律属性》，载《河北法学》2008年第7期。

接近对基因保护责任（responsibility for genetic preservation）条款，明确的是拥有研究资源的个人或机构负有积极注意义务，[7]违反该义务应承担怎样的法律责任却未进一步规定。基因权利人的民事救济请求权基础仍需以厘清基因权利具体属性为前提。

（三）基因权利是一项综合性权利

基因具备物质和信息双重属性，基因权利就成为可以通过列举而具体化的概括性新兴权利，涵盖了其他权利内容。因此，基因权利是“一束权利”，包括但不限于基因平等权、基因隐私权、基因人格权、基因财产权、基因知情权等；[8]人们对于自己的基因资讯具有隐私权，基因信息如被侵犯，被侵权人有权请求行为人承担侵权责任。如《最高人民法院关于审理利用信息网络侵害人身权益民事纠纷案件适用法律若干问题的规定》第12条就明确了自然人基因信息属于个人隐私和个人信息的范畴。人类个体基因的平等权、尊严权和自主决定权则可以通过一般人格权制度加以实现。随着科学研究的逐步深入，人类基因在疾病诊断、治疗、预防、器官移植等领域具有愈加广泛的应用价值，人类基因财产利益日益鲜明。[9]基因财产权的主体是基因提供者，客体是基因资源，内容主要包括排除权和获得报酬的权利。另外，基因知情权等相关内容虽未见诸《民法典》，但部门规章《涉及人的生物医学研究伦理审查办法》第18条规定，涉及人的生物医学研究应当符合知情同意原则。

二、《民法典》对基因权利保护机制存在的问题

（一）基因权利与《民法典》基本原则的适用

如前文所述，《民法典》暂未明确人类基因的法律地位，在基因权利保障方面散见于司法解释、地方性法规和部门规章，立法层次较低，可诉性不高，难以维护和保障基因权利。现实中不容忽视的是与就业、保险等方面相关的“基因歧视”（genetic discrimination）[10]会为某种基因携带者带来不公正对待，让权

7　参见颜厥安：《财产、人格，还是资讯？论人类基因的法律地位》，载《台大法学论丛》第31卷第1期。

8　参见张小罗著：《宪法上的基因权利及其保护机制研究》，中国政法大学出版社2017年版，第70－84页。

9　参见张莉：《论人类个体基因的人格权属性》，载《政法论坛》2012年第30卷第4期。

10　基因歧视，指的是直接针对个人或家庭（家族）已显现出来或可感知的与“正常”人类基因不同的遗传变异的歧视，see Richard A. Epstein, *The Legal Regulation of Genetic Discrimination: Old Responses to New Technology*, Boston University Law Review, Vol. 74, January 1, 1994, p. 3。

利人遭受精神痛苦。“中国基因歧视第一案”中，原告因在某市公务员考试体检中被检出携带“地中海贫血基因”而遭拒录，遂将该市人社部门告上法庭。一审败诉后，原告提出上诉，后该市中级人民法院作出终审判决，驳回上诉，维持原判。[11] 该案引发对基因平等权的关注。

虽“平等权”之提法，暂时只是学理上的探讨，并不是《民法典》明文规定的权利类型，但《民法典》第 4 条是关于平等制度的规定，包含了民事主体人格平等之意，即不因民事主体性别、年龄、种族、文化程度等的差别而区分对待。[12] 对未明文规定的权利类型受到侵犯的救济，笔者认为可考虑适用《民法典》中的基本原则条款以实现个案正义。我国《民法通则》时代就有适用“平等原则”的案例。在郭某诉成都某餐饮企业案中，郭某认为餐厅仅对四川大学的教师和学生消费打折的优惠规定是对其他消费者的歧视，遂以该餐饮企业向郭某足额收费的行为构成“反向歧视”为由向人民法院提起诉讼。人民法院在该案判决中较为详细地分析了如何判定构成“歧视”的问题：按照社会一般生活经验和善恶观念进行判断，经营者对特定群体的让利和促销行为符合社会大众的价值取向和道德观点，在客观上不会因此使其他群体产生一种受歧视感，不会对其精神和身心健康造成损害。这种差别对待在合理的范围之内，未损害社会进步和公序良俗，能够得到社会的接受和法律的准允。换言之，平等意味着反对歧视，但并不排斥合理差别。[13]

（二）基因信息披露与“知情权”体系的构建

基因知情权和同意权是与隐私权紧密相连的权利。知情权是指个体对自己基因信息的知情权，一方面包括对遗传信息的了解以及相关遗传信息的解释和推测，被检测者有权知道基因表达的未来风险，在科研或商用场合，还应当保证被检测者了解用于科研或商用的情况；另一方面还包括在基因诊断和基因治疗中作为患者的知情权。相较于其他个人信息，基因知情权还包括“不知情权”（right not to know），因为自然人知道自己携带某种异于他人的基因可能会引发个体认同感危机。[14] 同意权主要是指在知情权的基础上，基因权利人对信息检

---

11 参见王利明著：《人格权法研究》（第三版），中国人民大学出版社 2018 年版，第 590 页。

12 参见最高人民法院民法典贯彻实施工作领导小组主编：《中华人民共和国民法典总则编理解与适用》（上），人民法院出版社 2020 年版，第 48 页。

13 四川省成都市武侯区人民法院（2009）武侯民初字第 4680 号民事判决书，该案载于《中国审判案例要览案例》2011 年商事审判案例卷。

14 See Ruth Chadwick, Mairi Levitt and Darren Shikle, *The Right to Know and the Right Not to Know*, *Genetic Privacy and Responsibility*, Cambridge University Press, September 2014, p. 19.

测和供科研或商用的决定权，[15]还包含对基因信息披露的同意。

《民法典》中尚未直接规定基因信息披露和权利人“知情权”规则，但在婚姻家庭编中规定了作为准配偶的重疾披露义务，第七编第六章“医疗损害责任”规定了患者的知情同意权条款。笔者认为这些规定均可能在具体的基因权利案件中予以适用。《民法典》中要求披露个人信息或隐私的条款较为鲜见，其中第1053条对准配偶课加了重大疾病告知义务，这就意味着任何一方对他方重大疾病的知情权，[16]未来基因信息披露的对象极可能及于亲属或准配偶。如研究表明，大约90%的常染色体显性遗传性乳腺癌与BRCA1基因突变有关，这种突变如果发生在女性身上，极有可能引发乳腺癌。如果得知家族中其他人的BRCA1基因检测结果，女性亲属就可以早确诊、早治疗，个人基因信息的确会影响到亲属的利益。[17]结合司法实践，法院在多宗“不当出生之诉”[18]中认为，医疗机构在胎儿染色体核型检查、遗传基因检测等产前保健检查中应尽到与当时医疗水平相应的注意义务，并负有向胎儿父母如实告知的义务，如违反注意义务和告知义务使患者未能行使优生优育选择权，导致畸形婴儿出生的，医疗机构应承担相应赔偿责任。[19]

（三）人类基因编辑技术应用风险的民法规制

在高新生命技术日新月异的现代社会，基因技术有着不容否认的社会价值。如“基因编辑婴儿事件”中使用的主要技术CRISPR/Cas9成为囊性纤维化治疗的新希望，该技术的运用也可以有效修复血友病凝血障碍。目前已发现超过6000种疾病和基因有关，基因编辑技术将对全人类产生巨大影响。在CRISPR/Cas9等基因技术取得不断突破的同时，我们不禁担心基因编辑技术应用于“定

---

15 参见贾元：《基因权利保护和基因技术应用行为的法律规制研究》，载《北方民族大学学报（哲学社会科学版）》2019年第2期。

16 参见蒋月：《准配偶重疾告知义务与无过错方撤销婚姻和赔偿请求权——以〈民法典〉第1503条和第1054条为中心》，载《法治研究》2020年第4期。

17 参见［美］特雷弗·伍兹著：《基因隐私权新论》，黄淑芳译，载张民安主编、林泰松副主编：《公开他人私人事务的隐私侵权》，中山大学出版社2012年版，第387页。

18 医疗机构未通过医疗手段及时确诊，未能检查出胎儿是否存在染色体异常，而影响胎儿父母作出是否终止妊娠的决定，侵害了父母优生优育选择权，缺陷儿父母有权提起“不当出生之诉”，参见赵盛和：《不当出生、不当生命之诉若干疑难之解决》，载《判解研究》2011年第4辑。

19 如陈某诉上海市儿童医院医疗损害责任纠纷案，参见《胎儿遗传病误诊 引发“DMD基因”医疗诉讼》，载新华社，https://www.chinacourt.org/article/detail/2003/05/id/57773.shtml，最后访问于2020年8月24日；（2006）宜中民一终字第118号杜某诉宜昌市第三人民医院案，（2018）京0105民初36395号冯伟等与民航总医院医疗损害责任纠纷案、（2018）粤01民终7821号杜某、霍某医疗损害责任纠纷案等。

制婴儿”，创造出“超人反乌托邦”等伦理问题。[20] 基因重组技术可以将不同来源的生物基因在生物体外或者体内重新组合，然后把重组的 DNA 分子注入生物受体，重组 DNA 重新复制和表达，并将结果传递给后代。人类基因编辑技术可能无意或有意地威胁以及破坏基因多样性，是人体机械化和医学技术化的现实例证。[21] 有观点认为，人类基因编辑技术的应用不仅涉及人体胚胎的法律地位，还涉及父母生育权、孩子自主权、健康权及知情同意权等法律问题，可能引发不可逆转的人与人之间的不平等，给人类基因库及人类未来带来巨大风险。[22]《民法典》第 1009 条回应的正是基因编辑技术的民法规制问题，但该条款的设置有较为明显的局限性。对于违反法律法规和国家有关规定，从事危害人体健康、违背伦理道德、损害公共利益的行为人到底应当承担怎样的民事责任，该条款并未涉及。从法律体系解释的角度入手，人类基因编辑如果没有遵循相关操作指南和伦理要求，可能会被追究行政责任和刑事责任。如贺某奎、张某礼、覃某洲故意违反国家有关科研和医疗管理规定，逾越科研和医学伦理道德底线，贸然将基因编辑技术应用于人类辅助生殖医疗，扰乱医疗管理秩序，情节严重，三人犯非法行医罪被判处刑罚。[23] 另外，违法违规基因活动的受试者的权利和权益应当如何救济，如何保证“定制婴儿”成长过程中不受歧视等难题，仅依据《民法典》第 1009 条亦无法作出解答。

三、《民法典》施行后人类基因权利的司法保障

（一）运用恰当的解释方法实现基因权利的保护

有学者认为，出于发展国家基因科技的政策需要和基因科技进步所产生的利益分享和风险负担不平衡的考虑，不得不以国家立法的形式积极主动介入当事人之间的基因信息权纷争。[24] 笔者认为，《民法典》第 1009 条包含着推动基因发展、增进公众福祉等社会政策考虑，对基因等新兴权利的保护立法当然是有必要的，但成文法毕竟有着天然的滞后性，通过对《民法典》条文的解释，准确体会法律规范的含义，才可以切实地贯彻立法宗旨。在尽力追求立法完善

---

20 See Tara R. Melillo, *Gene Editing and the Rise of Designer Babies*, Vanderbilt Journal of Transnational Law, Vol. 50 No. 3, 2017, pp. 764 – 766.

21 参见汤晓江：《高新生命科技应用的法律规制研究》，华东政法大学 2017 年博士学位论文，第 68 页。

22 参见徐娟：《基因编辑婴儿技术的社会风险及其法律规制》，载《山东大学学报》（哲学社会科学版）2020 年第 2 期。

23 该案载《人民法院报》2019 年 12 月 31 日，第 1 版。

24 参见罗胜华著：《基因隐私权的法律保护》，科学出版社 2010 年版，第 276 页。

的基础上，让司法者通过创造性法律解释活动弥补制定法之不足，方可互为促进，相得益彰，良性循环。[25] 由于基因权利是“权利束”，在现行《民法典》框架下不一定能找到明确的立法依据，司法机关可以在个案中创造性地解释现有《民法典》及其他法律的权利规范，将基因权利体现出来的利益纳入已经存在的具体基本权利之中，或者在概括性基本权利条款下创设未被法律明文列举的新的基本权利，从而保护人类基因权利。[26] 人类基因权利司法保障需要关注对受侵害利益和秩序如何救济等问题，在民法没有对基因权利束作出具体界定时，司法机关更倾向于给出一个问题的答案，即在对诉讼主体资格进行甄别的基础上，将纠纷纳入程序机制，鼓励通过纠纷结案。[27] 如在个案中，若基因信息是权利人不愿为他人知晓的私密信息，公开后会对权利人宁静生活造成滋扰的，那么该基因信息应被解释为隐私，[28] 司法机关可适用关于个人隐私权的裁判规则。

（二）适用民法基本原则填补权利保护规则漏洞

民法的基本原则具有指导民事立法和司法活动的功能，在实务中也出现了援引民法原则裁判的案件。法官直接援引民法基本原则裁判案件容易造成任意裁判，反而造成司法不公，[29] 民法基本原则只有在现行法缺乏相关规定或者发生规范冲突时才能适用。具体到基因权利纠纷，特别是涉基因技术的案件，背后往往是不同法律利益的博弈，如基因医疗活动中受试者接受治疗的自愿选择权与保护人类未来基因多样性之间存在一定的冲突，那么相应基因技术能否应用的判断标准就变成了“是否贬损人类尊严”。[30] 放在我国《民法典》的语境下，公序良俗原则可以运用于判断与基因技术应用相关的法律行为的效力问题，

---

25 参见刘凯湘：《论民法解释之依据与解释方法之运用》，载《山东警察学院学报》2006年3月第2期。

26 参见张建文：《新兴权利保护的基本权利路径》，载《河北法学》2019年第2期。

27 参见陈姿含：《基因编辑法律规制实践研究：以民事诉讼目的为视角》，载《法学杂志》2020年第3期。

28 这与我国《民法典》第1032条的立法精神相一致，另外为给权益人周全的保护，《民法典》第1034条第3款亦明晰“个人信息中的私密信息，适用有关隐私权的规定；没有规定的，适用有关个人信息保护的规定”。该种基因隐私权的理解也可参见 Ellen Wright Clayton，Barbara J. Evans，James W. Hazel and Mark A. Rothstein，*The Law of Genetic Privacy*：*Applications*，*Implications*，*and Limitations*，available at http：//creativecommons. org/licenses/by/4. 0/，p. 5。

29 参见赵秀梅：《民法基本原则司法适用问题研究》，载《法学论坛》2014年第11期。

30 See Dorota Krekora – Zając，*Civil Liability for Damages Related to Germline and Embryo Editing against the Legal Admissibility of Gene Editing*，available at https：//doi. org/10. 1057/s41599 – 020 – 0399 – 2，p. 3.

从而限制私法自治。司法官需要通过利益衡量等方法充分衡量个案因素，对《民法典》中法律原则作具体化处理与适用。基因信息权益冲突还多见于保险中的基因信息分配问题。保险人在决定保险适格性、限制保险加入、厘定保险费率等方面使用个人基因检测结果，是否适用公平原则，认定保险人构成事实上的基因歧视从而侵犯被保险人的合法权益？面对保险人和被保险人法益上的冲突，司法官应注意避免直接适用民法基本原则，准确把握法律规则背后深层次的立法目的。为了避免保险逆选择和保险欺诈的发生，保险人收集使用被保险人个人基因信息，或要求被保险人提供基因检测证明，一般不构成对基因权利的侵害，因此，我国保险法规定了在投保人故意或者因重大过失未履行如实告知义务，足以影响保险人决定是否同意承保或者提高保险费率的，保险人享有合同解除权。[31]

（三）检察机关提起公益诉讼全面保护基因权利

党的十九届四中全会提出了“拓展公益诉讼案件范围”的要求，《民法典》对隐私和个人信息保护的规范体系为拓展公益诉讼案件范围提供了实体法支持。[32]以《民法典》颁布为动力，加强公益诉讼检察工作，落实《民法典》关于公民隐私和个人信息保护等规定，[33]积极、稳妥将对基因隐私权等新兴权利保护拓展为公益诉讼范围，有利于全面维护公民人格权益、促进社会和谐稳定。检察机关提起民事公益诉讼，是检察权与公民权的衔接和合作，大大促进社会组织提起公益诉讼的积极性，形成社会公益保护的合力。[34]检察机关提起公益诉讼有利于唤醒公民沉睡的基因权利意识，同时也对有关部门主动实施积极的监管职能有着督促作用。就以基因检测为例，国内细分产业众多，医院、临检中心、仪器试剂、技术平台等都是行政监管的对象。根据执法内容和行政职权不同，国家医疗保障、市场监督管理、食品药品监督管理等部门对基因检测各有其监管职责。和基因技术开展密切相关的伦理审查委员会的监督管理工作则由国家卫生行政部门开展。检察机关探索提起涉基因权利的行政公益诉讼，有利于规范基因检测、基因编辑、基因克隆应用和准入制度，促进基因生物科技方面规范的制定和完善。在生物科技时代，基因数据库的建

31　具体裁判可参见（2019）豫民申 4972 号冯某与平安人寿保险合同纠纷案、（2019）黑民申 4059 号李某文与中国人寿保险合同纠纷案。

32　参见“民法典与检察工作”系列报道之八：《探索“等外”有了新的立法依据》，载《检察日报》2020 年 8 月 25 日，第 2 版。

33　参见张军：《把实施民法典贯穿法律监督始终》，载《智慧中国》2020 年第 6 期。

34　参见刘艺：《论国家治理体系下的检察公益诉讼》，载《中国法学》2020 年第 2 期。

设已是生物信息学及信息产业不可或缺的建设基础。[35] 检察机关提起公益诉讼既夯实基因权利的行政保障，也为人类基因数据库的保护提供了坚实的司法保障。

35 参见张小罗著：《宪法上的基因权利及其保护机制研究》，中国政法大学出版社 2017 年版，第 149 页。

论《民法典》个人信息转让中的“同意”

关嘉文　苏　诺*

【内容提要】个人信息转让已成为信息产业发展中不可忽视的环节。《民法典》第1038条第1款确立了个人信息转让中“知情同意—匿名化例外”的规则，这与《民法典》第1035条将个人信息转让一般性包含于“处理”，并在知情同意规则外，独立对处理行为的合理性进行限制的制度设计产生了紧张关系。这种紧张关系反映出对个人信息转让“知情同意”规则的谨慎。本文认为，个人信息转让中的“同意”仍具有兼顾个人自治和产业发展的不可替代意义，不可一概否定。针对实践中影响重大的“同意形式”和“同意撤销”问题，本文基于意思表示规则和《民法典》的规范体系，认为应当根据信息转让的不同场景，具体解释明示、默示和沉默是否构成“同意”的意思表示；同时，无论“同意”在规范上构成合同的同意还是侵权违法性排除的同意，都应允许信息主体在满足法定条件后撤销，以在实质中贯彻“信息自决”。

【关键词】《民法典》　个人信息转让　同意　默示意思表示　同意撤销

引言

《民法典》编纂的一大创新，是在人格权编中设置了独立的个人信息保护规则。这一制度安排有两项重要意义：其一是彰显了个人信息权益及其保护的重要性，其二是通过编入法典的形式，强化个人信息保护的可操作性及其与整个《民法典》规范体系的契合性。对于个人信息转让而言，这体现在《民法典》

* 关嘉文——广东环球经纬律师事务所律师，管理合伙人；苏诺——北京大学国际法学院2019级硕士研究生。

第1038条第1款确立的“未经自然人同意，不得向他人非法提供其个人信息”的一般转让规则，以及不需要同意的“匿名性例外”规则。

进入21世纪的第三个十年，个人信息转让（包括一般意义上的转让和共享、委托处理等模式）对于机器学习、物联网和社交网络等领域具有重要意义。以需要广泛共享个人信息的智能家居为例，2019年中国智能家居市场规模突破1500亿元人民币，产品出货量共8.4亿台，其已经对社会生活产生了深远影响。[1]除附着于互联网相关的商品与服务市场外，个人信息市场本身也具有惊人的价值。曾有研究预测，到2020年，企业通过转让和公开个人数据获得的利润将超过其提供产品或服务本身可获得的利润，以至于学者称物联网数据为新的“淘金热”（Gold Rush）。[2]

另外，相较于“信息泄露”或“违法收集信息”的典型侵权，基于个人信息转让产生的法律问题却较少得到学界和实务界的关注。个人信息及其转让模式的特殊性，为基于“知情同意”的传统意思自治理念构建的转让规则提出了挑战。有学者直接提出，以“告知+同意”模式作为个人信息处理的基础并不具有正当性。[3]《民法典》以“个人信息自决”为纲构建起的个人信息处理中的“同意规则”既不具有可操作性，也不能有效平衡信息产业发展和个人信息保护利益。[4]这种担心也在现实中得到印证：互联网企业往往会在《隐私政策》中告知其将收集并共享、转让用户的个人信息。[5]进而通过事先设置“我已仔细阅读并同意”这一“魔力词”（magic word），控制个人信息的企业就可以对个人信息进行任何共享、出售等处置。

以上担忧不无道理，对于个人信息转让中“同意”制度失灵的部分通过“合理性限制”等设计加以补充也确有必要。但如某些学者主张，应直接否认自

1 《2020年中国智能家居：全年市场规模将超1800亿》，载新浪财经网，http：//finance.sina.com.cn/stock/relnews/cn/2020-03-26/doc-iimxxsth1854438.shtml，最后访问于2020年8月22日。

2 Stacy-Ann Elvy, Commodifying Consumer Data in the Era of the Internet of Things, 59 B. C. L. Rev. 423, 435 (2018).

3 任龙龙：《论同意不是个人信息处理的正当性基础》，载《政治与法律》2016年第1期。

4 谢远扬：《〈民法典人格权编（草案）〉中“个人信息自决”的规范建构及其反思》，载《现代法学》2019年第6期。

5 举一个例子，美国微软公司（Microsoft Corporation）的《隐私声明》，其将“完成某些交易”“提供授权或请求的产品为必要前提”以及关联企业的内部共享（“我们在Microsoft控股的分公司和子公司之间共享个人数据。我们还与代表我们的供应商或代理机构共享个人数据，以实现本声明中的目的”）、“作为企业交易的一部分（如合并或出售资产）”等情形都作为和“征得（用户）同意”并列的、可以与第三方进行数据共享的情形。对此可以理解为，在概括性地同意了微软的《隐私条款》后，前面列举的特殊情形都不需要获得用户的特别同意。参见微软官网，https：//privacy.microsoft.com/zh-cn/privacystatement，最后访问于2020年8月22日。

然人“同意”的必要性，转而以全新的制度对个人信息转让进行规制，未免过于激进。在《民法典》中确立的规范体系已经对个人信息转让中“同意”所面临的问题有了直接或间接的回应。个人信息转让规则作为《民法典》中的制度，应先在《民法典》内部进行解释，明晰其在法典内的规范内涵。因此，在《民法典》实施后的个人信息保护新时代，梳理现行法规范体系内具体影响“同意”的规则，并结合既有裁判规则，以尽可能让《民法典》中的新规则妥善回应既有问题，应至少是与“重构规则”具有同等重要性的任务。

本文以此为主要目标，在第二部分将介绍个人信息转让对同意规则的挑战，以及为何同意规则仍应在《民法典》的制度构建中具有必要性。此后，有两个问题在信息产业界和司法实务中尤为凸显：信息主体作出“同意”的形式，以及“同意”能否被撤销。因此，本文第三部分在论证以“意思表示”作为信息转让“同意”的制度基石后，将分析“同意”在不同类型的信息转让中能否以“明示、默示或单纯的沉默”作出。第四部分则关注“转让同意”之撤销规则的正当性，以及在具体操作模式上是否应根据“同意”在合同法或侵权法层面发挥作用的不同而区分对待。本文关注的重点是在信息转让中“同意”规则的一般性构建，考虑到国内对于个人信息层面格式条款的控制，以及“匿名化”和“已合法公开”两项作为“同意之例外”的规则已有较多论述，因此对于本文不另行赘述。[6]

一、个人信息转让的挑战与《民法典》的回应

（一）个人信息转让的挑战

相比个人信息传统收集、利用中“自然人—信息收集者”的双方关系，个人信息转让中“第三人”因素的存在，使得对信息流转、传输的规制存在更多变数。本文所称的“转让”是在广义上指向基于个人信息原控制者（转让人）与第二控制者（受让人）的合意，个人信息向第三人流转的行为。国家市场监管总局、国家标准化委员会在《信息安全技术 个人信息安全规范》（以下简称《个人信息安全规范》）（GB/T 35273—2020）中对“转让”进行了详细划分。《个人信息安全规范》中除了在第9部分第2条中使用了“共享、转让”的表述之外，还将“委托处理”“共同信息控制”和“第三方接入管理”等个人信息向第三方主体传输的情形进行了专门的列举。

6　对此的详细讨论，参见程啸：《论我国民法典中个人信息的合理使用制度》，载《中外法学》2020年第4期。

美国的信息数据产业发展还催生了一类新型的个人信息与数据转让模式：Personal Data Economics Models（PDE模式）。采用PDE模式的公司向其用户提供市场平台，使用户可以将个人信息出售变现。[7] 这些公司在美国并不鲜见，例如，一家名为Datacoup的公司就宣称，用户可以通过将其匿名或公开的个人数据在平台上出售，以获取现金、比特币或实物等补偿。[8]

个人信息转让上的模式创新直接给"知情—同意"规则带来了挑战。由于合同条款中对于信息控制者信息转让权利的宽泛授权、隐私条款相对人只能"接受或拒绝"、权利人对于个人信息转让的后果缺乏充分认知等原因，信息主体对于信息转让的控制和自决被认为"只是一种幻象"。[9] 尤其是在大数据科技的影响下，信息主体通过同意收集个人信息以换取便利的权衡（trade - offs）需要考虑太多的收益与风险因素，所需经验和专业技能远超权衡者所享有。[10] 此外，在数据频繁流通、共享的过程中，个人信息也可能最终脱离权利人的控制，以至于权利人的自决难以及于后续的信息流通。[11]

（二）对"同意"的质疑与《民法典》第1035条的限制

面对个人信息处理中知情同意的"困境"，有学者主张借鉴欧美个人信息立法中的"场景理论"，在信息向第三方流转的特殊场景中突出独立的"第三方法律地位"和"使用者责任"，并通过技术手段强化用户控制，以弥补对于第三方的"监管空缺"。[12] 欧洲《一般数据保护条例》（General Data Protection Regulation，GDPR）第24条即通过信息处理的"本质、范围、场景、目的"等因素，

---

7 Stacy - Ann Elvy, Paying for Privacy and the Personal Data Economy, 117 COLUM. L. REV. 1369, 1393 (2017).

8 https://datacoup.com/#first - stop ，最后访问于2020年8月22日。相关报道，可见Forbes, *Others Take Your Data For Free*, *This Site Pays Cash*, https://www.forbes.com/sites/adamtanner/2014/03/03/others - take - your - data - for - free - this - site - pays - cash/#1f8a29279461，最后访问于2020年8月22日。

9 Stacy - Ann Elvy, Paying for Privacy and the Personal Data Economy, 117 COLUM. L. REV. 1369, 1413 (2017).

10 Robert H. Sloan & Richard Warner, *Beyond Notice and Choice*: *Privacy*, *Norms*, *and Consent*, 14 J. HIGH TECH. L. 370, 405 - 06 (2014).

11 王利明：《数据共享与个人信息保护》，载《现代法学》2019年第1期，第47页。See also Kevin E. Davis & Florencia Marotta - Wurgler, *Contracting for Personal Data*, 94 N. Y. U. L. Rev. 662, 674 (2019). ("[A] after the initial collector has transferred the data to third parties, observation of subsequent use and transfer typically is nearly impossible.")

12 范为：《大数据时代个人信息保护的路径重构》，载《环球法律评论》2016年第5期。

综合判断信息控制者的具体义务。[13] 在美国，联邦层面尚未有综合性的个人信息立法。近年通过且具有重大影响的州立法——《加州消费者隐私保护法》(California Consumer Privacy Act，CCPA）——也在相应条款中体现了这种基于“场景”的划分，并对个人信息的披露、出售等不同的商业行为设定了不同的义务。[14]

《民法典》对于同意规则“失灵”的回应体现在第 1035 条对于“处理”个人信息的一般规则上。由于第 1035 条 2 款借鉴了 GDPR 模式，将“处理”(process）作广泛解释，包括用于代指转让行为的“传输、提供”等词，[15] 因此第 1035 条的规制范围直接包括个人信息的转让。《民法典》第 1035 条第 1 款第 1 项将自然人或其监护人的同意作为处理个人信息的条件之一，但在文义上，其“应当遵循合法、正当、必要原则”以及“不得过度处理”，与之后列举的“同意”要件之间采用了“并”作为连接词。换言之，即便自然人对其个人信息的转让行为表示同意，《民法典》仍对转让行为施加了需要具体判断的限制，由此体现出立法者对“知情同意”原则一定程度上的谨慎。

由此直接产生的问题是，如何处理《民法典》第 1035 条和第 1038 条之间的关系？毕竟在第 1038 条的规则中，对于“向他人提供”自然人的个人信息仅受同意规则以及信息匿名之例外规则的限制。需要进一步解决的是，如何处理“合法、正当、必要原则”“不得过度处理”与“自然人同意”之间的关系？《民法典》第 1035 条第 1 款的两项限制可否解释成对于自然人对信息转让同意之真实性的补充、还原；又或者，该条出于人格利益独特性和特殊的社会公共利益需要，而独立于自然人同意之外，甚至在满足的时候可以作为降低自然人同意标准的要件进行适用——既然自然人同意本身处于“失灵”状态，那是否只需要坚持转让中的合理性原则即可，不必强求自然人的同意？

后一种解释进路可能矫枉过正，以至于产生新的风险。首先，个人信息权被《民法典》列为人格权范畴，且《民法典》体系的根本原则是意思自治，足见立法本意应是最大程度的尊重、还原，而非替代当事人对信息转让的自主决定。“能不能行使和是否享有该权利是两回事”。[16] 其次，若完全交由“合法、正当、必要”与“不得过度”的原则处理，则很可能将个人信息转让的保护大

---

13 Regulation (EU) 2016/679 of the European Parliament and of the Council of 27 April 2016 on the protection of natural persons with regard to the processing of personal data and on the free movement of such data, and repealing Directive 95/46/EC (General Data Protection Regulation) art. 24.

14 See Cal. Civ. Code § § 1798. 115 (c), 120 (b), 130 (a) (5) (C), 130 (c) and 135.

15 程啸：《我国〈民法典〉中个人信息保护制度的创新与发展》，载《财经法学》2020 年第 4 期。

16 陆青：《个人信息保护中“同意”规则的规范构造》，载《武汉大学学报（哲学社会科学版)》2019 年第 5 期。

幅受制于司法裁判者和市场监管者的裁量，以此难免损害当事人的行为预期，也很可能造成依赖“行业习惯”“公司长期政策”导致信息保护力度反而更低的窘境。最后，增强信息主体对于个人信息控制能力之科技的发展、信息主体对于信息意识的提高等因素，以及直接限制个人信息转让可能导致的过高调查成本，将直接削弱在信息转让领域采取特别法规制之基础假设“信息壁垒理论”（information barrier theory）的正当性。[17]

另外，要强调权利人同意在个人信息转让中的必要性，还必须证明其可操作性和独立价值，也要证成在《民法典》和其他现行法规范体系下，信息主体同意规则得以通过解释方法的恰当运用，以解决信息转让中出现的新问题。因此，本文第三部分、第四部分以此为目标。只有穷尽解释后难以进行解决的，才是真正需要在自然人同意之外另设规则进行处理的“真问题”。

二、同意的形式：明示、默示和单纯的沉默

《民法典》中自然人信息转让所要求的“同意”应是一项意思表示，或在“消极防御”的侵权违法性排除层面，至少是一项类推意思表示规则的“意的表达”。[18] 作为构造《民法典》维护意思自治规则最基本的砖石，通过意思表示规则构建“同意”规则也是最大限度维护当事人对信息转让控制的必然要求。

在信息转让中，突出涉及的意思表示问题主要有三个：其一，自然人能否以“默示”乃至单纯“沉默”的形式作出同意？其二，已经作出的对信息转让的同意能否被撤销？其三，若可以，被撤销后信息转让机构和受让机构之间的关系如何处理？本段将主要对第一个问题进行分析。

根据《民法典》第 140 条第 1 款、第 2 款，意思表示可以通过“明示”“默示”和“单纯的沉默”方式作出。对比 GDPR 在“定义”第 4（11）条将“同意”限于“声明”（statement）和“明确的积极行为”（clear affirmative action），《民法典》第 1035 条、第 1038 条并没有对“同意”是否仅应以明示作出，还是可以以默示乃至沉默的方式作出进行明确的回应。《个人信息安全规范》则提供了参照作用：在“定义”部分，《个人信息安全规范》专门对“明示同意”进行了界定，包括“作出肯定性动作”（如勾选“我同意”）和“主动提供信息”

---

17 Kevin E. Davis & Florencia Marotta - Wurgler, *Contracting for Personal Data*, 94 N. Y. U. L. Rev. 662, 686 - 89 (2019).

18 陆青：《个人信息保护中“同意”规则的规范构造》，载《武汉大学学报（哲学社会科学版）》2019 年第 5 期。

等。[19]《个人信息安全规范》进一步采用了“授权同意”的术语，即在“明示同意”外，消极的不作为也可以视为同意，包括“个人信息主体在被告知信息收集行为后，没有离开该区域”。[20]

（一）对于同意形式认定的模糊

以上规定似乎说明，至少在具有影响力的标准层面，个人信息转让情形中“同意”一词，可以广泛对应《民法典》规范体系内明示、默示乃至单纯的沉默作为形式的意思表示。2015 年广受关注的朱某与北京百度网讯科技公司隐私权纠纷中，南京市中级人民法院引用《信息安全技术公共及商用服务信息系统个人信息保护指南》（GB/Z 28828—2012）对于“默示同意”的宽松认定标准，[21]似乎也反映出在个人信息领域对同意形式进行灵活处理的一种裁判规则。

但回归《民法典》对于意思表示形式的规范，个人信息转让中所必要的“同意”对形式的要求是否真的如此宽泛，以至于信息主体“只要在使用”或者“没有提出异议”即构成“同意”，仍然值得进一步思考。

根据《民法典》第 140 条第 1 款中明示和默示的意思表示进行区分的一般规则，当意思表示需要从当事人的行为进行推断的，应属于“默示”的意思表示。[22]于此，《个人信息安全规范》的定义中包括肯定性动作、主动提供信息等行为的“明示同意”，本质上包含《民法典》规范用语中的“明示”和“默示”两种意思表示。信息主体明确知情后“没有离开”，则几乎属于“沉默”的范畴了。

若信息主体对收集行为作出了明示的意思表示，一般不会对信息主体真实意思的解释产生难题。存在的问题是，信息主体如何对信息转让的行为通过“默示”乃至“单纯沉默”的方式有效作出了意思表示？这仍须取决于意思表示解释的一般规则，即《民法典》第 142 条中按照文义，并“结合相关条款、行为的性质和目的、习惯以及诚信原则”。

---

19 国家市场监管总局、国家标准化委员会《信息安全技术 个人信息安全规范》（GB/T 35273—2020），第 3.6 条：“个人信息主体通过书面、口头等方式主动作出纸质或电子形式的声明，或者自主作出肯定性动作，对其个人信息进行特定处理作出明确授权的行为。注：肯定性动作包括个人信息主体主动勾选、主动点击‘同意’、‘注册’、‘发送’、‘拨打’、主动填写或提供等。”

20 国家市场监管总局、国家标准化委员会《信息安全技术 个人信息安全规范》（GB/T 35273—2020），第 3.7 条：“个人信息主体对其个人信息进行特定处理作出明确授权的行为。注：包括通过积极的行为作出授权（即明示同意），或者通过消极的不作为而作出授权（如信息采集区域内的个人信息主体在被告知信息收集行为后没有离开该区域）。”

21 南京市中级人民法院（2014）宁民终字第 5028 号民事判决书。

22 最高人民法院：《〈中华人民共和国民法总则〉理解与适用》，载《司法解释理解与适用全集·民事总类卷》，人民法院出版社 2019 年版，第 500 - 501 页。

（二）默示的同意

在朱某诉北京百度网讯科技公司隐私权纠纷中，法院认为原告信息主体在百度公司“明确告知”其会使用cookie技术并且提供了退出机制的前提下，仍使用百度搜索引擎服务，应视为采取默认“选择同意”方式的认可。由于cookie技术与互联网搜索引擎的个性化结果显示之间有较为密切的联系，以当事人继续使用搜索引擎此种功能之行为目的和性质，结合诚实信用的客观角度，将信息主体（朱某）的行为解释为默示同意，在“信息收集”的情境下具有一定合理性。但在“信息转让”的情景中有必要具体分析。

首先，对于与提供服务密切相关的，且对于信息主体而言服务的实现明显有赖于信息转让、共享的情形。此类情形包括同一品牌内部的信息沟通、以“信息互联”“物联网”“智能算法”等为主要产品或服务特征的产品或服务。例如，智能家居中有赖于经常性传递个人信息以实现对居住模式进行调节的各项家具、需要经常性识别周边行人、路况信息并借以优化算法的自动驾驶汽车、需要共享员工生物识别信息（指纹、语音、人脸识别）等以实现精准权限管理的大型企业信息系统等。对于此类产品或服务，若信息转让主体通过隐私政策等方式告知，且信息主体无异议地使用的，应能解释出其对于转让的“默示同意”。

但对于生物识别信息，由于更加直接地涉及“个人敏感信息”，且考虑到保护国民安全的政策，应构成对当事人的“默示同意”范围进行限制。[23]《个人信息安全规范》第9.2条中虽然要求敏感信息转让须征得自然人“明示同意”，但由于《个人信息安全规范》的定义实质上将“默示”纳入了“明示”的语义范畴，因此其规范控制作用有限。有域外学者建议通过设置“个人隐私监察专员”（Consumer Privacy Ombudsman）作为外部控制，以弥补“知情同意”本身的不足。[24]

其次，对于与提供服务不相关，或作为服务使用人的信息主体无法明确知悉的信息转让、共享。例如，单一产品企业收集的个人信息被企业用作融资工具而进行转让、企业为与其他服务上不直接相关的企业合作组成信息共享平台，等等。此时，信息主体无法通过使用企业产品或服务的方式直接认识到，自身被收集的信息被用于与享受服务不相关的用途。

处于中间状态的是“委托数据处理”的情形，如一个企业自身无法进行大

23　参见叶名怡：《个人信息的侵权法保护》，载《法学研究》2018年第4期。

24　Stacy - Ann Elvy, *Commodifying Consumer Data in the Era of the Internet of Things*, 59 B. C. L. Rev. 423, 518 (2018) (urging a CPO when personal information is attachment in secured transactions).

量的数据处理和计算，而委托“云计算”平台或其他企业代为处理个人信息。此时，若是一味地课以严格的告知同意条件，将会显著提高互联网企业的运营成本，进而可能导致市场上仅有少数能够自己搭建数据处理平台、开发出自己算法的企业得以享受大数据的便利。最终，保护个人信息的规范反而将成为破坏自由竞争、维护大企业市场霸权的技术壁垒。[25]《美国加州消费者隐私保护法》中专门对个人信息的“出售”和“基于商业目的的披露”进行了区分，[26]我国《个人信息安全规范》第9.1条也将“委托处理”的情形单独规定并使用“授权同意”等对于同意要求更为灵活的限定，虽然在规范适用的效力上并不具有强制性，但仍值得在解释中进行借鉴。

（三）单纯的沉默

根据《民法典》第140条第2款的规定：“沉默只有在有法律规定、当事人约定或者符合当事人之间的交易习惯时，才可以视为意思表示。”因此，若信息主体只是单纯地使用信息控制者的某项服务，没有其他的行为表示其愿意信息被转让的，原则上不应解释为存在对信息转让“同意”的意思。举一个简单的例子，若电影院的观众只是购买了电影票，不能直接认为他看电影的行为同时就构成对于购买爆米花的同意。进一步地，在广泛运用信息共享技术的自动驾驶领域，即便可以认为用户通过使用自动驾驶车辆，同意向智慧城市中交通设施提供车载重量等必要信息，也难以认为其沉默属于对“车辆识别号”进行共享的同意。此时，“自动同意”（automatic consent）并不存在，也不应期待消费者存在对于所有个人信息进行共享的概括同意。[27]

值得注意的是，在今年宣判的凌某某诉北京微播视界科技有限公司隐私权、个人信息权益网络侵权责任纠纷案中，抖音方面试图证明“关联企业之间共享数据是社交软件和应用行业通行的做法”，[28]尽管北京互联网法院最终未对此项主张是否成立进行直接回应。按照《民法典》的文义和立法目的，可以支持“沉默”作为意思表示的，应该是交易当事人“信息主体（提供人）和信息控制者（信息初次转让人）”之间的交易习惯。因此，单纯通过“关联企业间的习惯”或是“行业习惯”，较难构建起“沉默作为信息转让同意”的正当性。

---

25 See Stacy – Ann Elvy, *Commodifying Consumer Data in the Era of the Internet of Things*, 59 B. C. L. Rev. 423, 515 (2018).

26 Cal. Civ. Code § 1798. 140 (d)

27 Ivan L. Sucharski & Philip Fabinger, *Privacy in the Age of Autonomous Vehicles*, 73 Wash. & LEE L. REV. ONLINE 724, 746 (2016 – 2017).

28 见北京互联网法院（2019）京0491民初6694号民事判决书。

三、同意的可撤销性

（一）同意可撤销的必要性

需要进一步讨论的是，信息主体已经作出的对信息转让的同意，得否被撤销?《民法典》和现行其他规范中并没有进行明确规定。在比较法上，这种撤销权被称为“选择退出”（Opt - out）的权利，并在个人信息保护法中有广泛体现。例如，《加州消费者隐私法》就赋予了“满16周岁的自然人选择退出个人信息出售”的权利。[29] GDPR亦在第7.4条中明确称“信息主体有权在任何时候撤销其同意”，但“同意的撤销不影响在之前已经处理信息的合法性”[30]。

撤销同意作为一种“退出机制”，可以在一定程度上解决信息主体同意的不真实性困境。例如，信息主体在事先同意时未能有效了解个人信息转让的范围、机制、影响等而陷入信息不对称困境，并在一段时间之后才能将信息不对称消弭；或者，由于传输的个人数据过多，或由于后续涉及的信息转让主体过多、个人信息流转将要超出个人控制，信息主体不再愿意继续进行信息转让。[31] 对此，“退出机制”可以使信息主体及时撤销同意，有效掌控个人信息自主权。在司法实践中，可以“撤销同意”也往往是法院认定企业隐私政策有效性的重要依据。例如，在“朱某诉北京百度网讯科技公司隐私权纠纷中，南京市中级人民法院即将百度“通过禁用按钮向用户提供选择退出机制”作为认定原告朱烨认可《隐私政策》的重要依据之一。[32]

（二）同意可撤销性不必区分“合同同意”和“侵权同意”

需要进一步讨论的是，同意的可撤销性是否需要因为该种同意在“合同”或“侵权”中的性质不一，而需要作出区分处理。有学者主张，为了平衡人格权自决利益的保护，与保障交易相对人信赖的紧张关系，在对于行使同意撤销（撤回许可使用）权利时给无过错相对人造成损害的，应进行赔偿。[33] 又有观点主张区分“合同语境”和“侵权语境”：在合同语境中，个人信息是交易内容的组成部分，仅与个人信息的财产价值相关，因此应对撤回权进行限制；但在

29 Cal. Civ. Code § 1798.120.

30 General Data Protection Regulation, art. 7.4.

31 See Daniel J. Solove, *Introduction: Privacy Self - Management and the Consent Dilemma*, 126 HARV. L. REV. 1880, 1888 -89, 1891 -93 (2013).

32 南京市中级人民法院（2014）宁民终字第5028号民事判决书。

33 姚辉：《关于人格权商业化利用的若干问题》，载《法学论坛》2011年第6期。

“同意”作为排除侵权违法性的语境下，这种“受害人同意”根据侵权法理可以随时撤回。[34]

根据“合同—侵权”进行二分的体系在学理上确实自洽，也反映了《民法典》合同编与侵权责任编不同的立法构造和规范逻辑。但在实务中产生的问题是：如何有效区分“基于合同的同意”和“作为阻却侵权违法性的同意”？

在现实的商业运营中，几乎很难区分基于此处“同意”本质上具有的是“合同”还是“侵权”的性质。首先，众多信息处理企业和机构都已经制定了自己的《隐私政策》，甚至对于信息转让行为有特别的同意许可条款和相应实现机制。根据实证研究，在国内访问量前500的网站中有348个披露了隐私政策，在前100的网站中有80个披露了隐私政策。[35]此时，很难说这些已经载于隐私政策条款中，且用户积极同意的条款，不是通过意思表示缔结的有效“合同”的一部分。其次，就算信息主体没有典型的交易行为，用户通过信息企业使用自身信息，同时获得某些“免费”服务的选择，也并非不能理解为权衡之后，“通过提供个人信息换取企业服务”。这种被称为“用数据支付”（Data - as - payment）的模式被广泛应用于物联网和社交媒体产业中。[36]此时，很难说这种“许可使用”的同意仅仅是“排除侵权违法性”，而非“作为将信息作为交易内容”的“合同上同意”了。

由此可见，“合同”与“侵权”的同意不仅在实务操作中难以区分，也不应存在区分的必要。考虑到个人信息作为一种人格权益的强属性，以及长期信息转让中难免存在个人对自身信息丧失最终控制力，因此，在典型的“以个人信息作为对价”的转让合同中，同样存在信息主体撤销同意的必要。至于后续的信息交易相对人的信赖的保护，则可以借鉴域外立法，通过要求信息主体作出撤销同意的提前告知、同意撤销不影响之前已生效的信息转让等形式实现。[37]

---

34 陆青：《个人信息保护中“同意”规则的规范构造》，载《武汉大学学报（哲学社会科学版）》2019年第5期。

35 冯洋：《从隐私政策披露看网站个人信息保护——以访问量前500的中文网站为样本》，载《当代法学》2019年第6期。

36 Stacy - Ann Elvy, *Paying for Privacy and the Personal Data Economy*, 117 COLUM. L. REV. 1369, 1384 (2017).

37 General Data Protection Regulation, art. 7. 3. 类似的考量也可见国家市场监管总局、国家标准化委员会《信息安全技术 个人信息安全规范》（GB/T 35273—2020），第8.4条的备注部分：“注：撤回授权同意不影响撤回前基于授权同意的个人信息处理。”

结语

个人信息转让对传统的“知情同意”模式提出了挑战，《民法典》也通过将“合理处理”独立于“知情同意”等制度设计，对时代问题进行了领先于时代的回应。但现在远未到宣布“同意”机制已经彻底失效，需要摒弃《民法典》意思自治的基本原则而在民法典中另行构建其他原则性制度之时。通过对“同意”在《民法典》的规范体系内进行妥善解释和厘清，仍能在维护“信息自决”的基础上，有效解决个人信息转让中看似疑难的各项“同意失灵”问题。

本文的初衷，也即通过解释“同意”在不同信息转让模式中应当具备的适当形式，尤其是通过何时构成“默示同意”以及“沉默”的效力，回应信息主体对企业《隐私协议》和告知“往往视而不见”的困境；通过解释“同意”的可撤销性，回应信息主体在不断变化的情势和个人信息的大量、多次流转中，如何避免个人信息的最终“失控”。本文认为，有效的告知同意相较于烦琐且模糊的特别法性质干预，也应更能有效地平衡“信息自决”和“鼓励中小企业有效利用大数据技术与信息市场进行创新”之间的紧张关系。

诚然，本文并没有解决个人信息转让给“知情同意”范式带来的所有挑战。本文的另一目标是立足于即将生效的《民法典》，充分利用划时代法典的体系性和严密规范设计，厘清知情同意原则能够解决和不能解决的问题。从而，本文期望能为今后处理《民法典》第 1035 条对于“知情同意的合理性限制”和第 1038 条信息转让的“知情同意—匿名化例外”规则之间的紧张关系，以及厘清今后修订相应单行法时真正需要回应的“同意失灵”问题之界限，提供一些有价值的参考。

21 世纪《民法典》：刑法面临的挑战、回应与展望

胡树琪*

【内容提要】《民法典》是一部具有中国特色、以人为本、反映时代精神的21世纪民法典，民法典颁行对刑法从体系、理念与制度带来挑战，刑法应当主动适应民法典，推动刑法的创新与变革。在刑法立法体系方面，我国刑法立法应继续采用法典型立法模式，适时将刑法典编纂工作提上议事日程。在刑法谦抑性原则的要求下适度的、理性的犯罪化，在具体制度上与民法典的相关内容进行衔接与协调，确保民、刑两大法典协调一致。

【关键词】民法典　刑法典　法典化　立法模式　展望

2020年5月28日，第十三届全国人大三次会议审议通过了《民法典》，这是新中国第一次法典编纂、第一部以“法典”命名的法律，也是新中国条文和篇幅最多的法律。民法典颁行，不仅从体系上完成了“一项复杂的系统工程”，也有许多具体的变化。作为“万法之法”，民法典颁行不可避免地将对包括刑法在内的其他部门法带来挑战与影响，刑法应当如何回应，必须以前瞻性的认识做联动思索。

一、《民法典》的时代意义

（一）《民法典》颁行标志着中国特色社会主义法律体系的趋于完善

编纂民法典，是党的十八届四中全会确定的一项重大政治任务和立法任务，

* 胡树琪——北京师范大学刑事法律科学研究院博士研究生。主要研究方向：刑法学。

是以习近平同志为核心的党中央作出的重大法治建设部署。2011年，全国人大前委员长吴邦国在十一届全国人大四次会议上宣布："中国特色社会主义法律体系已经形成。"但是客观而论，在当时作为市场经济基本法的民法典尚未出台，如今，以民法典颁行为标志，中国特色社会主义法律体系趋于完善。

（二）《民法典》颁行标志着基础权利体系的成型

民法以调整民事主体之间的财产关系和人身关系，规范社会的基本生活，保障自然人、法人权利为己任。公法所规范的大多数社会关系通常建立在各类民事法律关系基础之上，是对交易行为的事后介入和二次调整。民法典是关乎根本性权利的法律，民法典对财产权、人身权等特定权利的界定，对土地制度、人格权制度、法人制度的明确，对其他的法律体系的衔接有着重要的作用，有助于缓解部门法之间的"紧张关系"。

（三）我国《民法典》颁行标志着21世纪民法典的成型

近代民法典起源于法国大革命，《拿破仑民法典》具有强烈的革命色彩。民法典历经风雨70载，终在21世纪诞生，是世界立法史上最新的一部民法典，富有时代特色，紧跟时代发展，适应时代要求。作为经济总量第二，具有广泛影响力的大国，21世纪中国民法状况如何，民法典无疑是人们普遍关注的焦点。从更加充分保护人的尊严和权利，到编纂的七编制体例、制度创新，具体到对环境问题的关注、知识经济的反映、风险社会的规制，体现全球大市场经济规律要求，民法典以其现代性应当成为21世纪民法典的典范。

二、《民法典》颁行：刑法面临的挑战

（一）体系挑战：有无必要编纂刑法典？

《民法典》是潘德克吞体系高度抽象化的产物，值得思考的是，对刑法而言，刑法立法的改革方向如何？当前有无必要编纂刑法典？

目前，世界各国刑法立法的现代发展逐步呈现出"解法典化"的立法趋势。在我国刑法学界，刑法立法改革方向问题也一直是备受关注的焦点问题。对此，有不少学者就当前我国刑法单一法典化的立法趋势提出了批判，主要观点有：法典化建立在唯理主义的理论范式之上，它扭曲了刑法立法与司法的互动关系；[1]社会风险扩大，要求立法者提高立法精度应对非传统的安全问题，大一统的立

1 卢建平：《刑法法源与刑事立法模式》，载《环球法律评论》2018年第6期。

法方式无法适应这一现实要求；[2]一部刑法典事实上不可能囊括所有犯罪等。[3]

从其他大陆法系国家的刑法立法模式来看，典型的立法模式是走多元化立法的道路。法国、德国、日本均颁布了刑法典，与此同时，这些国家都采用了多种立法模式，在刑法典之外也选择了单行刑法、附属刑法、刑法修正案的立法模式。旨在形成一个多种立法模式相互配合的刑法体系，在刑法立法的体系性与分散性上寻求平衡。

站在时代的坐标轴上，回顾我国刑法立法的发展历程，可以发现，我国刑法立法正处于一个改革发展的分水岭。[4]经过多年的探索与发展，我国刑法体系基本确立。然而，自1999年起，经过十余部《刑法修正案》对刑法进行修订，对刑法“打补丁”的修法方式的弊端也逐渐凸显。对此，有学者明确指出，1997年刑法已经进入其生命周期的后期，应适时启动对其的全面修订。[5]目前，我国法治建设正处于新时期，民法法典化对刑法体系变革提出了时代挑战。

（二）理念挑战：刑法的犯罪圈应当限缩吗？

根据《民法典》第10条的规定[6]，可以发现，在适用民法处理纠纷时是以充分尊重当事人意思自治为基本原则，对民事关系进行调整，对当事人的权利予以救济。而刑法则是在罪刑法定原则的要求下，对犯罪行为进行严格的裁判与制裁。民刑两法解决纠纷的路径不同，思维方式不同，导致了对公民自由保障方式的必然差异。

关于《民法典》的颁布，王利明教授提出了“民法要扩张，刑法要谦抑”的观点。[7]主张在民法典时代，如果能够采用民事手段解决的话，尽量不要采用刑事手段解决相关纠纷。这一观点引起了刑法学界广泛的讨论。民法典的颁布，对刑法立法理念提出了挑战，即刑法的犯罪圈是否应当限缩？以非犯罪化为发

---

2 童德华：《我国刑法立法模式反思》，载《法商研究》2017年第6期。

3 张明楷：《刑事立法的发展方向》，载《中国法学》2006年第4期。

4 我国刑法立法模式经历了一个不断探索、变革的过程。整体上可以分为三个阶段：一是，1949年至1979年刑法立法的起步阶段。这一阶段我国采用单行刑法的立法模式，以“条例”的形式颁布单行刑事法规。二是，1979年至1997年的刑法大修阶段。1979年刑法颁布后，我国最高立法机关又颁布了多个单行刑法，并以附属刑法的形式对1979年刑法进行修改、完善。三是，1997年至今刑法体系的发展完备阶段。经过多年的酝酿，1997年颁布了我国现行刑法。1997年刑法颁布后，国家立法机关共通过一部单行刑法，通过十部刑法修正案对刑法进行修订。自1999年起，刑法修正案是我国刑法修正的唯一模式。

5 梁根林：《刑法修正：维度、策略、评价与反思》，载《法学研究》2017年第1期。

6 《民法典》第10条：“处理民事纠纷，应当依照法律；法律没有规定的，可以适用习惯，但是不得违背公序良俗。”

7 王利明：《民法要扩张 刑法要谦抑》，载《中国大学教学》2019年第11期。

展方向？

客观来看，自1997年刑法颁布以来，我国共出台了十部刑法修正案，刑事立法活跃，处于“刑事立法的活性化”时代。通过刑事立法，扩大了刑事处罚范围，不仅增设了部分犯罪，而且将部分帮助行为与预备行为实行化。刑法法益观念呈现出由重视法益实害转向重视法益抽象危险的趋势。此外，部分司法解释也呈现出犯罪化的特征。[8]整体而言，自1997年刑法施行至今，我国刑法呈现出法网逐步严密，持续犯罪化的基本倾向。

对于刑法犯罪化的基本趋势，刑法学者们持有不同观点。有不少学者主张积极刑法立法观，并认为这与刑法的谦抑性并不矛盾。[9]也有学者主张，今后我国刑事立法应该停止刑法调控范围的扩张，拒绝进一步的犯罪化。[10]那么，随着民法典的出台，我国步入权利保护的新时代，是否应当以非犯罪化为刑法未来的发展方向，限缩刑法的犯罪圈，是民法典时代对刑法提出的理念挑战。

（三）制度挑战：刑法应如何适应、对接《民法典》？

刑法和民法关系非常密切。民法典的规定对于刑法中的定罪活动具有一定程度的制约性。只有正确对待民法典，刑法中的定罪才能获得正当性与合法性。[11]在民法典颁行后，刑法应主动与之适应，与民法典的相关规定进行衔接与协调，应尽力排除民刑法域冲突的情形。此外，部分民事违法行为与侵害民事权利行为的犯罪化问题，也是值得关注的重点。具体而言，以下几个方面值得予以关注。

其一，《民法典》将限制民事行为能力人的年龄从之前的10周岁下调至8周岁，那么刑事责任年龄是否需要跟进调整？近年来，多次出现低龄恶性犯罪事件，是否降低刑事责任年龄的问题已成为社会关注的焦点。

其二，《民法典》明确禁止高利放贷行为（《民法典》第680条），规定了与人体基因、胚胎有关的科研义务（《民法典》第1009条），调整了高空抛物、坠物行为的规定（《民法典》第1254条）。对于高利贷行为的刑法规制，对科学技术犯罪行为立法，高空抛物、坠物行为的刑法治理问题，均值得进一步探讨，以实现民刑衔接。

8　根据2000年最高人民法院颁布的《关于审理交通肇事刑事案件具体应用法律若干问题的解释》规定，在交通肇事后指使肇事人逃逸，致使被害人因得不到救助而死亡的，以交通肇事罪的共犯论处。这一“过失共犯论”的规定具有明显的犯罪化倾向。

9　周光权：《积极刑法立法观在中国的确立》，载《法学研究》2016年第4期。

10　刘艳红：《我国应该停止犯罪化的刑事立法》，载《法学》2011年第11期。

11　陈兴良：《刑法应主动去适应民法典》，载《人民检察》2020年第15期。

其三，民法典中生命权的规定为刑法中的正当防卫制度提供了正当性基础，并对自甘风险（《民法典》第1176条）、自助行为（《民法典》第1177条）进行了规定。基于法秩序统一性原则的要求，民法与刑法领域之间也不应作出相互矛盾、冲突的解释。[12] 因此，在民刑交叉案件的处理过程中，应避免出现“民刑倒挂”的现象，将民法上合法的行为认定为犯罪。

三、《民法典》时代：刑法的回应与展望

《民法典》的颁布给刑法带来的体系挑战、理念挑战与制度挑战，既是刑法发展面临的时代挑战，同时也是刑法发展的时代机遇。因此，刑法应当积极回应民法典带来的挑战，以民法典的颁布为契机，推动刑法的创新与变革。

（一）体系革新：我国应适时启动刑法典的编纂工作

“法典是制度文明的显赫篇章。”[13] 民法法典化后，刑法是否与之呼应，颁行刑法典，是值得我们审慎思考的。对此，需要对以下两个问题予以回应：一是，我国刑法立法是否应当采用法典型立法模式[14]；二是，当前我国刑法是否具有编纂刑法典的现实需要。

由于我国法律从属于大陆法系，且我国自古以来就有编纂法典的传统，即使不同学者对我国刑法立法未来发展方向持有不同的观点[15]，但对于我国刑法立法应当采用法典型立法模式，这一点几乎具有广泛认同。事实上，“解法典化”并非意味着“非法典化”，不再采用刑法典的立法模式，而是主张采用刑法典与特殊刑法共存的立法模式。在现代社会高速发展的时代背景下，激活单行刑法与附属刑法的适用，形成一个多种立法模式相互配合的刑法体系，以保持刑法的稳定性与灵活性的相对平衡。可以说，对于我国刑法立法的发展方向、改革的焦点主要在于我国刑法立法是否要走单一法典化的道路。而对于我国刑

12　参见［日］松宫孝明：《刑法总论讲义（第4版补正版）》，钱叶六译，中国人民大学出版社2013年版，第81页。

13　封丽霞著：《法典编纂论》，清华大学出版社2002年版，第230页。

14　法典型立法模式不等同于单一法典化。

15　不同学者对于这一问题提出了不同的看法，主要有三种代表性观点。第一种观点认为：应当由刑法典、单行刑法、附属刑法、轻犯罪法分别规定不同性质的犯罪；第二种观点认为：应建立刑法典、特别刑法和刑法修正案相结合的刑法立法模式；第三种观点认为：我国目前刑法立法采取统一法典模式是最为妥当的。参见张明楷：《刑事立法的发展方向》，载《中国法学》2006年第4期；柳忠卫：《刑法立法模式的刑事政策考察》，载《现代法学》2010年第3期；时延安：《刑法立法模式的选择及对犯罪圈扩张的控制》，载《法学杂志》2013年第4期。

法立法应当采用刑法典这一立法模式，几乎没有争议。刑法典的立法模式使得刑法规定具有确定性与稳定性，是罪刑法定原则的具体表征，也是刑事法治的内在要求。因此，综合多方因素的考虑，我国刑法立法应继续沿用法典型立法模式，将法典型立法模式确立为未来我国刑法立法的发展方向。

从我国刑法立法现状来看，我国共通过了十部刑法修正案对刑法进行修订，在一定程度上维系了我国刑法的统一性。但经过十部刑法修正案的修订，这一修法模式的弊端也逐渐显现。一方面，部分修正内容不适宜采用刑法修正案的方式进行修订。例如，《刑法修正案（八）》与《刑法修正案（九）》已经开始对刑法总则的相关问题进行修订，对刑罚结构与刑罚制度进行完善。但刑法修正案的修法方式如同对刑法“打补丁”，对于刑法规定的重大缺陷或瑕疵，不适宜采用这一方式。另一方面，采用刑法修正案的方式对刑法进行修订，一定程度上，显得我国刑法体系与刑法条文之间的逻辑较为混乱。面对风险社会的到来，社会步入转型时期，1997 年刑法在立法方面存在的瑕疵或缺陷逐步显现，采用刑法修正案的方式不仅无法对 1997 年刑法进行根本性修正，而且这一方式还将增添新的瑕疵与缺陷。

本文认为，我国刑法立法应继续沿用法典型立法模式。目前，继续采用刑法修正案的方式对刑法进行订正难以满足刑法的发展需要，应适时将刑法典编纂工作提上议事日程，对 1997 年刑法进行整理、修订。

（二）理念发展：刑法应适度的、理性的犯罪化

《民法典》的颁布具有时代意义，毫无疑问的是，在法治建设的新时代，民法要扩张，对于社会纠纷应更多地采用民事手段予以解决。但从刑法犯罪圈的设定范围来看，值得我们思考的是，在民法扩张的时代，刑法是否需要谦抑？刑法又应当如何谦抑？刑法的谦抑是否必然代表着犯罪圈的限缩？

对于刑法的谦抑性原则，早已得到了广泛的认同。由于刑事制裁措施的严厉性，刑法在法律体系中居于保障法的地位，只有在其他部门法无法妥善解决相应的纠纷时，才能适用刑法。基于刑法谦抑性原则的要求，应对刑罚处罚范围与处罚程度予以控制。在此意义上，王利明教授所提出的“刑法要限缩”的观点，与刑法理念是完全契合的。需要回应的问题是，刑法的谦抑性是否直接意味着非犯罪化或者限缩犯罪圈。

应当认识到，一个行为的社会危害性会随着社会的发展变迁而产生变化。现代社会中，新型安全威胁不断涌现，恐怖主义犯罪、毒品犯罪、高科技犯罪、环境犯罪等犯罪手段多样，犯罪态势严峻。如果严格秉持不能予以犯罪化的立场，就很容易导致社会治理中的刑法缺位现象。同时，民法典赋予人民的权利

也难以得到周全的保护。因此，在民法典时代，刑法犯罪圈设定的难题在于合理地选择真正值得处罚的行为。[16]

基于刑法的谦抑性原则要求，当然不能不加限制地进行犯罪化。但是，刑法谦抑性原则也并非排斥扩大犯罪圈，认为非犯罪化是刑法的唯一发展路径。对刑法而言，适度、理性的犯罪化是更为合理的做法。与此同时，刑法的谦抑性原则不仅制约刑事立法，也应当加强对刑事司法的制约。在刑事立法犯罪化的基本倾向下，在刑事司法中，要贯彻落实不起诉、认罪认罚从宽、缓刑等制度，以保障“宽严相济”刑事政策的贯彻落实。

（三）制度衔接：民法典贯彻落实的刑法保障

第一，关于刑事责任年龄是否需要下调的问题，为社会广为关注，学者们也持有不同观点。主张将未成年人刑事责任年龄下调的学者，一般认为，当前犯罪呈现出低龄化现象，并且未成年人的成熟提早。但更多的学者认为不应当下调刑事责任年龄。刑事责任年龄的设定与限制民事行为人的年龄设定存在根本性差异。刑事责任年龄的下调将会导致儿童过早进入刑事司法系统，对整个社会而言，可能造成更多的累犯，并不利于犯罪预防。此外，从国外立法来看，尤其在大陆法系国家，我国将刑事责任年龄起点设定为 14 周岁是较为合理的。因此，本文认为，即使民法典将限制民事行为能力人的年龄下调，刑事责任年龄起点不必同步下调。

第二，高利放贷行为的罪与非罪问题，在刑法理论上一直争论不休。在司法实践中，司法机关对于高利贷的入罪问题也一直模棱两可、徘徊不定。民法典明令禁止高利贷行为，促使刑法对高利放贷行为的治理进行完善。具体而言，目前我国刑事司法通过非法经营罪来惩治高利放贷行为，略有不妥。此外，民法语境下的高利贷与刑法语境下的高利贷概念也应当进行相对解释。

第三，民法典颁布后，《刑法修正案（十一）（草案）》中一个重点问题即保障“头顶上的安全”。[17] 高空抛物、坠物行为是否独立成罪，成为《刑法修正案（十一）（草案）》中争议的焦点。对于高空抛物、坠物行为入罪问题，若将其独立成罪，应以刑法的谦抑性为基本原则，注意与以危险方法危害公共安全罪进行有效衔接。

第四，在刑民交叉的案件处理过程中，应遵循法秩序统一性原则的要求，

16　参见［日］前田雅英：《现代社会と实质的犯罪论》，东京大学出版社 1992 年版，第 24 页。

17　2020 年 6 月 28 日，《刑法修正案（十一）（草案）》提请举行的十三届全国人大常委会第二十次会议审议。

对于法域冲突的情形予以排除。对于刑事违法性判断的独立性与附属性问题，学界对此虽然形成了不同的理论学说。但根本上讨论的问题是，寻求法秩序统一性与违法判断相对性的“平衡点”。目前，“缓和的违法一元论”在我国居于主导地位。在民刑法域冲突的情形下，应当注意，避免将民法上合法的行为认定为犯罪，而民法上违法的行为是否构成犯罪则需要进行二次判断。例如，民法典对婚姻关系进行了规定（民法典第1049条），可以认为，民法上对婚姻以登记为准。然而，在司法实践中，也依然有不少刑事判决将事实婚姻认定为重婚罪。对于这一法域冲突问题，应予以完善。

实务研究

涉黑案件中涉案财产规范化审理与精准处置策论

——以“平台构建+机制健全+证据裁判规则中心”综合模式为题

杨 凯 曾 鸣*

【内容提要】 党的十九届四中全会要求坚持和完善共建共治共享的社会治理制度，扫黑除恶专项斗争以此为指导，打响加快推进社会治理现代化的攻坚战。然而，社会各阶层对涉黑案件“打财断血”不精准问题的诟病一直是困扰扫黑除恶专项斗争的“瓶颈”，尤其是涉案财产审理和处置不精准难题成为推进专项斗争的薄弱环节。本文通过实证分析，梳理涉黑案件中涉案财产处置的痛点、堵点和难点问题，反思涉案财产处置不精准的不利后果，多维度深度观察探究涉案财产处置不精准成因，借专项斗争收官之年谋划“长效常治”的刑事案件审判公共法律服务体系建构，从搭建涉案财产处置立法框架、建立全国统一的涉案财产查控处置平台、细化涉案财产证据收集规则、优化涉黑案件审判模式等层面探索涉案财产精准处置的规范化路径与方法，力求既彻查“黑财”，又保护合法财产、合法经营，以精准处置的现代化涉黑案件中涉案财产全新综合审理模式促“黑财清底”。

【关键词】 公共法律服务　刑民交叉　涉案财产处置平台　综合审理模式　证据裁判规则

---

* 杨凯——华东政法大学教授，中国法治战略研究中心研究员，主要研究领域：诉讼法与司法制度、公共法律服务与社会治理、法治战略等；曾鸣——福建省宁德市中级人民法院刑事审判第一庭副庭长。

随着全国扫黑除恶专项斗争推向纵深发展，“打财断血”不精准已成为当前需要着力破解的现实难题：有些地方重案件查办、轻财产清查，查扣、追缴、没收涉黑资产的力度不够大，未能彻底铲除黑恶势力经济基础；有些地方以刑事执法介入经济纠纷，超标的超范围采取财产强制措施，对涉案企业财产一律查扣冻结，给当地就业和经济健康发展造成不良影响……在此背景下，如何准确区分合法财产与非法财产？如何处理好“打财断血”与依法保护涉案民营企业合法权益的关系？如何坚持法治原则、坚持正当程序，创新完善办案机制突破瓶颈，这是探索涉黑案件中涉案财产精准处置规范化进路过程中必须着力思考和重点解决的刑事审判公共服务功能建构问题。本文针对“打财断血”过程中涉案财产证据收集不规范、性质甄别不准确、财产处置不精准的堵点，探索提出以法律形式确认涉黑案件中涉案财产精准处置的规范化审理模式与审理方法；在现行法律框架内，以“平台建构+机制建立健全完善+证据裁判规则中心”的一体化综合审理模式规范查证方法，建立全国统一的涉案财产查控平台以及相配套工作机制，全面清查涉黑财产并固定证据，细化涉案财产证据收集规则，设计涉案财产证据情况表，明确指引取证方向。通过创新审理模式，整合审判资源，注入民商事审判专业力量，提高处置涉案财产权属的精准度和效率，提升刑事审判的公共法律服务功能。

一、关于涉黑案件中涉案财产处置不精准问题的现状分析

涉黑案件中涉案财产的处置囊括对犯罪所得之物（违法所得及被害人合法财产）的追缴、退赔、返还，对犯罪所用之物（违禁品及供犯罪所用本人财物）的没收[1]，对组织、领导者与特定积极参加者个人所有的部分或全部合法财产的没收[2]三大情形。在处置时应先甄别出财产的性质，即犯罪所得之物、犯罪所用之物、领导者与积极参加者个人合法财产，再根据财产性质作出相应处置。由此可见，精准处置财产的前提是准确甄别财产，而准确甄别财产的起点是全面

---

1 《刑法》第64条：“犯罪分子违法所得的一切财物，应当予以追缴或者责令退赔；对被害人的合法财产，应当及时返还；违禁品和供犯罪所用的本人财物，应当予以没收。没收的财物和罚金，一律上缴国库，不得挪用和自行处理。”

2 《刑法》第294条：“组织、领导黑社会性质的组织的，处七年以上有期徒刑，并处没收财产；积极参加的，处三年以上七年以下有期徒刑，可以并处罚金或者没收财产；其他参加的，处三年以下有期徒刑、拘役、管制或者剥夺政治权利，可以并处罚金。”第59条：“没收财产是没收犯罪分子个人所有财产的一部或者全部。没收全部财产的，应当对犯罪分子个人及其扶养的家属保留必需的生活费用。”

清查财产[3]，三个环节层层递进，基础是否扎实决定结果是否正确（见图1）。本文采用实证分析，就涉黑案件中涉案财产判决情况进行统计，以案例为分析样本，考察涉案财产处置现状。

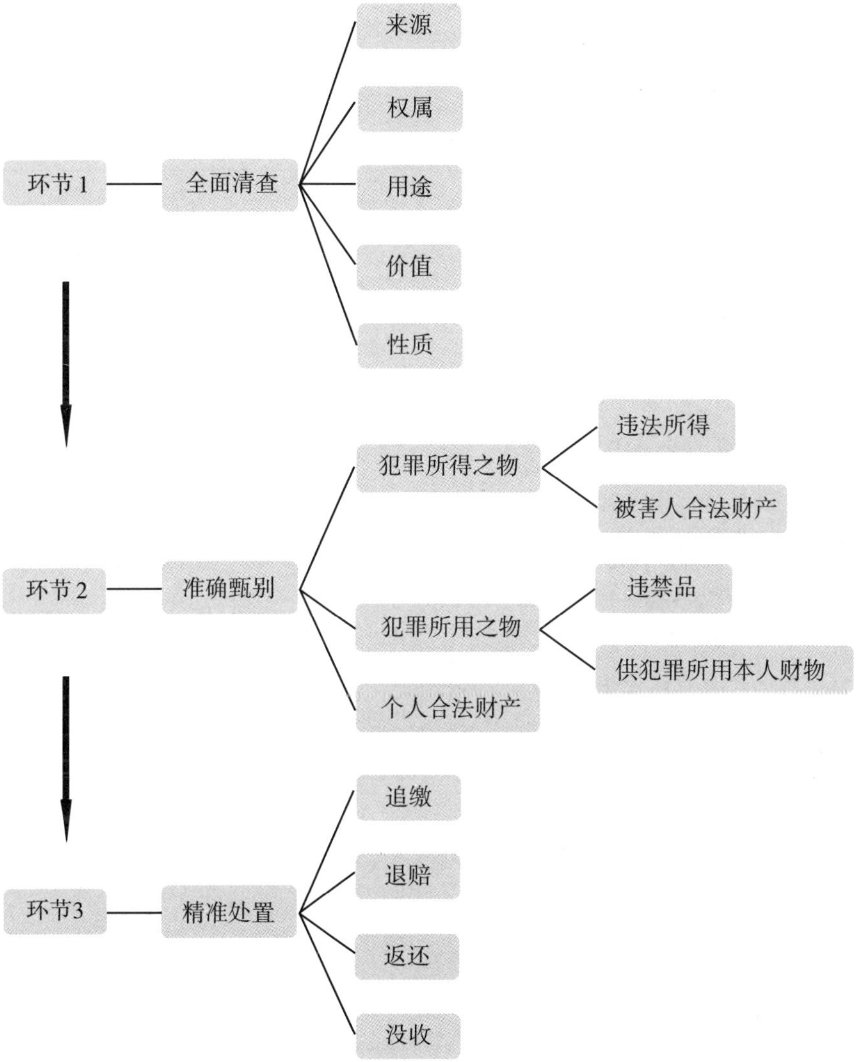

图1　涉黑案件中涉案财产处置步骤

3　《全国部分法院审理黑社会性质组织犯罪案件工作座谈会纪要》（以下简称《2015纪要》）要求应当全面审查证明涉案财产来源、性质、用途、权属及价值大小的有关证据。笔者在下文将此统称为涉案财产五要素。

（一）起点逻辑：涉黑案件中涉案财产判决情况对比分析

生效刑事裁判文书是“打财断血”的具体依据，涉案财产处置精准与否，都能从涉黑案件裁判文书的判项中一窥究竟。笔者对中国裁判文书网2019年黑社会性质组织犯罪二审改判文书进行检索[4]，通过以下实证分析研究，检视涉案财产处置的精准度（见表1）。

表1　黑社会性质组织犯罪涉案财产判决情况

序号	案号及黑社会性质组织领导者	涉案财产情况	是否认定财产属性	一审判决情况	二审改判情况	改判理由
1	（2019）赣10刑终284号，黄某	1. 冻结为组织放贷的2项存款 2. 扣押2辆车（1辆黄某妻子名下，1辆成员席某名下别克车），查封2辆车（1辆成员名下，1辆作案用拖车） 3. 查封黄某房产2处（1处与黄某妻子共有，1处轮候查封）	认定房产及车辆的权属、存款性质用途	1. 没收冻结的2项存款 2. 收缴查扣的4辆车 3. 收缴查封的2处房产	1. 没收冻结的2项存款 2. 收缴查封的2辆车	别克车非犯罪所得，亦非席某个人财产和作案工具
2	（2019）川16刑终169号，曾某	1. 查封曾某房产1处，曾某与曾某妻子共有房产1处，曾某妻子名下房产2处，成员名下房产1处 2. 查封成员名下1辆车 3. 扣押手表、项链若干	认定房产及车辆的权属	查扣在案的财物由有关机关依法处理	无	无
3	（2019）湘04刑终497号，李某	1. 查封李某名下房产5处，从被害人名下转入成员名下房产1处 2. 冻结李某存款若干 3. 扣押李某车辆1部	是	无	无	无

4　笔者在中国裁判文书网检索到2019年中级人民法院作出改判且文书公开的组织、领导、参加黑社会性质组织罪案件共33件。去掉仅涉及参加黑社会性质组织罪的案件3件后，从中随机抽取2/3即20篇裁判文书进行分析。

续表

4	（2019）赣11刑终493号，程某飞	1. 扣押11辆车 2. 扣押39部手机	否	1. 扣押的10辆车在扣除银行按揭款后予以收缴 2. 没收作案工具手机39部 3. 扣押的大众车一辆返还给组织成员周某 4. 收缴程某飞在某公司所有的90%股份及组织成员在某公司享有的财产	改判第2项：没收随案移送的作案工具手机37部上缴国库	成员有2部手机系离开组织后购买，非作案工具
5	（2019）鄂28刑终223号，陈某、陈某红	1. 冻结陈某存款若干 2. 扣押公司印章等 3. 扣押陈某名下3辆车 4. 查封陈某登记在李某名下的房产1处A、陈某红名下房产1处B	是	1. 对冻结的所有存款，作为组织公司的违法所得予以没收 2. 对扣押的公司印章等予以没收 3. 对扣押的用于犯罪用的3辆车予以没收 4. 对查封的A房产陈某用于犯罪的80万元价值部分予以没收，其余部分属陈某个人所有的予以没收 5. 对查封的B房产属陈某红个人所有的部分予以没收	无	无
6	（2019）赣07刑终834号，赖某海	1. 扣押赖某海及成员房产共计4处、店面2处 2. 扣押赖某海车辆1辆 3. 扣押赖某海及成员现金若干	认定房产及车辆的权属	1. 没收扣押的作案车辆 2. 没收扣押的所有现金	无	无
7	（2019）鄂11刑终367号，罗某	1. 冻结组织运输队账户内及成员账户内资金若干 2. 扣押的成员名下车辆1辆 3. 查封成员之子名下商铺1处、运输队办公楼3层A、成员与其妻共有房产1处B	认定资金、房产及车辆的权属	1. 没收已冻结的所有资金 2. 没收已扣押的车辆 3. 没收已查封的商铺 4. A办公楼在涉黑财产处置时依法处理，查封的B房产执行附加刑时依法处理	无	无
8	（2019）浙11刑终284号，朱某法	1. 扣押朱某法小车一辆 2. 冻结朱某法及成员银行存款若干	否	没收被公安机关查扣的涉案财物	无	无

续表

9	（2019）鄂09刑终303号，王某平	1. 冻结扣押王某平在银行的保证金、成员现金、组织公司债权资金若干 2. 查封王某平与其妻共有房产1处 3. 扣押王某平与成员车辆5辆 4. 查封王某平非法取得的土地3块 5. 冻结王某平在甲公司9%的股权与收益 6. 冻结组织公司及王某平与成员债权若干	是	1. 王某平被查扣冻结的保证金、房产、车辆、1处土地、在甲公司9%股权及收益、王某平的债权作为王某平的个人财产予以没收 2. 王某平非法取得的3块土地返还给原所有人 3. 扣押的成员现金冲抵罚金 4. 对成员4辆车拍卖后冲抵罚金，多余部分发还成员 5. 没收组织公司债权资金 6. 没收王某平在组织公司的债权份额	增加判决没收王某平在乙公司9%股权及收益	二审查明王某平在甲、乙两家公司各享有9%股权及收益
10	（2019）豫17刑终184号刘某、孙某	1. 扣押孙某及成员4辆车 2. 扣押孙某及成员现金若干 3. 冻结组织公司、刘某、孙某、成员、成员之妻银行款项若干 4. 查封刘某房产1处、孙某房产2处、成员于某房产2处、成员张某房产1处	是	1. 没收作案工具4辆车 2. 扣押现金系违法所得予以追缴 3. 冻结的成员之妻银行款项中的4万元及冻结的其他存款系违法所得予以追缴 4. 刘某、孙某房产系个人财产予以没收 5. 张某房产50%系孙某个人财产予以没收	改判第4项：刘某房产中50%系刘某个人财产予以没收	刘某房产系夫妻共同财产
11	（2019）皖03刑终634号，王某	笼统表述查封房屋、土地、扣押车辆、电脑、手机、饰品、现金、冻结银行存款	认定车辆及手机用途	1. 没收组织及成员违法所得 2. 没收作案车辆及手机 3. 继续追缴未查扣的其他违法所得	无	无
12	（2019）浙11刑终330号，胡某义	1. 扣押、冻结胡某义及成员现金与银行资金 2. 扣押胡某义及成员车辆4辆 3. 冻结胡某义及成员房产4套 4. 扣押各被告人金玉饰品、手机、管制刀具	否	1. 被查扣的涉案财物依法处置 2. 没收作案工具管制刀具	无	无

续表

13	（2019）粤 03 刑终 1808 号，王某西	1. 扣押砍刀等作案工具 2. 扣押赌资现金若干	是	依法处理被查扣冻结的被告人个人财产，用于退赔被害人及折抵财产刑	无	无
14	（2019）云 25 刑终 293 号，秦某	1. 扣押枪支、弹药等违禁品 2. 扣押手机及车辆等作案工具 3. 扣押现金	未对现金性质作出认定	1. 没收前述违禁品及作案工具 2. 没收扣押在案的现金	无	无
15	（2019）黔 01 刑终 1 号，胡某	1. 冻结胡某银行账户 2. 查封胡某房产 3 处	是	因在案证据不能证明查扣冻结财产系胡某犯罪所得，返还给胡某，判决解除冻结与查封	无	无
16	（2019）皖 11 刑终 51 号，石某	1. 扣押现金、银行卡、存折 2. 扣押电脑、印章、车辆 3. 扣押合同、协议、借条 4. 扣押手机、饰品	否	没收作案工具，追缴违法所得	无	无
17	（2019）黔 26 刑终 50 号，李某	1. 扣押刀具斧头 2. 扣押李某及成员手机若干	未对手机性质作出认定	1. 没收刀具、斧头等作案工具 2. 没收手机	无	无
18	（2019）黔 23 刑终 84 号，杨某	1. 扣押手机、电脑等 2. 扣押钢管、砍刀等 3. 扣押现金、茅台酒等	未对茅台酒及现金性质作出认定	1. 没收手机、电脑等作案工具 2. 没收钢管、砍刀等违禁品 3. 没收现金、茅台酒等	无	无
19	（2019）闽 04 刑终 14 号，陈某	1. 查封家具、电器等 2. 扣押车辆、电脑、手机等 3. 扣押现金、银行卡、手表 4. 扣押砍刀	否	1. 没收砍刀、车辆 2. 追缴现金 3. 其他物品由扣押机关依法处理	无	无
20	（2019）云 25 刑终 294 号，叶某	1. 扣押电脑、手机 2. 扣押枪支弹药及刀具 3. 扣押车辆 4. 扣押现金	是	前述物品系作案工具、赃款、违禁品，均予以没收	无	无

1. 涉案财产自身情况分析

（1）涉案财产规模大。包括资金、车辆、房产、手机、股权与收益等，来源多元，形态多样，数量繁多，价值高。其中涉及资金的判决占比85%，涉及车辆的判决占比80%，涉及房产的判决占比55%（见图2）。同时涉及3类以上财产的案件占75%。

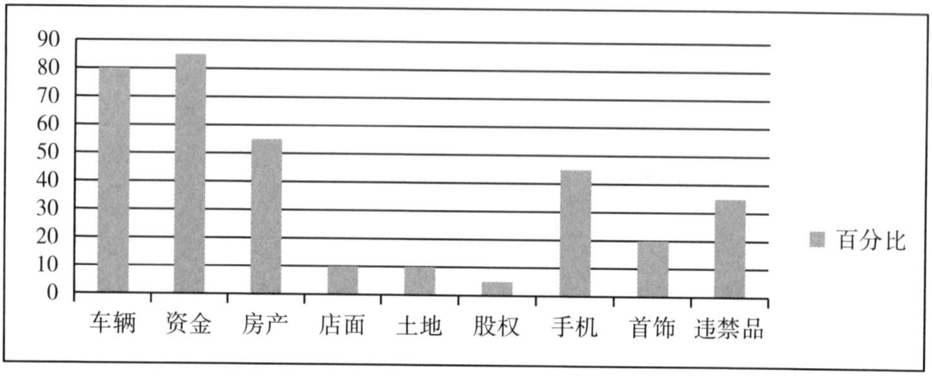

图2　各类财产判决占比情况

（2）涉案财产法律关系复杂。涉及房产的11份判决中，9份判决涉及的房产都存在权属争议[5]。除房产外，资金、车辆、股权等也都存在权属争议（见图3）。土地权属认定尤为复杂，如判决9中组织者非法取得的土地就涉及三个村庄对土地的共有及小产权房等问题。

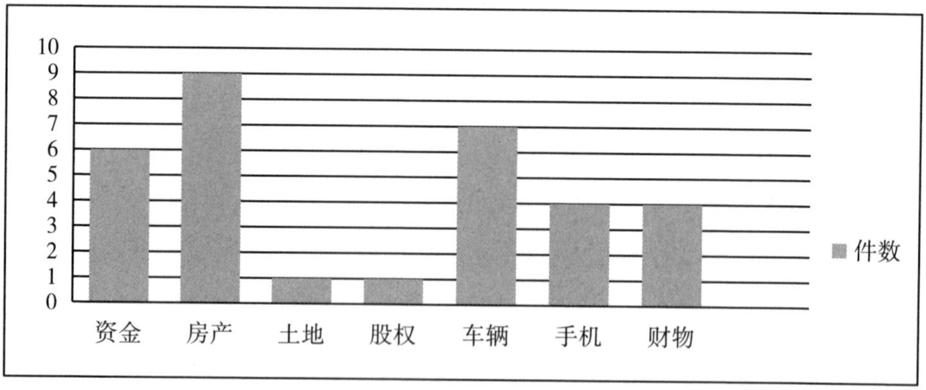

图3　各类财产判决占比情况

5　争议是指被查扣冻结的涉案财产未被判决处置或未被明确判决处置，以及一审处置的财产被二审改判的情形。

2. 涉案财产审查情况分析

（1）涉案财产五要素审查不全面。全面审查涉案财产五要素的判决少，40%的判决仅对部分财产部分要素进行审查，如判决11中查扣、冻结了资金、房产、车辆、手机等，仅审查了车辆与手机的用途，还有25%的判决未对任一要素进行审查，仅有35%的判决对五要素进行全面审查（见图4）。

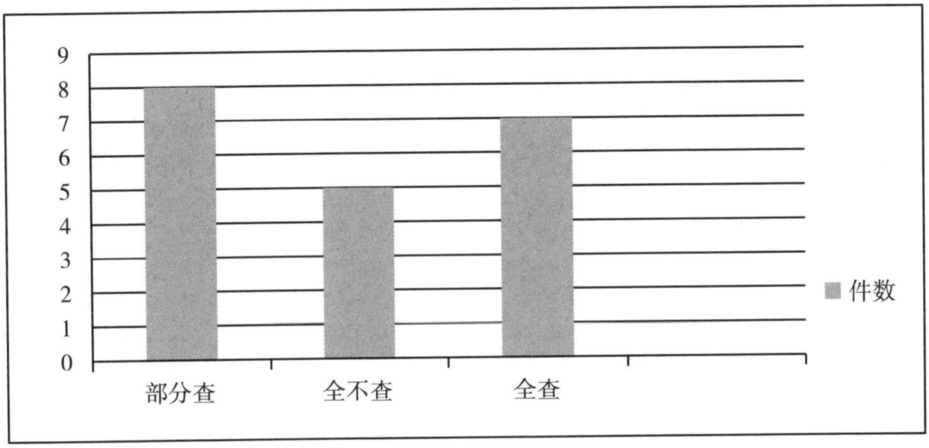

图4　全面审查五要素情况

（2）涉案财产五要素审查不均衡。对五要素进行部分审查的判决中，75%的案件对财产性质进行审查，50%的案件对财产用途与权属进行审查，只有12.5%的案件审查了财产来源，没有一个案件对财产价值进行审查（见图5）。

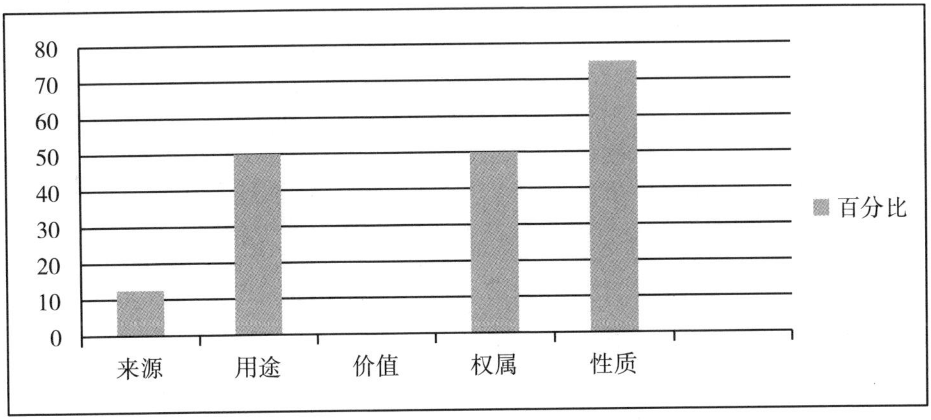

图5　均衡审查五要素情况

3. 涉案财产甄别情况分析

（1）甄别财产比例低。仅对部分涉案财产进行甄别的判决占比35%，完全未对涉案财产进行甄别的判决占比30%，如判决8中扣押了车辆及存款，在未认定车辆与存款到底是违法所得或作案工具或个人财产的情况下判决没收，仅有35%的判决对所有在案涉案财产进行甄别（见图6）。

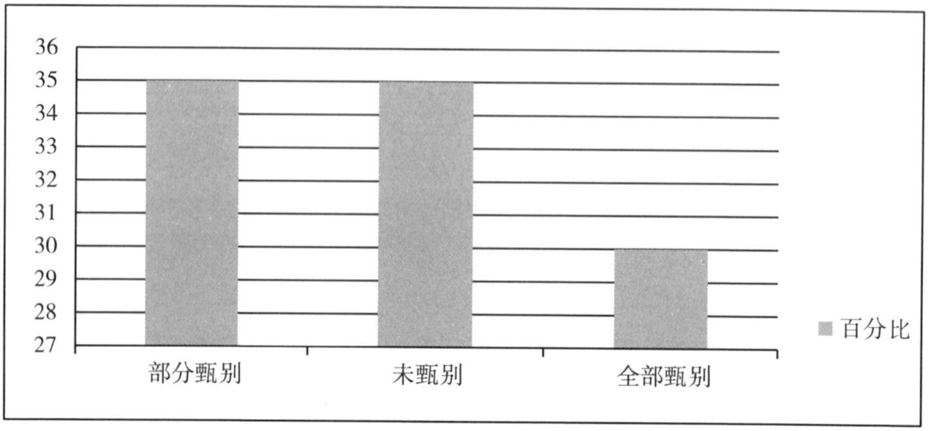

图6　涉案财产甄别比例情况

（2）甄别财产准确性低。就犯罪所得之物、犯罪所用之物、个人合法财产三大类进行甄别，部分错误的占比55%，完全错误[6]的占比30%，如判决3中查扣冻结房产、存款、车辆，既未甄别也未判决，完全正确的仅占比15%（见图7）。

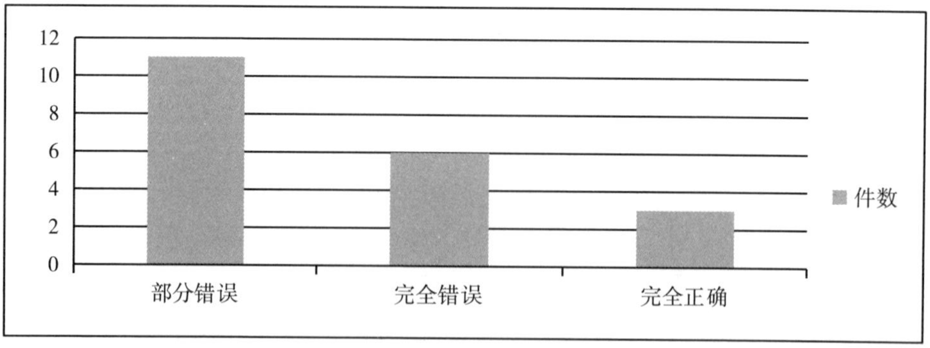

图7　涉案财产甄别准确性情况

4. 涉案财产处置情况分析

（1）处置方式差异大。对涉案财产完全含糊处理的占20%，如判决2中有

6　对涉案财产未进行甄别直接判决查扣财物由有关机构依法处理，也归入完全错误类。

房产、车辆查扣在案，笼统判决“由有关机关依法处理”，部分含糊处理的占30%，未做处理的占10%，作出明确处理的判决仅占40%（见图8）。

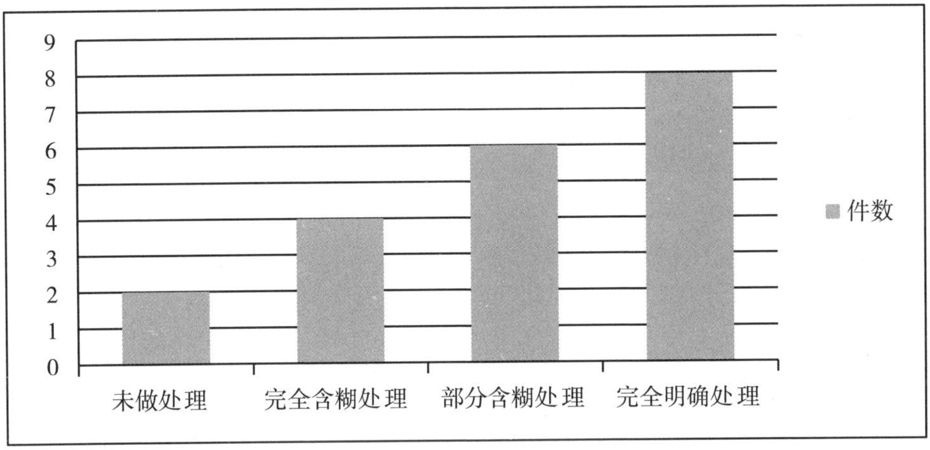

图8　涉案财产处置方式情况

（2）处置结果精确度低。部分错误处置的占比60%，如判决10处置了房产、资金等4类财产，错将领导、组织者妻子合法房产认定为领导、组织者个人房产判决没收，被二审改判，完全错误[7]处置的占比25%，处置完全正确的仅占比15%（见图9）。

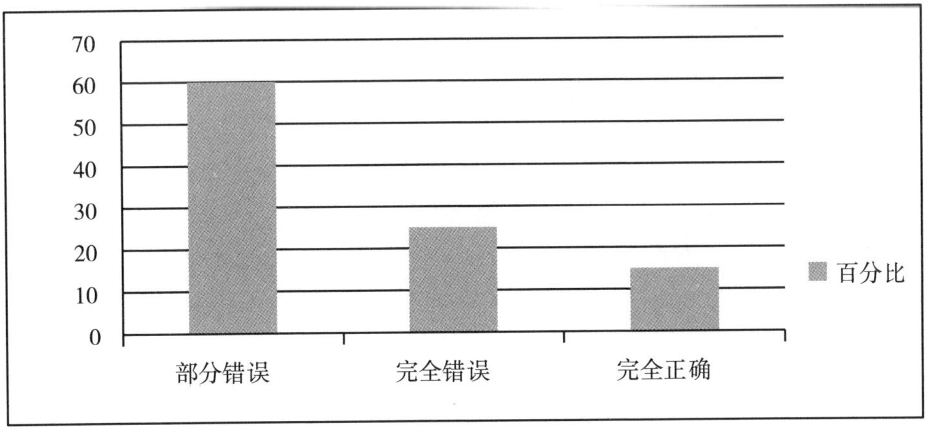

图9　涉案财产处置精确度情况

7　未对涉案财产作出处置的、对涉案财产作出完全含糊处置的均归入此类。

（二）反思考量：涉黑案件中涉案财产处置不精准的不利后果

随着专项斗争的纵深发展，黑恶势力蛰伏隐匿，涂上了保护色。有的将触角伸向网络、金融等新兴行业领域，以新兴牟利方式作掩护，企图把“黑财”变成“无色”；有的以公司化的形式刷白，以合法实业载体掩盖非法运营本质，企图把“黑财”漂成“白色”；有的与“保护伞”结成多重利益关系，企图把“黑财”染成“红色”。复杂多变的形势对精准“打财断血”提出更高的要求。涉案财产处置不精准，或者漏查漏甄漏判，“见黑见恶不见财”，则“打财断血”不够深不够透，不利于摧毁黑恶势力的经济基础；或者错查错甄错处，“黑白不分一拥而上”，则“打财断血”脱离法治轨道，侵害合法财产、合法经营，不利于营商环境的优化，影响民营经济发展。

二、关于涉黑案件中涉案财产处置不精准问题的成因探究

精准处置涉案财产，已被提到与查明黑社会性质组织违法犯罪事实、准确定罪量刑并重的地位。而司法实践中，财产处置所面临的现实困难和痛点，却远大于查办涉黑案件本身。[8]笔者从以下四个方面探寻造成涉案财产处置不精准的桎梏。

（一）涉案财产处置法源地位的尴尬境遇

涉黑案件中涉案财产处置的规定庞杂，具有政策性、宣示性，位阶不高。目前与涉黑案件中涉案财产处置有关的规范文件主要有15个，普遍缺少详细的操作指引，按位阶可分为四类（见图10）。[9]《财产处置意见》结合了相关政策、法律、文件的内容，充分考虑涉黑案件的特点进行规范，奠定了“打财断血”基本工作框架，在成文法背景下，其效力定位备受关注。但其仅是指导性文件，若不提高其位阶，“打财断血”不具备完整的实体法上的依据则难免举步维艰，这也是大部分司法工作人员在主观上对“打财断血”未予应有重视的根源。

---

8 参见朱和庆：《黑社会性质组织犯罪涉案财产处置的问题与对策》，载《刑事审判参考》（总第107集），法律出版社2017年版，第154－155页。

9 《最高人民法院关于审理黑社会性质组织犯罪的案件具体应用法律若干问题的解释》（以下简称《黑社会性质组织犯罪解释》），《办理黑社会性质组织犯罪案件座谈会纪要》（以下简称《2009纪要》），《关于办理黑社会性质组织犯罪案件若干问题的规定》（以下简称《2012规定》），《关于办理黑恶势力犯罪案件若干问题的指导意见》（以下简称《指导意见》），《关于办理黑恶势力刑事案件中财产处置若干问题的意见》（以下简称《财产处置意见》），《中共中央办公厅、国务院办公厅关于进一步规范刑事诉讼涉案财产处置工作的意见》（以下简称《两办意见》）。

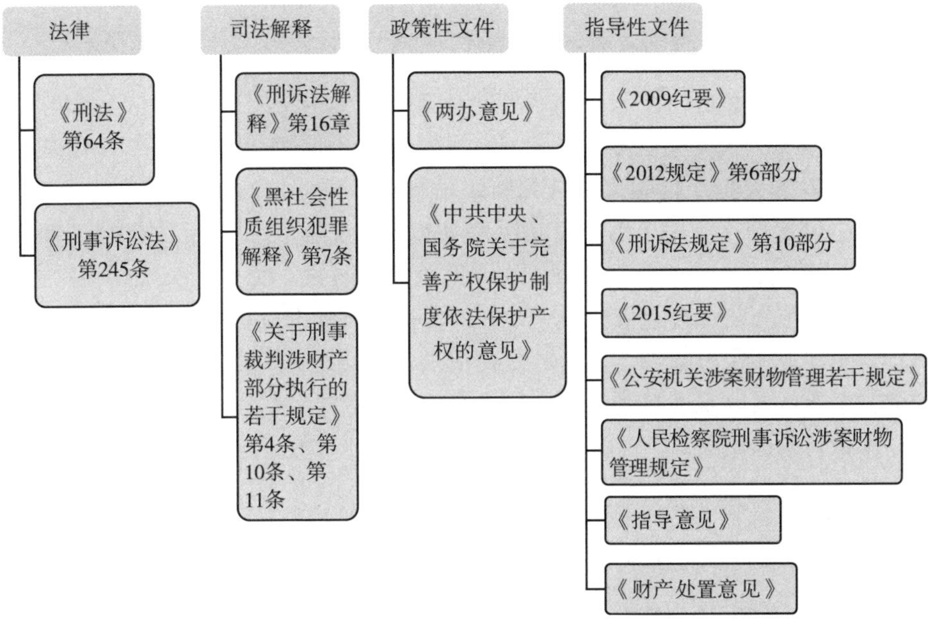

图 10　涉黑案件中涉案财产处置有关法律规范

（二）涉案财产证据收集方法简单、落后

近十年来，国家对全面收集涉黑案件中涉案财产证据的要求越来越高，从制度上不断予以重视并逐年加大对涉案财产证据的审查力度[10]。《财产处置意见》还要求公安机关在侦查阶段就要剥离黑化部分。[11]在侦查期限不变，甚至还要缩短以达到“快侦快扫”要求的情况下[12]，侦查机关既要全面收集违法犯罪证据，又要全面收集涉案财产属性证据并在短时间内提出处理意见和建议，办案压力倍增。侦查机关仅凭一家力量及传统的侦查手段单打独斗已无法应对涉案财产体量井喷的形势，全面收集涉案财产证据效率低下、质量不高。

10　《2009 纪要》要求查明涉案财产的来源、性质；《2012 规定》要求通过评估、估算查明“黑财”数额；《2015 纪要》要求应当全面审查涉案财产五要素有关证据；《指导意见》《财产处置意见》要求侦查机关要全面调查涉黑组织及其成员的财产状况，应当全面收集、审查涉案财产五要素有关证据。

11　参见曹红虹：《〈关于办理黑恶势力刑事案件中财产处置若干问题的意见〉解读》，载《人民检察》2019 年 11 期。

12　《刑事诉讼法》规定重大复杂犯罪集团案件侦查期限最长可达 8 个月，而登录中国裁判文书网，搜索福建省 2019 年 1 月 1 日至 2020 年 1 月 1 日一审判决的共 10 件案件，经估算（起诉时间—组织者拘留时间—审查起诉 2 个月），2018 年以来该省侦查一件涉黑案件大约平均用时才 5.7 个月，侦查用时最短的不到两个月。

（三）涉案财产证据收集规则缺失

准确甄别涉案财产，需要围绕资金来源、资金流向、登记时间、实际使用、资产权属、流转过程等关键要素，结合用于证明涉案财产五要素的证据材料，以及违法犯罪情况，综合判断。司法实践中，面对来源多元化、主体多样化的涉案财产，对于需要收集哪些证据、收集到什么程度才足够证明涉案财产五要素，由于缺乏统一规则，办案机关掌握的尺度不一致。如扣押涉黑房产一套，侦查机关普遍仅收集土地证、房产证等权属证明的相关书证，对于其他有可能证明房产来源、用途的缴税记录、公共维修资金缴费记录、不动产流转记录等重要客观证据就疏于收集或者不懂得收集。法院则因缺乏充分证据无法准确甄别涉案财产，只能收缩没收追缴范围，客观上会洗白犯罪人不法财产的性质。[13]

（四）涉案财产处置民事专业力量不足

《财产处置意见》要求办案机关在各自对应的诉讼环节就要对在案的涉案财产提出处置意见。而涉黑案件中涉案财产不但规模大，法律关系还相当复杂，合法利益与非法利益互相交织，涉及大量民刑交叉问题，公检法的办案人员虽有丰富的刑事案件办理经验，却缺乏甄别财产权属的民事案件办理经验。每一宗涉黑案件中涉案财产权属都有可能涉及民事分家析产纠纷、物权纠纷、合同纠纷、与企业和公司有关纠纷，甚至是破产纠纷，目前的办案力量专业配备明显无法对涉案财产复杂权属作出准确甄别，审判实践中大量法院为避免处置错误被改判而作出“由有关机关依法处理”的不明确判决。

三、关于涉黑案件中涉案财产规范化审理与精准处置策略

涉黑案件中涉案财产精准处置规范化以法律形式确认；在法律框架内，建立全国统一的涉案财产查控平台以及相配套的工作机制，全面清查涉黑财产固定证据；细化涉案财产证据收集规则；创新审理模式，整合审判资源，注入民事专业力量，提高甄别涉案财产权属的能力，实现涉案财产精准处置。

（一）涉黑案件中涉案财产精准处置的规范化路径

中央政法委提出，要以党的十九届四中全会精神为指导，以加快社会治理现代化为抓手，强力打击黑恶犯罪，为“中国之治”再创佳绩。“打财断血”

13　王利荣：《涉黑犯罪财产之没收与追缴》，载《中国刑事法杂志》2011 年第 5 期。

既要求“黑财清底”，又强调保护合法财产、合法经营。针对司法实践中涉案财产处置不精准的现状，笔者借扫黑除恶专项斗争进入收官之年致力谋划长效常治的契机，提出涉黑案件中涉案财产精准处置的规范化路径。

1. 涉黑案件中涉案财产处置规范化的内涵

专项斗争开始之前，涉黑案件中涉案财产处置长期被边缘化，无论在实体上还是程序上都无规范化、统一化的先例可循。2019 年 4 月《财产处置意见》出台以来至今，各地对于涉案财产的处置还都处于摸索状态，缺乏规范化的手段。为了实现结果的精准性，对涉案财产处置进行规范化势在必行。“规范”即“标准、法式，或模范、典范”[14]。涉案财产处置的规范化是指使“涉案财产处置”合于明文规定的实体法和程序法的标准，通过一系列具有可操作性的程序机制，使得涉案财产处置在法治轨道上运行，提高涉案财产处置结果的精准度和可接受性。

2. 涉案财产处置规范化与精准处置的关系

（1）处置规范化是精准处置的前提。侦查环节证据收集不够规范、审判环节甄别性质不够规范、判决处理不够规范，是涉案财产处置存在的突出症候。在涉案财产处置整体从证据固定到性质认定再到判决处理都不够规范的情况下，个案、类案精准处置的可能性大大降低。

（2）精准处置是处置规范化的要求与结果。精准处置在程序上要求处置必须在法律框架内按照既定模式、机制进行，即处置规范化；精准处置在实体上体现对涉案财产性质认定既不拔高也不降格，是规范化处置后彰显的法律效果，经得起法律和历史的考验。

3. 涉案财产精准处置规范化的意义

（1）“打财断血”更彻底。涉案财产精准处置规范化旨在通过一套可操作性强的制度规范涉案财产处置，既没收追缴显性“浮财”，又深挖彻查隐性“暗财”，拓展“打财断血”的广度、深度、力度，让黑恶财产无处可藏。

（2）护航经济更有力。涉案财产精准处置规范化的功能还在于其通过统一法律适用提高了甄别合法财产与非法财产的准确度，廓清合法与非法界限，依法保护民营企业合法权益，为“六稳”“六保”助力。

（二）搭建涉案财产精准处置的立法架构

涉黑案件中涉案财产处置规范化，是国际社会剥夺犯罪所得刑事立法的重

---

14 《辞海（缩印本）》，上海辞书出版社 2000 年版，第 1743 页。

要内容之一[15]，也是我国近年来违法所得没收程序进步的重点。[16]但是我国目前在黑社会性质组织、恶势力、恶势力犯罪集团等有组织犯罪的涉案财产处理模式上缺乏一套完整的体系，相关规定繁多却位阶不高，内容规定原则操作空间大，处理结果差异大，严重影响了刑罚的确定性，降低了刑罚的有效性。[17]因此，有必要将涉黑涉恶有组织犯罪案件涉案财产的认定和处置纳入即将出台的《反有组织犯罪法》的调整范围。[18]

涉黑案件中涉案财产的处置涉及证据、认定标准与操作规程问题，故《反有组织犯罪法》中涉案财产的认定与处置部分势必实体规范与程序规范兼而有之。笔者对涉案财产处置规范化立法框架构想如图 11：明确处置财产司法机关的职责，提出全面调查财产状况，依法对涉案财产作出处理等一般要求；建立财产调查专门工作机制，构建部门联动财产查控平台系统，以缩短调查时长，提高全面调查的效果与效率；吸收《财产处置意见》第 8 条、第 11 条、第 22 条，细化证据收集的范围及类型、财产移送内容、孳息概念；对于《财产处置意见》中内容较为原则性的价值认定、财产控制、财产保管、等值没收、财产返还、先行处理等规定，细化启动主体、适用条件、认定标准、具体手续等操作规程；审理模式选择分别审理或附带审理；在财产判决部分明确追缴、没收的范围及认定标准，明确举证责任；设置上诉、抗诉程序，保障案外人救济渠道畅通。

15　《美国 1970 年有组织犯罪控制法》《英国严重犯罪法案》《日本有组织犯罪处罚法》等都对有组织犯罪收益的没收和追缴等设置了特殊规定。

16　参见蒋文超：《黑社会性质组织犯罪涉案财产处置的疑难问题》，载《法治论坛》2019 年第 1 辑（总第 53 辑）。

17　参见蒋文超：《黑社会性质组织犯罪涉案财产处置的疑难问题》，载《法治论坛》2019 年第 1 辑（总第 53 辑）。

18　中央政法委秘书长、全国扫黑办主任陈一新在全国扫黑办第七次主任会议上提出，要研究制定《反有组织犯罪法》，强化法律政策保障。

图 11　涉案财产处置规范化立法框架

（三）建立全国统一的涉案财产查控平台

1. 核心理念。涉案财产精准处置的基础是全面查清黑社会性质组织非法获取的动产、不动产、金融资产等各类财产，因此建立涉案财产查控平台实际上是适应以审判为中心的刑事诉讼制度改革，在坚持证据裁判的基础上，借鉴"反电诈""反洗钱"查控平台，利用区块链技术[19]，汇集数据资源，并配套相应机制，全链条核查财产流转轨迹，固定相关证据，进而提高全面调查涉案财产证据效率及质量的新型查证手段。其核心是平台＋机制＋证据裁判规则一体化。

2. 运行模式。涉案财产查控平台构建包含但不限于查询、控制、评估、鉴定、托管、公证等模块（见图12）。从侦查机关受理涉黑案件开始，涉案财产查控平台的查询功能即启动（见图13），自动获取由人民银行、住建、税务、证监、市场监管、第三方支付平台等提供涉案关联的财产查询数据。侦查机关根据查询结果，对涉案财产依法进行控制，在平台上完成查封、扣押、冻结措施，对于不宜查扣冻结的特殊财产则由司法机关决定是否进入托管模块[20]（见图14）。入驻平台的评估机构、会计师事务所对平台推送的查扣冻结财产的基础数据进行评估、鉴定，生成评估报告、鉴定报告等。入驻平台的公证机关对每宗财产从查询模块开始每一个流程及生成的相应数据进行公证。至此，涉案财产查控平台完成了对涉案财产的全面调查、财产初步核定及证据初始化固定。

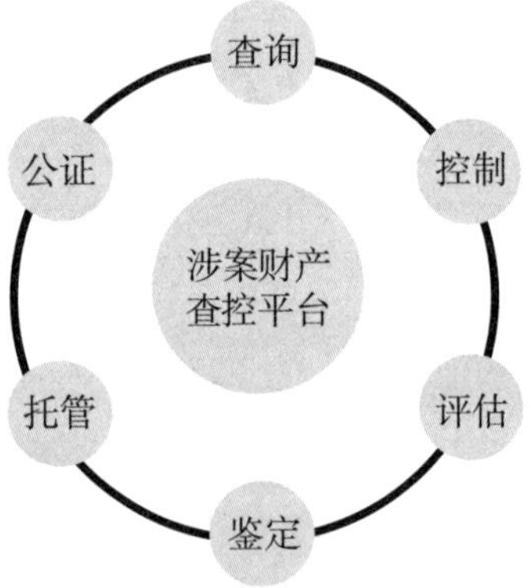

图12　涉案财产查控平台模块

19　最高人民法院2018年颁布的《关于互联网法院审理案件若干问题的规定》第11条第2款："当事人提交的电子数据，通过电子签名、可信时间戳、哈希值校验、区块链等证据收集、固定和防篡改的技术手段或者通过电子取证存证平台认证，能够证明其真实性的，互联网法院应当确认。"可见最高人民法院认可区块链"不可篡改"和"不可伪造"的属性，可以探索进一步推广应用到刑事审判领域。

20　《财产处置意见》第12条："对于不宜查封、扣押、冻结的经营性财产，公安机关、人民检察院、人民法院可以申请当地政府指定有关部门或者委托有关机构代管或者托管。"

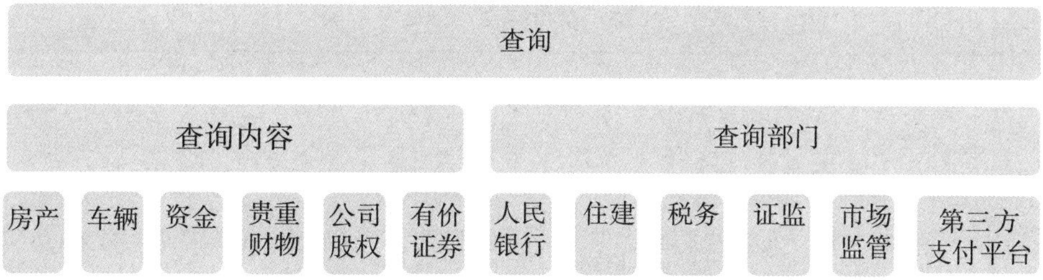

图 13　涉案财产查控平台查询功能

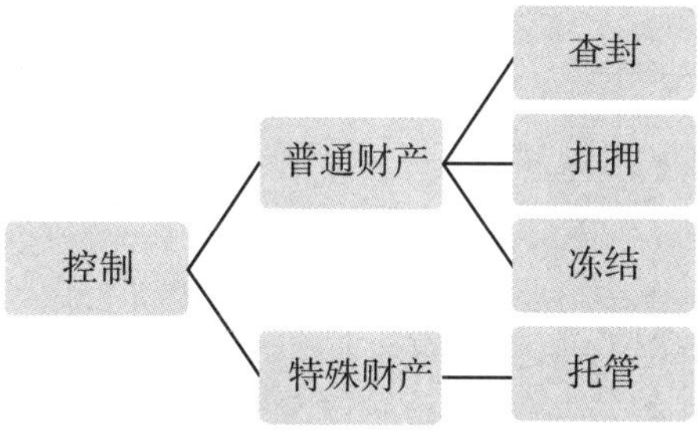

图 14　涉案财产查控平台控制功能

3. 运行机制。一是涉黑企业与个人信息比对机制。对接智能化举报平台，利用智能化举报平台行业领域信息项，围绕涉黑组织是否勾连行业部门利益、是否向经济新形态、新业态拓展等问题线索进行比对，从源头上循线追查，力求实现利益链条全挖出。二是监管部门共同监督机制。由市场监管部门、金融监管部门、银保监管部门等明晰行业领域管理重点，共同监督涉案财产查控平台运行，并整合各领域人力资源，组建各领域情报分析专家人才库，不断升级完善涉案财产查控平台。三是疑难财产司法机关共商机制。公检法成立常态化的财产处置专班，共商财产查处疑难问题，在平台查控的基础上，进一步推动重点案件涉案财产证据攻坚补全。

（四）细化涉案财产证据收集与审查判断规则

根据涉案财产的种类、特点，指引取证方向，明确证明内容，全面收集证明其来源、性质、用途、权属及价值的有关证据，准确查明涉案财产与违法犯罪事实、黑恶势力组织及其成员的关系。笔者以不动产类涉案财产为例，设计涉案财产证据情况表（见表2）。

表2　不动产类涉案财产证据情况表

编号：		地址：							
措施：		处置意见：							
来源：		用途：		权属：		价值：		性质：	
证明内容	常见证据	证明内容	常见证据	证明内容	常见证据	证明内容	常见证据	证明内容	常见证据
该财产流转情况、如何取得、与涉黑违法犯罪有何关联	1. 书证：(1) 购房合同；(2) 纳税记录；(3) 银行、第三方交易平台交易流水；(4) 公共维修资金缴费记录；(5) 不动产流转记录 2. 被害人、相关利益关系人陈述、证人证言 3. 电子证据、视听资料（聊天记录、通话记录、存取款监控） 4. 被告人供述	是否用于或准备用于支持组织活动	1. 书证：在查证来源基础上，结合供述、证言等提供的信息，进一步追查租赁合同、转账记录、结算记录等证据 2. 被害人陈述、证人证言：被告人、犯罪组织索取、管理、使用相关房产的情况 3. 被告人供述：分赃、购买犯罪工具、吃喝玩乐等情况	是否登记在被告人个人、法人名下，登记在他人名下但为被告人、犯罪组织实际所拥有或控制，他人以非善意方式取得，或他人存在不当得利等情况	1. 书证：(1) 土地证、房产证、房产公证书；(2) 生效裁判文书；(3) 产权人身份证明材料，与被告人是何关系 2. 相关利益关系人陈述、证人证言、被告人供述：房产自有还是被告人所有或实际控制，是否明知来源非法，是否支付合理对价	价值如何计算或拟如何计算，计算依据是否齐备，是否存在市场价格波动大等情况	1. 书证：(1) 鉴定意见；(2) 评估意见；(3) 买受合同；(4) 付款凭证 2. 相关利益关系人陈述、证人证言、被告人供述	是合法财产还是犯罪所得之物或者犯罪所用之物	同用途证据

（五）建构涉黑案件现代化全新综合审判模式

1. 调优配强综合型合议庭组成。一方面，涉案财产来源多元、资产形态多样、法律关系复杂，刑事法官显然不具有准确甄别每一宗涉案财产权属的相关专业优势；另一方面，刑事法官要查明黑社会性质组织违法犯罪事实及成员个案犯罪事实需投入大量精力，花在权属认定上的时间与精力明显有限。因此调配民事法官加入，打造民刑并行的新型扫黑除恶专业审判团队，增强合议庭最优配置，由刑事法官结合查明的违法犯罪事实剥离出犯罪所得与犯罪所用，由民事法官对需要判处没收财产的被告人关联的财产进行权属认定，通过审判权的科学调配整合，使权属认定及犯罪事实调查均由专业领域的法官同步审理，可达到职权配置与纠纷解决的“帕累托最优”[21]。

2. 建立相对独立的涉案财产审理程序。目前涉黑案件庭审程序尚未区别刑事事实和涉案财产事实审理程序（见图 15）。而涉案财产处置具有独立的价值，应在庭审程序上予以突出，强化庭审实质化要求，即涉案财产证据出示在法庭、涉案财产查明在法庭、处置意见发表在法庭、处置结果形成在法庭，可探索在现有庭审程序基础上建立相对独立的涉案财产审理程序（见图 16）。

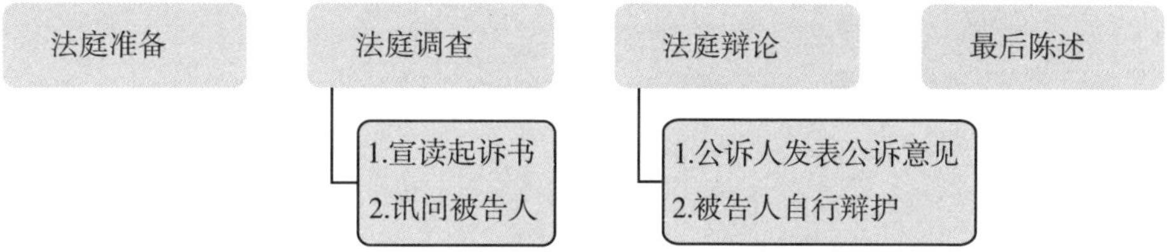

图 15　涉案财产查控平台控制功能

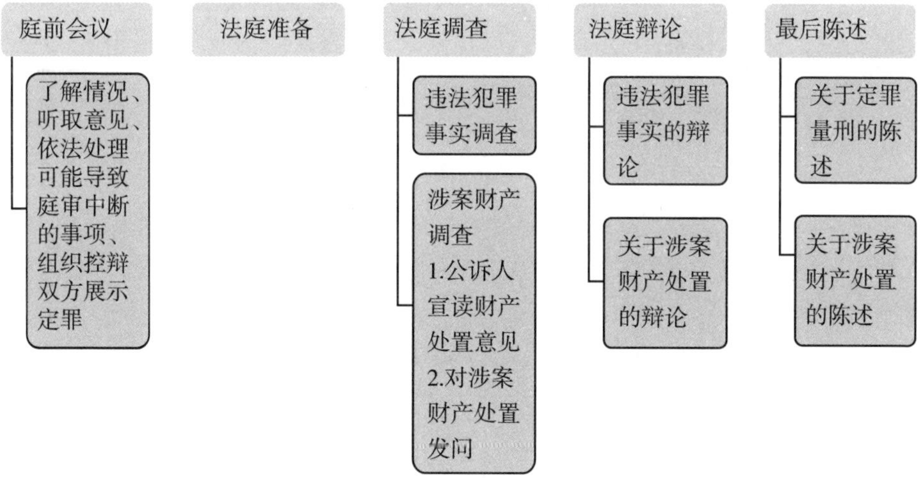

图 16　涉案财产调查相对独立庭审程序

21　帕累托最优是指资源分配进入一种理想状态。充分利用有限的人力、物力、财力，优化资源配置，争取实现以最小的成本创造最大的效率与效力。参见［美］萨缪尔森、诺德豪斯著：《经济学（第十九版）》，萧琛译，商务印书馆 2014 年版，第 394 页。

扫黑除恶专项斗争既要在深挖根治上下功夫，又要在长效常治上见成效。本文从搭建立法架构、建立查控平台、细化证据规则、改进审判模式等层面初步构建以审判为中心的涉黑案件中涉案财产精准处置规范化综合型审判体系和审理模式，这一现代化综合型涉案财产精准审理模式同样可以应用到电信诈骗、集资诈骗等涉众型经济犯罪涉案财产处置的应用场景，具有可操作性和可复制性的实证推广应用价值，是刑事司法改革实践经验总结对公共法律服务体系建构的积极回应，更是对推进审判治理体系和审判能力现代化的积极回应。

印度国家绿色法庭制度及其对我国的启示

杨翠柏　杨　光*

【内容提要】随着环境问题日益严重，各国都开始高度重视环境保护，积极推进环境司法专门化是一个重要措施。充分吸取过往司法手段应对环境问题不力的教训后，印度出台了2010年《国家绿色法庭法》，并据此建立国家绿色法庭。区别于普通法院，国家绿色法庭的审判活动不受1908年《民事诉讼法》的程序束缚，国家绿色法庭给印度的经济社会可持续发展供给了环境正义的内涵，并且从近年的实践来看取得了较为成功的效果，相关有益经验值得中国结合国情与实际予以借鉴。印度探索环境司法专门化的教训与经验启示我们，我国环境司法专门化的实践变革也应充分考虑国情与实际，针对当前司法途径解决环境纠纷过程中遇到的窘境，适当突破当前纠纷解决制度的框架束缚，构建新时代具有中国特色的环境纠纷司法专门化解决机制。

【关键词】印度　环境纠纷　国家绿色法庭　司法专门化

时下，很多国家正在积极探索环境司法专门化，印度作为我国重要邻邦，尽管在政体、法系以及司法制度等方面均与我国不同，但在人口数量（且贫困人口所占比重较大）、经济发展等诸多方面与我国存在相似之处[1]，均面临着经济发展与环境保护的矛盾。印度在治理环境问题上历经一段曲折历程后，最终形成了以印度国家绿色法庭（National Green Tribunal，以下简称国家绿色法庭）为代表的专门化的准司法机构，该机构在印度环境与资源保护领域发挥着重要

＊　杨翠柏——四川大学法学院教授，博士生导师，主要研究领域：环境法；杨光——四川大学法学院能源与环境法研究所研究人员。本文为国家社科基金项目“一带一路倡议与中国对南亚投资法律风险防控研”（批准号17XFX014）阶段性项目。

1　杨翠柏：《印度能源政策分析》，载《南亚研究》2008年第2期。

作用，成为当前国际上环境司法专门化潮流中的一道靓丽风景。本文拟从印度环境保护的背景、国家绿色法庭法律制度分析其运行实效，探讨国家绿色法庭的经验以及对我国的启示意义，期待对我国环境司法专门化探索实践有所裨益。

一、印度环境保护法律制度与环境纠纷解决机构演变过程

（一）印度环境保护法律的演变过程：由环境短视性到环境敏感性理念的转变

印度独立后，政府急于摆脱贫困，高度重视经济发展，成为世界上发展最快的国家之一，是新兴工业国家的“领头羊”。但因人口的急剧增长以及片面追求经济增长而无暇顾及环境保护，导致环境污染问题日趋严重。20世纪后半叶以来，印度环境污染问题呈扩张趋势，甚至爆发了如1984年博帕尔环境事件[2]等大规模环境灾难，此类环境灾害事件中，公众作为首当其冲的最直接受害者，亦是环境污染最坚定的反对者，对印度政府在环境保护方面的无所作为越发不满。

印度宪法作为印度的基本法，具有强制性和直接的司法适用性的特点，任何宪法权利遭受侵害均可通过诉讼获得救济，因此印度宪法中的环境保护条款，不仅具有宣示作用，更直接影响到印度环境保护纠纷的法律渊源。印度在宪法第42修正案前，英印殖民政府法令和印度独立后的1950年宪法均是以贸易和财产权利为主导，公众环境相关权利缺位，那时，印度司法体系范畴中未囊括环境审判[3]。有鉴于此，印度1976年通过的宪法第42修正案增加了环境保护条款，即在《宪法》第四篇“国家政策之指导原则”中增补了48－A条款[4]与第51－A（g）条款[5]，分别从国家保护和改善环境以及公民有义务保护和改善环境两个角度，第一次将环境保护相关问题纳入宪法，完成了由环境短视（enviromyopicity）到环境敏感（envirosensitivity）的转变。受第42修正案环境敏感转变的影响，从20世纪80年代早期开始，印度法院开始设立一种“绿色宪法”机构，以保护公民健康不受环境恶化的有害影响[6]，但据考析该机构并未发挥设

---

2 1984年12月3日，印度博帕尔发生了世界上最为严重的工业污染事故，联邦化公司的杀虫剂工厂发生了有毒气体泄漏事件，泄漏的有毒气体甲基化异氰酸盐造成了2000多人死亡，并有50多万人因此受伤或残疾，并对环境造成了难以补救的损失。在事故发生后较长时间内给当地居民带来身心痛苦。最终在最高法院主持下庭外和解，受害者一次性获得总计4.7亿美元的赔偿金。

3 杨翠柏：《印度宪政视角下的环境保护》，载《江西社会科学》2007年第11期。

4 参见第48－A条“国家要努力保护和改善环境，并保护国家的森林和野生动物”。

5 参见第51－A（g）条关于公民的基本义务部分规定：“每一位公民都有义务来保护和改善自然环境，包括森林、湖泊、河流、野生动物和关爱所有生物。”

6 黄锡生：《印度环境法庭的制度考察及启示》，载《理论月刊》2015年第4期。

立时的预期效果。博帕尔环境事件后，印度进一步重视环境问题，并于 1986 年颁布了《环境保护法》，该法是一项伞形立法，从执法体制安排与司法执行等几个方面进行规则设定，为保护和改善环境提供了一个整体框架和法律依据。

（二）印度构建环境纠纷争端解决机构的历程：由“纸老虎”到发挥实效

1. 国家环境法庭与国家环境上诉机构

20 世纪 90 年代，为充分有效应对突发事故造成的损害，印度结合本国环境司法审判案件审理实际，并在综合比较分析筛选出国内外法学专家关于环境司法专门化有建设意义的理论观点的基础上，印度议会于 1995 年通过了《国家环境法庭法》（National Environment Tribunal Act，1995），试图建立专门的环境案件审判机构——国家环境法庭（national environment tribunal）。但因该法制定前未能充分调动政府当局的积极性，且印度最高院对建设环境法庭也是意兴阑珊，导致在颁布该法后数年内都未能建立起国家环境法庭，也没有任命任何一个环境法庭审判员[7]。

1997 年印度出台《国家环境上诉机构法》（National Environment Appellate Authority Act，1997），根据该法印度设立了国家环境上诉机构（national environment appellate authority），其主要作用是处理涉及环境许可问题的纠纷，但因在 2010 年以前国家环境上诉机构一直处于环境与森林部（ministry of environment and forests）的控制之下，尽管一些环境争议被提交到国家环境上诉机构，但争议处理结果往往令人感到无奈，以致国家环境上诉机构被很多人戏称为“纸老虎”。

综上所述，无论是环境法庭还是环境上诉机构都没有发挥出设立时所期待的作用，诸多环境纠纷案件悬置多年未能得到妥善解决。可以说国家环境法庭与国家环境上诉机构的两次尝试都是失败的。

2. 国家绿色法庭

在经历两次专业化环境纠纷争端解决机构的建制失败后，印度当局痛定思痛，深刻总结得失经验，为实现迅速有效处理环境案件作了新一轮的尝试。基于减轻印度最高院和高等法院的案件负担，以及迅速实现环境正义之考量，2010 年印度议会表决通过了《国家绿色法庭法》（The National Green Tribunal Act，2010）。嗣后，通过建立印度国家绿色法庭，将环境正义的程序要素制度化，加

---

7 See Nivit Kumar Yadav, *National Green Tribunal: A Big Beginning for environmental cases*, available at https://www.cseindia.org/national-green-tribunal-a-new-beginning-for-environmental-cases-2900，最后访问于 2018 年 7 月 3 日。

强了包括公平、公众参与、透明度和问责制在内的环境民主原则[8]。为确保国家绿色法庭的正常运行，2011年印度出台了《绿色法庭（实践与程序）规则》（National Green Tribunal Practices and Procedure Rules，2011），为绿色法庭设置与运行提供具体依据，进一步展现出印度构建绿色法庭的决心，以及对环境正义的执着追求。

国家绿色法庭可界定为一个准司法机构，通过议会立法将环境领域司法审判权由普通法院让渡到印度国家绿色法庭[9]。之所以如此界定是因为，一方面，国家绿色法庭脱胎于原国家环境法庭与国家环境上诉机构，属于法令下的产物，不同于普通司法机构，法庭主席、审判人员以及专家成员等主要人员的人事提名权在环境与森林部，任命权在中央政府，因此法庭主要人员的产生程序属于行政任命程序，带有行政色彩；另一方面，国家绿色法庭主席以及司法人员是从印度最高院以及各高等院系统的退休法官中产生的，被任命后行使司法审判权以及上诉管辖权，并且针对其判决、裁决、命令不服的，可以向印度最高院提起上诉；从法庭的作用以及对其业务监督的归口来看其又明显属于司法机构性质。据此分析，国家绿色法庭是一个兼具行政与司法特性的准司法机构。

同时，2010年《国家绿色法庭法》第19条规定“法庭不受1908年《民事诉讼法》所规定的程序的约束，应遵循环境正义的原则”，该规定赋予国家绿色法庭区别于传统司法机构的又一特点，即环境正义理念下广泛的自由裁量权。因此，可以说国家绿色法庭是一个快速有效处理环境争议的准司法机构，以实现国家环境正义为目标，代表公众环境利益诉求，保护公民的环境权。任何人都可以控告违反环保法而对环境造成危害的行为，国家绿色法庭将对违法行为进行审理，奉行“污染者付费原则”和可持续发展环保理念，向污染制造者索赔，不服法庭裁判的可以上诉至印度最高法院。[10]

二、《2010国家绿色法庭法》的出台从法律层面保障印度实现环境正义

当前，环境正义[11]逐渐成为社会各界所接受的概念，但有关“环境正义”

---

8 Gitanjali Nain Gill, *The National Green Tribunal of India: A Sustainable Future through the Principles of International Environmental Law*, 16 Envtl. L. Rev. 183 (2014), P. 186.

9 Snigdha Gautam; Ramisha Jain, *National Green Tribunal and Its Disputed Jurisdiction*, 11 NUALS L. J. 159, P. 161.

10 李忠东：《印度国家绿色法庭功不可没》，载《检察风云》2016年第4期。

11 “环境正义”即用正义原则来规范人与人之间的社会关系和人与人之间的自然关系，是一种分配正义。

概念的内涵的界定较为困难，学界所达成的共识主要为：要在实践中让普通公民“获取环境正义”（access to environmental justice），则首要条件是把环境正义界定为一种程序上的正义，提供程序保障环境正义的实现。

2010 年《国家绿色法庭法》由五章章节（序言、简称及生效时间，法庭的设立，法庭的管辖，审判权力与程序，处罚、其他条款）与三个附件构成，正文文本共 38 条。该法围绕国家绿色法庭，分别阐明了立法目的、法案名称、生效时间、法庭的设立、管辖、审判权利和程序、处罚等，附件Ⅰ规定了绿色法庭适用的七部法律[12]，附件Ⅱ列出了损害赔偿救济目录，附件Ⅲ列举出六部因《国家绿色法庭法》出台而作出部分修正的法律修正案。[13] 2011 年《绿色法庭（实践与程序）规则》共 37 条，主要针对绿色法庭的审判程序进行规定，相比于传统诉讼程序，其呈现出的一大特色是更具便利性，如将起诉主体资格由原来的受害人放宽至“任何人（any person）”，为公众广泛参与环境诉讼提供法律支撑；设置有利于环境受害人的诉讼时效制度，规定赔偿请求救济以及环境（或财产）救济的诉讼时效为五年；对案件类型和诉讼费用进行合理化区分，规定在法庭收到起诉材料时即根据案件分类制度对案件进行分类，并根据案件类型采用不同的程序和收费制度，其中，贫困线以下的当事人经申请免交诉讼费用[14]的制度极大减少了当事人的诉讼成本，降低了诉讼门槛。可以看出，这些制度均从不同层面体现了国家绿色法庭追求环境正义的价值取向。然而值得注意的是，国家绿色法庭制度中关于审判人员组成、法庭受案范围与审限制度以及辖区管辖制度的相关规定，更是实现环境正义的有力保障。

（一）获取环境正义的组织前提：国家绿色法庭审判人员组成制度

审判人员是保障法庭审判活动能够正常运行的“血液”，其配置直接影响着环境纠纷案件的处理效果。相比于传统民事纠纷，环境纠纷呈现出专业性、技术性和科学性强的特征，因此对审判庭组成人员的专业性要求极高，若无相应的学科背景知识，在审判过程中审判人员对于环境纠纷的专业性与技术性问题往往束手无策。

国家绿色法庭的法庭组成人员具有综合性特征，法庭由一位全职主席和中

---

12 分别是 1974 年《水（污染防治）法》、1977 年《水（污染防治）税法》、1980 年《森林（保护）法》、1981 年《空气（污染防治）法》、1986 年《环境（保护）法》、1991 年《公共责任保险法》、2002 年《生物多样性法》，凡是违反前述法律规定之行为，或者依照该些法案作出的行政决定均可由国家绿色法庭提起诉讼。

13 蔡守秋、文黎照：《印度〈2010 国家绿色法庭法〉评介》载《法学杂志》2013 年第 11 期。

14 王国萍、黄锡生：《印度环境法庭的制度考察及启示》，载《理论月刊》2015 年第 4 期。

央政府公告的不少于10人且不多于20人的全职审判人员以及不少于10人且不多于20人全职技术专家组成，并有严格的任职人数控制[15]。基于环境纠纷案件的法律因素与科学技术因素两种专业性问题的跨界影响，每一个由国家绿色法庭审理的案件都配备1名审判人员与1名专家人员。

此外，兼顾到环境纠纷的审判结果有可能成为环境纠纷解决的示范判例，故国家绿色法庭在选择审判人员时，对审判人员的经验以及专业知识进行较高的任职资格限定，力促审判效果趋于最优化，主要表现为，一是对主席和审判人员在资历上的要求，即审判法庭的主席和审判人员必须具有印度最高院或者高等法院法官任职经历，[16]才可能被任命为国家绿色法庭主席或审判人员；二是对专家技术人员学历以及处理环境问题经验的严格要求，专家须是工学或者技术学硕士以上学历，且须有环境相关领域15年以上工作经历，或15年以上中央或邦政府或者国际级或邦级机构环境事务处理的行政管理经验。此外，2010年《国家绿色法庭法》还通过回避制度对法庭主席、审判员以及专家成员作出限制性规定，即任期内不得兼职，且离职后两年内不得作为代理人等身份受雇于当事人参与国家绿色法庭审判的案件，并明确了退出机制。

国家绿色法庭对庭审人员组成的严格准入以及严苛的任期及从业要求，能为环境审判工作输出健康“血液”，可有效保障环境案件在发现事实和适用法律上的准确性，尽可能保证案件处理结果上的公平，促进环境审判各方关系良性互动，以使公民在最大限度上获取实体上的环境正义。

（二）获取环境正义的效率保障：国家绿色法庭的受案范围与审限制度

国家绿色法庭的初审受案范围与地区法院受案范围有着显著区别，两者受案范围的分界线取决于该纠纷是否与环境相关，从规范角度而言，与环境相关的纠纷具体是指环境权实施过程中引发的纠纷或者起因于附件I中有关环境法律实施引发的纠纷[17]。国家绿色法庭管辖的案件包括民事和行政两大类案件——凡是违反附件I的七部法律规定之行为，任何人均可向国家绿色法庭提

15 但是经仔细分析，印度国家绿色法庭的法官任职资格规定得非常严格，且人数较少，并基本上是最高院与高等法院的退休法官，年事较高，其精力亦有限，故无法承担工作量特别大的审判任务；但是印度国家绿色法庭的立案标准以及对起诉当事人的放宽，其案源将会呈逐年递增的趋势。长此以往，很有可能发生严重的人员缺口，如2018年6月现任国家绿色法庭主席Adarsh Kumar Goel上任前，国家绿色法庭主席职务空缺将近半年。

16 现任国家绿色法庭主席Adarsh Kumar Goel以及前任法庭主席Swatanter Kumar在担任国家绿色法庭主席职务之前都曾担任最高院大法官。

17 The National Green Tribunal Act，2010，Chapter III，Section 14.

起民事诉讼[18]；行政机关依照该些法案作出行政决定、命令、指令等，在认为权益受到侵害时，任何人均可向国家绿色法庭提起行政诉讼[19]。在此范围之外，国家绿色法庭无权审理其他类似环境纠纷的案件。例如，国家绿色法庭无权审理与1972年《野生动物（保护）法》（该法适用于国家公园、自然保护区和老虎保护区的保护问题）相关的问题，若发生相关纠纷则只能向地区法院提起诉讼[20]。

印度传统司法程序拖沓现象极为严重，甚至曾发生过“一官司一甲子”的骇人听闻事件——“印度一起印度教和穆斯林宗教纠纷引发的诉讼自1949年起诉至法院，直至这位95岁当事人去世，案件还在最高院待判”，[21]这种低效率的司法审判活动导致印度法院的审判效率低的原因包括印度法院人手不足、法官工作效率低、法院案件量大等因素，但是深入探究其法律制度可得，三审终审的拖沓司法程序以及夸张无限制的审判时限才是罪魁祸首。故在此背景下，国家绿色法庭制度另辟蹊径，实行两审终审，并对审判审限进行明确的严格限定。根据法律规定，法庭受理案件后应在6个月内审结；对国家绿色法庭所作出的判决、裁决或者命令不服，认为权利受到侵害的当事人可在接到通知的90日内，在符合1908年《民事诉讼法》第100条规定的情况下向印度最高法院提起上诉。上诉案件应在给相关当事人提供听证机会后的6个月内审结。此处简化审级及限定审限之规定，相比于当前印度国内传统司法纠纷案件审判程序而言，是极大的进步，可有效提高审判效率，减少环境案件悬而未决的现象，实现在司法程序上保障公民获取环境正义。

（三）实现环境正义的防火墙：国家绿色法庭的辖区管辖制度

2010年10月18日，印度在首都新德里设置国家绿色法庭的主法庭（常驻机构主法庭），成为继澳大利亚和新西兰之后全球第三个成立绿色法庭的国家。因印度幅员辽阔，其中行政区划中一级行政辖区就有20多个邦、6个中央直辖

18 民事案件分为两大类，包括诉请解决纠纷和申请损害赔偿：诉请解决的纠纷是指与上述7部法律相关的环境纠纷，损害赔偿是指对因环境污染造成损害的赔偿救济申请。诉请解决纠纷的诉讼时效为6个月，自行为首次引发纠纷之日起计算。诉请救济、赔偿和恢复的诉讼时效为5年，自侵害行为首次发生之日起计算。有正当理由的均可顺延60天。

19 从绿色法庭运行来看，对于政府的决定、命令和指令存在违法环境法律或者影响环境的可能性时，国家绿色法庭就会对其进行限制，并能对其作出违法性认定，此项权力极大，并且也确实行之有效，是印度绿色法庭倡导环境正义的一个有效路径。

20 See https：//www. cseindia. org/national - green - tribunal - a - new - beginning - for - environmental - cases - 2900，最后访问于2018年7月4日。

21 黄雪杉：《一官司一甲子不可思议的印度司法》，载凤凰网，http：//news. ifeng. com/a/20160905/49898441_ 0. shtml，最后访问于2018年7月5日。

区以及一个国家首都辖区，仅依靠设立新德里主法庭很难有效管辖全国范围内不同区域与环境相关的案件。为满足有效管辖各邦环境纠纷事务的需要，因此在设立国家绿色主法庭后，印度在新德里外的四个城市设置了国家绿色法庭分部，按照属地管辖原则行使管辖权。四个国家绿色法庭分部为：设在普纳主管西部区域环境纠纷的法庭分部、设在博帕尔主管中部区域环境纠纷的法庭分部、设在金奈主管的南部区域环境纠纷法庭分部以及设在加尔各答主管东部区域环境纠纷的法庭分部。[22] 根据每个法庭分部所在区域，由印度中央政府公告通知，决定每个分部管辖的地域范围。

因为环境问题多相伴于经济发展而衍生，故环境与经济孰轻孰重的这个经久不衰的矛盾不可回避。在此背景下，若将环境纠纷交由地方法院进行审理，则很可能会因环境问题牵涉地方经济发展而造成此类案件审理的不公正。相比于传统法院，国家绿色法庭与地区之间不存在利益牵扯，其人事提名权、财政权等均由印度中央直接管理，可有效降低国家绿色法庭审判环境案件过程中因地方保护主义或者腐败势力带来的阻力，通过对各区域法庭分部的判案效果进行分析，其判决结果往往比主法庭更加“激进”，经常以环境正义为审判准则推翻中央政府以及地区政府所作决策。整体而言，与印度地方法院审理环境纠纷的方式相比较，新的国家绿色法庭制度将原来由各地区法院的环境案件纠纷审判权收回，在2010年《国家绿色法庭法》附件I所规定环境纠纷范围内，形成闭合式的环境司法专门机构解决纠纷，从程序上屏蔽地方保护主义以及政治腐败对环境纠纷解决的干预，营造一个相对干净的审判氛围，以程序保障环境正义的实现。

此外，从主法庭与分庭的数量及区域设置来看，相比于设立单一的国家绿色法庭主法庭的完全集中模式以及在每一行政辖区单独设立环境法庭分部的分散模式，印度采用的相对集中与合理分散、在各大区域设立国家绿色法庭分部的模式，更具便民利民意义和可操作性，其一方面有助于环境纠纷当事人节约费用与时间成本，尽量做到方便诉讼当事人；另一方面可充分顾及环境案件的特殊性，使审判资源相对集中、合理配置，保障审判的专业性和公正性。因此，国家绿色法庭的区域设置方式和辖区管辖制度，为公民获取环境正义提供了便利和可能，且法庭的独立性成为落实环境正义内容的深层次保证。

（四）环境正义的效果保障：国家绿色法庭作出判决后的执行与处罚制度

2010年《国家绿色法庭法》第四章规定：“任何人，拒不执行法庭根据本

---

22 See http://www.conservationindia.org/resources/ngt，最后访问于2018年7月10日。

法所作出的判决、裁定以及命令，将被处以不超过三年监禁或者不超过一亿卢比的罚金（以 2018 年 7 月 7 日为基准日，1 亿卢比折合人民币 965 万元，2.5 亿卢比折合人民币 2412.6 万元），或者同时适用两项罚则；如果被科以前述处罚后，仍然持续违法行为，另处以每日两万五千卢比罚款，另行处罚期间从首次拒绝履行之日或违法行为持续的期间起算。”另若公司法人存在前述拒不执行问题，将被“科处不超过 2.5 亿卢比经济罚金，如果被科以前述处罚后，仍然持续违法行为，另处以每日十万卢比罚款，另行处罚期间从首次拒绝履行之日或违法行为持续的期间起算”[23]。可见，印度对拒不执行国家绿色法庭相关判决与裁定的当事人处以极为严苛的经济处罚，罚金数额甚巨，并且对持续拒绝履行判决者，在前述罚金等处罚基础上按日加罚、上不封顶。更有甚者，若性质极为严重还有可能被科处刑罚、定罪量刑。这些规定和措施均体现出印度对推动当事人主动履行国家绿色法庭作出的相关判决与裁定的决心，确保国家绿色法庭的相关决定得以有效落实，以此为解决环境纠纷并最终走向环境正义提供一个最有力度和最有效果的保障。

三、印度国家绿色法庭对于印度实现环境正义的实际促进

（一）国家绿色法庭的判决中蕴含非人类中心主义的环境伦理观与正义观

国家绿色法庭的法官高度推崇西方环境伦理学，认为当前环境问题的根源可追溯到以人为本的人类中心主义，在人类中心主义价值观下，人们只考虑人类利益而忽略自然利益或价值，且认为只有贯彻以生态为中心的、体现自然内在价值（或固有权利）的新型环境伦理观才是走出环境困境的出路。由此，国家绿色法庭的法官运用环境伦理学对宣扬“人类利益至上”的传统环境法秩序进行批评，并拥护非人类中心主义理念、自然体权利论等主张以体现最高层级的环境正义。

在 Sudiep Shrivastava v. Union of India[24] 一案中非人类中心主义理念得到极大彰显。该案涉及林地用途转换的问题，2009 年 1 月 12 日，恰蒂斯加尔邦政府批准了 UPRVUNL 公司的申请，将 1898.328 公顷林地用途转换为非林业用地。根据 1980 年《森林（保护）法》规定，该林地用途转换须报印度中央政府进一步核准，且在中央政府核准前，应由森林咨询委员会通过专业调查提出决策咨询建议。在恰蒂斯加尔邦政府批准了 UPRVUNL 公司的申请后，森林咨询委员会

---

23 The National Green Tribunal Act, 2010, Chapter V, Section 29.

24 Sudiep Shrivastava vs Union of India Ors on 24 March, 2014.

派出一个小组委员会来调查，小组委员会在调查时发现拟转变用途林地是极其适合野生动植物以及珍稀物种生存的栖息之地，并且变更林地用途也会对当地居民的社区生活造成不利影响，因此提出了不变更林地用途的建议，该建议得到森林咨询委员会的认可，并向环境与森林部作出不同意改变林地用途的报告。但是，环境与森林部以经济发展、社会需求等为由否定了该报告，并作出了支持林地变更用途的决定。

受理该案后，国家绿色法庭运用司法审判中的温斯伯里（不合理性）原则（wednesbury principle）对环境与森林部否决森林咨询委员会报告的理由进行了批判，认为该理由是荒诞的，带有强烈的人类中心主义色彩。法庭在判决中强调，只有从人类中心主义转变到环境中心主义时，环境正义才能实现，许多环境保护原则，如可持续发展、污染者付费原则、代际公平都是根植于人类中心主义原则的。人类中心主义始终关注人类利益，非人类对人类仅具有工具价值；而环境中心主义是以自然为中心的，人类仅是自然的一部分。换句话说，人类的利益并非天然优先，人类对非人类的义务独立于人类利益，因此环境中心主义是以生命和自然为中心的，自然包括了人类与非人类，人类是自然的一部分，非人类亦有其内在价值。基于前述非人类中心主义伦理观以及环境正义原则，国家绿色法庭撤销了恰蒂斯加尔邦政府和环境与森林部关于林地变更用地性质的决定，并责令其重新根据法律规定并考虑森林咨询委员会的建议作出适当的决定。

（二）国家绿色法庭对政府决定或命令进行极为严格的审查

虽然国家绿色法庭的主要组成成员由环境与森林部提名，中央政府任命。但吊诡的是，自2010年成立之后，这个由印度最高院前法官领导的国家绿色法庭在行使职权过程中表现得非常“大胆”，时常与其“名义上的主人”环境与森林部的意见相左，甚至还经常以判决推翻环境与森林部甚至是中央政府只是有可能对环境造成负面影响的政策，将政府部门的许多决定或命令界定为对环境不负责的行政行为，救济弱势的公众及民间社会团体被侵害的环境权益。例如，在Singh Kanwar v. Union of Indialo案中，国家绿色法庭针对当地政府批准安装和运行燃煤发电决定的合理性进行审查，并提出了强烈的质疑，该同意安装和运行燃煤发电的决定最终被推翻，受到当地居民群众的拍手称快。在Prafulla Samantray v. Union of India一案中，印度环境与森林部表示应当同意启动Gram Sabha项目，因为启动该项目有利于推动该区域丰富的矿产资源充分利用，并且能拉动就业以有效缓解该地区的贫困问题，基于快速推动项目落地之目的，以及对该区域长久发展的负责态度，不需要征求项目毗邻区域村庄居民的同意。

但在开庭审理过程中，国家绿色法庭认为环境与森林部的前述行为违反了《部落森林权利法》之规定，对一些当地村庄抵制该项目充耳不闻，而未按规定对其是否对环境存在影响进行审查，属于严重的环境不负责，甚至将环境与森林部作出前述决定认定为严重的程序违法行为，并对一些拒不履行裁决的官员进行严格惩罚。

因国家绿色法庭坚持对政府涉及环境的决定或命令进行严格审查，导致印度政府当局有时都抱怨国家绿色法庭过于激进，环境与森林部希望国家绿色法庭能够向相关管理部门提建议而不是像司法机关那样发布指令，并且环境与森林部曾经给国家绿色法庭发文要求其谦抑、谨慎，对管辖权的行使进行必要克制，但是该提议被国家绿色法庭无情拒绝。正是国家绿色法庭这样“不讲情面”的做法，让政府部门在审批存在潜在环境影响的项目时时刻保持谨慎。

（三）国家绿色法庭引导政府当局制定符合环境正义理念的政策

近年来，国家绿色法庭结合具体个案以环境正义理念为引导，督促政府或者社会组织采取有利于环境的行动，基于新德里的空气污染日益严重这一无可争辩的事实，法官们认为在涉及生态和环境的问题上，每个人都受到直接或间接的影响，因此采取行动的权利不能只局限于受到实际侵害的人。在 Vardhaman Kaushik v. Union of India [25] 案中，审判庭认识到新德里的污染程度越来越严重，裁定要求一个委员会制定一项环境友好型的行动计划：车龄在 10 年以上的柴油机动车与 15 年以上的车辆不得在新德里道路上行驶甚至停放；禁止燃烧塑料和其他类似材料；为方便公众了解环境质量状况，要求创建一个信息公示的网站门户，并由一个特别工作组进行维护；新德里所有的道路上都留有足够的双向运输空间；并建造循环轨道，且在该循环轨道上，超载的卡车和报废的公共汽车不能通行；要求在适当的位置安装空气净化器和自动检查装置。在下次听证会的进一步命令中，它指示在行动计划中应增加“对停在公路上的所有车辆征收 1000 卢比的罚款，并在适当的地方进行多层停车场”的规定。据交通部门预测，此次禁令将对其中三分之一的车辆产生影响。由于关乎各方的切身利益，不少新德里当地的车主对国家绿色法庭的这项限行令表示强烈反对。质疑它能否真正落到实处。印度《先锋报》发文批评此限令的可行性极低，因为当地平均每天有 1500 辆新车上路，所以对于减少空气污染几乎起不到什么作用。一些专家称，新德里缺乏车辆检查与监管设施，政府很难完全按照法庭的命令办事。限行令将在何种程度上改善空气质量，还取决于这项法规的执行情况。新德里市

25 Original Application No. 21 of 2014.

的一些官员也出面表态，认为这一裁定难以执行。来自新德里科学环境中心的阿努米塔认为，有关部门应出台政策，对汽车的污染等级进行监测，并增加高污染汽车的税收，以限制其使用。然而面对来自各方面的阻力，绿色法庭的法官们仍然不改初衷，秉持环境正义理念，坚定推行既定判决，扭转环境质量的颓势。

（四）国家绿色法庭的运行成绩

首先，国家绿色法庭审判效率高，2010 年 10 月 18 日设立，2011 年 5 月 25 日开始审理案件，2011 年 7 月 4 日开始完全运营[26]，根据国家绿色法庭官方网站披露，自设立起至 2018 年 7 月 31 日，主法庭和区域法庭分部共受理案件 26952 件，受理案件量相对较大，审理的环境案件总体上涉及不同的环境问题，并且具体到不同的个案还存在科学上的不确定性、技术性上的复杂性等，审结 23536 件，审结率高达 87.3%，多数环境纠纷得以解决，从效率上保障个案环境正义的早日到来，这对素来不以司法效率见长的印度而言不可谓不是一个“奇迹”[27]。其次，国家绿色法庭具有实效性，虽然印度国内关于国家绿色法庭一直存在争议，但其成立至今一直能相对公正地审理环境纠纷案件，使得 2010 年《国家绿色法庭法》附件 I 列明的法律制度不再是“纸老虎”；随着对环境污染案件的妥善解决，国家绿色法庭的影响力在印度民众中增加，被誉为保护环境的“司法堡垒”。最后，国家绿色法庭持有坚定的环境保护立场，特别是对于社会上边缘化的弱势群体权利的保护，甚至，国家绿色法庭不仅严厉打击了部分小利益团体组织，还挑战了大型企业、邦政府甚至是中央政府不遵守环保法规的行为。

四、印度国家绿色法庭制度的实效对我国的启示

印度国家绿色法庭法律制度完备，并在运行中取得的成绩显著，对我国环境法庭构建具有一定启示意义。

（一）我国环境法庭的窘境

截至 2018 年年底，我国各级法院设立了环境资源审判庭、合议庭以及巡回

---

26 Gitanjali Nain Gill, *The National Green Tribunal of India: A Sustainable Future through the Principles of International Environmental Law*, 16 Envtl. L. Rev. 183 (2014), P. 186.

27 印度最高院首席大法官 TS Thakur 曾向莫迪总理汇报，截至 2016 年 4 月印度法院未判决案件达 3000 万件，仅高院就有 38 万件，最高院 6 万件，如此巨量的未判决案件，让印度司法为社会各界所诟病。

法庭1271个，其中环境资源审判庭391个，有23个高级人民法院设立了环境资源审判庭，并且还根据特定资源性质探索跨行政区划的集中管辖体制[28]，但多数环境法庭仍然未走出无案件可审、结案率极低的困境。总之，我国环境司法专门化呈现出基层自治理念下环境法庭无序增长现象，庭多案少的尴尬，最终导致我国环境纠纷的解决实效不理想。前述暴露出的问题充分表明，仅靠在各级地方构建环境法庭并不能有效解决环境纠纷。

（二）印度国家绿色法庭对我国的启示

1. 健全我国环境司法专门化法律依据

试图不改变既有规则实现对新事物的应对，只能是一个美好的设想。[29]印度国家绿色法庭是以2010年《国家绿色法庭法》为法律基础构建的，在创制时即通过充分的立法论证，以法律制度保障了国家绿色法庭在预定的轨道内有序运行。故环境司法专门化的构建与顺畅运行，应当以充分的法律依据为基础。我国已经有多年的环境司法专门化实践，多年实践已经对环境司法专门化所需要的受案标准、诉讼程序等有着较为深刻的认识。在当前大力提倡环境司法审判保障生态文明建设的大背景下，应当继续深化推进，在总结多年司法专门化实践中正反两个方面的经验基础上，在不与《民事诉讼法》《人民法院组织法》相冲突的情况下，推动制定环境司法专门化立法，对专门化环境法庭统一设定、管辖、审判权和程序等进行细化规定，以立法支撑我国环境司法专门化在下一阶段更有序地推进。

2. 统一审判模式的标准

当前，我国主要的环境法庭审判模式可归纳为四类，首先是单一模式，即在法院原来既有的审判庭下设立环境审判组织，审理各自领域内的与环境相关案件；其次是“二合一”模式，即设定环境法庭专门审判民事和行政类环境保护案件；再次是“三合一”模式，即设立专门法庭审判环境民事、刑事以及行政类案件；最后是“三加一”模式，即在环境法庭“三合一”的基础上，增加环境案件的执行权。通过以上归纳可以发现，我国环境法庭审判模式并不统一标准。独立的专门的诉讼程序是环境司法专门化的内在支撑。在此，可参考印度国家绿色法庭相关实践，通过我国多年环境司法专门化实践，可统一环境法庭审判模式为“三审合一”。充分利用该模式资源整合的最大优势，能够有效应对那些性质复杂且案件又涉及类型交叉的环境案件，最终推进环境审判水平的提高。

---

28 参见最高人民法院：《中国环境资源审判（白皮书）》，2019年3月发布。

29 张宝：《环境司法专门化的建构路径》，载《郑州大学学报（社会科学报）》2014年第6期。

3. 强化我国环境司法专门化制度的顶层设计

印度国家绿色法庭仅建制1个主法庭和4个法庭分部，却能审理全国范围内与环境相关的纠纷，其具体是指环境权实施过程中引发的纠纷或者起因于附件I中有关环境法律实施引发的纠纷，受理案件量较大，在设立后至今的几年内保持着极高的审结率。其中尤其值得指出的是，印度在构建绿色法庭制度时，从制度顶层设计角度考虑以下两点：一是国家绿色法庭级别特别高，区分出普通法院体系，保障国家绿色法庭审判案件时的独立性；二是划分出相关案件由国家绿色法庭专属管辖，确保案件有效分流至国家绿色法庭。

首先，在环境法庭体系建构方面，鉴于我国幅员辽阔，区域间的自然环境差异较大，我们应当充分考虑环境案件的特殊性，不必在各级人民法院均设立环境法庭，综合考虑制度功效、国情实际、司法逻辑以及现行法律规范，宜在中级人民法院以上设环境法庭，由中级人民法院负责环境案件初审权，省内跨区域环境纠纷案件，由高级人民法院环境法庭指定辖区内中级人民法院环境法庭审理；在高级人民法院层面，全面推行环境资源审判庭的设立，负责审理环境纠纷的上诉案件。其次，在案件管辖方面，认真研究并落实环境资源案件跨行政区域的集中管辖，尤其需要最高人民法院认真研究并出台相应的制度，保障跨省级行政区划的环境资源案件集中管辖的有序推进。最后，在环境法庭称谓方面，我国当前关于环境司法专门化机构称谓不统一，建议由最高人民法院明确将环境司法专门化机构统一为“环境资源审判庭”。

4. 推动专家实质化参与审判环境纠纷案件

鉴于环境纠纷案件通常会涉及专业领域，故对审判人员的科技专业知识水平要求非常高。当前，我国重大的环境纠纷案件通常也充分征求相关领域专家的意见，但基本上是以专家证人、损害鉴定评估机制或者是通过论证会、研讨会的形式征求相应领域专家出具论证意见的方式进行，而相关专家很少实质性地参与到环境纠纷的庭审中，其对审判效果的影响有限。通过前述对印度国家绿色法庭的研究可以发现，专家是作为庭审组成人员对相应的案件进行审理的，以此保障案件处理的科学性。考察国家绿色法庭审理的案件，很少因庭审的科学性而发生争议，大部分均可以定分止争，故在此，可以在考虑我国实际国情的基础上学习与借鉴国家绿色法庭制度，充分吸纳专家参与到庭审中，鉴于有相关专业背景且能符合我国审判人员入额要求的专家极少，故在选拔人民陪审员时，要充分考虑环境法庭的组成需要，吸纳有处理环境纠纷相关专业领域知识的人员，以便在今后的环境纠纷案件开庭时，有足够的专家以人民陪审员身份实质化参与到环境纠纷案件审判中，能够探索弥补生态环境损失的新办法和新措施，以提高环境纠纷判决的理性水平，使社会认可裁判结果。

结语

印度与我国两国环境问题均较为突出，与西方发达国家存在较大差距，对此差距应当客观理性地分析，充分认识到相比于西方发达国家，中、印两国所处社会发展阶段决定了其环境问题在一定范围内存在历史的必然性与相对合理性，谁也不能亦不可能一步登天，绕开国家发展的阶段性以及环境问题的场域性，空谈对标西方环保法律及制度标准则会有东施效颦之嫌。虽然印度的经济发展水平落后于我国，但通过本文研究发现，印度国家绿色法庭应对环境污染以及环境破坏问题的迅速性与有效性，充分维护了正义的及时性，能够有效遏制因环境正义迟到而引发悲剧的不良现象，可以说印度在环境司法专门化道路上走在我国前面，印度国家绿色法庭制度在法律制度构建上以及运行实践中的优良做法等诸多方面都为我国提供了可资借鉴的经验。

新时代我国劳动行政主体制度改革需求之探析

吴华升*

【内容提要】 随着“五位一体”总体布局、“四个全面”战略布局、新发展理念以及治理体系和治理能力现代化等系列国策的陆续提出，我国劳动行政主体制度正面临新时代的改革挑战。为了解答好“怎样改革、需要什么样的劳动行政主体制度”这一重大命题，有必要着力于三个方面：其一，以改革、法治良性互动为手段，着力健全劳动行政主体的制度体系；其二，以人力、机制相互结合为驱动，着力提升劳动行政主体的治理能力；其三，以协调、共享发展理念为引领，着力解决劳动关系发展的失衡不公，由此推动我国劳动行政治理的全面、协调、可持续发展。

【关键词】 劳动行政主体　制度　改革　法治　制度体系　治理能力

制度在一个国家的实现程度，总是取决于其满足该国家现实需要的程度。我国的发展已进入新时代。近年来，“五位一体”总体布局、“四个全面”战略布局、新发展理念以及治理体系和治理能力现代化等系列国策陆续提出。当把社会建设作为“五位一体”总体布局的重要内容，当全面深化改革、全面依法治国成为“四个全面”战略布局的战略任务，当协调、共享被纳入新发展理念的重要内容，当社会组织被推至国家治理体系和治理能力现代化进程的突出位置，作为一项基本性制度安排，劳动行政主体制度正面临新时代的改革挑战。在改革的探索道路上，“怎样改革、需要什么样的劳动行政主体制度”是贯穿于改革始终的重大命题。

---

* 吴华升——西南政法大学经济法专业博士研究生，深圳市司法局干部，主要研究方向：经济法、劳动法。

一、以改革、法治良性互动为手段，着力健全劳动行政主体的制度体系

国家治理包括治理体系和治理能力两个维度。“国家治理体系和治理能力是一个国家制度和制度执行能力的集中体现”，国家治理体系是“管理国家的制度体系，包括经济、政治、文化、社会、生态文明和党的建设等各领域体制机制、法律法规安排，也就是一整套紧密相连、相互协调的国家制度”；国家治理能力则是“运用国家制度管理社会各方面事务的能力”[1]。两者一静一动、相辅相成，构成有机整体。作为国家治理体系的重要组成部分，劳动行政主体制度是涉及劳动行政主体的组织形态、体制机制、法律法规等一整套制度安排。新时代要求提升劳动行政主体治理体系和治理能力，而系统完备、科学规范、运行有效的劳动行政主体制度体系是前提和基础。国内外大量的经验事实表明，要推进劳动行政主体治理体系的现代化，改革和法治是不可或缺的基本向度。

（一）深化劳动行政主体制度各项改革

改革开放是决定当代中国命运的关键抉择，与治理体系和治理能力的现代化紧密相连，对国家治理现代化起着决定性作用。2013 年十八届三中全会通过的《中共中央关于全面深化改革若干重大问题的决定》明确将“完善和发展中国特色社会主义制度，推进国家治理体系和治理能力现代化”作为全面深化改革的总目标。具体就劳动行政主体制度而言，涉及的经济、社会、行政等领域体制改革早已启动，但因改革宽度、深度、进度不足，一些深层次矛盾和问题仍困扰劳动行政主体制度的健全与完善。以改革的办法解决改革中遇到的问题、加快继续完善深化各领域体制改革的进程，是从根本上摆脱当前发展困境的现实出路。

1. 继续完善深化经济体制改革，增添劳动行政主体制度改革的外生推力

紧扣厘清国家劳动行政主体亦即政府及其部门与市场的关系这一核心问题继续做文章，使市场在资源配置中的决定性作用和政府的干预作用更好地实现协调无间、高效协同。改革的任务需求重在解决两大方面问题：一方面，如何在行政“放权”与市场“监管”之间寻求制度平衡。大量事实已证成，监管是任何市场经济国家都不可或缺的要素，只是因国情差异而在方式、内容、程度等方面有所不同而已。完全摒弃监管的市场经济是不复存在的。即使是“守夜

1　习近平：《切实把思想统一到党的十八届三中全会精神上来》，载《求是》2014 年第 1 期。

人”角色，亦并非“无所事事”，至少守夜仍是要承担的底线监管责任。我国劳动行政面临的关键问题是：放权与监管之间的平衡如何做到负面效应最小化，“收放自如”的标准如何科学界定，以避免干预过多或干预缺位。这种平衡包括纵向和横向两种。另一方面，如何在“远离”市场与“亲近”市场之间寻求制度平衡。既要将有形之手远离市场，又要靠近市场、服务市场。政府及其部门甄别劳动行政权力远近之别需要良好的指引制度。

2. 继续完善深化社会体制改革，提供劳动行政主体制度改革的外源张力

重心在于继续厘清国家劳动行政主体即政府及其部门与社会的关系，继续加快推进政社分开、政事分开，最大限度减少政社关系附带的浓厚行政性、政治性色彩，剔除劳动行政权力成为妨碍社会和社会组织发育成长因素的可能。相反，要为社会和社会组织的发育成长提供更多的制度空间和更强的制度推力，使之成为劳动行政不可或缺的重要社会力量。改革的任务主要包括：第一，如何改变过于审慎的渐进原则和不甚合理的分类治理策略，从制度上为矫正社会组织的结构功能失衡提供可能。随着近年来理论研究的深入和实践探索的扩大，社会和社会组织健全发展的意义已逐步影响劳动行政的组织结构和制度体系，尽管仍处于初级、发育阶段。这显然表明，面对社会和社会组织的时代发展趋势，充分促成社会和社会组织良性成长是社会改革理应坚持的方向。历史实践经验表明，多样化的利益诉求宜疏不宜堵。利益诉求甚至利益纠纷并不可怕，可怕的是诉求和纠纷缺乏表达和寻求救济的渠道。国家层面顶层设计应当改变过于审慎的渐进原则和不甚合理的分类治理策略，适当扩大劳动者权益诉求表达组织化、机制化的空间，将社会组织成为社会行政主体和社会治理载体的潜能最大化地发挥出来，增强社会自治能力，形成符合市场经济要求的成熟自主的“社会”。第二，如何在行政“返权培育”与社会组织“有序监管”之间寻求制度平衡。当前如何做到培育与监管并重，仍存在较大的制度空间。因此，下一步制度构建的重点既要着力解决合法性身份、发展资源等困境问题，又要重点关注如何规制社会组织的权限和行为，避免社会治理权回归社会后可能引发的秩序失范，最大限度消除地方政府及其部门出于风险担忧而长期采取观望、保守的消极态度。第三，如何全面规范社会组织承担劳动行政主体的资格条件、职权职责、行为规范、程序要求和法律责任，与国家劳动行政主体一样，形成劳动行政权确立、行使、监督及救济的完整链条，使其具备独立的劳动行政主体资格，在劳动行政公共产品和服务的提供中真正拥有一席之地，切实发挥服务者、辅助者甚至替代者的作用。

3. 继续完善深化行政体制改革，强化劳动行政主体制度改革的内生动力

行政体制改革属于自我革命，难度大、风险高。“为慎重起见，自改革开放

以来，其在推进的速度、力度上均稍慢于和小于经济体制改革。但现在政治体制改革的环境、条件已大为改观，故完全可能和应该适当加快改革的速度、加大改革的力度”[2]。要继续围绕政府及其部门的职能转变和理顺关系这一核心问题深入改革。任务主要包括三个方面：一是如何尽快提升政府及其部门治理体系和治理能力，在角色定位、组织结构、功能作用、调整方式、力量配置、评价监督等方面及时作出符合现实需求的改革回应。二是如何恰如其分地（既不缺位亦不越位）完成好政府主导下培育市场、培育社会的历史任务，提高市场调节、社会自治的空间和能力，寻求政府—市场、政府—社会的合适关系定位。三是占改革主导地位的政府及其部门如何系统性、整体性和协同性推动涉及劳动行政主体的各项制度改革，避免出现某一领域的显著改革短板以影响整体进度。

（二）强化劳动行政主体制度法治保障

一个成熟的现代化国家，法治理应成为治国理政的基本方式。“法治是治国理政不可或缺的重要手段。法治兴则国家兴，法治衰则国家乱。什么时候重视法治、法治昌明，什么时候就国泰民安；什么时候忽视法治、法治松弛，什么时候就国乱民怨”。[3]劳动行政主体制度作为依法行政、法治政府建设的子系统，其发展脉络也是我国法治建设的历程写照。新中国成立后，我们曾在法治建设方面遭遇重大挫折。改革开放以来，法治的重要意义不断得到重视和诠释。我们的法治建设伴随着各项改革逐步走上正轨。回顾几十年的实践历程，劳动行政法治化建设摸着石头过河，从无到有、从有到优、从量到质，问题、成绩、教训、经验，一路走来、历尽艰辛，让我们对治国理政特点、规律、原则的理解和把握日趋深刻、全面，对法治建设方略、路径、要求的重视和应用日渐丰富、精准。时至今日，在国家顶层设计层面，法治已成为国家治理体系和治理能力的重要依托。这既是对法治历史轨道修正后的迈步提速，也是意图淡化人治色彩后的蓝图勾勒。然而，法律制度供给不足、法治化程度不足妨碍和制约了我国劳动行政主体制度改革的健全与完善。因此，如何应对国家在完善劳动行政治理体系与治理结构中所推进的变革，着力提升法律制度供给能力，构建系统完备、科学规范、运行有效的法律制度体系，使我国劳动行政治理日臻成熟，应当是法治化所需面对的核心议题和需承担的时代重任。

2　姜明安：《改革、法治与国家治理现代化》，载《中共中央党校学报》2014 年第 4 期。

3　中共中央宣传部编：《习近平新时代中国特色社会主义思想学习纲要》，学习出版社、人民出版社 2019 年版，第 96 页。

1. 需要处理好劳动行政主体制度改革与法治的关系

法治是一个科学化、文明化、理性化的变迁发展过程，其本身也是一个改革问题。“改革与法治如鸟之两翼、车之两轮”，两者相辅相成，改革为法治建设提供现实基础和外部条件，法治则为改革提供保障作用和促进效应，因此“要坚持在法治下推进改革，在改革中完善法治”[4]。质言之，要实现劳动行政治理体系和治理能力的现代化，今后应当在经济、社会、行政等各项改革的宏观语境和历史进程中坚持法治化这一路径。首先，要实现劳动行政主体制度的改革决策与立法相衔接，做到于法有据。任何劳动行政主体制度改革，无论多么重大，若于法无据，则不得实施，不允许借试点、创新之名行偏离法治轨道之实，随意突破上位法的规定。各项先行先试的改革政策措施，凡涉及调整现行法律规范的，应当先按法定程序报请上级立法机关授权或者决定后实施，确保任何改革都在法治轨道上有序推进。这是法治对劳动行政主体制度改革的制约作用，将改革权力的行使置于法律规范的严格约束和规范之下，是劳动行政法治的应有之义。其次，要发挥法治对劳动行政主体制度改革的保障作用。劳动行政法治应当主动适应改革和经济社会发展需要。实践证明行之有效的经验、做法，要及时转化为法律规范；对不适应改革要求的法律法规，要及时修改或废止。劳动行政执法理应遵循严格规范公正文明的新要求、高标准，法无授权不可为、法定职责必须为，规范劳动行政自由裁量权基准的适用，为劳动者权益的保护提供法治可能。

2. 需要推动劳动行政治理体系的法治化

从功能角度看，法治是劳动行政治理的重要手段。在劳动行政治理的手段体系中，法治比道德、政策、习惯等其他治理手段更为重要。劳动行政治理体系的关键是劳动行政治理法治体系，法治现代化是劳动行政治理现代化的核心内容。当前，劳动行政治理体系法治化的改革需求，重点包括以下几个方面：一是亟待解决接轨国际劳权保护规则、竞争国际经贸话语权的制度能力欠缺问题。面对我国与国际劳权保护规则接轨滞后松散、应对国际经贸竞争话语权受限不足等问题，加快提升与国际劳工公约接轨的契合度以不断增进劳动者权益保护，是我国劳动行政走向现代化、国际化、法治化过程中的时代命题和应然要求。如何兼顾一般性和特殊性，在充分考虑发展中国家基本国情的基础上不断向先验性、进步性的国际劳工公约靠拢，是这一过程面临的艰巨任务。二是亟待完善国家劳动行政主体的法律制度供给。既包括静态的法定权责体系和组织结构方面，也包括动态的劳动关系宏观、中观、微观调整机制方面。前者重

4　习近平：《加强党对全面依法治国的领导》，载《求是》2019年第4期。

在从源头上对上下级政府之间、政府与部门之间、劳动行政主管部门与劳动行政相关部门之间、上下级部门之间等纵向、横向劳动行政权力配置作出科学的制度设计和立法规范，使国家劳动行政主体“设置更加科学、职能更加优化、权责更加协同”成为可能。后者重在优化政府及其部门对劳动关系的宏观、中观、微观调整机制的法律制度供给品质，填补制度空白、减少机制残缺，提高制度科学性、减少实践阻力，推动机制重构、减少行政低效，加快形成宏观、中观、微观三层协同、良性运转的调整机制。三是亟待完善社会劳动行政主体的法律制度供给。如果说法律制度供给对国家行政主体而言是解决发展能力问题，那么对社会劳动行政主体而言，不仅涉及发展问题，还事关生存合法性问题。更为重要的是，还涉及亟待解决的现代意义劳动行政主体“二元构造”体系问题。在传统的、单一的国家劳动行政主体即政府及其部门的基础上，允许新兴的社会力量进入劳动行政治理体系，形成“二元构造”体系和治理结构，是新时代劳动行政主体体系构造的必然走向。因此需要发挥法治促进社会劳动行政主体生成发育和保障其治理功能实现的作用。评判法律制度对此供给能力高低的实践标准，在于能否减少社会劳动行政主体对传统主体结构的冲击和摩擦、能否避免劳动行政治理风险的增加、能否形成多元共治的高效运转。

二、以人力、机制相互结合为驱动，着力提升劳动行政主体的治理能力

良法不等于善治。劳动行政主体制度体系再健全、法律制度供给品质再优良，也只是实现了制度构建、形式法治。现实更需要关注的是法律制度能否得到良好的遵循、制度体系能否转化为治理能力，从而实现实质法治。在新时代的发展背景下，要推进“五位一体”总体布局、“四个全面”战略布局、新发展理念以及治理体系和治理能力现代化等系列国策在劳动行政领域的真正落地，实现劳动行政治理的全面、协调、可持续发展，制度的执行主体亦即人的执行能力至关重要。因此，将内部的人员力量配置优化和外部的激励约束机制设置作为劳动行政主体治理能力的驱动力量，显得尤为迫切。在分别提升各自治理能力的同时，通过合作和竞争机制的健全形成国家、社会劳动行政主体的治理合力，亦是发展所需。

（一）如何在劳动行政力量配置与精细治理要求之间寻求可持续发展的平衡

制度的生命力在于执行。尽管在法律名义上对外行使行政职权的是政府及其部门或者社会组织等劳动行政主体，但背后实质上都是由负责具体事务的工作人员承担。换言之，劳动行政工作人员的执行力、素质能力决定着劳动行政

治理成效的上限。而当前全国各地劳动行政工作人员普遍面临配置不齐、不强、不优等困难。因此，改革的任务主要包括两个方面：第一，如何实现劳动行政工作人员“量”的科学匹配。需要着力解决几个重点难点问题：各地在执法重心下移、执法权限下沉的执法体制改革过程中增强基层劳动行政事务的承接能力；改革包括劳动行政部门在内的编制人员配置的论证标准和决策程序，加快机构编制管理的法治化建设，增强编制机关确定劳动行政部门职能配置、机构设置和人员编制的科学性、合理性，从源头上避免部门之间人、事不相匹配的失衡状况；在完善现有法律制度中寻求“增编加人”的可行蹊径；探索赋予劳动行政执法辅助人员一定执法资格和权限的可行性，缓解编制人员整体不足的压力。第二，如何实现劳动行政工作人员“质”的能力提升。迫切的改革需求包括：首先，亟待加强劳动行政部门法律保障队伍的建设，为政策的制定、决策的作出、行为的合规提供专业法律把关。其次，亟待强化工作人员运用法治思维和法治方式理性、高效解决劳动行政难题的能力，抓住领导干部这个关键少数，提高法治意识和法治素养，使依法行政、依法办事成为劳动行政工作人员的行动自觉，避免人民内部的劳资纠纷复杂化、政治化，减少政府及其部门行政违法。“公民违法只是弄脏了一摊水，政府违法却把水的源头也给污染了。因此，政府守法的状况才是行政法治的基本标尺”。[5]最后，亟待提升工作人员的劳动行政专业能力。基层劳动行政工作人员素质参差不齐、专业能力普遍低下是不争的事实。劳动基准、劳动监察、劳动安全卫生、社会保障等劳动行政事务点多、线长、面广，专业能力的提升是劳动行政治理效能提升的前提条件。此外，社会劳动行政主体工作人员的专业性、职业性、独立性、规范性是关涉“二元构造”体系能否成型的难点，下一步改革需要予以重点关注。

（二）如何在劳动行政评议考核与严格责任监督之间形成激励与约束的合力

劳动行政治理的限度，除受上述劳动行政力量配置影响外，还与当前劳动行政工作人员普遍动力不足、作为不够有很大关系。要从根本上改变这种境况，不可简单依赖于人员力量的不断增加（实际上也很难做到），而是要从人的趋利避害本性着手，建立科学合理的劳动行政行为激励、约束机制，促使其具有更大的自觉性、主动性和积极性。改革的需求主要包括两个方面：第一，亟待建立我国劳动行政法治评议考核机制。主要任务在于：如何科学设置包括社会劳动行政主体在内的评议考核动态指标，使之符合劳动行政领域的特殊性、具有实操性；如何有效运用评议考核的具体结果，实现与政绩考核职务晋升、社会

5　何海波：《行政法治，我们还有多远》，载《政法论坛》2013年第6期。

劳动行政主体资格的直接挂钩；如何保障评议考核的公正性、公开性，保持其延续性和生命力等。第二，亟待整合完善我国劳动行政责任监督机制。主要任务在于：面对零散而缺乏合力的国家劳动行政主体现有监督体系，如何串联形成政府、检察院、法院、组织部门、纪委监委之间的互动监督机制，谁来监督这种互动机制能否有效运行；如何结合社会组织的改革，理顺业务主管部门、民政部门和国家劳动行政主体的监督职责分工，健全对社会劳动行政主体的监督方式、监督程序、监督结果运用。

（三）如何在国家劳动行政与社会劳动行政之间促成合作与竞争发展的协同

随着经济、社会、行政体制改革的深入，社会劳动行政主体作为“政府—市场—社会”三大部门结构渐趋平衡的重要表征而新兴出现。虽然其与国家劳动行政主体在形式上逐渐形成多元共治的崭新格局，但代表传统与现代两种不同类型的劳动行政主体之间的协同关系如何，将会影响我国劳动行政治理能力的合成，进而影响劳动者权益保护这一根本价值目标的实现。在现阶段，要充分发挥两类劳动行政主体的治理能力，除了单方制度体系的健全和治理能力的提升，加强合作与竞争机制将是回应将来经济社会发展趋势的客观需要。首先，设法增强社会劳动行政主体治理行为的独立性是合理进行劳动行政权力划分、促成合作与竞争的基础性前提。与“承担原来由市场与政府行使的部分职能”“独立性、组织性、公共性得到了充分的尊重与实现，其权力配置与运行不存在制度上的障碍”的西方社会组织不同，我国社会组织与政府及其部门的“合作基础——独立的属性与权力的平衡”，“仍然是一个极为关键的障碍性问题”[6]。现阶段经济、社会、行政体制改革进度、速度有所差异，国家劳动行政主体的职能转变和社会劳动行政主体的健全成熟也都需要一个必要的过程，如何在这一过程中恰当分清两者的权力边界，避免前者对后者的越界干预，对于实现“放”与“接”的功能耦合甚为重要。其次，亟待建立健全国家劳动行政主体与社会劳动行政主体的合作治理机制。回应性、及时性、法治化是这种合作治理机制取得成功的关键。回应经济、社会、行政等领域不同阶段改革的客观需要和现实变化，及时对两类劳动行政主体的治理方式、范围、手段、协作机制作出调整，并通过法治化途径固化改革成果，转化为推动社会发展进步的生产力，是下一步改革不可回避的核心议题。最后，有待建立国家劳动行政主体与社会劳动行政主体的竞争治理机制。相较于合作治理机制，竞争治理意味着社会劳动行政主体在所涉领域进一步成熟，具备与国家劳动行政主体“争权”的条件。之所以未完全取代，意

6　石佑启、陈咏梅著：《法治视野下行政权力合理配置研究》，人民出版社 2016 年版，第 125 页。

义在于相互竞争能保持双方有所作为的压力。这也是竞争治理机制构建的目的所在，使双方的劳动行政行为趋向正面、不断自我完善，避免竞争无序。

三、以协调、共享发展理念为引领，着力解决劳动关系发展的失衡不公

无论是以改革、法治良性互动为手段还是以人力、机制相互结合为驱动，都属于工具理性。改革重构我国劳动行政主体制度，还离不开对价值理性的探求。我国劳动行政主体制度面临的诸多困境恰恰是因价值理性缺失所致。“五位一体”总体布局、“四个全面”战略布局、新发展理念以及治理体系和治理能力现代化等系列国策的提出，其背后无不彰显着执政党和中央政府在国家层面对“以人为本”价值理性的推崇和追求，亦即将实现人的自由而全面发展作为治国理政的终极发展目标和根本方向，“始终把人民立场作为根本立场，把为人民谋幸福作为根本使命，坚持全心全意为人民服务的根本宗旨”[7]。价值理性作为国家治理体系的基础性理念导向，指引着国家治理体系的走向与成熟。因此，作为国家治理的重要组成部分，劳动行政主体制度改革应当以人本主义作为出发点和落脚点，在制度设计和运行机制上恪守劳动者权益保护这一价值要求、目标定位。换言之，我国劳动行政主体制度改革应当是满足人本主义发展需求的改革，应当是满足协调、共享发展理念的改革。

（一）准确把握协调发展理念与劳动行政主体制度改革的逻辑关联

现阶段，我国社会主要矛盾已转化为人民日益增长的美好生活需要和不平衡不充分发展之间的矛盾。具体到劳动关系领域，这种“不平衡不充分”发展矛盾尤为显著。随着工业化、城镇化、市场化的深入推进，“资强劳弱”失衡力量格局日益明显，在劳动关系总体较为和谐稳定的背后，劳资矛盾、劳资冲突高位运行趋势不断显现。顺应新时代的实践需要，我国劳动行政主体制度改革理应是力求全面发展、全面进步的改革。面对城乡二元结构、“资强劳弱”的现实困境，强调协调发展，是破解劳动关系发展不平衡损害劳动者权益进而妨碍经济社会和谐稳定这一现实难题的必要选项。质言之，协调发展理念应当贯穿于我国劳动行政主体制度改革的全过程，以彰显人本主义的价值旨归。

1. 将协调劳动关系平衡发展作为劳动行政主体制度改革的核心内容

利益协调是劳动关系持续健康发展的内在要求。协调发展强调发展的协同

7　习近平著:《习近平谈治国理政》（第三卷），外文出版社 2020 年版，第 136 页。

性、整体性、系统性。劳、资二者之间既是利益矛盾方，也是利益共同体，相互影响、相互依存。从长期来看，任何一方的利益受损必然会影响另一方利益的获取。偏向资方利益而忽视劳方权益引发劳资矛盾，自然会影响正常的生产活动、破坏资方的利润收入；过于保护劳方权益而忽视资方利益引发资方生存危机，也会影响劳方就业机会、加剧生活条件恶化。这种辩证的逻辑关系自然要求劳动行政主体制度改革进行理性、科学的制度框架和内容设计。当然，矛盾是变化发展的。针对现阶段的我国，迫切需要在劳动行政主体制度改革的过程中对“资强劳弱”的现状作出回应，以外部行政干预的方式从工资福利待遇的分配、劳动基准的设定、劳动保障的完善、监察执法的执行等方面扭转劳动市场失灵而造成的力量失衡、利益不均境况，维护广大劳动者的权益。

2. 将协调劳动行政多元共治作为劳动行政主体制度改革的主要思路

要解决劳动关系发展不平衡问题，固然要依赖国家劳动行政主体的作用发挥，但我们不能忽视社会劳动行政主体的地位和价值。协调发展理念贯穿于劳动行政主体制度改革的全过程、各环节，不仅指对劳资利益均衡协调，减少纠纷矛盾，还包括对劳动行政主体本身的功能协调，亦即“二元构造”体系的权能协调，通过促进劳动行政的可持续发展反过来助推劳资利益均衡，实现劳动者权益保护的初衷。劳动行政主体“二元构造”体系权能配置，实质上就是利用社会组织的特点、优势和能力参与劳动行政治理，为国家劳动行政主体分担事务压力。诸如工会等社会组织有着先天性“亲民”特性，具备更好地代表劳动者利益群体表达利益诉求的能力。协调好“二元构造”体系，促进两者的良性、高效运作，理应是新时代劳动行政主体制度改革和国家治理所要坚持的主要思路、努力方向。

（二）准确把握共享发展理念与劳动行政主体制度改革的逻辑关联

“公平正义是法治的核心价值追求，也是国家治理体系合理性和权威性的基础和依据。”[8] 机会公平、过程公平、结果公平等实现程度考验着一个国家治理体系和治理能力的正义性和权威性。尤其是当下的中国，劳动关系中公平正义价值坐标的偏离，极大地损害地方政府及其部门劳动行政的合法性和权威性，带来的直接后果就是处于弱势地位的劳动者缺乏获得感、公平感、幸福感和安全感。贯彻新时代的发展内涵，我国劳动行政主体制度改革理应是促进体面劳动、公平可及的改革。在劳动行政主体制度改革的全过程强调共享发展理念，

---

8 郑慧：《论法治对国家治理体系和治理能力的意义和价值》，载《社会科学研究》2015 年第 2 期。

旨在恢复劳动行政主体固有的服务于民、维护公共利益的政治属性和伦理取向，通过制度设计和权利配置保障劳动者公平拥有分享经济社会改革发展成果的机会、条件和能力。

1. 将实质公平正义的实现作为检验劳动行政主体制度改革方向对错的价值标准

在改革已进入攻坚期、深水区的当下，任何制度的改革，方向的正确是首要的。方向错了，改革徒劳无功并加剧发展的紊乱。检验我国劳动行政主体制度改革方向正确与否，标准在于是否最大限度地解放和发展社会生产力、是否最大限度地促进人的进步和全面发展，亦即是否在实质上实现社会公平正义。公平与效率关系、公平与发展关系的辩证认识早已在全社会实行科普式灌输，但问题的关键在于劳动行政主体制度的具体设计和具体执行是否实质性兑现。单纯的经济增长、效率中心主义都无法有效解决我国社会公平正义的欠佳问题。劳动者的个体劳权、集体劳权是否得到立法倾斜性健全和施行尊重，国际社会普适性劳权标准能否得到对接采纳和转化适用，劳动者利益群体代表组织参与劳动行政治理、表达利益诉求的空间是否得以拓展等均为考量实质公平正义的涵括要素，也是劳动行政主体制度改革应当牢牢把控的要点。

2. 将发展成果共享的程度作为评判劳动行政主体制度改革质量高低的首要标尺

劳动是推动人类社会进步的根本力量。劳动者是社会物质财富和精神财富的创造者，共享社会发展进步成果是一种符合规律而无须证成的自然权利。有别于传统国家统治（管理）追求的“统治（管理）秩序”目的，人本主义为当下我国劳动行政主体制度改革确立了目的正当性和认识论基础。现代劳动行政治理理应追求国民福祉、人的可持续发展。而对治理改革结果的质量评判，自然不可疏忽劳动者对成果的实际占有分享。城乡二元结构的解构程度、劳动者经济社会文化权利的保障程度、城乡居民就业状况的改善程度、城乡居民的收入增长程度、农民工从身份到契约的转变程度、城乡居民社会保障体系的健全程度、劳动争议救济的完善程度等，都应当作为评判劳动行政主体“以造福劳动者为最大政绩”的具体指向。任何偏离人本主义的改革，都容易产生异化。

“五位一体”总体布局、“四个全面”战略布局、新发展理念以及治理体系和治理能力现代化等系列国策的提出，既是劳动行政主体制度改革的压力，也是劳动行政主体制度改革的契机。当下，只有从制度体系、治理能力和发展理念三个层面持续深入改革，促使劳动行政主体“二元构造”体系的成熟定型，方可形成国家劳动行政主体与社会劳动行政主体多元共治格局，推进劳动行政治理体系和治理能力现代化，以回应劳动者权益保护这一根本价值目标的需求。

粤港澳大湾区环境司法协作研究

谈 萧 董斯颍*

【内容提要】 生态环境保护和治理是粤港澳大湾区建设的重要环节。虽然粤港澳三地环境治理合作已进行多年，但粤港澳大湾区生态环境保护仍面临巨大挑战。一方面受到法律差异的影响，粤港澳大湾区环境合作欠缺法治基础，另一方面由于缺乏统一的规范与执法标准、专门环境协调机构等因素导致区域司法协作效率不高。本文提出通过深化粤港澳大湾区环境司法协作，加强环境合作交流，为大湾区绿色低碳循环发展提供司法保障。在推进粤港澳大湾区生态文明建设过程中，应通过制定粤港澳大湾区环境保护行动纲领，组建粤港澳大湾区环境资源协调治理委员会，设立专门的审判机关或组织，以及建立环境司法联络机制等措施，积极拓展大湾区环境司法协作机制。

【关键词】 粤港澳大湾区 环境司法 协作

2017年7月1日，国家发改委、广东省政府、香港特区政府、澳门特区政府共同签署了《深化粤港澳合作 推进大湾区建设框架协议》，将“生态优先，绿色发展”作为三地合作原则之一，提出要“完善生态建设和环境保护合作机制，建设绿色低碳湾区”。2019年2月18日，中共中央、国务院印发了《粤港澳大湾区发展规划纲要》，该规划对粤港澳三地环境治理合作提出了更高层次的指导意见，成为三地环境治理与保护合作的行动纲领，对粤港澳大湾区环境法

---

* 谈萧——广东外语外贸大学广州绿色发展法治研究中心教授，主要研究领域：环境法、经济法；董斯颍——广州市增城区人民法院审判员、广东外语外贸大学法学院硕士研究生，主要研究方向：环境法、民商法。本文为广州市人文社科重点研究基地广州绿色发展法治研究中心2019年招标项目“粤港澳大湾区环境法治问题研究”（编号：230－X5219082）的阶段性成果。

治建设具有重要作用。近年来，尽管粤港澳三地通过签订环境合作协议的方式统一三地环境治理和保护标准，但粤港澳跨区域环境案件在司法实践过程中仍面临着调查取证难、文书送达慢、执行不认可等一系列现实问题。加强粤港澳三地环境司法协作，不仅可以有效解决上述问题，还可以为大湾区生态环境提供司法服务和保障。因此，推动三地的环境司法协作，对于大湾区的环境法治建设具有重要意义。

一、粤港澳大湾区环境司法现状与前景

《粤港澳大湾区发展规划纲要》第七章“推进生态文明建设”指出，以建设美丽湾区为引领，着力提升生态环境质量，形成节约资源和保护环境的空间格局、产业结构、生产方式、生活方式，实现绿色低碳循环发展，使大湾区天更蓝、山更绿、水更清、环境更优美。可见，生态环境保护已成为粤港澳大湾区建设的重要一环。不同于世界其他湾区或者国内其他跨行政区划的环境区域，粤港澳大湾区有着特殊的历史和制度背景，实行“一国、两制、三法域”。粤港澳三地虽同属一个国家，但社会制度不同，政策不同，其法律理念、法律价值、法律体系等诸多方面存在巨大差异。这些差异为粤港澳大湾区的区域发展创造了机遇，也给粤港澳环境司法合作带来矛盾冲突。如何实现粤港澳大湾区绿色低碳循环发展，需要在全面准确贯彻“一国两制”的基础上，正确认识粤港澳三地的法律特点和法律冲突，推进司法协作，加强环境保护和治理，构建和完善有利于粤港澳三地环境保护的制度环境。

（一）粤港澳三地司法协作现状

粤港澳区域合作一直以建立协调机制为重点，三地的环境治理合作也已经进行多年。粤港两地早在1990年已开展环境保护的合作，成立粤港环境保护联络小组，2000年后将其更名为“粤港持续发展与环保合作小组”。而粤澳两地在2000年也建立粤澳环保合作机构，2002年5月建立“粤澳环保合作专责小组”。近些年来粤港澳三地的环境合作也取得了很大的成果，如《粤港合作框架协议》《粤澳合作框架协议》《2016—2020年粤港环保合作协议》《2017—2020年粤澳环保合作协议》等。《粤港澳大湾区发展规划纲要》提出美丽湾区的建设再次打开了粤港澳紧密合作的新篇章，推动粤港澳司法合作跃升一个新高度。

广东省是与港澳地区开展司法协作最为频繁的省份。广东法院2012年审结涉港澳台民商事一审案件1.2万件，数量占全国的4/5；办理区际司法协助案件2233件，数量占全国一半以上。同时，广东法院亦参与了最高人民法院服务保

障大湾区建设意见的制定，设立广东中葡司法合作交流基地。[1] 2016 年广东省办理涉港司法文书送达案件 835 件，占全国涉港澳司法文书送达案件的 42%。[2] 在香港，民商事文书送达领域，“1999 年内地委托香港送达的司法文书数目为 319 宗；2016 年是 1325 宗，增加了 3 倍多。同一时间段，香港委托内地送达的司法文书数目由 40 宗增加到 450 宗，增加了 10 倍”。[3] 在澳门，从 2001 年 9 月 15 日《内澳送达和取证安排》生效到 2017 年年底，澳门终审法院共收到内地法院委托书 952 件，成功执行 618 件。从《内澳仲裁安排》和《内澳判决安排》生效到 2017 年年底，澳门中级法院受理的对由内地法院或者仲裁员作出裁判的审查及确认请求案件共 189 件，其中已经审结 167 件，获得中级法院确认的裁判 158 件。从 2013 年 12 月 16 日《港澳仲裁安排》生效以来，目前澳门中级法院尚未收到有关请求事项，但自澳门回归到 2017 年年底，澳门中级法院根据澳门《民事诉讼法典》第 1199 条的规定，审理了涉及香港及台湾地区仲裁裁决审查和确认案件 154 件。[4]

2018 年 8 月 28 日，深圳前海合作区人民法院发布《关于为粤港澳大湾区建设提供司法保障的意见》，成为全国首个助力粤港澳大湾区建设的司法保障意见。该意见提出强化对香港、澳门与外国法律的查明与适用机制，确保当事人依法选择准据法的权利；推动建立大湾区司法数据库，完善司法诚信记录共享、司法资源信息联动发布等机制；推动形成大湾区司法交流新机制、司法调研互动互联体系[5] 等建议，为广东地区日后办理涉港澳案件起到指导作用。深圳前海合作区人民法院是严格按照最高人民法院提出的建设综合性司法改革试点法院的要求，在区域司法标准确立的权限、程序、权力等机制上进行实践探索、先行先试。逐步完善公正高效的涉外、涉港澳台案件“文书送达”“域外法律查

---

1 广东省高级人民法院：《广东省高级人民法院 2018 年工作报告》，载广东法院网：http：//www. gdcourts. gov. cn/index. php？ v = show&cid = 86&id = 53160，最后访问于 2020 年 5 月 20 日。

2 屈伸：《广东法院涉港司法协助工作情况介绍》，载《“内地与香港特别行政区民商事司法协助二十周年回顾与展望转日研讨会”会议材料》（最高人民法院与香港特区律政司联合举办，2017 年 4 月 23 日，陕西西安），第 76 页。

3 龙剑云：《送达文书安排在两地实施情况检视与完善》，载《“内地与香港特别行政区民商事司法协助二十周年回顾与展望专题研讨会”会议材料》（最高人民法院与香港特区律政司联合举办，2017 年 4 月 23 日，陕西西安），第 76 页。

4 数据来源：《澳门特别行政区法院司法年度年报 2016 – 2017》，第 106 – 107 页，载澳门特别行政区法院官网，http：//www. court. gov. mo/ebook/2016 – 2017/index. html#_ 2016 – 2017/page/106 – 107，最后访问于 2020 年 5 月 20 日。

5 张玲：《助力粤港澳大湾区建设 前海法院出台全国首个司法保障意见》，载东方网，http：//news. eastday. com/eastday/13news/auto/news/china/20180828/u7ai8016229. html，最后访问于 2019 年 12 月 2 日。

明与适用”等诉讼制度，探索建立防范当事人滥用诉权的诚信诉讼机制，建立专业审判团队、选任港籍陪审员，不断深化涉外、涉港澳台案件审判机制改革，提高区际、国际司法公信力。

虽然粤港澳三地间已经采取了不少措施推动粤港澳大湾区的环境保护工作，但无论是从上述合作组织还是从合作成果来看，粤港澳大湾区目前的环境合作更多是依赖政府间的合作，初步形成了具有中国特色的区域合作协议、区域性组织、区域行政规划和区域行政指导等区域治理方式。在立法协同上主要体现在软法层面，这给粤港澳三地的环境司法合作带来不少难题。虽然我国《宪法》和港澳基本法为内地与港澳地区的司法协作提供了空间，但在具体法律规则设计层面，目前内地与港澳地区的司法协作相关的立法和制度建设尚不是很充分和细化。另外，粤港澳环境保护的司法协作也存在类似于粤港澳环境保护的行政合作的困境。广东方面的行政效率得到我国地方体制的保障，而港澳方面特区政府部门与内地政府达成的共识或协议往往需要本地立法机关通过，尤其是行政机关与立法会的配合不足，导致一系列合作安排无法落实。

（二）内地与港、澳区际司法协作的法律依据

港澳两地回归后，根据《香港特别行政区基本法》第95条“香港特别行政区可与全国其他地区的司法机关通过协商依法进行司法方面的联系和相互提供协助”以及《澳门特别行政区基本法》第93条“澳门特别行政区可与全国其他地区的司法机关通过协商依法进行司法方面的联系和相互提供协助”，内地与港澳达成了多项民商事区际司法协助安排。例如，2017年6月20日，最高人民法院和香港特区政府律政司签署《关于内地与香港特别行政区法院相互认可和执行婚姻家庭民事案件判决的安排》。2019年1月18日，最高人民法院与香港特区政府律政司签署《关于内地与香港特别行政区法院相互认可和执行民商事案件判决的安排》。此外，最高司法机关还会以发布司法解释的形式，如与香港特区的《最高人民法院关于内地与香港特别行政区法院相互委托送达民商事司法文书的安排》（法释〔1999〕9号）、《最高人民法院关于内地与香港特别行政区相互执行仲裁裁决的安排》（法释〔2000〕3号）、《最高人民法院关于内地与香港特别行政区法院相互认可和执行当事人协议管辖的民商事案件判决的安排》（法释〔2008〕9号）、《最高人民法院关于内地与香港特别行政区法院就民商事案件相互委托提取证据的安排》（法释〔2017〕4号）；与澳门特区的《最高人民法院关于内地与澳门特别行政区法院就民商事案件相互委托送达司法文书和调取证据的安排》（法释〔2020〕1号）、《最高人民法院关于内地与澳门特别行政区相互认可和执行民商事判决的安排》（法释〔2006〕2号）、《最高人民法院

关于内地与澳门特别行政区相互认可和执行仲裁裁决的安排》（法释〔2007〕17号），上述法律文件均为粤港澳三地司法协作提供了法律依据。

（三）粤港澳大湾区司法协作前景

环顾世界著名的三大湾区即纽约湾区、东京湾区和旧金山湾区，不仅有着庞大的经济总量、开放的经济结构、高效的资源配置能力，还毫无例外地有着优质的生态环境和宜人的生活环境。无论是产业分工合作、城市基础设施衔接，还是生态环境保护，发展成熟的湾区都有着合理的分工协作体系。通过区域协调，湾区加强区内多个行政区的联系与合作，打通区域间的物理、政策隔阂，使资源自由便利流动。例如，通过区域协调加强统筹规划，成立湾区政府协会等多种治理组织协调共治。通过借鉴三大湾区成功经验，未来粤港澳大湾区要建设生态环境优美的国际一流湾区和世界级城市群，需要不断加强粤港澳生态环境保护合作、政策协调和规划衔接，优化湾区区域协作体系和环境保护制度，建立多元联动的区域生态合作治理机制。应结合中国特色创新推进协同共治，完善粤港澳区域环境司法协作机制，为湾区生态环境保护提供司法服务和保障。

粤港澳三地早在大湾区概念提出前就已经进行了广泛的环境合作，形成了定期会议机制，取得了积极的成果。但是很多环境合作都只停留在政府之间的行政合作，粤港澳三方合作中最典型的就是粤港、粤澳的政府行政协议，如《2016—2020 年粤港环保合作协议》《2017　2020 年粤澳环保合作协议》等。虽然这些行政协议促进了粤港澳地区的环境保护和治理，但仍存在着不少法律问题有待解决，如环保合作协议中有许多规定流于形式、难以实施，缺乏执行力和有效的监督等。并且我国的法律体系没有处理行政协议纠纷的相关规定，缺乏解决粤港澳行政协议纠纷有效的机制。所以仅仅通过行政协议合作方式来保护和治理粤港澳大湾区环境，是行不通的。粤港澳三地要不断探索创新新机制，加强三地在环境立法、环境司法、环境执法等方面的合作。

在全面贯彻党的十九大精神和全面准确贯彻“一国两制”方针背景下，粤港澳三地的政治体制和法律制度有很大冲突，在环境立法方面面临许多阻碍，一时难以取得进展和成果。因此，加强粤港澳司法合作交流，深化粤港澳环境司法协作成为推进粤港澳大湾区生态文明建设的突破口。司法协作是因司法管辖原则的内在张力而产生的一种司法活动，指的是我国法院为了便利在管辖区内实施的代为送达、协助执行的协作行为。随着司法活动的扩展，区域司法协作的内容从调查、送达和执行等扩展到立案诉讼服务、统一裁判尺度、优化资源配置和培训挂职交流等各方面。[6]环境司法协作可以调动区域司法力量，共同改善生态环境系统，这不仅有利于充分发挥司法资源在环境管理中的作用，而且可以协调各地区各部门间的权利与义务、减少执法冲突、强化自然生态空间用途管制、促进环境执法标准统一等方面保护和治理环境。完善粤港澳大湾区环境司法协作机制是推动粤港澳区域环境治理、强化环境行政执法和司法保护、建立跨境联合协作机制的新路径，是实现大湾区生态文明建设的有效手段和法律保障，对建设生态安全、环境优美的美丽湾区具有积极作用。

二、粤港澳大湾区环境司法冲突的成因

环境资源作为经济发展的基础性因素之一，是粤港澳大湾区经济一体化过程中不可或缺的重要组成部分。然而，众所周知，粤港澳大湾区“一国、两制、三法域”的现实是把“双刃剑”，既能够为粤港澳三地环境资源带来前所未有的可持续发展，也导致大湾区三地在环境司法上存在明显的冲突，对粤港澳三地实现一体化经济发展的进程造成障碍，而且由于生态系统具有不可分割性，跨行政区划的污染问题难以得到有效解决，粤港澳三地实行不同的司法制度，让跨区域的环境司法协作则显得更为困难。

（一）香港环境司法体制

香港特区现行法律的主要来源有成文法和普通法，成文法是政府机关按照一定程序制定，以成文的形式表现出来的法律。普通法源于法院的判例，是由判例累积产生的法律规范。由于历史原因，香港特区是普通法适用地区，英国法律制度的基本特点是以判例为主体，“判例法”和成文法在香港均具有法律效力。[7]而香港特区的环境司法保护实践主要有刑事方面的环保署检控污染者、民事方面的受害者诉侵权者和行政方面的市民诉政府机关三类[8]。刑事方面，对于诉讼主体资格，特区的刑事检控职能由律政司司长或其授权的其他公职人员向法院提起，代表政府和公众起诉污染制造者；民事方面，基本上任何一个人的合法权利受到侵害，都可以作为原告提起侵权诉讼，要求法律保护和侵权者赔偿；行政方面，法律明确规定任何人均可申请司法复核许可，但申请人必须有足够的权益，才可能得到许可。

---

6 参见王兆忠、孙晨：《长江中游城市群司法协作模式选择与构建》，载《长江论坛》2018年第3期。

7 马小玲著：《香港环境保护法制管理》，中国环境科学出版社1996年版，第51页。

8 连远帆：《香港特区环境保护司法实践分析》，载《人民司法》2016年第4期。

（二）澳门环境司法体制

澳门在回归之前关于环境的立法主要有《环境纲要法》以及有关的环境规章、训令等，澳门总督设立环境委员会作为咨询机构，协助制定环境决策；随着回归之后经济的蓬勃发展，环境问题亦日益加重，澳门特区政府撤销环境委员会，设立环境保护局作为澳门特别行政区负责研究、规划、执行环境政策的公共部门。与此同时，澳门特区受到内地日益强化的生态文明建设理念的影响，也逐渐加大了环境立法的强度，除制定《环境纲要法》及一批重要的单行环境法律外，还积极加入有关环境保护的国际条约等。总体上看，澳门环境立法的内容涉及水污染、海域污染、噪声等各个领域。尽管如此，澳门特区仍然在许多环境立法领域属于空白，亟待作出扩充。

（三）广东环境司法体制

与香港、澳门不同，广东省必须遵守国家的环境法律、法规，没有独立司法权，但在法律授权范围内，又可以结合广东省环境资源的实际情况，制定和实施适用于本行政区内的地方性规章或其他规范性文件。2015 年 1 月 1 日，广东省高级人民法院、广东省人民检察院、广东省环保厅、广东省公安厅联合发布《关于查处涉嫌环境污染犯罪案件的指导意见》，明确查处涉嫌环境污染犯罪的统一做法。2016 年 6 月，广东省高级人民法院发布《关于加强环境资源审判服务保障生态文明和绿色发展的意见》，全面加强广东环境资源审判工作。广东省高级人民法院自 2016 年 1 月成立环境资源审判庭以来，广州市中级人民法院、茂名市中级人民法院、清远市中级人民法院、潮州市中级人民法院等共设立了 6 个环境资源审判庭，初步确立环境资源案件专属管辖思路。与此同时，广东省高级人民法院举行环境资源审判咨询专家聘任仪式，成立一个由 35 名环保专家组成的专家库，选任的 35 名专家既有环境科学专家、也有环境法学专家，为广东环境资源司法审判中的法律理论问题和专业技术问题提供专业咨询意见。广东省高级人民法院与广东省人民检察院联合制定《关于广东试点检察院提起公益诉讼案件管辖的规定》，探索建立法检公益诉讼的协调联动工作机制，形成环境资源保护的合力。2019 年 1 月，最高人民检察院正式组建第八检察厅作为承办公益诉讼检察业务的专门机构，出台了很多支持检察公益诉讼工作的规范性文件，为检察公益诉讼制度健康持续发展提供了良好基础。[9]

9　彭波：《检察机关：为生态文明建设提供有力司法保障》，载《人民日报》2019 年 2 月 15 日，第 7 版。

粤港澳三地除司法制度有诸多不同外，在环境管理体制、环境立法的基本原则、基本制度以及损害环境的法律责任也各不相同。在“一国两制”的制度背景下，如何消除或弱化三地环境保护制度冲突，尤其是司法协作方面的措施、机制，是推进粤港澳大湾区建设最具挑战性的重大课题之一。

三、粤港澳大湾区环境司法协作面临的问题

为了解决港澳回归之后内地与港澳之间在司法协作中出现的障碍，自1998年开始，先后签署《最高人民法院关于内地与香港特别行政区法院相互委托送达民商事司法文书的安排》《最高人民法院关于内地与香港特别行政区相互执行仲裁裁决的安排》等6项区际司法协助协议。从内容上看，内地和香港、澳门之间的区际协议已基本涵盖司法协助所涉及的主要方面。但上述安排签署后，粤港澳跨区域案件在司法实践中仍面临着调查取证难、文书送达慢、执行不认可等一系列现实问题。本文从环境保护和治理角度，试图找出粤港澳环境司法协作发展面临的问题。

（一）受到法律差异的制约

在“一国两制”的背景下，粤港澳三地受不同文化和意识形态的影响，法律体系、法律适用、立法以及司法等领域有着巨大制度差异，这些法律制度的差异不仅给经贸往来带来诸多不便，还影响着生态文明的建设，增加了环境保护和治理的成本，阻碍环境司法工作的开展。由于缺乏相关立法或者出台专门调整粤港澳三地关系的法律，粤港澳大湾区环境合作法律依据模糊，法律冲突是大湾区生态文明建设无法避免的重大难题。各地拥有地方立法权、司法权和行政执法权，在环境保护和治理方面有不同的政策、法律规定以及执法标准，以致在司法实践过程中大湾区环境司法协作面临不少困境。

目前，三个不同区域的“司法管辖权”法律冲突始终没有得到有效解决，司法合作存在着巨大的法律障碍。在大湾区生态文明建设过程中，如果区域环境管辖权权限不明或者相互冲突，势必会造成环境保护和治理的权责划分不明确，出现不同区域部门职责推诿或者各自为政等环境和资源管理混乱的局面。

（二）环境合作欠缺法治基础

粤港澳三地的环境合作主要以协议的形式展开，如政府间签订的《粤港澳区域大气污染联防联治合作协议书》《粤港清洁生产合作协议》等政策性行政协

议[10]。尽管行政协议已经得到广泛应用，但是我国法律渊源中并没有规定行政协议这一概念。这些协议具有“软法”的特点，不具备强制性的约束力。因此是否落实和履行协议内容取决于各方的自觉性，这种协议的无约束力正是粤港澳法律合作中多个领域迟迟难以深化和推进的根本原因。由于缺乏国家的强制力，大湾区内的环境合作开展得并不顺畅，导致环境合作的部分规定和政策无法落实。在法律效力、合作内容等问题上的模糊不清很可能阻碍大湾区合力的形成，束缚了大湾区本应大展的“拳脚”[11]。

（三）区域司法协作效率不高

在司法实践中，跨区域司法协作面临着文书送达慢、调查取证难、判决执行难等一系列问题。跨区域环境案件也同样面临司法协作效率低的难题，如在环境破坏情节认定的标准上需要通过多次沟通、协调。导致粤港澳环境司法协作效率不高，主要有如下几个原因。

1. 环境司法协作意识淡薄

粤港澳大湾区覆盖四座中心城市、七座中等城市、数百个小城镇，人口多，范围广。粤港澳三地在地域上彼此相邻，空气、水等环境资源都是共用共享，但过去环境治理都是以行政区划为界限各管各自区域，很多地方政府依然存在传统的地方保护主义观念，只关注自身利益、各自为政。而地方的行政机关和司法机关则习惯采取单打独斗的方式开展工作，缺乏联动协作意识，导致跨区域环境污染案件难以得到有效解决。在区域生态环境治理的过程，政府合作仍然是“条条”与“块块”分割、力量分散，环境司法协作意识淡薄，以致司法协作活动难以开展。

2. 规范与执法标准不统一

粤港澳三地在区际环境法律冲突中，突出表现在环境规范与执法标准的不统一。广东省先后制定或修订了包括《广东省环境保护条例》在内等多部环保法规，印发了《广东省土壤污染防治行动计划实施方案》等环保政策；香港的环境治理则主要由一系列的条例构成，包括控制污染（《空气污染管制条例》等）、保护自然（《郊野公园条例》等）和环境评价（《环境影响评估条例》）三部分，还有《联合国气候变化框架公约》等环保国际公约；澳门的环境治理主要以《环境纲要法》为环境保护基本法，同时以其他法令如《澳门环境噪音

10 参见黄晓慧：《CEPA 框架下粤港环保合作的趋势与障碍的法律分析》，载《广东社会科学》2016 年第 6 期。

11 参见张亮、黎东铭：《粤港澳大湾区的立法保障问题》，载《地方立法研究》2018 年第 3 期。

管制规则》《控制及减少使用可减弱臭氧层之物质措施》《无铅汽油之特征及使用条件》等对数据性的准则作进一步约束。不同的环境规范与执法标准会导致粤港澳三地在环境保护合作执法上容易存在执法冲突。

由于粤港澳三地在立案、审判、执行等领域缺乏统一司法尺度和执法标准，加上各地在犯罪情节认定、生态环境损害程度标准的认定上也不一致，在解决跨区域的生态环境违法犯罪活动时，检察机关和法院要多次进行沟通、协调才能逐渐统一事实认定与执法尺度。在跨区域环境侵权案件中，也经常出现人员和案件事实模糊，侵权行为、损害数额不一致的情况，这导致取证工作难以展开、办案工作效率低下等问题。

3. 缺乏专门环境协调机构

环境司法往往涉及跨界法律问题，目前，粤港澳三地间并没有一个专门的环境保护协调机构。我国“分地区、分部门”的管理体制和“政府负责、环保行政主管部门统一管理、各部门监管”的环境管理协调模式是我国生态环境建设处于真空地带的一个重要影响因素，这种状况对于处于“一国、两制、三法域”体制之下的粤港澳大湾区而言，更为突出。国际经验表明，处理跨地区和跨法域生态环境保护的问题，需要成立跨区域的环境保护协调机构。我国目前虽然有一些区域性、流域性的环境保护协调机构运作经验，但是这些机构面对的环境保护问题与粤港澳大湾区所处的“一国、两制、三法域”体制，没有太多的可参照性。缺乏专门的跨区域环境协调机制，是目前粤港澳大湾区环境司法协作亟待解决的问题。

四、粤港澳大湾区环境司法协作建议

（一）制定粤港澳大湾区环境保护行动纲领

在《粤港澳大湾区规划纲要》的指导精神下，由三地签署一个包括生态环境保护总目标、分期目标和行动协调的协议，发挥“一国两制”的优势，让粤港澳三地根据各自辖区的生态环境保护情况，“对症下药”，采取符合各自情况的政策和法律手段，确定粤港澳三地各自的生态环境保护目标和规划实施协调措施，体现灵活性和可操作性。

（二）组建粤港澳大湾区环境资源协调治理委员会

由于政治体制和法律制度差异较大，大湾区发展更加需要区域性协同。在“一国、两制、三法域”背景下，三地协作主要还是依靠区域内各地方的自主参与。实际上，与国内外的跨区域合作相比，粤港澳大湾区的地方政府对资源政策整合的主导和推动作用还是稍显不足。[12] 为此，三地应在中央政府的推动下设立一个具有权威性的协调组织，对粤港澳大湾区区域内的环境资源司法协作统筹安排，这个协调性组织的作用类似于劳动争议纠纷中的前置程序“调解”的作用。从世界一流湾区环境治理的成功经验可知，区域协调组织对环境治理发挥着重要作用。大湾区可借鉴旧金山空气质量管理区、珠三角区域大气污染防止联席会议等组织，由三方委派代表组成委员会，直接向中央政府负责。委员会主要行使的职责有：统一制定粤港澳大湾区环境规划、协调粤港澳大湾区环境行政立法和执法标准、统一粤港澳三地环境标准和检测体系、协调粤港澳大湾区环境影响评价、协调三地公众有序、依法、有效参与粤港澳大湾区环境治理。

（三）建立联席会议及联络员机制

针对环保资源类案件本身具有的发现难、取证难、定性难，以及行业与部门众多，相互之间难以协调统筹的问题，粤港澳大湾区应建立联席会议制度，成员单位由粤港澳三地司法机关及环保部门组成，联席会议原则上每年召开一次。联席会议的主要任务是分享三地环保部门交流办案经验，讨论突出问题，明晰协作规程，统一执法尺度。除此之外，联席会议还将邀请专业人士重点解决破坏环境资源刑事案件中所涉及的专门性问题。而联络员工作机制，则负责就粤港澳三地环境问题日常联络沟通和事务协商，协调解决案件中存在的倾向性问题。

（四）设立专门的审判机制

在尊重港澳地区高度自治权和司法独立的基础上，在现有法院内部设立专门环境法庭对粤港澳环境案件进行专门审理。在环境法院或者环境法庭内部配备专门的环境专家，并由粤港澳三方代表组成。这有利于提升法庭的处理专业问题能力、调动粤港澳三地司法力量和提高司法效率。通过环境法院或者环境法庭协作，粤港澳各地法院之间建立专门、统一处理粤港澳环境案件的协作规则，在执行委托、执行协调、执行协助等方面加强配合，破解文书送达慢、调查取证难以及判决裁定不认可等司法协作难题。

（五）完善环境司法协作机制

在实际审判工作中，我们发现在涉外审判工作存在以下疑难点：第一，关

12　王鹏：《论粤港澳跨行政区域创新系统的构建》，载《广东社会科学》2009 年第 2 期。

于送达。在我国领域内没有住所的当事人，其所在国允许邮寄送达的，可以邮寄送达。原告提供该当事人的国外联系地址明确且能合理说明来源的，邮寄送达不成功的，可以直接公告送达。但受送达人为港澳台地区当事人的，邮寄送达不成功的，反而要先通过区际司法协助平台委托送达，委托送达不成功的，才能适用公告送达。换言之，向港澳台地区当事人送达比向外国当事人送达程序更为烦琐。第二，关于香港的离婚判决未经内地法院认可和执行是否不发生效力的问题。虽然最高人民法院与香港特区政府于2017年6月20日签订了《关于内地与香港特别行政区法院相互认可和执行婚姻家庭民事案件判决的安排》，但截至目前，并没有有效的法律法规或文件对未经内地法院认可和执行的香港离婚判决的效力问题作出规定，该离婚判决在适用国内法的案件审理过程中是自始无效还是处于效力待定状态？因此，粤港澳三地的司法协作还需作出更进一步的详细规定，具体包括如下几个方面。

1. 粤港澳大湾区建立环境纠纷调解机制

如前所述，组建粤港澳大湾区环境资源协调治理委员会最大目的是将已经产生的环境纠纷提交给一个中立的第三方（协调治理委员会），由委员会在当事方之间斡旋，提出解决方案并促成当事人之间自愿达成调解协议。[13] 此种调解方式以当事方自愿为前提，不具有强制性，没有诉讼时效的限制，也没有诉讼的繁杂程序，节约救济成本并有利于和谐处理当事方之间的关系。这种通过中立第三方调解的形式虽然不具有强制性，但在某些环境侵权诉讼中仍可引入这种调解形式，以促使尽快减少或消除环境侵害。

2. 建立环境纠纷仲裁机制

与前述由第三方调解不同，环境侵权仲裁方式具有法律约束力和强制执行力，并且具有终局性。环境侵权仲裁指的是由环境侵权的双方当事人将环境纠纷交付双方选立的中立第三方处理，仲裁的结果对当事人的任意一方均具有拘束力；若一方当事人不履行裁决，对方当事人有权申请法院强制执行。内地与港澳之间已经分别签订了相互执行仲裁裁决的安排、相互认可和执行民商事案件判决的安排，为三地仲裁裁决、民商事判决的无障碍互认与执行提供可行前提。接下来仍应进一步完善和创新适用于大湾区的法律适用规则和冲突解决规范，让现有的争端解决中心（如香港国际仲裁中心、南沙国际仲裁中心、深圳国际仲裁院等）更好地发挥作用。

3. 建立粤港澳三地司法机关信息共享制度

通过前面所说的联席会议及联络员，及时通报粤港澳大湾区环境资源案件

---

13 孟庆涛：《环境权及诉讼救济》，法律出版社2014年版，第111页。

的最新动态以及所在地相关政策的最新调整情况，真正做到案源信息、动态信息共享。

4. 完善粤港澳大湾区环境纠纷指定管辖

目前，我国法律并没有单独指定环境侵权诉讼的管辖。由于环境损害纠纷发生地点、产生影响等特点，有可能会发生三地法院对于某一环境侵权案件都有管辖权的情况，从而造成管辖权冲突，故可尝试确定关于环境侵权诉讼的指定集中管辖制度。我们认为，在指定集中管辖制度确立后，关于环境侵权诉讼的一系列问题，包括适用法律问题、侵权责任归责问题、免责事由、举证责任分配以及惩罚救济措施等一系列环境侵权诉讼面临的冲突问题都将取得突破性的解决。

5. 建立环境诉讼陪审制度

鉴于环境侵权诉讼的特殊性及公共性，应该在环境侵权诉讼中引入陪审制度，由普通公民代表作为人民陪审员来参与环境诉讼的审判与监督，提升普通公众对于公益事业的参与度。另外，由于环境侵权诉讼往往涉及较复杂的经济、技术难题，建立专家学者库，从专家学者库中随机抽取专家参加陪审更有利于环境诉讼中的事实认定[14]。而一个案件的审理应同时选任粤、港、澳籍陪审员，对事实认定、法律适用独立行使表决权。[15]

6. 推进粤港澳大湾区环境司法合作向广泛深入发展

将环境司法协作列入现有的司法合作平台，推动粤港澳三地开展以下事项的合作：协商制定环境方面的司法管辖与法律适用协议，在司法合作平台上适用；通过平台审批，跨境直接进行文书送达、调查取证，简化目前的司法协助工作；通过平台操作，在更大范围内相互承认与执行生效民商事判决、裁定、仲裁裁决等多种制度机制。

7. 加强生态环境风险防控工作

三地司法机关需不定期联合发布粤港澳大湾区环境资源案件审判白皮书，分析、预测破坏粤港澳大湾区生态环境资源案件的特点、发展趋势，定期组织三地司法机关共同研究对策的研讨会。

8. 建立宣传教育联动平台

三地司法机关可充分利用线上各类新媒体，拓展环境资源法治宣传教育的辐射面。线下依托三地司法机关的原始载体，加大环保司法宣传力度，增添粤港澳大湾区环境资源司法保护协作内容，或创办相应专刊增加影响力。

---

14 孟庆涛著：《环境权及诉讼救济》，法律出版社 2014 年版，第 191 页

15 参见陈熊海：《前海法院将探索涉大湾区案件移转管辖》，载《南方日报》2018 年 6 月 27 日。

（六）建立完善的环境司法联络机制

司法协作体系的精髓是协作，而成功的协作离不开部门之间的协调配合和沟通衔接。跨区域的执法部门与司法机关之间常常会因行政区划的分割和管理体系的不同而交流受阻，影响案件的及时解决和增加工作成本。保持部门间沟通顺畅，工作互动是解决跨区域信息交流阻碍的有效途径。加上环境问题具有传播广、扩散快、治理成本高以及连锁效应等特点，今后粤港澳大湾区实行最严格的生态保护制度必须提前介入，及时处理环境问题。因此，建立完善的环境司法联络机制显得尤为重要。

《粤港澳大湾区发展规划纲要》提出，推进生态文明建设过程中，要建立环境污染“黑名单”制度，健全环保信用评价、信息强制性披露、严惩重罚等制度。这为构建湾区环境司法联络机制提供新思路。首先，强化环境司法协作信息平台建设。在粤港澳三地司法机关系统内部建立环境司法信息沟通平台，确保三地任何一个法院、法庭及其他司法机关均能顺畅进行沟通协调和及时了解环境案件信息，促进环境案件的信息交流。通过环境司法协作信息平台，各地法院可以及时反馈环境信息、分享资源共享网络，如建立环境污染“黑名单”制度，环保信用评价等信息共享。同时，定期开展环境司法协作信息交流活动，促进司法审判、调解工作、文化交流等多层面的互动交流，构建多方共治的合作网络，接受各方监督，走出了一条交流顺畅、相互配合、治理高效的环境司法协作之路。其次，建立司法工作对接和纠纷应急处理平台。协调法院之间、法院与其他部门之间线上联系、办理委托手续、移送材料等业务，为环境司法工作的开展提供协作平台，提高工作效率与节约司法资源。最后，粤港澳三地司法机关均设立环境专职信息员。专职人员负责对重大跨区域环境污染案件进行诉讼程序的对接，跟进环境司法判决裁定的执行情况，以及协调本法院与其他司法机关工作的开展等。必要时各法院还可以联合成立环境案件应急处理小组，增强对重大跨区域环境纠纷案件的解决能力，强化环境案件司法联络机制。

公平贸易的价值联结与全球贸易治理的价值重构

刘学文*

【内容提要】 公平贸易是具有价值偏向性的贸易理论和政策。近年来，随着公平贸易运动的甚嚣尘上以及各国公平贸易立法和政策的推动，公平贸易逐渐成为贸易价值联结的重要战略。这使得公平贸易出现了两个向度：一是追求贸易自身的全球分配正义的公平性向度，二是以贸易为基础、联结劳工标准的保护主义向度。当前，一系列“大区域协定”中国际贸易价值联结的发展趋势助推了公平价值向国际层面的扩展。因此，应将公平贸易置于全球贸易治理的框架中，以评定其是否体现了真正意义上的公平。而全球贸易治理应受国际法的约束，两者是相互依赖的正相关关系。公平贸易的理念则亟须在全球贸易治理的国际法框架中实现价值重构。全球贸易治理的制度需求从规范、功能和价值三个层面暗合了“宪制的国际法”进路。因此，全球贸易治理逻辑中的公平贸易进程应是在程序公平和实质公平相结合的公平价值指导下国际法与国内法交相融会的制度演进过程。

【关键词】 公平贸易　价值联结　全球贸易治理　程序公平　实质公平　国际法

---

* 刘学文——西北政法大学国际法研究中心、国际法学院副教授、博士后研究人员，硕士生导师，西北政法大学“一带一路”发展战略重大国际法问题研究青年学术创新团队成员，主要研究领域：国际经济法、国际农业法、国际数字贸易法。本文为如下课题的阶段性研究成果，国家社科基金一般项目（18BFX213）：《“一带一路”背景下跨境电子商务平台法律保障机制研究》；中国博士后科学基金第66批面上资助（编号：2019M663954XB）：《国际贸易数字化转型的法律因应研究》；陕西省社科界2020年度重大理论与现实问题研究年度项目：《陕西省现代服务业数字交易平台法律保障机制研究》（编号：2020Z311）。

引言

在全球经贸博弈中，真正意义上的自由贸易从未实现过，而贸易保护主义则随着时间的推移以各种形态改头换面，与贸易自由化的过程如影随形。贸易自由化和贸易保护主义向来维持此消彼长的关系。在“二战”后60年的时间里，美国的贸易政策发生了从自由贸易向公平贸易的转向，其中前30年美国支持自由贸易，而在后30年里美国开始奉行公平贸易。[1]作为一种政策和理论，公平贸易一开始就关注贸易本身的公平性。后来，发达国家开始关注贸易对象国内的劳工待遇标准问题，逐渐将对贸易对象国内劳工待遇标准公平性的关注与对贸易本身公平性的关注相挂钩，公平贸易进而成为其联结战略的理论支柱，这最终导致公平贸易获得了日益浓厚的贸易保护属性。[2]因此，当前的公平贸易出现了两个向度，一是贸易自身以追求全球分配正义[3]的公平性向度，二是以贸易为基础、联结劳工标准等价值要素的保护主义向度。公平贸易呈现出复杂的形态，有关公平贸易理论和政策的发展需要对其作出深入爬梳，同时有关公平贸易的理想图景应重新描绘。从制度建构的角度来讲，公平贸易的实现势必要在全球治理的框架中具体思考如何通过“宪制的国际法”[4]之制度演进策略，在国际公平与正义的目标指引下予以推进。为此，我们有必要考查真正意义上的公平贸易，并进一步思考其发展进路。

---

1 李春林著：《贸易与劳工标准联结的国际政治经济与法律分析》，法律出版社2014年版，第133页。

2 李春林著：《贸易与劳工标准联结的国际政治经济与法律分析》，法律出版社2014年版，第12页。

3 “全球分配正义”（Global Distributive Justice）是对“国际分配正义”（International Distributive Justice）的广义理解。从狭义进行理解，国际分配正义仅指“国家间的分配正义”。“全球分配正义”的有效实现需要“国家间分配正义”的支撑和促进。详见赵川川：《全球化与国际分配正义》，载《徐州师范大学学报（哲学社会科学版）》2009年第4期。

4 变动不居的国际秩序与国内秩序的二元互动迫切需要构建一个由社会各个层面的权威结构组成的，既扎根于民族国家内部又超越民族国家界限的新全球治理体系。因此在全球治理和全球宪制的双重联系与互动下，作为全球治理重要手段的国际法正呈现出通过合作、共存与宪制的国际法三方面内容齐头并进的共时性发展趋势。陈喜峰副教授据此将当代国际法划分为共存的国际法、合作的国际法和宪政的国际法三种类型，而且认为三者之间在内容上具有递进性与共时性的特点。与合作和共存的国际法不同，从规范层面来说，宪政的国际法确立了个人在国际法中的地位，调整的主体超越了传统的国际法主体；从功能层面来说，宪政的国际法还厘定了个人基本权利与国家主权权力二元关系的法律边界；从价值层面来说，宪政的国际法所关注的价值超越了国际法主体之间的平等互利、主权平等价值，将个人的价值与人类共通的价值作为本源性和终极性价值置于重要地位。本文全文将“宪政的国际法”统一改称为“宪制的国际法”。参见陈喜峰：《宪政的国际法：全球治理的宪政转向》，载《暨南学报（哲学社会科学版）》2013年第1期。

一、公平贸易的理论缘起与公平贸易运动的消极影响

（一）公平贸易的产生及其内涵

全球化全面而深入地推动了自由贸易，但是自由贸易并不意味着贸易本身是公平的。换言之，自由贸易并未体现公平的价值理念，因此后来出现了“公平贸易”的提法。近现代意义上的公平贸易理念来源于西方。具体来讲，“公平贸易”是从英文“fair trade”翻译而来，又可译为“公平交易”“权衡交易”，它最早是美国学界从“自由贸易”理论中演绎出的一个概念。“二战”后在欧洲草根阶层中兴起一阵由一些个人和团体倡导的公平贸易行动之风；公平贸易行动也几乎同一时期在美国产生，但并未得到迅速和普遍的接受。[5]“公平贸易”一词在全球学术界和实务界都有较为广泛的使用，可以将其划分为广义和狭义两种类型。广义的公平贸易是指各类与多边贸易规则所确定的公平价值理念相联系的经济、法律的理论、政策、规则、措施的整体，而与之相反的贸易形态被认为是不公平贸易。狭义的公平贸易仅指由国际公平贸易组织所倡导和认证的一种新型贸易形式。“公平贸易集团”[6]为狭义的公平贸易作出如下定义：“公平贸易是一个基于对话、透明度及互相尊重的贸易伙伴关系，旨在探求国际贸易的更大公平性，以提供更公平的贸易条件及确保那些被边缘化的劳工及生产者的权益（特别是南半球）为基础，致力于永续发展，公平贸易组织（由消费者所支持）则积极地参与支持生产者（尤其是落后国家的农业生产者）、认知提升及旨在改变传统国际贸易习惯的专案等活动。”一般认为，狭义的公平贸易具有三个方面的要素：第一，另类交易网络的组织形式；第二，公平贸易标识的产品通过被授权的传统贸易商和零售商出售；第三，基于运动的公平贸易促进手段改变了用户的购买习惯以及传统的交易规则。[7]

公平贸易最初是作为自由贸易的替代模式出现的，因为自由贸易无法解决贸易本身的公平性问题。很多研究表明，自由贸易可能催生弱肉强食的贸易体系，也可能进一步加剧国家之间的利益鸿沟，而且对于促进劳工保护十分不

---

5 Paulette L. Stenzel, *Mainstreaming Fair Trade and Resulting Turmoil: Where Should the Movement Go from Here?*, William & Mary Environmental Law and Policy Review, Vol. 37, 2013, p. 619.

6 公平贸易集团（FINE）成立于1998年，是由国际公平贸易标签组织（Fairtrade Labelling Organizations International，简称FLO）、国际公平贸易协会（International Fair Trade Association，简称IFAT）、欧洲世界商店联线（Network of European Worldshops，简称NEWS）和欧洲公平贸易协会（European Fair Trade Association，简称EFTA）共同组成的，从各自英文首字母取一字而得名。

7 John Wilkinson, *Fair Trade: Dynamic and Dilemmas of a Market: Oriented Global Social Movement*, Journal of Consumer Policy (2007) 30, pp. 219 - 239.

利。公平贸易的出现旨在追求国际贸易更大的公平性，改造传统的国际贸易习惯，特别是保障被边缘化的产品生产者以及劳工的利益、促进产品的生产者与消费者的和谐共进，进而推动健康的国际贸易体系的形成，以实现永续发展。[8]因此，无论是从初衷抑或从所包含的价值来看，公平贸易作为一种理论和政策，其关注的目标是贸易本身的公平性。但是在实践中，公平贸易近年来出现了与劳工标准等价值要素的联结，成为发达国家借以威胁发展中国家的重要手段。因此，当前的公平贸易理论或者制度的产生与发展在很大程度上基于发达国家的一厢情愿。甚至在以美国为代表的资本主义世界里，自由贸易与公平贸易之争由来已久，至今仍在进行着非此即彼的博弈，似乎两者之间水火不容。

综上所述，公平贸易有着复杂的概念分歧，在实践中也是任意使用的。公平贸易本身内含公平性、互惠性与对等性等价值属性。[9]因此，公平贸易是一种具有价值偏向性的贸易形态。公平贸易之所以在发展中国家甚至发达国家都备受诟病，其根本原因在于其作为理论和政策，被一些国家进行了过多工具化应用，使之偏离了本身应有的功能和价值。关于公平贸易内涵的基本界定，笔者赞成黄进教授的说法，即公平贸易至少应包括多边贸易关系的公平性、国际贸易规则的公平性、国际贸易主体的公平性，以及国际贸易行为的公平性几个方面。[10]因此，关于公平贸易含义的界定与区分十分必要，只有准确认定公平贸易的实质内涵，才能辨明其存在的价值，明确其作用和意义，为进一步的纠偏找到可行的途径。唯有如此，方能使其发展成果助力于公平公正的全球贸易治理。

（二）公平贸易运动及其对国际贸易的影响

公平贸易最初作为一种慈善和团结的混合体大体始于20世纪40年代后期，旨在改革产品价值分配极不公平的传统贸易模式，提高发展中国家包括咖啡种植者在内的农业生产者的收入和生活水平，提升其产出回报率。公平贸易这一模式在长达30年的时间里处于边缘地位，但在20世纪80年代开始变得形势向好，并逐渐演变成一场制度化的运动，成为产品发展的主流形态。被标签、认证支持的公平贸易产品在传统消费网络中发展，其目标是将发展理念注入占主导地位的政治话语之中。[11]1997年，一个由20多个团体会员、贸易商、生产者

8　何志鹏、孙璐：《贸易公平与国际法治：WTO多哈回合反思》，载《东方法学》2011年第2期。

9　王世春著：《论公平贸易》，商务印书馆2006年版，第21页。

10　黄进：《公平贸易公平吗?》，载《大经贸》2001年第6期。

11　John Wilkinson, *Fair Trade: Dynamic and Dilemmas of a Market: Oriented Global Social Movement*, Journal of Consumer Policy (2007) 30, pp. 219－220.

协会及专家组成的国际公平贸易标签组织正式成立，该组织致力于审查和订立公平贸易标准，发展与促进公平贸易业务，给生产者创造利用公平贸易认证的机会，维护公平贸易商标的权利，以促进发展中国家的永续发展，维护弱势的生产者和劳动者权益。该组织自 2004 年 1 月起分立为两个组织，即国际公平贸易标签组织与公平贸易认证组织（FLO - CERT）。1998 年，“公平贸易集团”FINE 宣告成立。目前，“Fair Trade”统一认证标识已在欧洲的 13 个国家中被采用，销往这些国家的农产品都受到这一认证的限制。20 世纪后半叶，一场声势浩大的公平贸易运动在资本主义社会爆发。一些国家政府或者非政府组织试图通过促进被边缘化的生产者及劳工的紧密合作，改变资本家与劳工的对立状态，使得这些弱势群体在全球市场中扮演更为积极的角色，进一步改变自由贸易带来的全球经济体系的失衡状态，以促进真正意义上的公平贸易。

有学者将公平贸易运动划分为四个发展阶段，分别是：第一阶段（20 世纪 40—50 年代），即带有宗教色彩的、捐助形式的公平贸易阶段。第二阶段（20 世纪 60—70 年代），即基于学生激进主义和反对新帝国主义运动的世界商店形式的团结贸易阶段。第三阶段（20 世纪 80 年代），即以产品种类的扩大与公平贸易标签的引进为特点的现代意义上的公平贸易阶段。第四阶段（20 世纪 90 年代至今），即以贸易额高速增长以及公平贸易组织大规模联盟为特点的公平贸易阶段。[12]

二、国际贸易的价值联结助推公平价值向国际层面的扩展

（一）国际贸易中价值联结的历史趋势

长期以来，在西方发达国家操控下的国际经贸规则具有鲜明的地缘性特征，[13] 而当前的全球化深刻影响了传统贸易结构的转轨。在此过程中，类型多样的非关税贸易壁垒伴随着贸易保护主义的声浪此起彼伏。作为经济全球化最重要组成部分的国际贸易，势必要被纳入全球治理的轨道。而此处的关键就在于明确治理的价值。正如斯蒂格利茨所说：“全球化革新中最艰巨的挑战是如何使全球化变得更为民主，而检验其成效的重要标尺就是能在多大程度上确保此类更为宽泛的价值观能够超越简单的企业利益。”[14] 那么，国际贸易治理中所谓“宽泛的价值”又是指什么呢？对于这一问题，罗尔斯在《正义论》的篇首就

---

12 曲如晓、赵方荣：《国际公平贸易运动：一个南北贸易的新潮流》，载《国际贸易问题》2009 年第 10 期。

13 何力：《国际经济法的地缘新格局》，载《政法论丛》2016 年第 3 期。

14 Joseph E. Stiglitz, *Making Globalization Work*, W. W. Norton & Company, Inc., 2006, p. 132.

给出了答案，那就是正义。正义对社会制度而言，是第一位次的价值。[15]然而，正义价值的模糊性也容易使得各主要经济体在现实贸易实践中常打着正义的旗号，行贸易保护主义之实。

当前在全球性多边框架中，仅知识产权保护与环境保护问题被明确联结到贸易之上，其他诸如劳工标准的问题在全球贸易治理之中甚少提及。[16]然而，这一情势正在发生改变，区域经济安排中已越来越多地体现出这一价值，而且已逐渐渗透进国内立法、政策与国际条约之中。例如，2015年10月5日达成的《跨太平洋伙伴关系协定》（Trans - Pacific Partnership Agreement，简称TPP），全文充斥着贸易之外的价值因素，如在缔约方监管一致性中对商业主体享有开放、公平、可预期监管环境的强调，在政府采购中对投标者获得公平和无偏见对待的强调，在竞争政策中对缔约方在区域内享有公平竞争方面共同利益的强调。《跨太平洋伙伴关系协定》及已生效的《全面与进步跨太平洋伙伴关系协定》（Comprehensive and Progressive Agreement for Trans - Pacific Partnership，简称CPTPP）均在第十九章专章规定了劳工问题，强调各方要在各自的法律和实践中保障核心劳工的结社自由权、集体谈判权，不得强迫劳动，禁止使用童工，要求各方以法律监管保障劳工最低工资、工时和职业健康与安全；各方同意不得为了吸引贸易或投资而实施减损基本劳工权利的法律。按照何志鹏教授的说法，TPP以“新的多边国际贸易体制的探路者”角色，已然“促动了国际法的规范增益”，作为又一个“WTO +”，可能成为国际经济制度的新典范。当然，TPP也在一定程度上加剧了国际法的体系分化。[17]不约而同的是，欧盟委员会在2015年10月14日公布了《惠及所有人的贸易：迈向更负责的贸易与投资政策》新战略，其中包含有效性、透明度和价值观三个基本原则，深刻体现出欧盟贸易与价值联结的新转向，即强调欧盟价值观的传播。该文件共分为七部分，分别是引言、第一章“贸易和投资是经济增长和就业创造的强大引擎”、第二章“应对新的经济现实以及践行承诺的有效政策”、第三章“一套更为透明的贸易和投资政策”、第四章“一套基于价值观的贸易和投资政策”、第五章“一套塑造全球化的前瞻性谈判项目”，以及结论。[18]

2016年2月4日，包括美国在内的12个国家在奥克兰正式签署《跨太平洋

---

15 John Rawls, *A Theory of Justice*, the Belknap Press of Harvard University Press, 1971, p. 3.

16 Joseph E. Stiglitz, *Making Globalization Work*, W. W. Norton & Company, Inc., 2006, p. 131.

17 何志鹏：《国际经济法治格局的研判与应对：兼论TPP的中国立场》，载《当代法学》2016年第1期。

18 European Commission, *Trade for All: Towards A More Responsible Trade and Investment Policy*, European Union, 2015.

伙伴关系协定》（Trans - Pacific Partnership Agreement，简称 TPP），为美国前任总统奥巴马所力推。然而，美国新任总统特朗普上任后，于 2016 年 11 月 21 日通过媒体公布其“百日行动计划”，宣称退出 TPP；2017 年 1 月 23 日，特朗普到任后签署的第一道总统令即正式宣布美国退出 TPP，这标志着新时期美国贸易政策的重大调整。2017 年 5 月，美国亚利桑那州共和党参议员约翰·麦凯恩（John McCain）批评特朗普的这一行为是“重大的战略失误”，认为美国政府未来可能对这一所谓错误作出纠正。[19] 美国退出 TPP 后，11 个启动 TPP 的亚太国家于 2017 年 11 月 11 日发布联合声明，决定以新协议所取得的基础性共识为依托，将原协定更名为《全面与进步跨太平洋伙伴关系协定》（Comprehensive and Progressive Agreement for Trans - Pacific Partnership，简称 CPTPP）；2018 年 3 月 8 日，11 国代表在圣地亚哥举行协定签署仪式；2018 年 12 月 30 日，CPTPP 正式生效。新协定相比此前的 TPP 版本冻结了约 20 项内容，其中 11 项与知识产权有关。尽管美国没有参加 CPTPP，但由美国主导重启谈判、旨在取代《北美自由贸易协定》（North American Free Trade Agreement，简称 NAFTA）的《美国—墨西哥—加拿大协定》（United States - Mexico - Canada Agreement，简称《美墨加协定》或 USMCA）已由三国领导人于 2018 年 11 月 30 日在阿根廷首都布宜诺斯艾利斯正式签署。[20] 翌年年底，三方对协定作出一次大的修订，《美墨加协定》修订版经三方依次完成缔约程序后，于 2020 年 7 月 1 日起正式生效。美国总统特朗普称《美墨加协定》修订版“是美国有史以来达成最好、最重要的贸易协议”。[21] 其对劳工和环保规定部分进行了较大幅度的修订，特别是强化了监管规则与执行力。作为美国贸易代表口中的“范式转换模板”，《美墨加协定》在保留了《北美自由贸易协定》基本框架的基础上，大量借鉴了 TPP 的规则。第 23 条十分细致地规定了“劳工”问题，第 24 条则又事无巨细地规定了“环

---

19 See Jordain Carney, *McCain: Trump's withdrawal from TPP a "serious mistake"*, http://thehill.com/blogs/floor - action/senate/315666 - mccain - trump - withdrawing - from - tpp - a - serious - mistake, 2017 - 05 - 10.

20 2019 年 6 月 7 日，墨西哥议会参议院率先以 114 票对 4 票表决通过了该协定。在美国，《美墨加协定》修订版被美国国会众议院于 2019 年 12 月 19 日以 385 票赞成、41 票反对予以通过；美国国会参议院于 2020 年 1 月 16 日以 89 票赞成、9 票反对予以通过。随即特朗普总统于 1 月 29 日正式签署《美墨加协定》修订版。加拿大国会也在 2020 年 1 月下旬通过协定。参见 Bob Sims, *The US House of Representatives passes USMCA*, https://www.meatpoultry.com/articles/22374 - the - us - house - of - representatives - passes - usmca, 2019 - 12 - 25。《美国国会参议院财务委员会通过美墨加协定》，载东方财经网，http://finance.eastmoney.com/a/202001081349948328.html，最后访问于 2020 年 1 月 9 日。

21 5 *key differences between NAFTA and Trump's USMCA deal*, https://wqad.com/2019/12/10/5 - key - differences - between - nafta - and - trumps - usmca - deal/, 2019 - 12 - 25.

境”问题。

总之，详细考查从TPP到欧盟的贸易与投资新战略、再到CPTPP和USMCA等诸如此类已达成或正在谈判的跨越地理联系的大区域协定（Mega Deal）[22]，从中可以看出，贸易的价值联结已经成为国际贸易发展的必然趋势。有学者对此深表担忧，认为以大区域协定为代表的区域贸易形态可能会形成“歧视性贸易网络”，进而影响多边贸易谈判进程的推进。[23]因此，将这种价值联结纳入由“宪制的国际法”推动的全球贸易治理框架中进行评判亦成为未来全球治理体系的必由之路。

（二）罗尔斯复数正义理论在国际层面的扩展

罗尔斯是在继承与批判康德、洛克、卢梭等思想家社会契约论的基础上发展其正义理论的，为此他提出了抽象意义上的“公平的正义”理论。他的正义原则在内容上立基于在公平的“原初状态”[24]中大家的一致同意，而在形式或程序层面则体现为稳定性、权威性、透明度等基本要素。因此，罗尔斯所追求的正义目标是达到公平的契约并产生公平的结果。罗尔斯为了论证这一理论，他假定了订立契约的“原初状态”，进而在无知之幕（the veil of ignorance）下通过推理作出对正义原则的选择。罗尔斯为各方设定了自由原则、公平的机会平等原则和差别原则，这一“复数正义”理念是按照“词典式序列”排列的，其中第一正义原则自由原则优先于第二正义原则，而第二正义原则中公平的机会平等原则又优先于差别原则。[25]他构建的这套类似“词典式序列”的复数正义理论体系的体系结构、优先次序、价值目标如图1所示：

---

22 “大区域协定”（Mega Deal）指的是以TPP、TTIP、RCEP等为代表的跨洲际大区域协定，它是区域全球治理的新路径。详见程大为：《全球贸易治理中多边主义、诸边主义和大区域主义的比较与选择》，载《经济纵横》2014年第4期。

23 杨淑君：《区域贸易协定和授权条款》，载《上海政法学院学报（法治论丛）》2014年第1期。

24 罗尔斯认为，在平等正义中，与平等的“原初状态”（original position）相对应的是传统社会契约论中的“自然状态”（the state of nature）。它并不是非文明之初的原始状况，故不可将其看作一种实际的历史状态，而应将其视为“一种用来达到某种确定的正义观的纯粹假设的状态”。因为罗尔斯认为，在一种“无知之幕”（the veil of ignorance）的安排下，所有人的处境都大体相似，不会有人设计出有利于自身特殊情况的原则，故此种情形下正义原则的选择才不会受制于自然的境遇或社会环境中的偶然因素，正义的原则最后是“公平的协议或契约的结果”。“原初状态”可以被看作“恰当的最初状况”（status quo）。［美］约翰·罗尔斯著：《正义论（修订版）》，何怀宏等译，中国社会科学出版社2009年版，第10页。

25 ［美］约翰·罗尔斯著：《作为公平的正义：正义新论》，姚大志译，中国社会科学出版社2011年版，第9-17页、第47-69页。

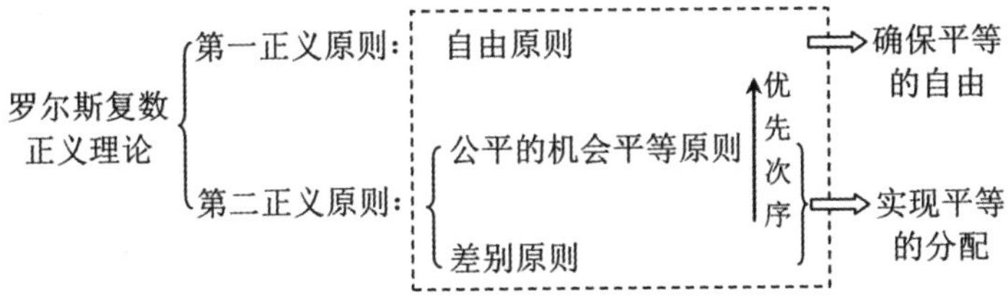

图1　罗尔斯复数正义理论“词典式序列” [26]

在这一公平理论体系中，公平的机会平等原则作为一种程序公平主要用来修正被其置于极端优先地位的自由原则。差别原则这一理念在更深的层面上涉及休谟所言的“对等性”（reciprocity），罗尔斯进一步光大了休谟的契约“对等性”思想，认为“对等性”揭示了契约的稳定性与约束性，一个完备的契约势必包含互惠条款与一方违约后的处罚条款与补救条款。有学者指出，罗尔斯将其对正义理论的研究先验地划入一个民族国家的框架之中，在一个封闭的社会结构体系中探讨如何通过强制性社会制度进行正义的实现问题。[27] 当然，罗尔斯晚年的观点发生了改变。他在1999年出版的《万民法》一书中作出了将复数正义理论推广到国际法的努力。为此他使用“万民法”的概念，认为其是“运用于国际法与实践之原则与准则中权利与正义的一种特殊政治总念”。[28] 紧接着，在《作为公平的正义：正义新论》一书中，罗尔斯将正义由里到外区分为三个层次：第一层次是应用于机构和团体的局部正义原则；第二层次是应用于社会基本结构的国内正义原则；第三层次则是应用于国际法的全球正义原则。而他提出的“作为公平的正义”被应用于基本结构的正义，亦即国内正义。以此为基础，它向内作用于局部正义（local justice），向外作用于万民法（law of people）。[29]

罗尔斯的复数正义理论因其较强的指导性和可适用性，被很多人广泛而深入地研究。由于“国际社会”这一空间又是现实存在的，查尔斯·贝茨（Charles R. Beitz）和托马斯·博格（Thomas Pogge）均试图将罗尔斯的复数正义向全球进行扩展，但均遭遇“国际社会”这一抽象空间的证成问题，在国际

26　本图的制作主要根据罗尔斯复数正义理论的基本架构完成，本图的绘制得益于刘志云教授对该理论的解读。参见刘志云著：《国际经济法律自由化原理研究》，厦门大学出版社2005年版，第296－301页。

27　姚璐、徐立恒、张国桐：《论全球正义——关于正义问题及实现路径的分析》，载《太平洋学报》2015年第3期。

28　［美］约翰·罗尔斯著：《万民法》，张晓辉等译，吉林人民出版社2001年版，第3页。

29　［美］约翰·罗尔斯著：《作为公平的正义：正义新论》，姚大志译，上海三联书店2002年版，第19页。

层面寻找罗尔斯正义理论适用的条件——“正义的环境”存在难题[30]，或者需要一个海市蜃楼般的世界政府[31]。实际上，绕开如上的理论假设，罗尔斯的正义论在国际层面的扩展也是成立的。因为晚近以来跨国性的“新社会运动”催生了“跨国市民社会”（transnational civil society），进而促进国内经济活动和国际经济活动的相互影响。[32]这为国际法与国内法的联结创造了土壤，同时也为通过民主商谈建构国际治理结构提供了可能。全球化促进了民主政治理念的变迁，如何通过商谈正义和程序民主模式实现民族国家向国际政治体系的跨越则又成为一个值得思考的问题。

（三）全球贸易治理国际法中的公平价值二分法

受罗尔斯、哈贝马斯等人公平理论的影响，美国当代著名国际法学家托马斯·弗兰克（Thomas M. Franck）将国际法和国际制度中的“公平”区分为两方面，即“作为程序公平的正当性”（legitimacy as procedural fairness）和“作为公平的分配正义”（distributive justice as fairness）两种类型。一言以蔽之，即程序公平—正当性（Legitimacy）和实质公平—衡平（Equity）两个方面。程序公平即正当性，表示恰当的程序性过程，注重稳定和秩序，侧重于为规则体系提供形式化框架，是公平的关键要素，它提供一个根深蒂固的信念，即一个公平的规则体系应牢牢地扎根于这些规则如何被制定、解释和应用的形式化框架之中；与正当性不同，实质公平即分配正义，作为评价法律的后果性影响，其根植于法律体系赖以运作的共同体的道德价值。[33]因托马斯·弗兰克对国际法中公平的划分指向清晰、涵盖清楚，被学界广泛认同。这一二元划分在整个国际法体系中具有广阔的应用前景，不仅在国际司法实践领域，而且在国际环境法、国际经济法中均有很强的指导价值。在国际贸易的制度安排中，衡平也有广阔的应用空间。或者说，国际贸易规则要实现公平，就需要擅用衡平的手段。

在WTO实践中，发达国家与发展中国家间所确立的普遍优惠制是典型的衡平。国际贸易领域衡平的核心乃是敦促各个国家认真考虑并承认国家在国际经济交往中的合理差距，并通过差异化的、非对等性的制度安排，如通过资金、技术、管理等各方面的援助，减轻发展中国家特别是最不发达国家的经济负担、提高其参与国际经贸活动的能力，进而弥补机会平等原则的本质缺陷。普遍优惠制有

30 刘志云著：《国际经济法律自由化原理研究》，厦门大学出版社2005年版，第303页。

31 Amartya Sen, *The Idea of Justice*, the Belknap Press of Harvard University Press, 2009, p. 71.

32 刘志云著：《国际经济法律自由化原理研究》，厦门大学出版社2005年版，第311页。

33 Thomas M. Franck, *Fairness in International Law and Institutions*, Oxford University Press, 1995, pp. 7-9.

利于国际贸易规则最大化地抵近全球分配正义，或者说实施普遍优惠制的本质原因就是对全球分配正义的期许，因为分配正义为国际社会中的弱势团体提供收益和偏好。[34] 此外，WTO 体制中的“反向协商一致原则”也深刻体现了对衡平原则的运用。衡平在国际经济决策中主要是通过制度安排与协商机制来实现。

三、全球贸易治理国际法框架中公平贸易的价值重构

（一）程序正义与实质正义：全球贸易治理体系中分配正义的价值保障

分配正义是罗尔斯正义理论的核心，并且他对此有着“实质正义”“程序正义”和“形式正义”的划分。“分配正义”一般被当作中性词来认识，哈耶克眼中的“分配正义”一词与“社会正义”“实质正义”是同义词。[35] 托马斯·弗兰克也将实质性和结果性公平视为“分配正义”，而将程序公平看作“正当性”。[36] 在实现正义的目的方面，罗尔斯和哈贝马斯均依赖不同的进路，但不约而同地将自己的理论扩展到国际领域，因此治理的价值指向了全球正义。关于全球正义的分类，刘志云认为一般可分为“程序正义”和“实质正义”两类。所谓“程序正义”，又名“形式正义”，指的是社会公众普遍尊重某些程序，不考虑行为的后果，仅依照某些普遍的规则而行动。而“实质正义”又称“社会正义”，是一种将分配的原则与追求的某种社会机制的特定结果相挂钩的目的论理论，它通过确立一定的分配标准以追求社会体制或环境的正当性与合埋性。[37] 哈贝马斯认为罗尔斯的“作为公平的正义”理论实质上是一种实质正义，这不仅是因为其“原初状态”的设计保留了“善”的内容，而且其正义理论所追寻的结果也具有实质性意义。罗尔斯在其《政治自由主义》一书中回应了哈贝马斯的质疑，认为程序正义（或公平）需要依赖实质正义（或公平）这一其可能结果的正义。[38] 总之，罗尔斯的正义理论试图将自由和平等进

---

34 Nam - Ake Lekfuangfu, *Rethinking the WTO Anti - Dumping Agreement from A Fairness Perspective*, Cambridge Student Law Review, Vol. 4, 2008, pp. 302 - 303.

35 刘志云著：《国际经济法律自由化原理研究》，厦门大学出版社 2005 年版，第 320 页。

36 Thomas M. Franck, *Fairness in International Law and Institutions*, Oxford University Press, 1995, p. 7.

37 刘志云著：《国际经济法律自由化原理研究》，厦门大学出版社 2005 年版，第 291 - 292 页。

38 参见艾四林、王贵贤、马超著：《民主、正义与全球化：哈贝马斯政治哲学研究》，北京大学出版社 2010 年版，第 94 - 95 页。王贵贤博士在对罗尔斯和哈贝马斯有关程序正义和实质正义的对比性研究中，参考的文献有：Jürgen Habermas, *Reconciliation through the Public Use of Reason: Remarks on John Rawls's Political Liberalism*, The Journal of Philosophy, Vol, XCⅡ, No. 3, March, 1995. ［美］罗尔斯著：《政治自由主义》，万俊人译，译林出版社 2000 年版，第 448 - 449 页。

行统合，既要做到程序正义，又要符合实质正义，这是一种合作型的社会经济构成。[39]

从结果来看，正义理论应用的最终目的是要实现全球分配正义。全球分配正义为国际关系学界所广为使用，具体是指在国际体系之中，在国家，以及政府间国际组织、非政府组织、亚国家机构、跨国公司、政党团体、跨国联盟和个人等非国家行为体之间实现的分配正义。[40] 全球分配正义最根本的是要规范主权国家的行为，将国家行为纳入全球治理体系。而要实现全球分配正义，就是要促进公平的全球治理过程。[41]

当然，"正义"（Justice）和"公平"（Fairness）是含义不同但又关系紧密的两个词汇，有着不同的指向。在汉语语境中，"公平"是指不偏不倚的普遍的平等，而社会公平则是人人平等之于社会共同体，具体包括作为起点公平的"权利公平"、作为过程公平的"机会公平"和作为结果公平的"分配公平"。而"正义"通常指社会应得，核心是社会成员在其贡献（或损害）与其回报（或惩戒）之间的对等性。由此可以看出，公平着眼于利益均衡，有利于减少差距、维系平衡；而正义着眼于利益对等，有利于激发竞争、惩恶扬善。[42] 在中国语境中，两个词经常不做区分，或者有时候"正义"本身就有"公平"的意思，也因此有的国内学者将"Justice"一词译为"公正"（公平和正义的合称）。罗尔斯创立的"公平的正义"理论实际上将公平内化于正义之中，也因此社会正义实际上具有了公平和正义两个词的内涵。[43] 从政治伦理与法律价值的层面来说，公平、正义两词通常可以混合使用。也因此，国际法和国际制度中的价值可以划分为程序正义（公平）或实质正义（公平）。

当然，要真正实现国际贸易法治中的公平并最终实现全球分配正义，还是要通过法律的基本路径。而此处的法律内涵丰富，既包括以民主商谈理论和程序主义民主模式的全球缔约行为，也包括贸易谈判以及争端解决中对于法律规则和程序的遵守，更包括国内立法中有效执行贸易规则、祛除保护主义、加强人权保障、构建司法救济体系等一系列法律行动。从根本上来讲，就是要通过法律安排完善贸易治理，通过程序公平与实质公平的共同强调，最终实现全球分配正义。

---

39 刘志云著:《国际经济法律自由化原理研究》，厦门大学出版社2005年版，第296页。

40 关于农产品全球贸易"五层楼"治理层次的示意图，参见刘学文:《农产品全球贸易治理宪政的国际法路径设计》，载《中国海洋大学学报（社会科学版）》2017年第3期。

41 刘志云:《论全球治理与国际法》，载《厦门大学学报（哲学社会科学版）》2013年第5期。

42 韩跃红:《普世伦理视域中的公平与正义》，载《哲学研究》2007年第12期。

43 韩跃红:《普世伦理视域中的公平与正义》，载《哲学研究》2007年第12期。

（二）托马斯·弗兰克公平二分法在全球贸易治理中的可适用性

公平贸易是一种具有价值偏向性的贸易形态。而价值则又是十分抽象、深奥、玄妙和模糊的哲学术语，如果不为其确立标准，这种贸易形态注定是凌乱的，也是容易被随意解释和滥用的。这也就解释了为什么公平贸易被发达国家滥用，一度成为贸易保护主义者挂在嘴边的“陈词滥调”的原因。笔者认为，应将公平贸易置于全球贸易治理的框架中予以评定，最根本的是依赖国际法，其中的“公平”即要体现国际法的公平价值。托马斯·弗兰克为国际法和国际制度确立了基本的公平标准，即程序公平和实质公平的二分法。故公平贸易与托马斯·弗兰克关于程序公平和实质公平的二分法具有内在的关联，或者说这种二分法能够作为公平贸易是否体现全球分配正义的重要基准。

当然，对托马斯·弗兰克有关程序公平和实质公平两种公平类型各自的要素进行确定，并应用于全球贸易治理法律体系就显得十分必要。笔者为此立基于托马斯·弗兰克的理论，并结合罗尔斯、哈贝马斯等人的学说，为“正当性”（legitimacy）设定了透明度、权威性、安全性、确定性、一致性、形式有效性和可课责性七个核心要素。透明度指的是缔约方实施的各类与贸易有关的行为、法律、条例、司法行动，以及可能影响缔约方之间国际贸易政策现有规定须及时公布。作为基本原则，应贯穿于全球贸易治理的法律体系始终，如《跨太平洋战略经济伙伴协定》第 19.10 条为落实缔约方的合作，设定了“透明化与公众参与”原则。权威性指规则的制定符合法的正当程序，规则的施行公平公正，规则的效力能够平衡各方的利益。确定性强调贸易规则要前后统一、具有可持续性，这能最大化地确保当事人获得对其行为的可预期性。而形式有效性和可课责性则强调规则体系对法律事实的调整应做到国家、非国家行为体、个人等行为服从规则的形式效力，不得逾越规则的禁止性规定；行为一旦违法，行为人则要受到法律的谴责并承担相应的法律后果。

结语

以发展的眼光观之，无论是近年美国所主导的 TPP 谈判、USMCA 的达成，还是欧盟的“贸易与投资新战略”，均反映出贸易中的价值联结已经成为国际贸易发展的必然趋势。未来将贸易与更深层次的可持续发展、环境保护、反腐败和劳工标准相联结将在大区域协定中不可避免，并将进一步影响多边贸易体系。因此从这个意义上讲，公平贸易已不是有和无的问题，而是应该如何进行价值纠偏的问题。摈除发达国家单边主义的公平贸易政策，关注贸易本身的公平以及多边主义的民主治理应当是未来发展的必然趋势。例如，中国与东盟共建 21

世纪海上丝绸之路的法律机制，因其机制体现了“亲、诚、惠、容”的合作思路，为公平贸易多边合作的典范。[44] 未来的公平贸易政策、理论不应被束之高阁，而是应进行符合国际公平与正义的法治化改造。因此，我们有必要从公平价值的原初出发，思考符合正义标准的公平问题，以确立符合全球贸易治理的公平价值指针。而关于公平问题，罗尔斯所确立的复数正义理论有重要的指导价值，只是在向国际层面扩展时遇到了困难，但具有这种可能性，而哈贝马斯的商谈正义对其具有重要的补充作用。通过国际法的全球治理体系之中，托马斯·弗兰克提出的作为正当性的“程序公平”（也称“形式公平”）与作为分配正义的“实质公平”（也称“社会公平”或“结果公平”）的划分因其指向清晰、涵盖清楚，可以作为全球贸易治理公平价值的基本逻辑框架。

---

44 李人达、邹立刚：《中国—东盟共建新海上丝绸之路法律机制研究》，载《中国海商法研究》2015年第3期。

证券市场先行赔付主体的法律界定

郭艳芳*

【内容提要】 2019 年修订的《证券法》从法律层面确认的证券市场先行赔付制度，作为我国证券市场实践摸索的创新范例，其设立的“投资者专项基金”与美国确立的“公平基金”，都是以“一案一设”的“专项基金”模式用于对受损适格投资者的先行赔付。对公平基金在立法与实践中对符合条件的“任何人”都可以作为赔付主体入手，结合我国证券市场先行赔付主体在立法与实践中受限的先行赔付主体范围，发现赔付主体的“先行”内涵界定不清，先行赔付主体追偿权的落实没有得到法律保障，成为制约我国证券市场先行赔付主体能够主动承担先行赔偿的重要因素。通过按份赔偿与明确职责两个方面进行对先行赔付主体的界定进行考虑，先行赔付主体界定的准确性直接决定着可以排除通过赋予先行赔付主体“享有”的追偿权来完成对受损适格投资者的赔偿问题。

【关键词】 先行赔付主体　受损适格投资者　公平基金　追偿权

2019 年 12 月 28 日，由第十三届全国人大常委会第十五次会议修订通过的《证券法》正式确定了证券市场先行赔付制度。证券市场先行赔付是在平衡各自主体利益冲突的基础上探索出来的一种解决受损投资者民事损害赔偿的纠纷解决机制。如何使先行赔付主体能够主动承担起对受损适格投资者的先行赔付，是开展证券市场先行赔付工作面临的首要问题。如果没有主动担负起先行赔付

---

* 郭艳芳——贵州师范大学副教授，厦门大学法学院博士研究生。主要研究领域：金融法、经济法。本文系国家社会科学基金项目“新发展理念下中国金融机构社会责任立法问题研究”（17BFX009）、中央高校基本科研业务费专项资金资助项目“防范系统性金融风险背景下中国金融市场法律治理创新的重大问题研究”（项目编号：20720191064）阶段性成果。

功能的先行赔付主体的存在，受损适格投资者能够及时、高效地获得赔偿也将是空谈。可以说，证券市场先行赔付主体的法律界定是决定受损适格投资者是否能够及时获得赔偿的关键，也直接关系到证券市场先行赔付制度是否能够得以有效实施。

不同的法律，虽然在实际适用的方式上不尽相同，但是对类似的问题，往往采取同样或者十分类似的解决办法。[1] 我国《证券法》从法律层面正式确定的证券市场先行赔付制度，在对受损适格投资者进行赔偿时设立的“投资者利益补偿专项基金”（以下简称投资者专项基金）与美国确立的“公平基金”，都是以“一案一设”的“专项基金”模式用于对受损适格投资者进行先行赔付。唯独存在差异的是，美国确立的“一案一设”的“公平基金”与我国确立的“一案一设”的“投资者专项基金”的资金来源不同。鉴于美国 2002 年通过的《萨班斯－奥克斯利法案》（以下简称《萨班斯法案》）就已经明确公平基金制度，[2] 而我国现行《证券法》从 2020 年 3 月才正式施行，其中在该证券法律中规定的证券市场先行赔付制度也才得以被法律认可。故而，在《证券法》得以施行的伊始阶段，以及我国日前仅发生 3 起先行赔付案例，如此需要证券立法的释义与实践检视的紧急场景下，笔者认为有必要结合美国早已经确立并且已经发展成熟的公平基金制度，深入我国证券市场发展背景，展开对我国《证券法》关于证券市场先行赔付主体的法律界定的研究，以便能够促使被确认的证券市场先行赔付制度真正发挥对遭受损失的投资者救济的功能，避免该制度被束之高阁。

一、公平基金制度在立法与实践中对赔付主体的界定

（一）公平基金制度在立法中对赔付主体的界定

《萨班斯法案》正式确立了公平基金制度。该制度作为一项证券执法中的公共补偿手段，离不开 SEC 在该制度中发挥的重要作用。SEC 通过制定涉案设立的公平基金分配方案，最终将对证券欺诈行为主体追缴的违法所得、民事罚款、和解金以组成“基金”的形式对遭受损失的投资者进行补偿。可以说，该制度中对受损投资者进行补偿的先行赔付主体，与证券欺诈行为主体紧密相关。

《萨班斯法案》第 807（a）节并没有指定具体的证券违法行为，而是概括性地为证券市场上几乎所有的欺诈行为规定了严厉的法律责任。该条款规定：

---

1 ［德］K. 茨威格特，H. 克茨著：《比较法总论》，潘汉典等译，法律出版社 2003 年版，第 54 页。

2 参见《萨班斯－奥克斯利法案》第 308 条。

“任何人如果有意实施或者意图实施一项骗术，以欺诈任何其他人并与任何证券相关，或者通过虚伪或者欺诈性的伪装、陈述或者承诺，取得任何金钱或财产并与任何证券的买卖相关，均应依照本节规定处以罚款。”可以看出，《萨班斯法案》第807（a）（1）节强调的违法行为只需“与证券相关”就要承担责任，在一定程度上扩大了10（b）-5规则中“与证券买卖相关”的责任构成的违法行为的解释。[3]通过《萨班斯法案》第807（a）节对证券欺诈行为主体的概括性规定，可以看出对证券欺诈行为主体范围并没有严格限制，可以说，只要符合非法活动采用的欺骗性手段等前置性的条件，“任何人”都可以成为公平基金制度中主张的对受损投资者进行补偿的最终赔付主体。

（二）公平基金制度在实践中对赔付主体的界定

美国涉案成立的公平基金，除了对发行人、上市公司进行直接处罚，还会对发行人、上市公司的高管、投资银行、会计师事务所等进行直接的行政罚没款处罚，直到2013年在62.6%的公平基金案件中，个人或者第三方都被列入接受行政罚没款的证券违法行为主体当中。[4] SEC v. WorldCom Inc 案作为美国首个设立的公平基金用于分配给受损适格投资者的案件，根据1933年《证券法》第20（d）条和1934年《证券交易法》第21（d）条规定，SEC对其中涉案的违法责任主体施加的民事罚款，不只把上市公司或者上市公司的高级管理人员以及相关的证券公司、证券服务机构作为证券民事赔偿责任主体进行对受损适格投资者的赔偿，也把证券服务机构的直接或者相关责任人列入对受损适格投资者进行证券民事赔偿的主体范围。[5]例如，SEC除向WorldCom及其高级管理人员追缴证券违法所得和处以民事罚款外，同时还对前世通公司4名雇员主计长戴维·迈尔斯、总会计师布福德、总会计部前会计师贝蒂·文森和特洛伊·诺曼德提起诉讼。[6]

SEC针对美国基金公司American International Group（以下简称AIG）从2001年至2003年，未及时向投资者披露特定利益冲突、对某些交易未能准确披露交易目的的真实性以及AIG独立审计师的虚假陈述等情形，以SEC作为原告

---

3 Swanson, Carol B, *Insider Trading Madness: Rule 10b5-1 and the Death of Scienter*, University of Kansas Law Review, 2003: 167-168.

4 杨文尧天、何海峰：《投资者公平基金的制度功能与运作机制》，载中国金融服务法治微网，http://www.sohu.com/a/332556611_750296，最后访问于2019年10月4日。

5 UNITED STATES DISTRICT COURTSOUTHERN DISTRICT OF NEW YORK Civ No. 02-CV-4963 (JSR).

6 SEC v. WorldCom Inc., Civil Action No. 02-CV-4963 (SDNY) (JSR).

向AIG提起诉讼，AIG基金公司不仅将支付超过16亿美元的和解金，以解决公司与会计事务所合谋的虚假陈述，投标操纵和涉及受损投资者补偿金有关的索赔，SEC对AIG基金公司还处以民事罚金，将其分配给受损的投资者。[7]此外，戴尔公司（以下简称戴尔）及其现任和前任高管违反美国证券立法，其中包括未能向投资者披露重大信息，并使用欺诈性会计手段错误地表明戴尔达到的盈利目标，[8]根据SEC提出的公平基金分配方案，经过法院的批准，将对戴尔及其现任与前任高管以及其他涉及证券市场违法行为的主体缴纳的罚没款纳入“戴尔公平基金”用来分配给遭受损失的适格投资者。

上述案例，受损的投资者在提起证券集团诉讼获得赔偿的同时并不影响其从公平基中获得补偿的权利，而且只要违反美国1933年《证券法》或者1934年《证券交易法》，构成证券市场违法责任主体，都需要按照自身的过错交纳民事罚款或者返还违法所得，作为公平基金主要的资金来源用于承担受损投资者实际的民事赔偿。可以看出，虽然从公平基金拨款用于赔偿受损投资者时，与其对应的支付主体是SEC，但是美国SEC将设立的公平基金用于分配给受损的适格投资者，对其基金资金来源的罚没款除来自欺诈行为的公司外，公司的高级管理人员、投资银行、会计师事务所及其其他直接负责人员也都可以成为基金资金来源的主体，即上述主体都构成涉案成立的公平基金的资金来源的最终赔付主体。

二、我国证券市场先行赔付在立法与实践中对赔付主体的界定

（一）我国证券市场先行赔付在实践中对赔付主体的界定

截至目前，从我国发生的三起先行赔付案件来看，万福生科先行赔付案中，平安证券作为万福生科公司首次公开发行并在创业板上市的保荐人，以自有资金出资3亿元人民币设立“投资者专项基金”，用于先行赔偿因万福生科虚假陈述而遭受投资损失的适格投资者。[9]欣泰电气先行赔付案中，兴业证券作为欣泰电气公司首次公开发行并在创业板上市的保荐人，以自有资金出资5.5亿元人民币设立“投资者专项基金”，用于先行赔付因欣泰电气欺诈发行而遭受投资损

---

7 SECURITIES AND EXCHANGE COMMISSION V. AMERICAN INTERNATIONAL GROUP, INC., Case No. 06 CV 1000 (S. D. N. Y.).

8 《Dell SEC Fair Fund》，载GCG网站，http://www.dellsecsettlement.com/，最后访问于2020年2月1日。

9 平安证券：《关于设立万福生科事件投资者补偿基金公告的问答》，载新浪财经网，http://finance.sina.com.cn/stock/y/20130510/165215422771.shtml，最后访问于2020年5月3日。

失的适格投资者。深圳海联讯先行赔付案中，海联讯的四大控股股东及其他主要股东，以自有资金出资 2 亿元人民币设立“投资者专项基金”，用于先行赔偿因海联讯虚假陈述而遭受投资损失的适格投资者。[10] 可以看出，上述三起发生在我国的证券市场先行赔付案例，主要是把发行人的控股股东及其保荐人作为先行赔付的主体。

（二）我国证券市场先行赔付在立法中对赔付主体的界定

在股票发行注册制改革背景下，为了强化证券保荐机构“荐而不保”的民事赔偿责任承担，证监会公布了《公开发行证券的公司信息披露内容与格式准则第 1 号——招股说明书（2015 年修订)》，其中以“先行赔偿”的描述性规定，对保荐人在招股说明书扉页上作出先行赔付承诺的要求，否则将因招股说明书中没有载明此项必载事项而面临无法顺利上市的风险。理论上讲证券市场上实施欺诈发行、虚假陈述的法定责任主体都可以自愿成为证券市场先行赔付主体。[11] 我国《证券法》第 85 条、第 163 条以及《最高人民法院关于审理证券市场因虚假陈述引发的民事赔偿案件的若干规定》的第 7 条，都对虚假陈述的法定责任主体范围进行了规定，特别是《最高人民法院关于审理证券市场因虚假陈述引发的民事赔偿案件的若干规定》中更是从兜底性的条款规定了比现行《证券法》更为广泛的虚假陈述法定责任主体范围，但立法至多只能解决一部分问题，无法顾及全部的问题。[12]

从 2015 年提交全国人大常委会的《证券法》（修订草案一审稿）关于先行赔付主体范围的文本规定，除发行人的控股股东、实际控制人、相关的证券公司以及证券服务机构外，投资者保护机构也被列入其中，到 2017 年提交全国人大常委会的《证券法》（修订草案二审稿），再到 2019 年提交全国人大常委会的《证券法》（修订草案三审稿）关于先行赔付主体范围的文本规定，只将发行人的控股股东、实际控制人、相关的证券公司以及证券服务机构外列入其中，投资者保护机构被排除在先行赔付主体范围，基本上把发行人的控股股东、实际控制人、相关的证券公司以及证券服务机构列为可以作为先行赔付的主体已是大势所趋。然而，《证券法》第 93 条在正式确定了证券市场先行赔付制度的同时，将证券服务机构排除在先行赔付主体范围之外，发行人的控股股东、实际

---

10 《深圳海联讯科技股份有限公司股东章锋、孔飙、邢文飚、杨德广关于设立海联讯虚假陈述事件投资者利益补偿专项基金的公告》问答，载中国结算网，http：//www. chinaclear. cn/zdjs/fxjs1/201409/d44a210038ae47718674aa29473897d0. shtml，最后访问于 2020 年 3 月 3 日。

11 肖宇、黄辉：《证券市场先行赔付：法理辨析与制度构建》，载《法学》2019 年第 8 期。

12 Weidenbaum，Murrayl：Business，Government and the Public，Prentice－HallPress，1977：15.

控制人、相关的证券公司被法律层面明确规定为可以作为先行赔付的主体。可以看出，证券市场先行赔付主体的确定是《证券法》在确定证券市场先行赔付制度的过程中，极为关注并具有争议的问题之一。

三、我国证券市场法定先行赔付主体身处的困境

（一）赔付主体“先行”的内涵定位不清

发生在我国的万福生科先行赔付案与海联讯先行赔付案，分别作为先行赔付主体的保荐人或者发行人的大股东在发行人受到行政处罚之前成立“投资者专项基金”用于对受损适格投资者的赔偿，而欣泰电气先行赔付案，作为先行赔付主体的保荐人是在发行人受到行政处罚之后成立“投资者专项基金”用于对受损适格投资者的赔偿。我国在解决证券民事赔偿纠纷时采取的证券市场先行赔付模式，从宏观层面来讲，主要是为了区别于采用诉讼模式解决的证券民事赔偿纠纷，“先行”旨在从对因发行人实施的欺诈、虚假陈述或者其他重大违法行为而遭受损失的适格投资者进行及时、有效的赔偿的角度考虑。这有别于在我国证券市场“重行（刑）轻民”的法治环境下，以往证券违法行为主体在上缴行政罚款或者刑事罚金之后，面对庞大的受损投资者数量，已经无力承担受损适格投资者的全部实际损失。而对于受损的适格投资者来说，证券违法行为被揭露，严密的事前监管和事中监管已无力回天，事后监管也只能对违法行为主体构成一定的威慑，无法有效弥补投资者的现实损失，某种程度上，比起来自证券监督管理机构或者司法机关对证券违法行为主体的行政处罚或者刑事责任的追究，受损适格投资者从证券违法行为对其造成的实际损失能够得到有效弥补更为重要。[13] 此时，在证券市场上采取的“先行”赔付用来解决证券民事赔偿纠纷，不仅弥补了证券民事赔偿诉讼运行中的缺陷，最为重要的是还提高了投资者获得证券民事赔偿的效率。故而，这是笔者从宏观层面对“先行”的内涵厘定。

此外，虽然《证券法》对发行人的控股股东、实际控制人以及相关的证券公司因发行人实施的欺诈发行或者虚假陈述或者其他重大证券违法行为造成投资者损失而应当承担过错推定的责任，减轻了受损适格投资者的举证责任，但是现行《证券法》并没有明文规定先行赔付主体以自身存在过错为前提，这意味着作为先行赔付主体的发行人的控股股东、实际控制人、相关的证券公司不

---

13 Mclean RD, Zhang TY & Zhao MX, *Why Does the Law Matter? Investor Protection and Its Effects on Investment*, Finance, and Growth, The Journal of Finance, 2012, p. 313.

能以自身没有过错为由拒绝履行对受损适格投资者的先行赔付。基于《证券法》确定的先行赔付制度并非强制性的规定，先行赔付主体又不能以没有过错为由拒绝履行对受损适格投资者的先行赔付，笔者认为，除发行人的控股股东、实际控制人、相关的证券公司三方主体外，在投资者人数相对较少、损失赔付总额规模不大、其他证券服务机构或者相关主体的资金实力雄厚等情形下，法律并没有充足的理由可以排斥其作为证券市场先行赔付的主体。换言之，《证券法》确定的先行赔付制度并非强制性的规定，排除2019年《证券法》修订关于确定先行赔付主体范围的“一波三折”之后，从法律层面确定的发行人的控股股东、实际控制人以及相关的证券公司等先行赔付主体，并没有充足的理由可以排斥证券服务机构或者其他相关主体主动作为证券市场先行赔付主体。鉴于上述理由，可以推断出，立法机关从法律层面确定的先行赔付主体，即发行人的控股股东、实际控制人以及相关的证券公司，要比证券服务机构或者其他相关主体“先行”承担对受损适格投资者的赔偿。故而，这是笔者从微观层面对“先行”的内涵厘定。

然而，在上述宏观层面与微观层面之外，结合《证券法》确定的先行赔付主体范围，即发行人的控股股东、实际控制人以及相关的证券公司，“可以”而非“必须”就遭受损失的适格投资者就赔偿事宜达成和解协议来看，又如何划分发行人的控股股东、实际控制人以及相关的证券公司之间的“先行”呢？在证券市场先行赔付非强制性的规定下，三者主体之间的职责划分与“先行”都尚未确定的情况下，就如“两个和尚挑水喝”，最后“三个和尚没水喝”是一个道理，极大可能会发生先行赔付主体之间的推诿，导致没有哪一方主体能够主动承担对受损适格投资者的先行赔付，这与最初确定证券市场先行赔付制度的目标，即更好地解决证券民事赔偿纠纷、保护投资者的合法权益相背离。

（二）先行赔付主体追偿权的落实没有得到法律保障

通过上文的论述，结合《证券法》第93条的内容，立法者也已经意识到，在证券市场先行赔付非强制性的规定下，如果没有对法定的先行赔付主体进行职责划分或者规定“先行”的顺序，可以通过赋予先行赔付主体享有的追偿权，来促使其“先行”承担对受损适格投资者的赔偿。故而，后续先行赔付主体是否能够向其他证券民事赔偿连带责任主体追偿超过自身应当担负的民事赔偿金，则是证券市场先行赔付主体更为关注的问题。

在万福生科先行赔付案中，平安证券在其向受损适格投资者进行先行赔付之前，已经事先声明保留对万福生科与其他证券民事赔偿连带责任主体的追偿权，来确保自己先行赔付后追偿权的行使以及超额民事赔偿金的落实，可是平安证券作为先行赔付主体建立“投资者专项基金”用于对受损适格投资者的赔偿后，并没有使平安证券通过向其他证券民事赔偿连带责任主体行使追偿权，促使超额民事赔偿金的落实，而最终平安证券对受损适格投资者承担的超额民事赔偿金并没有完全追回。[14] 在欣泰电气先行赔付案中，因发行人的欺诈行为，兴业证券作为证券市场先行赔付主体及时对受损适格投资者进行先行赔偿，不仅没有得到发行人欣泰电气的理解，反而欣泰电气以保荐机构不能只荐不保、没有履行勤勉义务为由，先于兴业证券提起诉讼。[15] 而兴业证券也在完成第一阶段对受损适格投资者的先行赔付后，对欣泰电气、欣泰电气的控股股东及其他证券民事赔偿连带责任主体提起诉讼。同时，一部分因欣泰电气欺诈发行的行为而遭受损失的投资者并没有与兴业证券就赔偿事宜达成协议，而是另行提起诉讼。在兴业证券完成对受损适格投资者的损害赔偿后，即使其他部分证券民事赔偿连带主体承认自身在欣泰电气发行中存在一定的民事赔偿责任，但对兴业证券的先行赔付方案并不完全认同，认为因兴业证券自身原因向受损适格投资者承担的超额民事损害赔偿金应由兴业证券自身承担。可以看出，本来由兴业证券作为先行赔付主体及时对受损适格投资者进行先行赔付是为及时解决证券市场民事侵权纠纷，使证券市场能够快速恢复稳定的发展，但是从实践来看，此举不仅没有及时稳定证券市场，反而发生了涉及证券市场先行赔付相关主体的“诉讼混战”。

综上可以看出，先行赔付主体的担当与先行赔付主体追偿权的落实这两个问题是一环扣一环的，如果立法者从鼓励的角度促使先行赔付主体能够主动地“先行”承担对受损适格投资者的赔偿，至少要排除先行赔付主体的“后顾之忧”，即法律上必须为先行赔付主体提供可以追回超过自身应负担的赔偿金额的保障措施，并且该项措施必须具有可行性。从这一角度出发，法律并没有对其“后顾之忧”提供可靠的保障，才会发生先行赔付主体既没有完全追回超过自身应负担的赔偿金额，又承担了较大的风险责任，还深陷“诉讼混战”的泥沼，为自身带来额外的纷争。

四、重塑我国证券市场先行赔付主体法律界定的构造

据前文所述，先行赔付主体的担当与先行赔付主体追偿权的落实这两个问题是一环扣一环的。虽然从形式上看，我国证券市场先行赔付通过赋予先行赔付主体“享有”对其他连带责任主体追偿的权利，才得以实现在既没有明文规

14　黄帆：《先行赔付细节未定　五方协议引热议》，载《证券时报》2016 年 3 月 4 日。

15　朱邦凌：《招股说明书的股份回购条款不是摆设》，载《证券时报》2017 年 9 月 5 日。

定先行赔付主体以自身存在过错为前提，也没有要求先行赔付主体必须对投资者作出先行赔付的承诺的情形下，以其自有资金“先行”对受损适格投资者承担赔偿责任，但是从先行赔付主体在实践中“实现”追偿的情况来看，并不乐观。然而，如果对受损适格投资者承担证券民事赔偿责任的先行主体的界定这一问题处理得当，那么就不存在先行赔付主体“享有”与“实现”追偿权的问题。

孟德斯鸠曾经提出“有一种制度，不强迫任何人去做法律所不强制他做的事，也不禁止任何人去做法律所许可的事”，[16] 从《证券法》直接确定的先行赔付主体历经“一波三折”的情况来看，《证券法》并没有对证券市场先行赔付作出强制性的规定，必须由哪些人先行承担对受损适格投资者的赔付，意味着没有任何一条法律可以阻止其自愿、主动地实施先行赔付行为。立法者从鼓励的角度倡导相关主体实施先行赔付行为，势必这样看来，先行赔付主体的范围具有广泛性，但是从证券市场先行赔付的概念特征来看，既然是“先行”赔付，那么就有相对于“先行”的“后行”赔付，意味着先行赔付主体的范围不可能囊括所有因发行人实施欺诈发行、虚假陈述或者其他重大违法行为而应当承担证券民事赔偿连带责任的主体。故而，笔者结合既要完善先行赔付主体范围，又要避免先行赔付主体扩大化，使其失去“先行”赔付的意义，展开对先行赔付主体情形的认定分析。

（一）以按份赔偿方式确定的先行赔付主体的法律界定

与“按份赔偿”对应的是“全额赔付”。从我国发生的先行赔付案件来看，都是由作为先行赔付主体的保荐人或者发行人的控股股东以其自有资金全额承担对受损适格投资者的先行赔偿。立法者在坚持确定的证券市场先行赔付制度非强制性的规定下，即从鼓励的角度，并没有排斥证券服务机构或者其他相关主体主动作为证券市场先行赔付的主体，仍旧从法律层面确定资金规模雄厚的发行人的控股股东、实际控制人以及相关的证券公司作为先行赔付主体，或是基于资金规模雄厚的发行人的控股股东、实际控制人以及相关的证券公司可以全额承担对受损适格投资者先行赔偿的考虑。

结合笔者上文从宏观层面对“先行”的内涵厘定，“先行”赔付主要彰显对受损适格投资者的救济功能，旨在从对因发行人实施的欺诈、虚假陈述或者其他重大违法行为而遭受损失的适格投资者进行及时、有效赔偿的角度进行考虑。从此角度而言，受损适格投资者只关注及时、有效地获得赔偿，并没有过

16　［法］孟德斯鸠著：《论法的精神》，张雁深译，商务印书馆 1961 年版，第 154 页。

多在意“先行”赔付的主体由谁担当。根据美国公平基金制度对赔付主体的界定，只要符合非法活动采用的欺骗性手段等前置性的条件，“任何人”都可以成为公平基金制度中主张的对受损适格投资者进行补偿的赔付主体，以及我国法定先行赔付主体可以对其他证券民事赔偿连带责任主体进行追偿的有关规定，为何不按照过错与责任相匹配的原则，排除“全额赔偿”主体只能由资金规模相对比较雄厚的主体可以担当的思维模式，即使资金规模相对并不雄厚的连带责任主体，也可以缴付其应承担的“按份赔偿”的金额，纳入“投资者专项基金”中，用于对受损适格投资者的先行赔付。此处虽然存在因不能确定各方的责任份额而导致连带责任主体缴付其应承担的“按份赔偿”金额存在一定困难的情况，但是证券市场先行赔付模式的实施本就是建立在通过其他鼓励性配套措施才得以落地的基础上，[17] 由先行赔付主体出于成本与效益的考虑才可以主动承担对受损适格投资者的先行赔偿。不管连带责任主体的资金规模如何，只要其需承担对受损适格投资者的证券民事赔偿，在作为先行赔付主体时，即可能面临获得证监会的谅解，使证监会可以对其作出从轻或者减轻的行政处罚，又可能面临在其本应就需承担证券民事赔偿的情形下，还有提升声誉资本或者其他获益的可能。故而，以按份赔偿的视角下，不论其资金规模或者缴付金额大小，只要是依法需承担对受损适格投资者的证券民事赔偿连带责任主体，都可以作为证券市场先行赔付的主体。

（二）先行赔付职责明确的先行赔付主体的界定

我国《民法典》关于对难以确定连带责任主体份额及其大小的情形下的规定，[18] 为笔者研究《证券法》在确定的证券市场先行赔付制度的基础上，没有规定先行赔付主体的赔偿顺序以及具体的职责等问题提供了思路。从我国发生的先行赔付案例来看，证券市场先行赔付主体在受损适格投资者尚未向人民法院提起诉讼之前，就赔偿事宜与受损适格投资者达成协议，进行先行赔偿，这

17　彭冰：《新旧〈证券法〉条文对照与点评（上）》，载北京大学金融法研究中心网，https：//mp. weixin. qq. com/s？ _ biz = MzAwNTEwMzE3Ng = = &mid = 2651777863&idx = 1&sn = f527a1dd6b8322723b70eb04154a8fad&chksm = 80db8060b7ac09763314f179bc71a56b2c531108adb4f1f7283809c0f62cba6689f7e6202ea6&mpshare = 1&scene = 23&srcid = &sharer_ sharetime = 1577926663784&sharer_ shareid = 12c91035178c3941ec4bb03fa4f7ec91，最后访问于2020年2月3日。

18　《民法典》第177条规定：“二人以上依法承担按份责任，能够确定责任大小的，各自承担相应的责任；难以确定责任大小的，平均承担责任。”第178条规定：“二人以上依法承担连带责任的，权利人有权请求部分或者全部连带责任人承担责任。连带责任人的责任份额根据各自责任大小确定；难以确定责任大小的，平均承担责任。实际承担责任超过自己责任份额的连带责任人，有权向其他连带责任人追偿。连带责任，由法律规定或者当事人约定。”

符合我国《民法典》中的自愿原则。[19] 由证券违法行为中的违法行为主体与对其造成损失的适格投资者自愿协商，就赔偿事宜达成协议，这种并不是经过诉讼，而是经由双方当事人就民事权利义务关系进行协商，属于诉讼外的一种和解，在现代社会中属于典型的一种民事纠纷解决方式。[20] 即使在美国，特别是经过公平基金与行政和解相互的配合与协调，SEC 几乎超过 50% 以上的案件在正式进入诉讼阶段前或者行政审裁阶段前，以及在诉讼阶段或者行政审裁阶段进行中被和解。[21]

结合笔者上文从微观层面对“先行”的内涵厘定，虽然立法机关从法律层面确定的先行赔付主体，即发行人的控股股东、实际控制人以及相关的证券公司，要比证券服务机构或者其他相关主体“先行”承担对受损适格投资者的赔偿，但是《证券法》第 93 条将发行人的控股股东、实际控制人、相关的证券公司从法律层面“直接”明确为可以作为先行赔付的主体，既没有明确要求三者是否必须同时参与到同一先行赔付案中，也没有明确否定三者不可以同时参与到同一先行赔付案中。根据先行赔付主体对受损适格投资者赔付后享有的对其他证券民事赔偿连带责任主体的追偿权的法律规定，笔者建议在制定相关的规则或者办法时，可以从鼓励的角度支持同案中的法定先行赔付主体同时参与对受损适格投资者承担先行赔偿。即除发行人的控股股东、实际控制人、相关的证券公司三方主体与受损适格投资者达成一致的某一方暂不作为先行赔付主体的协议外，三者都应当“同时”作为先行赔付主体，参与到具体的先行赔付案件中。同时，除由某一方先行赔付主体主动担负全额先行赔付资金的情形外，发行人的控股股东、实际控制人、相关的证券公司都应当按照被《证券法》赋予的先行赔付主体身份，按照三方协商确定的匹配标准，或者三方未达成协议时，以平均分配的匹配标准同时担负起向受损适格投资者承担的全额先行赔付资金。在充分尊重每个先行赔付主体自愿、主动担负起承担全额先行赔付资金的前提下，每个被《证券法》赋予“法定”先行赔付主体角色的或有责任主体，都离不开其作为先行赔付主体的实际参与与承担先行赔付资金的具体落实。

19　柳经纬：《债权法》，厦门大学出版社 2000 版，第 113 页。

20　赵秀举：《论民事和解协议的纠纷解决机制》，载《现代法学》2017 年第 1 期。

21　赵旭东：《内幕交易民事责任的价值平衡与规则互补——以美国为研究范本，载《比较法研究》2014 年第 2 期。

保荐机构先行赔付的制度优势与协议机制完善进路

——基于对近似立法例的考察

叶嘉敏*

【内容提要】 作为证券虚假陈述侵权损失的替代性赔偿范式，保荐机构先行赔付制度相较其他机制具备赔偿见效迅速、可操作性强等无可比拟的优势。新《证券法》的相关规定存在立法规定冲突、规定笼统等弊端，此类问题的后果在实务中有所凸显。对此当以探究先行赔付协议的法理基础为逻辑起点，以制度的比较研究为进路，从协议协商与执行强制化、受偿投资者范围的合理限缩、协议形成机制与争议解决条款的完善、追偿机制构建方面着手完善。

【关键词】 先行赔付　保荐机构　制度优势　倾斜保护　法理基础

一、证券虚假陈述侵权赔偿中先行赔付的制度优势

在证券市场中，虚假陈述现象屡见不鲜，极大地危害了投资者的合法权益，对此各国纷纷建立了证券虚假陈述侵权赔偿机制，以期对利益相关者尤其是广大中小投资者的合法权益予以充分救济，继而起到挽回投资者对证券业的信心、稳定证券市场运营的功效。具体而言，各国证券虚假陈述侵权救济范式主要包括诉讼赔偿模式、公平基金赔付模式以及先行赔付模式。在我国证券发行制度由核准制更替为注册制之际，如无完善的证券虚假陈述侵权赔偿模式有效震慑

* 叶嘉敏——华东政法大学经济法学院博士研究生，主要研究方向：金融法、经济法、商法，本文为华东政法大学2019年“拔尖创新人才培养计划”的阶段性研究成果。

潜在的虚假陈述侵权行为人，证券虚假陈述现象较以往会更为泛滥，因此虚假陈述侵权赔偿范式的抉择与完善可谓迫在眉睫。

（一）证券虚假陈述侵权赔偿模式综述

1. 不断推陈出新的诉讼赔偿模式

在证券虚假陈述侵权赔偿模式中，诉讼赔偿是最传统亦最普遍的赔偿范式。在证券领域中，传统单独诉讼或共同诉讼模式因当事方力量不对等、赔偿进度低下等因素而很少受到青睐，而改进后的证监会诉讼模式与集团诉讼模式则规避了传统诉讼范式的弊端，可作为我国证券虚假陈述侵权赔偿模式的较优选项进行考察并供抉择。

以证监会直接诉讼为进路进行证券虚假陈述侵权索赔可规避投资者直接诉讼带来的诉讼资源的浪费与时间成本的消耗，采用证监会诉讼模式的代表法域为香港。根据《证券及期货条例》香港证监会拥有规制证券违法行为的权力，2010 年，在“洪良国际”欺诈上市案中，香港证监会首次直接向香港高等法院提起民事诉讼，要求投资者获得证券虚假陈述侵权赔偿，香港高等法院支持了这一诉讼请求。2013 年，在香港证监会就“老虎基金”内幕交易案向香港终审法院提起民事诉讼后，终审法院最终确立了证监会可就证券违法行为直接提起民事诉讼的司法判例。[1]

证券集团诉讼是集团诉讼应用于证件虚假陈述侵权索赔的救济模式，是指当投资者因同一虚假陈述事实而受到侵权损害，其中一人或数人作为投资者的代表未经其他投资者授权即提起民事诉讼，其他投资者可以明示或默示的方式加入诉讼，法院的判决对所有加入诉讼的投资者均有效。[2] 证券集团诉讼发轫于美国，其现行模式为退出制，意即默认所有投资者均接受提起诉讼的投资者的代表，以默示方式加入诉讼，投资者若不愿接受代表，应明示不参加诉讼。[3] 退出制一方面为部分社会上、心理上或智力上处于劣势的投资者提供了便捷的司法救济途径，另一方面可通过一次诉讼使大量小额损害得以救济，实现维权成本低廉化与效率化。[4]

---

1 张保生、朱媛媛：《证券先行赔付制度的定分止争功能与效果的反思——以欣泰电气欺诈发行先行赔付专项基金后续争议为引入》，载《证券法律评论》2018 年刊。

2 参见罗斌：《证券集团诉讼研究——从诉讼运行机制的视角》，复旦大学 2010 年博士学位论文，第 13－14 页。

3 巩海滨、土旭：《证券市场先行赔付制度研究》，载《财经法学》2018 年第 6 期。

4 章武生：《我国证券集团诉讼的模式选择与制度重构》，载《中国法学》2017 年第 2 期。

2. 公权力管制下的公平基金赔付模式

面对证券虚假陈述侵权给投资者带来的巨额损失，美国对证券侵权赔偿模式不断进行探索。随着《证券执法救济与低价股票改革法》《萨班斯－奥克斯利法案》《多德－弗兰克法案》的相继出台，美国“公平基金”赔付模式得以确立并完善。[5]公平基金赔付模式是指美国证券交易委员会（以下简称SEC）向证券市场违法者没收违法所得并处以民事罚金，将之归入“公平基金”中，用以分配给侵权受害人填补损失或奖励违法行为举报人。[6]根据《萨班斯－奥克斯利法案》，公平基金应“一案一设”，遵循专款专用原则，即因某个案件而设立的公平基金只能用于赔偿该案中的受害投资者，基金主要源于SEC向证券市场违法者没收的违法所得、处以的民事罚款及其利息。[7]在美国证券虚假陈述侵权赔偿中，公平基金赔付模式与诉讼赔偿模式并行不悖，投资者可自由选择一种模式予以救济。[8]公平基金赔付模式规避了漫长的诉讼程序，使广大投资者得到及时的救济，但其也因赔偿比例低[9]、存在“循环困境”[10]而遭到诟病。

3. 以市场运行机制为依托的先行赔付模式

在证券虚假陈述侵权赔偿中，传统投资者单独起诉的模式因其耗时长、司法成本高等弊端而广遭诟病。对此，我国证券侵权赔偿实践中出现了先行赔付模式，意即“在证券虚假陈述侵权发生后，需承担侵权责任的部分主体或其他主体向受侵害的投资者进行赔偿，然后可就自身无须承担的部分赔偿额向其他侵权主体追偿”，[11]先行赔付模式赔付效率高、救济充分的特性使之受到市场主体的青睐。迄今为止，在已有的证券虚假陈述侵权案例“万福生科案”“欣泰电

---

5 参见汤欣、谢日曦：《美国证券执法中的公平基金：问题与出路》，载《中国商事争议解决年度观察（2012）》，法律出版社2012年版，第96－104页。

6 邢会强：《内幕交易公平基金制度的构建》，载《证券法律评论》2016年刊。

7 汤欣、谢日曦：《从洪良国际案到证券民事赔偿》，载《证券法苑》2014年第3期。

8 张东昌：《证券市场没收违法所得与民事赔偿责任的制度衔接》，载《证券法苑》2017年第5期。

9 实际上，美国公平基金赔偿投资者损失的比例过低是其遭受质疑的重要因素，如在著名的世通案中，法院估算的参与赔付的投资者损失达到2000亿美元，但最终投资者通过公平基金获赔的损失受偿率仅有5.5%－6%。参见张东昌：《证券市场没收违法所得与民事赔偿责任的制度衔接》，载《证券法苑》2017年第5期。

10 “循环困境”是指证券虚假陈述中实际侵权主体为公司的管理层，但在进行民事处罚时，管理层实际上承担少量责任，大部分责任都由公司承担。尽管公平基金中的民事罚金部分赔付对象为受侵害的投资者，但罚金主要源于公司资产，间接损害的是公司股东权益。因此公平基金中的民事罚金部分可谓以牺牲投资者权益为代价赔偿投资者遭受的侵权损害，对作为侵权对象的投资者而言并不公平。参见巩海滨、王旭：《证券市场先行赔付制度研究》，载《财经法学》2018年第6期。

11 陈洁：《证券市场先期赔付制度的引入及适用》，载《法律适用》2015年第8期。

气案”与“海联讯案”中，受侵害的大部分投资者均以先行赔付的范式接受赔偿（见表1），前两个案例中先行赔付的主体为保荐机构，而“海联讯案”中则由深圳海联讯科技股份有限公司的四名控股股东作为先行赔付的主体。

表1　三例证券虚假陈述侵权先行赔付救济情况

案例	赔付人数		赔付金额	
	人数（人）	占适格受偿投资者比例	金额（元）	占应赔偿总金额比例
“万福生科案”[12]	12756	95.01%	178565084	99.56%
“欣泰电气案”[13]	11727	95.16%	241981273	99.46%
“海联讯案”[14]	9823	95.7%	88827698	98.81%

我国证券虚假陈述侵权赔偿实践中先行赔付模式的见效良好促进了立法的改革，证监会于2015年12月30日发布《公开发行证券的公司信息披露内容与格式准则第1号——招股说明书（2015年修订）》（以下简称《格式准则第1号》），该准则第18条明确规定保荐机构应于招股说明书扉页上载明“因其为发行人首次公开发行股票制作、出具的文件有虚假记载、误导性陈述或者重大遗漏，给投资者造成损失的，将先行赔偿投资者损失”。随后在《证券法》（修订草案二审稿）》中增加了证券虚假陈述侵权先行赔付的相关规定：“因欺诈发行、虚假陈述或者其他重大违法行为给投资者造成损失的，发行人的控股股东、实际控制人、相关的证券经营机构、证券服务机构以及国务院证券监督管理机构认可的投资者保护机构可以就赔偿事宜与投资者达成协议，予以先期赔付。先期赔付后，可以依法向发行人以及其他连带责任人进行追偿”，2019年修订的《证券法》基本保留了二审稿中先行赔付的相关规定。[15]

12　中国证券投资者保护基金有限责任公司：《中国证券投资者保护基金有限责任公司关于万福生科虚假陈述事件投资者利益补偿专项基金的终止公告》，载新浪财经网，http://finance.sina.com.cn/stock/t/20130711/005916082474.shtml，最后访问于2020年6月7日。

13　徐昭：《欣泰电气欺诈发行先行赔付专项基金终止》，载中证网，http://www.cs.com.cn/xwzx/201711/t20171109_5560920.html，最后访问于2020年6月7日。

14　中国证券投资者保护基金有限责任公司：《中国证券投资者保护基金有限责任公司关于海联讯虚假陈述事件投资者利益补偿专项基金的终止公告》，载和讯股票网，http://stock.hexun.com/2014-09-19/168632682.html，最后访问于2020年6月7日。

15　《证券法》第93条：“发行人因欺诈发行、虚假陈述或者其他重大违法行为给投资者造成损失的，发行人的控股股东、实际控制人、相关的证券公司可以委托投资者保护机构，就赔偿事宜与受到损失的投资者达成协议，予以先行赔付。先行赔付后，可以依法向发行人以及其他连带责任人追偿。”

（二）证券虚假陈述侵权赔偿模式效果对比与抉择

在各类证券虚假陈述侵权赔偿模式中，诉讼赔偿制度尽管经过改良发展出证监会诉讼模式与集团诉讼模式，但依然存在赔偿进度缓慢的弊端，诉讼成本尽管有所下降但依旧高昂。而公平基金赔付模式则规避了漫长的诉讼程序，但其又出现损害赔付比例低、民事处罚中“循环困境”的怪圈。反观先行赔付模式，对投资者合法权益的维护可谓全面而迅捷，在受害投资者救济方面，它不仅汲取了公平基金赔付模式规避诉讼程序的有益经验，而且确立了广泛的先行赔付主体，[16]这些主体尤其是保荐机构资金雄厚，可以实现对投资者的充分救济，“万福生科案”“欣泰电气案”与“海联讯案”中先行赔付的救济情况便是明证（见表1）。

此外，在证券虚假陈述侵权赔付中，如采取先行赔付的投资者救济进路，一方面可以稳定投资者及同业经营者的情绪，使证券市场恢复正常运营，[17]另外通过使受害投资者得到充分救济，极大地化解社会矛盾，有效降低群体性事件发生的概率；[18]另一方面在证券市场推动发行注册制改革试点的趋势下，先行赔付模式能够有力促使保荐机构履行勤勉尽责义务，进而从源头上减少证券虚假陈述侵权案件的发生。事实上，除了证券市场，先行赔付模式在其他领域有较多应用（见表2），并取得了良好的社会效果。因此，在证券虚假陈述侵权救济的模式抉择中，先行赔付范式应为一种较优的选择。

表2　先行赔付模式在部分其他领域侵权赔偿中的应用

先行赔付模式应用的领域	相关法条
消费者侵权赔偿	《消费者权益保护法》第40条：“……消费者或者其他受害人因商品缺陷造成人身、财产损害的，可以向销售者要求赔偿，也可以向生产者要求赔偿。属于生产者责任的，销售者赔偿后，有权向生产者追偿。属于销售者责任的，生产者赔偿后，有权向销售者追偿……” 《消费者权益保护法》第43条：“消费者在展销会、租赁柜台购买商品或者接受服务，其合法权益受到损害的，可以向销售者或者服务者要求赔偿。展销会结束或者柜台租赁期满后，也可以向展销会的举办者、柜台的出租者要求赔偿。展销会的举办者、柜台的出租者赔偿后，有权向销售者或者服务者追偿。”

16　就《证券法》的相关规定而言，证券虚假陈述侵权先行赔付的主体包括发行人的控股股东、实际控制人、相关的证券公司与证券服务机构。

17　陈洁：《证券市场先期赔付制度的引入及适用》，载《法律适用》2015年第8期。

18　巩海滨、王旭：《证券市场先行赔付制度研究》，载《财经法学》2018年第6期。

续表

医疗侵权赔偿	《民法典》第1223条："因药品、消毒产品、医疗器械的缺陷，或者输入不合格的血液造成患者损害的，患者可以向药品上市许可持有人、生产者、血液提供机构请求赔偿，也可以向医疗机构请求赔偿。患者向医疗机构请求赔偿的，医疗机构赔偿后，有权向负有责任的药品上市许可持有人、生产者、血液提供机构追偿。"
交通侵权赔偿	《道路交通安全法》第75条："……抢救费用超过责任限额的，未参加机动车第三者责任强制保险或者肇事后逃逸的，由道路交通事故社会救助基金先行垫付部分或者全部抢救费用，道路交通事故社会救助基金管理机构有权向交通事故责任人追偿。"

二、现行立法与实务视域下保荐机构先行赔付协议机制存在的弊端剖析

（一）以保荐机构先行赔付协议为研究对象的原因

在证券虚假陈述侵权先行赔付制度中，保荐机构是极为重要的先行赔付主体。以新《证券法》中的规定而言，先行赔付主体包括发行人的控股股东、实际控制人、相关的证券公司与证券服务机构，保荐机构作为资金最为雄厚的证券公司之一，先行赔付制度的目的能否实现很大程度上取决于保荐机构先行赔付制度的运行效果。事实上，目前实务中出现的三例证券虚假陈述侵权先行赔付案件中有两例的赔付主体为保荐机构，且都对受害投资者进行了充分救济。因此，保荐机构先行赔付的运行可谓先行赔付制度的重中之重，对先行赔付制度研究的重点当为保荐机构先行赔付制度，此外，保荐机构先行赔付制度亦为先行赔付制度的缩影，对保荐机构先行赔付制度的研究具有很强的代表性。

在保荐机构先行赔付制度中，先行赔付协议的构建与完善当为重中之重。然而学界对保荐机构先行赔付制度的研究多集中于先行赔付的金额计算范式、先行赔付制度运行的资金保障与外部监督、先行赔付制度运行的效率提升，却对先行赔付制度的基础问题——先行赔付协议的构建很少涉及。事实上，无论是现行立法抑或实务中，保荐机构先行赔付协议都存在一系列问题，亟待完善。

（二）保荐机构先行赔付协议机制的立法与实践检视

目前关于保荐机构先行赔付协议的立法规定主要集中于《格式准则第1号》第18条与《证券法》第93条，二者的规定在协议的适用条件与协议制定的强制性方面并不一致，此外对协议在向其他侵权人追偿中的应用并没有明确规定。

而从“万福生科案”与“欣泰电气案”的相关实践来看，保荐机构先行赔付协议的现实运用存在协议的相对方不明确、协议的相对方并未充分参与协议的制定、协议在追偿中的效力不明等缺陷（见表3），对于这些弊端立法均未予以回应。立法与实践中出现的这些问题均涉及受害投资者、保荐机构与其他侵权人的重大权益，亟须加以解决。

表3　保荐机构先行赔付协议机制的实践检视

	“万福生科案”	“欣泰电气案”
订立时间点	行政处罚前	行政处罚后
签订对象	所有证券虚假陈述侵权受害者	排除三类主体：（1）欺诈发行责任方、首次公开发行前持股者及关联人；（2）欣泰电气公司大股东及其董监高增持购入股票的；（3）政策性增持购入股票的
内容协商情况	赔付金额的计算方式、赔付方式等内容均进行了公示，但投资者未参与听证且无法提出异议	
协议履行争议情况	经公开渠道检索，未见有投资者向保荐机构及其他责任人提起诉讼	协议履行后，陆续有投资者向保荐机构及其他责任人提起赔偿诉讼，并针对协议内容提出异议，但福州市中院完全支持了协议赔付标准
争议解决条款	签订对象一旦接受赔付履行，不得撤销，不得向保荐机构及其他责任人提起诉讼	
协议在追偿中的应用情况	万福生科认可平安证券的先行赔付协议方案，接受平安证券的追偿方案	欣泰电气等责任方认为兴业证券先行赔付金额远超其应承担部分，不接受兴业证券的追偿方案，故兴业证券将其诉至法院

三、保荐机构先行赔付协议的法理探析

立法与实践中保荐机构先行赔付协议出现大量缺陷与不一做法绝非偶然，这些乱象的根源在于立法者与实务人员对先行赔付协议的法理基础并不明晰。要想根治此类弊端，当从探究保荐机构先行赔付协议产生的法理基础着手，以剖析保荐机构先行赔付的逻辑理路为进路，进而对保荐机构先行赔付协议机制进行完善。

（一）保荐机构先行赔付协议的法理基础

保荐机构先行赔付协议，究其本质是追求民事责任最终承担与实际承担过

程之间平衡的产物。[19] 从功能主义进路而言，保荐机构先行赔付机制的诞生是社会经济发展的要求。传统以过错责任为归责原则的侵权责任机制之所以能延续数世纪之久，一方面固然有道德支持与逻辑论证的考量，另一方面也与其社会发展的要求密不可分。反观当今社会，传统侵权责任机制已无法满足经济发展的需求，更无法满足民众的法情感、正义观的诉求，故而出现过错推定责任、无过错责任机制，也出现了责任保险、赔偿基金等损害分摊机制。而先行赔付机制作为一种新型民事责任承担机制，其对民事责任实际承担过程的重新安排亦为社会经济发展的要求，保荐机构先行赔付协议机制基于快速救济受害投资者、稳定证券市场、督促保荐机构履行勤勉尽责义务等考量应运而生。

从规范主义进路而言，保荐机构先行赔付机制也是保荐机构履行社会责任的体现。投资者尤其是中小投资者既是资本市场的基石，又是资本市场的弱势群体，需要对其合法权益进行重点保护；同时证券市场的稳定极为重要，在出现证券虚假陈述侵权事件后，证券市场往往会出现大幅波动，亟须及时稳定。而这些难题是传统私法规则无法解决的，这就需要引入市场监管的经济法理念，对市场主体课以适当的社会责任。一方面保荐机构作为投资者与证券发行人的中介，客观上造成了投资者与发行人间的信息不对称，可使其承担一定的社会责任以治理信息不对称带来的负外部性，另一方面保荐机构的营利模式与证券虚假陈述的风险密不可分，保荐机构具备雄厚的资金，对及时救济受害投资者、稳定证券市场能发挥巨大功用，因此需对其课以合适的治理义务，而先行赔付机制恰好能实现保荐机构的治理目标。

（二）保荐机构先行赔付协议的逻辑理路

要想对保荐机构先行赔付协议机制进行完善，首要之义是准确厘定其逻辑进路，亦即界定先行赔付协议的适用条件并解析其架构，使之与现行民法体系相印合。

从《格式准则第 1 号》第 18 条与《证券法》第 93 条的相关规定来看，无论保荐机构在证券虚假陈述侵权事件中是否存有过错，先行赔付协议均可予以适用，这看似与保荐机构在证券虚假陈述侵权中承担的过错责任相悖，但实际上先行赔付协议适用的无过错原则是损害实际承担过程的规则，而保荐机构承担的过错侵权责任是损害最终承担的规则，二者的分野恰好回应了先行赔付机制功能主义与规范主义的法理考量。事实上，在其他领域先行赔付模式的应用中，也大多遵循无过错原则。

---

19 陈洁：《证券市场先期赔付制度的引入及适用》，载《法律适用》2015 年第 8 期。

在保荐机构先行赔付中，实际承担损害过程与最终承担损害遵循的归责原则不同直接影响了先行赔付协议机制解释的逻辑进路，保荐机构在证券虚假陈述侵权事件中是否存有过错是先行赔付协议机制民法解释方式的分野。

当保荐机构在证券虚假陈述侵权中存有过错时，其需对受害投资者承担侵权责任，即保荐机构需与其他侵权人向受害投资者承担连带责任。此时若保荐机构与受害投资者签订先行赔付协议，实则是将侵权人与受害投资者间的侵权之债变更为保荐机构与受害投资者间的合同之债，其中先行赔付协议的合同之债的标的并非简单的侵权赔偿金的给付，这一合同之债实质上为保荐机构与受害投资者间的和解。尽管其标的物即给付的金额是依据侵权赔偿额的计算方式得出的，但一方面保荐机构先行赔付并未经过严格的诉讼程序，在短时间内很难计算出准确的侵权赔偿额，事实上在欣泰电气案中正是因为不少投资者认为先行赔付协议的给付金额与侵权赔偿额之间差距不小，他们才选择诉诸法院谋取侵权救济；另一方面保荐机构很可能出于修复商誉、求得投资者谅解或谋得较轻行政处罚的考量使先行赔付金额略高于侵权赔偿额，[20]"事实上无论是万福生科案还是欣泰电气案其先行赔付标准都要高于司法认定标准"。[21]保荐机构一经向受害投资者履行先行赔付，受害投资者向侵权人的赔付请求权即告消灭，但保荐机构基于侵权法律关系对其他侵权人享有追偿权，追偿金额以被追偿侵权人应赔偿金额为限。

而若保荐机构在证券虚假陈述侵权事件中并无过错时，其无须承担侵权责任。此时若保荐机构与受害投资者签订先行赔付协议，协议性质是由侵权责任人以外的第三人向受害投资者清偿侵权之债，但由于侵权赔偿金额在短时间内难以精确计量，加之保荐机构出于规避与投资者间争端的考量赔付标准可能会略高于司法标准，因此尽管先行赔付协议履行后侵权人与受害投资者间的侵权之债就此消灭，但保荐机构较司法机关厘定的侵权赔偿额多赔或少赔的部分由保荐机构或投资者自行承担。保荐机构履行先行赔付协议后即取得对侵权责任人的追偿权，追偿金额以侵权责任人应承担的侵权赔偿额为限。

综上，在保荐机构先行赔付协议机制中，无论保荐机构在证券虚假陈述侵权中是否存有过错，保荐机构向受害投资者赔付的金额并非仅为侵权赔偿额，其在与受害投资者签订先行赔付协议并履行之后都对侵权责任人享有追偿权，追偿金额以侵权责任人应给付的侵权赔偿额为限。

---

20 叶林、王湘淳：《我国证券示范判决机制的生成路径》，载《扬州大学学报（人文社会科学版）》2020年第2期。

21 巩海滨、王旭：《证券市场先行赔付制度研究》，载《财经法学》2018年第6期。

（三）保荐机构先行赔付协议机制的完善方针遴选

如能在现行民法体系中觅得保荐机构先行赔付协议机制的对应制度，那对于完善保荐机构先行赔付协议可谓便捷不少。目前学界对保荐机构先行赔付协议机制存有“代理说”，即认为保荐机构先行赔付协议机制可用代理制度加以解释。[22]

在“代理说”的视域下，保荐机构是侵权责任方的法定代理人，保荐机构先行赔付是作为代理人的保荐机构向受害投资者进行损害赔偿的法律行为，其法律效果直接约束受害投资者与作为被代理人的侵权责任人，意即损害赔偿的标准与数额是侵权责任人拟定的，损害赔偿金最终由侵权责任人支付，如若保荐机构超越损害赔偿的标准对受害投资者予以救济则越权部分构成无权代理，多支付的赔偿金由保荐机构自行承担。“代理说”在形式上虽然符合保荐机构先行赔付协议的逻辑进路，但实质上却与保荐机构先行赔付的内在法理背道而驰，一方面，“代理说”认为保荐机构是侵权责任方的法定代理人，可事实上若保荐机构亦为侵权责任方，其便为自己的法定代理人，岂不荒谬？另一方面，保荐机构若为侵权责任方的法定代理人，则实际赔偿的执行均应由保荐机构完成，若先行赔付协议因其内容不为受害投资者接受而无法订立，受害投资者向侵权责任人要求赔偿时侵权责任人的赔偿依然由保荐机构代理，则并无必要且与事实相悖。此外，保荐机构与受害投资者签订先行赔付协议时，保荐机构实质参与了协议内容的拟定，先行赔付协议是保荐机构与受害投资者意思自治的结果而非侵权责任人与受害投资者意思自治的产物，事实上，先行赔付的金额并非机械适用侵权赔偿计算范式的结果，其还夹杂了保荐机构寻求声誉恢复、投资者谅解及行政处罚减轻等考量，这些考量是必然的，因此无法用代理制度加以解释。综上，“代理说”并不能适用先行赔付协议机制。

在现行民法体系中未寻到合适的制度对保荐机构先行赔付协议机制予以解释并适用的情形下，只能寻求抽象的证券法原则对保荐机构先行赔付协议机制进行指导完善，指导完善的原则应结合保荐机构先行赔付协议的法理基础进行遴选。

在证券虚假陈述侵权赔偿中，保荐机构先行赔付模式是基于快速救济受害投资者、稳定证券市场、促进保荐机构社会责任履行等考量的产物，相应的保荐机构先行赔付协议的完善也应在快速有效赔付投资者与合理适当进行赔付以

---

22 张清、叶嘉敏：《包容性法治理念的核心要素与实践理路》，载《扬州大学学报（人文社会科学版）》2020 年第 3 期。

不给保荐机构增添过多负担之间寻求平衡。为了在倾斜保护投资者合法权益的方针下实现投资者、保荐机构与其他侵权责任人间权益的平衡，可引入公开公平公正原则、及时高效原则与合理性原则对保荐机构先行赔付协议机制进行指导完善。公开公平公正原则是证券法的一项基本原则，在保荐机构先行赔付的语境下是指保荐机构先行赔付协议制定的过程应向社会公众公开，接受广大投资者的监督，协议应为保荐机构与受害投资者充分协商后的产物，受害投资者如不接受先行赔付协议，应允许其寻求别的方法诉诸救济；及时高效原则在证券投资者救济中是一项重要原则，在保荐机构先行赔付的视域下是指先行赔付协议一经签订应尽快得到履行，保荐机构先行赔付后应尽快得到追偿以确保保荐机构的合法权益；至于合理性原则在整个行政法中都有充分的应用，其要求制度的设计在达到目的的同时不可过分侵犯市场主体的合法权益，合理性原则与保荐机构先行赔付机制在倾斜保护受害投资者的前提下追求各方主体利益平衡的理念可谓不谋而合，合理性原则要求只有在确定证券虚假陈述侵权存在的情况下才存有保荐机构先行赔付适用的余地，保荐机构先行赔付的对象应为真正需要得到及时救济的受害投资者类型。

四、制度比较视域下保荐机构先行赔付协议机制的完善路径抉择

针对保荐机构先行赔付协议在立法与实践中凸显的种种弊端，当以保荐机构先行赔付协议的逻辑进路为依托，在先行赔付基本原则的指导下对协议机制各环节的缺陷予以完善。对此可借鉴域外相似制度与国内类似制度的有益经验，进行比较筛选，将规范分析法与制度比较研究有机结合，以求实现保荐机构先行赔付协议机制的完善。具体而言，应从保荐机构先行赔付协议的执行力、签订协议的受害投资者范围、协议当事人合法权益的维护、协议在保荐机构追偿中的效力，从这些方面着手进行完善。

（一）顶层设计——保荐机构先行赔付协商与协议执行的强制化

关于保荐机构先行赔付协议的适用，《格式准则第1号》第18条规定先行赔付协议是强制适用的，意即证券虚假陈述侵权一经发生，保荐机构就必须与受害投资者磋商进行先行赔付协议的订立，反观《证券法》第93条则将先行赔付协议视为保荐机构与受害投资者间意思自治的产物，并未将先行赔付协议的磋商订立强制化。保荐机构就先行赔付与受害投资者进行协商到底该交由市场主体自主决定还是应通过立法予以强制化，应通过考察先行赔付机制的法理基础再予以定论。保荐机构先行赔付机制的诞生一方面是基于快速有效救济投资

者、规避投资者群体性事件产生、督促保荐机构勤勉尽责义务履行的考量，另一方面也是保荐机构社会责任履行的应有之义，先行赔付机制带来的巨大效益与保荐机构肩负的社会责任均很好地论证了保荐机构先行赔付机制强制化的合法性与合理性，“万福生科案”与“欣泰电气案”中保荐机构先行赔付起到的良好效果也印证了这一点。事实上，先行赔付机制在消费者侵权赔偿领域、医疗侵权赔偿领域与交通侵权赔偿领域的适用都是强制化的（见表2）。值得注意的是，保荐机构先行赔付协商的强制化是倾斜保护受害投资者合法权益的体现，因此强制化的效力作用于保荐机构而非受害投资者，意即受害投资者如认为没必要与保荐机构就先行赔付进行协商，其可径行要求侵权责任人进行侵权赔偿而无须受制于保荐机构先行赔付协商机制。

在保荐机构先行赔付协议机制的顶层设计中，除应使保荐机构先行赔付协商强制化外，还应对保荐机构先行赔付协议的执行效力予以界定。尽管目前实践中并未出现保荐机构先行赔付协议履行迟延方面的争端，但并不代表今后类似的争端不会出现，为了有效预防先行赔付协议履行迟延问题以更高效地发挥保荐机构先行赔付机制的功用，应尝试将先行赔付协议与合适的强制执行机制对接。保荐机构先行赔付协议本质上是一种和解性质的合同，赋予和解协议强制执行力的主要途径有法院直接确认合同效力、行政主体根据和解协议作出行政行为从而间接确认合同效力、调解组织根据和解协议制作调解书、公证机关针对和解协议制作公证书。在这四种途径中，诉诸法院确认合同效力较为费时，不符合先行赔付及时高效原则的要求；而公证机关专业化程度有所欠缺，不符合先行赔付合理性原则的应有之义；在保荐机构先行赔付中，如意图采取以行政主体主导赋予先行赔付协议强制执行力的路径，根据《行政和解试点实施办法》的相关规定，行政和解的前提是行政相对人的违法事实未查明，即证券虚假陈述侵权行为尚未定性，而保荐机构先行赔付协议的适用前提是证券虚假陈述侵权行为已确认存在，因此证监会无法将先行赔付协议视为行政和解协议的一部分而赋予其强制执行力；调解组织的专业化程度良莠不齐，如采取制作调解书的方式赋予保荐机构先行赔付协议强制执行力，则应选取专业机构作为先行赔付协议的调解组织，《最高人民法院、中国证券监督管理委员会关于在全国部分地区开展证券期货纠纷多元化解机制试点工作的通知》（以下简称《试点通知》）确定中国证券投资者保护基金有限责任公司等8家单位作为试点调解组织，这些试点调解组织或由证券期货监管组织设立，或由其实际管理，因此具备很强的专业性，由这些调解组织进行保荐机构先行赔付的调解符合合理性原则与及时高效原则的应有之义。综上所述，将保荐机构先行赔付协议与《试点通知》确定的8家试点调解组织的调解机制进行对接，可更好地发挥保荐机构先行赔付机制的功效，对此，应采取家父主义立法模式，将这一对接机制予以强制化并体现在保荐机构先行赔付协议中。

（二）以保荐机构权益维护为重心的受偿投资者范围的合理限缩

在保荐机构先行赔付的实践中，先行赔付对象的范围在“万福生科案”与“欣泰电气案”中迥然相异，在前案中对与保荐机构签订先行赔付协议的受害投资者范围并未作出限制，而后案中对保荐机构先行赔付的受害者范围进行了一定的限缩，去除了欺诈发行责任方、欣泰电气公司大股东及其董监高增持购入股票的部分与政策性增持购入股票的部分（见表 3）。两案迥异的处理结果折射出两家保荐机构先行赔付时不同的考量，在保荐机构先行赔付协商机制强制化的背景下，合理界定受偿投资者的范围就显得尤为重要。

诚然，保荐机构先行赔付的法理基础便是高效救济受害投资者、规避群体性事件的发生、督促保荐机构勤勉尽责义务的履行，但这并不意味着保荐机构先行赔付的对象无须限缩。因为快速救济投资者本身是倾斜保护的体现，而需要获得倾斜保护的对象是弱势群体，意即先行赔付的对象应为弱势群体，而受害投资者中不仅有因信息与诉讼力量不对称而处于弱势地位的中小投资者，还有大股东、持有股份的董监高等强势投资者，对此应予以区别对待；此外，如若不加区分地使保荐机构承担先行赔付义务，保荐机构在重压之下破产的风险大大增加，从而可能会适得其反引发大规模的金融风险。因此正是保荐机构先行赔付的法理基础要求受偿投资者的范围需合理限缩，达到平衡受害投资者与保荐机构合理权益的功效，最终实现保荐机构先行赔付机制的目的。

事实上，与保荐机构先行赔付机制类似的救济机制投资者保护基金制度也对赔付对象进行了限缩，如香港《证券及期货（投资者赔偿——申索）规则》第 2 条规定可向投资者保护基金索赔的适格投资者不包括：（a）持牌法团；（b）认可财务机构；（c）认可交易所、认可控制人或认可结算所；（d）获认可提供自动化交易服务的人；（e）获授权的保险人；（f）获认可的集体投资计划的经理人或营办人；（g）指明人士的身为法团或违责的相联者；（h）特区政府或香港以外任何地方的政府；（i）上述法团的受托人或保管人。[23] 可见在香港法的视域下，机构投资者、侵权责任方的实际控制人以及在证券虚假陈述侵权中存有过错的人员均无法取得基金赔付。而在美国相关立法例《证券投资者保护法案》

---

23 《第 571T 章 证券及期货（投资者赔偿——申索）规则》，载北大法宝法律数据库，http：//www. pkulaw. cn/fulltext_ form. aspx？ Db = hkd&Gid = b9c2c254632b81ecfced20319b86a2e0bdfb&keyword = % E8% AF% 81% E5% 88% B8% E5% 8F% 8A% E6% 9C% 9F% E8% B4% A7&EncodingName = &Search_ Mode = accurate&Search_ IsTitle =0，最后访问于 2019 年 6 月 20 日。

中，投资者保护基金赔付对象不包括：公司一般合伙人、高管或董事；证券公司5%以上权益证券的持有人（某些非流通优先股除外）；持有公司资产5%以上的有限合伙人；有权控制或对公司管理及政策施加影响的人；代表自己而不是代表客户交易的经纪商、交易商或银行。[24] 可见在美国法的语境下，投资者保护基金的救济对象不包括证券发行公司的实际控制人（如合伙人、高管与董事）、大股东（证券公司5%以上股份的持有者）以及机构投资者（经纪商、交易商与银行）。

从香港与美国的立法例中可归纳出投资者保护基金制度中证券发行公司的机构投资者、大股东、实际控制人均不视为弱势群体，此外在证券虚假陈述侵权中存有过错的投资者也无法得到赔付。机构投资者与大股东因其财力雄厚而不必快速得到赔付，实际控制人因具备较强的信息优势与诉讼能力亦非需倾斜保护的对象，在证券虚假陈述侵权中有过错的投资者在侵权之时即可预见到己方损失，无法使其得到及时赔付也是其自担风险的应有之义，因此该结论有较为可靠的法理依据。该结论可类推适用于保荐机构先行赔付机制，同时可借鉴“欣泰电气案”处理的有益经验，将政策性增持购入股票的部分也排除在外，原因在于政策性增持部分并非需受倾斜保护的中小股东自身的合法权益，其反映的是公共利益，其与保荐机构先行赔付机制的法理基础并不贴合，这也是合理性原则与公平公正原则的应有之义。

（三）以倾斜保护受害投资者为重心的保荐机构先行赔付协议形成机制与争议解决条款的完善

关于保荐机构先行赔付协议的磋商签订时间，实务中出现了两种做法，“万福生科案”是在行政处罚前签订了协议，而“欣泰电气案”则于行政处罚后才磋商达成了先行赔付协议。在保荐机构先行赔付强制化的背景下，两案处理方式的不同启示我们应对先行赔付协议的形成时间进行合理界定，对此仍需从保荐机构先行赔付的法理基础着手寻求答案。保荐机构先行赔付尽管应遵循及时高效原则，但保荐机构先行赔付的前提是证券虚假陈述侵权事实的存在，在证监会对违法事实调查清楚并作出行政处罚决定之前证券虚假陈述侵权事实处于存疑状态，此时若磋商签订先行赔付协议很可能因违法事实经证监会确认不存在而失去存在基础，先行赔付协议因重大误解而被撤销，保荐机构与受害投资者同时还丧失了巨大的缔约成本，因此先行赔付协议的磋商签订应不早于行政

---

24 Securities Investor Protection Act of 1970, §78fff, available at SIPC, http://www.sipc.org/about-sipc/statute-and-rules/statute#78fff, accessed July 24th, 2019.

处罚决定作出之时，这是合理性原则的必然要求。同时，保荐机构先行赔付应体现高效救济受害投资者的法理基础，先行赔付的签订应最迟不晚于证券虚假陈述侵权之诉生效判决作出之日，这样一方面符合及时高效原则的应有之义，使部分意欲获得及时救济的投资者的诉求得到满足，起到了化解社会矛盾的功效，另一方面也体现出保荐机构先行赔付机制相对于侵权之诉制度的优越性，其制度独有的价值得到彰显。

对于保荐机构先行赔付协议内容的形成机制，“万福生科案”与“欣泰电气案”均采取了保荐机构自行拟定的范式，协议内容并未与受害投资者进行磋商，受害投资者仅能选择同意协议内容进行签订或不同意协议条款拒绝先行赔付。这种做法使得先行赔付完全由保荐机构主导进行，投资者参与的缺乏使得先行赔付难以真正符合受害投资者的诉求，进而影响保荐机构先行赔付机制目的的实现。事实上“欣泰电气案”中就有不少投资者不认可先行赔付协议的赔付标准与金额而诉诸法院进行救济，尽管福州市中级人民法院完全认可了保荐机构的赔付标准（见表3），但有分析人士指出，这是基于防止出现更大规模争端、维护社会稳定的考量而作出的无奈之举。[25]对此，应当完善保荐机构先行赔付协议内容的形成机制，尤其要重视受害投资者参与机制的合理建构。

为贯彻保荐机构先行赔付公开公平公正原则与合理性原则的要求，完善保荐机构先行赔付协议内容的形成机制应从加强受害投资者的实质参与、建构先行赔付的基本标准以及加强形成机制的外部监督三个方面着手进行。加强受害投资者的实质参与应确保受害投资者的总体诉求能体现在与保荐机构的协商过程中，但受害投资者庞大的数量使得在形式上无法使每个投资者都参与协商，这就需要引入“代表制”，意即受害投资者需要选举出体现集体意志的代表参与先行赔付协商，从而使每个投资者通过代表间接地参与先行赔付协议的形成机制，使保荐机构先行赔付协议真正成为保荐机构与受害投资者间意思自治的产物。保荐机构先行赔付协议要想真正体现平等协商的理念，还应引入较为确定的赔付标准，这样一方面能填补受害投资者谈判能力的不足，另一方面可使受害投资者于协商前合理预见可获得的赔付金额，从而选择更合适的救济途径。对此可借助“示范判决机制”将证券虚假陈述侵权判决中的典型赔付标准移用于保荐机构先行赔付协议中，[26]进而对损害的计算方式以及实施日、揭露日、

25 参见张保生、朱媛媛：《证券先行赔付制度的定分止争功能与效果的反思——以欣泰电气欺诈发行先行赔付专项基金后续争议为引入》，载《证券法律评论》2018年刊。

26 2016年5月，最高人民法院与证监会联合出台《试点通知》，提出建立“示范判决机制”，意即“对因虚假陈述、内幕交易、操纵市场等行为所引发的民事赔偿纠纷，需要人民法院通过司法判决宣示法律规则、统一法律适用的，人民法院应当及时作出判决”。

系统性风险等核心争议问题的认定有较为明确的指引。除此之外，在保荐机构与受害投资者就先行赔付进行协商的过程中，尽管保荐机构可能会基于自身声誉维护或行政处罚减免等考量适当提高赔偿标准与金额，但也不排除保荐机构作为强势的一方可能会利用自身地位优势对投资者进行不充分的救济，而投资者可能会在权衡减少的先行赔付额与诉讼成本后选择接受不充分的赔付，这就与保荐机构先行赔付的制度目标背道而驰了，因此在保荐机构先行赔付协议的形成中还应加入监督机制，“需加入独立第三方主体对先行赔付方案的科学性、合理性进行谨慎思考和判断”。[27] 对此可参照美国的相关立法例，美国公平基金制度中设有“分配顾问”一职，负责公平基金的管理，常由 SEC 工作人员、资深律师、资深教授或金融分析师担任，这一角色的存在代表公权力对公平基金赔付的介入与监督，大大增强了赔付方案的合理性与权威性。[28] 我国可由证监会聘请金融分析师、资深教授与律师对保荐机构先行赔付协商的过程进行监督审查，事实上，在“欣泰电气案”中，证监会发言人对先行赔付的做法明确表示支持，并认为先行赔付方案对受害投资者予以充分救济，[29] 但并未对先行赔付方案的合理性进行背书。如证监会能更进一步聘请资深专家对先行赔付协商过程进行科学审查与合理监督，那便使保荐机构先行赔付协议的形成机制符合合理性原则与公开公平公正原则的应有之义了。

在保荐机构先行赔付协议内容中，争议解决条款是重要的组成部分，在“万福生科案”与“欣泰电气案”中，争议解决条款都可概述为“签订对象一旦接受赔付履行，不得撤销，不得向保荐机构及其他责任人提起诉讼”（见表3），这在实务界与学界引发了不小的争议。从法理而论，保荐机构先行赔付协议作为合同的一类其撤销的事由有很多，《民法典》第 147—151 条就规定了数种情形，在争议解决条款中规定“合同不得撤销”，即便是双方当事人意思自治的结果也会因违反法律的强制性规定而无效。而“不得向保荐机构及其他责任人起诉”则完全可删去，原因在于如若先行赔付协议合法有效且无履行上的瑕疵，根据对保荐机构先行赔付协议逻辑进路的分析，一经履行侵权责任人与受害投资者的侵权之债即告消灭，不存在起诉的事由；如若先行赔付协议具有效

---

27 汤欣、谢日曦：《专项补偿基金能否擎起赔偿模式大旗?》，载《证券时报》2014 年 11 月 15 日，第 A03 版。

28 郭雳：《证券执法中的公共补偿——美国公平基金制度的探析与借鉴》，载《清华法学》2018 年第 6 期。

29 参见中国证券监督管理委员会：《2017 年 6 月 9 日新闻发布会》，载中国证券监督管理委员会官网，http://www.csrc.gov.cn/pub/newsite/zjhxwfb/xwfbh/201706/t20170609_318254.html，最后访问于 2019 年 6 月 30 日。

力或履行上的瑕疵，则无论协议是否履行双方当事人都可据此提起诉讼，在此种语境下该条款违反法律的强制性规定而无效。综上所述，表3中的争议解决条款应当予以删除。

（四）以平衡保荐机构与被侵权责任人权益为要旨的追偿机制构建

在保荐机构先行赔付协议机制完善中，除需关注协议本身的构建外，还需对协议在后续追偿中的应用予以重视。事实上，在“万福生科案”与“欣泰电气案”中，保荐机构先行赔付协议在追偿中的认可度迥然相异，在“万福生科案”中，万福生科认可平安证券的先行赔付协议方案，接受平安证券的追偿方案，反观“欣泰电气案”，欣泰电气等责任方认为兴业证券先行赔付金额远超其应承担部分，不接受兴业证券的追偿方案，故兴业证券将其诉至法院（见表3）。要想解决保荐机构先行赔付协议在追偿中效力的争议，当从保荐机构先行赔付协议的逻辑进路出发，使用规范分析法剖析协议在追偿中的应用，从而达到平衡保荐机构与侵权责任人权益的功效。

根据保荐机构先行赔付协议的逻辑进路，无论保荐机构在证券虚假陈述侵权事件中是否存有过错，保荐机构向侵权责任人追偿的金额始终为侵权责任人在侵权赔偿中应承担的份额。事实上，尽管保荐机构先行赔付的金额是基于侵权赔偿额转化而来的，但保荐机构可能会基于规避纠纷、自身声誉维护、减免行政处罚等考量而适当提高赔付标准，金额提高的部分并非先行赔付协议机制使然，实则为保荐机构自愿承担之损失，于法理观之，该部分损失若通过追偿机制转嫁给侵权责任人实为荒谬之举。因此，保荐机构先行赔付协议的履行可作为保荐机构向侵权责任人追偿的依据，但保荐机构先行赔付的金额无法作为追偿的标准，保荐机构向侵权责任人的追偿额即侵权人应承担的侵权赔偿额可通过诉讼方式予以确定。此外，保荐机构向侵权责任人追偿的债务从本质上而言是侵权责任人向受害投资者应承担的侵权之债，保荐机构向侵权责任人行使的是代位求偿权，实务中常出现证券虚假陈述侵权人破产的情形，侵权责任人向保荐机构的债务清偿顺位应与侵权责任人向受害投资者的债务清偿顺位相同。

结语

作为我国特有的证券虚假陈述侵权赔偿制度，保荐机构先行赔付机制在高效救济受害投资者、稳定证券市场、督促保荐机构勤勉尽责义务的履行方面具备无可替代的功用。保荐机构先行赔付协议机制的相关研究甚少，其完善当从法理基础的探析入手，以先行赔付协议的逻辑进路为依托，以公开公平公正原则、及时高效原则与合理性原则为完善的指导方针，从保荐机构先行赔付协商与协议执行的强制化、受偿投资者范围的合理限缩、协议形成机制与争议解决条款的完善、追偿机制构建四个方面着手改进，以期在倾斜保护受害投资者的同时，起到平衡保荐机构、受害投资者与侵权责任人权益的功效。

本文只是先行赔付制度研究的一个起点，其他主体先行赔付机制的相关问题尚待研究，但本文的研究对象具有代表性，可作为整个先行赔付模式完善的重要参考。

大型体育赛事中隐性营销行为的法律规制探究

梅　傲　钱　力*

【内容提要】大型体育赛事中隐性营销行为的法律规制尚处于困境，主要体现在立法模式的选择、规制范围的确定以及各方利益的平衡这三个方面。在当前国内相关立法近乎空白的情形下，我国应吸收国外立法中的有益经验，并立足本国实际，权衡体育赛事市场中的各方利益，把握法律规制之“度”，坚持法律价值之“本”。对隐性营销行为应进行专门立法，并从立法层级、内容和体系出发，探究其法律规制的路径。

【关键词】隐性营销　大型体育赛事　体育标志　商标　反不正当竞争

大型体育赛事，如奥运会、世界杯等，往往因其宏大的比赛规模和精彩的竞技内容引得全世界体育爱好者瞩目，一个庞大的消费市场也由此产生。一部分商家通过对体育赛事进行赞助，依托赛事的品牌效应和观众市场名利双收。而很多不是赞助商的企业，则表面上实施独立的营销行为，实际上却通过不易被察觉的方式“搭”赞助商的“便车”，意欲“分一杯羹”，这一行为被称为“隐性营销”。在体育赛事迈向产业化的今天，隐性营销行为屡屡见诸报端。但是，如何定性该行为？如何规制该行为？怎样适用法律？无论是国际还是国内都缺乏统一的理论、明确的立法模式和具体的规制方式。从2008年北京奥运会到日益临近的2022年北京冬奥会，中国承办了越来越多的国际性大型体育赛

---

*　梅傲——西南政法大学国际法学院副教授，西南政法大学比较与国际体育法研究中心副主任，主要研究领域：国际法、体育法；钱力——西南政法大学比较与国际体育法研究中心助理研究员，主要研究方向：国际法、体育法。本文为教育部哲学社会科学研究后期资助重大项目“国际体育赛事法律问题研究”（20JHQ013）及西南政法大学校级项目“新形势下海外追赃的司法协助研究”（2014XZQN－08）等基金项目的阶段性成果。

事，承办能力和水平也在不断提升。同时，我们也有义务为解决国际体育赛事中的难题作出中国贡献，展现中国的体育赛事治理能力。[1]本文将就大型体育赛事中隐性营销行为法律规制的困境进行探究，并探讨其纾解之出路。

一、大型体育赛事中的隐性营销行为之定性

（一）解意隐性营销行为

隐性营销（Ambush Marketing）通常被定义为商家试图在没有得到主办方授权或同意的情况下，通过与赛事建立某种联系来利用赛事的商誉、声誉和知名度。由该定义可以延伸出隐性营销行为所涉及的三重关系：第一重，实施隐性营销行为的商家与赛事主办方的非赞助关系；第二重，该商家与赞助商之间现实或潜在的竞争关系；第三重，该商家与消费者之间的关系。[2]

第一重关系是对“隐性”的最佳诠释，正是因为实施隐性营销行为的商家与主办方之间的非赞助关系，二者之间未能达成任何合意，也不应产生任何联系，商家的一切企图与赛事产生联系并利用赛事的营销行为自然应该是“隐性”的。

第二重关系反映了隐性营销行为的动因，在赞助商已经占据营销高地的情况下，非赞助商自然不甘于坐以待毙。一方面，其希望通过隐性营销行为与赞助商建立某种联系以无限接近于赞助商的地位；另一方面，其又会采取隐性营销手段干扰赞助商的正当的市场开发权利，降低赞助商的优势地位以及减损其预期利益。

第三重关系则揭示了隐性营销行为的目的，即在消费者心目中建立起企业的“商誉、声誉和知名度”，并最终通过其建立起来的企业形象获取更多的利益。

（二）隐性营销与传统营销的区别

1. 隐性营销的形式更具多样性

体育赛事中的传统营销必须在赞助商与主办方的合同框架内展开，其营销通常以赛场广告、赛事转播广告等形式呈现，较为单一且鲜有新意。相较而言，一方面，隐性营销因无合同的保障，不得不采取多样的营销形式以保证自己在赛事市场中占据一定份额；另一方面，也因无合同的约束具有更多的操纵空间，

1　梅傲、钱力：《世界反兴奋剂规则的争议、反思及其完善——以“孙杨案”为角度》，载《国际法研究》2020 年第 4 期。

2　张惠彬：《从工具到财产：商标观念的历史变迁》，载《知识产权》2016 年第 3 期。

可谓无孔不钻。

通过对实践中出现的隐性营销案例的梳理，可将商家花样的营销形式概括为两种类型——广告发布类和活动举办类。广告发布类的隐性营销行为以增加商品或服务的曝光率为目的，既包括商家在赛场周围租赁巨幅广告牌、在赛事转播时间段发布广告等，也包括企业与运动员私下约定在该运动员比赛时身穿附着该企业品牌商标的运动服或使用该企业品牌运动器材，而更为隐蔽的方式则是发布对体育赛事或参赛队伍、运动员的祝贺类广告，或是在广告画面中刻意出现比赛场景、赛事标志等与赛事有关的内容。活动举办类的隐性营销行为则多表现为商家面向特定赛事观众群体展开促销活动，或是以商家名义免费向公众发放特定赛事的门票或周边产品等。

2. 隐性营销的效果具有间接性

不同于传统营销给予消费者直接的理念灌输，隐性营销效果的产生具有一定的间接性和启发性。商家发布的广告内容或开展的周边活动，间接地促使消费者将商家提供的产品或服务与体育赛事之间相联系，同时又基于消费者对赛事品牌本身的信赖回归到产品或服务，不自觉地提高了对商家的好感。此时，隐性营销的效果便产生了，如果说传统营销的直观可能让观众产生审美疲劳甚至抵触，那么，"润物细无声"式的隐性营销反而可能带来更好的营销效果。

3. 隐性营销具有一定的侵权性

尽管隐性营销既富新意又可能效果非凡，但其与传统营销的本质区别在于其具有一定的侵权性，这一性质也决定了隐性营销行为必然要受到法律规制。[3]从主观方面来看，企业实施隐性营销行为，目的在于以最低的成本、最快捷的方式获取最大的利益，而欲取得与赞助企业相同甚至更多的利益，同时满足最低的成本、最快捷的方式，难免具有侵权性。再从客观方面来看，第一，隐性营销利用赛事品牌获利，是对赛事主办方的知识产权的侵犯；第二，对其竞争对手因赞助合同而合法享有的市场开发权益造成不可估量的减损；第三，引起消费者对产品或服务与体育赛事之间关系的困惑，一定程度上侵犯了消费者的知情权。

（三）法律规制隐性营销行为的必要性

1. 保护大型体育赛事品牌形象之必要

体育赛事品牌形象，从广义上来说，是该体育赛事在长期举办过程中积累

3 秦香：《体育营销手段对消费者的品牌认知影响研究》，载《西安体育学院学报》2018 年第 5 期。

起来以公众信赖为基础的、体现其内在文化、精神和品质的一种无形资产，从狭义上来说，赛事品牌主要包括赛事的标志、旗帜、吉祥物等构成的一套形象识别系统（Visual Identity），不仅蕴含着一种独创性表达，也是将该赛事与其他赛事区分开来的直观形象。商家通过上文所述的发布广告、举办活动等行为进行隐性营销时不可避免地造成对赛事标志、旗帜等知识产权的侵犯，更深层次地说，诱导消费者将相关产品或服务与大型体育赛事联系起来，具有降低公众对赛事信赖程度、破坏赛事品牌形象的潜在威胁。因此，必须通过法律规制隐性营销行为，为司法实践中处理隐性营销对大型体育赛事品牌形象造成侵权的案件提供法律依据。

2. 保证大型体育赛事正常运行之必要

大型体育赛事的正常运行一方面离不开赛事品牌自身吸引力的推动，另一方面则离不开主办方和赞助商的通力合作，而隐性营销行为的存在则是对这种合作关系的破坏。其一，隐性营销行为的肆意横行暴露了主办方组织能力的短板，赞助商对赛事主办方的信任度大打折扣的同时也会降低赞助意愿；其二，隐性营销行为利用较低的成本所获得的影响力甚至可能高于正式赞助商的影响力，赞助商的赞助价值被贬低，从而造成劣币驱逐良币的非正常现象。一旦赛事主办方的组织水平的评价度降低，主办方与赞助商的合作关系遭到破坏，大型体育赛事的正常运行必然受到影响，并且该影响可能是持续性的。是故，为保证大型体育赛事正常的运转机制和可持续发展，必须通过法律对隐性营销行为进行规制。

3. 维护大型体育赛事市场秩序之必要

信息时代背景下营销信息纷繁复杂，而隐性营销行为更容易令辨别能力有限的消费者将作出隐性营销行为的商家与大型体育赛事之间错误地进行关联，从而盲目地作出消费选择，对赞助商的正当利益也造成了不良影响。大型体育赛事的官方赞助商因经过一定程序的筛选，其产品或服务在品质上更值得信赖，而隐性营销市场中的商品或服务则良莠不齐。为维护大型体育赛事的市场秩序，必须通过法律规制隐性营销行为。一方面，应提高因信息不对称导致的处于弱势一方的消费者在赛事市场中的地位，让消费者在更公平的市场环境中作出消费选择，另一方面，应当保护赞助商合法的市场地位和合理的市场份额。

二、大型体育赛事隐性营销行为的法律规制之现实困境

放眼国际抑或立足国内，对于大型体育赛事中隐性营销行为的法律规制尚处困境之中，主要体现在立法模式的选择、规制范围的确定以及各方利益的平衡这三个方面。困顿之处，争鸣迭起，值得审视与深思。

（一）立法模式选择之困

1. 通过《商标法》规制之讨论

在产品包装上或者广告中直接使用与大型体育赛事相同或者相近似的标志，以此引起公众对商家与大型体育赛事主办方之间的关系的误读，是非赞助商进行隐性营销的常见手段。基于此，有学者认为应通过《商标法》对隐性营销行为加以规制，如将奥运标志作为“官方标志”规定在《商标法》中予以保护。[4]利用《商标法》进行规制存在以下问题：第一，体育标志不同于商标。体育标志是大型体育赛事所使用的，表现该赛事精神内核和表现特征的标志，而商标则是生产者、经营者用以区分不同产品或服务，便于公众进行消费选择的标志。[5]我国《商标法》第10条对商标的使用作了禁止性规定，有学者认为可以通过《商标法》第10条第1款第3项或第4项对隐性营销行为中滥用体育标志的行为进行规制，[6]这种观点是不妥的。其一，第3款所保护标志的权利主体是政府间国际组织，而国际奥林匹克委员会、国家足球联合会等大型体育赛事的组织机构均为非政府间国际组织，因此不能利用该款对体育标志进行保护；其二，该款所称的“官方标志”，[7]如“中国强制性产品认证标志”“免检产品标志”等，仅表明商品的某种属性或成分受到官方机构的控制或承诺，如果将体育赛事标志作为“官方标志”来保护，则是对《商标法》所规定的“官方标志”外延的不当扩张。第二，从立法宗旨来看，《商标法》作为知识产权法的重要组成部分，主要宗旨是保护商品或服务提供者的私益，避免其良好商誉遭到不法利用和非法破坏，而隐性营销行为的立法规制应以保护赛事品牌、保证赛事正常运行和维护赛事市场秩序为目的。无论从体育标志的公权属性来说，还是从体育赛事的公共属性来说，更多的是对社会公益的保护。[8]第三，从营销行为来看，利用大型体育赛事标志进行隐性营销只是商家进行隐性营销行为中众多方式的一种，并且在营销多样化的今天此类直接侵权的方式在逐渐减少，因此，利用

4 徐超：《论奥运会埋伏营销的法律规制问题——兼谈2008年北京奥运会知识产权保护对策》，载《体育与科学》2007年第6期。

5 徐康平、郝琳琳：《体育知识产权保护问题研究》，法律出版社2015年版，第37页。

6 《商标法》第10条：“下列标志不得作为商标使用：……（三）同政府间国际组织的名称、旗帜、徽记等相同或者近似的，但经该组织同意或者不易误导公众的除外；（四）与表明实施控制、予以保证的官方标志、检验印记相同或者近似的，但经授权的除外……”

7 所谓官方标志，是指官方机构用以表明其对商品质量、性能、成分、原料等实施控制、予以保证的标志。

8 张惠彬、刘迪琨：《体育赛事传播权的法律规制与运营模式——来自欧洲的经验及启示》，载《天津体育学院学报》2018年第2期。

《商标法》对隐性营销行为进行规制的作用是有限的。

2. 通过《反不正当竞争法》规制之商榷

目前，学界对通过《反不正当竞争法》来规制大型体育赛事中的隐性营销行为的呼声较高，如2018年修订的《奥林匹克标志保护条例》第6条即反映了这一趋向。[9]该条规定与《反不正当竞争法》第6条的兜底条款相呼应，虽然是以奥林匹克运动中的隐性营销行为为规制对象，但似乎因其严密的法律适用逻辑为规制大型体育赛事中的隐性营销行为提供了立法典范。

但是，《反不正当竞争法》第1条明确该法的立法目的是对经营者和消费者的合法权益进行双重保护，[10]而对大型体育赛事中隐性营销行为的规制还应当包含对主办方正当利益的保护以及对赛事可持续性发展的维护，涉及的关系或者利益较为宽泛，单纯依靠《反不正当竞争法》可能还不足以涵盖。此外，隐性营销行为与不正当竞争行为存在一定的区别，最重要的一点表现为，不正当竞争行为通常是持续的不诚实竞争行为，而隐性营销行为通常是一次性的，其民事责任认定也较为困难。同时，一般消费者和隐性营销活动的目标公众是不同的技术概念，这也反映了不正当竞争行为与隐性营销行为的差别之处。因此，依靠现行《反不正当竞争法》对大型体育赛事中的隐性营销行为进行规制仍有值得商榷之处。

3. 通过《奥林匹克标志保护条例》规制之局限

当前我国尚无关于大型体育赛事中隐性营销行为的专门立法，而是散见于行政法规、部门规章等法律文件中，缺乏体系化。为了更好地为北京2022年冬奥会提供法律支撑，2018年新修订的《奥林匹克标志保护条例》将“利用与奥林匹克运动有关的元素开展活动”构成不正当竞争的行为纳入规制范围，开创了法律规制隐性营销行为的新局面。但是，《奥林匹克标志保护条例》的规定仍显得“步子迈得不够大”：第一，没有明确提出“隐性营销”这一概念，不利于司法实践中处理对此类行为的法律适用；第二，正如前文所述，并非所有的隐性营销行为都是通过侵犯标志进行的，“利用与奥林匹克运动有关的元素开展活动”是否包括侵犯标志以外类型的隐性营销行为？如果包括，那么将该类行为在有关标志保护的条例中加以规制是否妥当呢？第三，《奥林匹克标志保护条例》仅是对奥运会标志的保护，尚不能及于其他大型体育赛事中的隐

9 《奥林匹克标志保护条例》第6条：“除本条例第五条规定外，利用与奥林匹克运动有关的元素开展活动，足以引人误认为与奥林匹克标志权利人之间有赞助或者其他支持关系，构成不正当竞争行为的，依照《中华人民共和国反不正当竞争法》处理。”

10 《反不正当竞争法》第1条：“为了促进社会主义市场经济健康发展，鼓励和保护公平竞争，制止不正当竞争行为，保护经营者和消费者的合法权益，制定本法。”

性营销行为，已然不能适应我国承办的国际大型体育赛事类型和频次不断增多的新形势。

（二）规制范围模糊之困

隐性营销行为的形式复杂多样。因此，各国对隐性营销行为的规制并无统一而明确的范围。规制范围模糊的困境主要涉及两个问题，一是“将什么样的行为界定为隐性营销”，二是“将何种隐性营销行为纳入法律规制范围”。

关于第一个问题，本文开头已对典型的隐性营销行为作了列举。但事实上，在利益的驱动下，商家进行隐性营销行为的形式可谓日新月异，这也给隐性营销行为的法律规制带来不小的难度。学界对于隐性营销行为的界定存在一定的争议，其中最主要的争议是“隐性营销行为是否必然会引起消费者的混淆”。有学者认为，只有通过较为隐蔽的的方式，以引起公众误以为商品或服务与大型体育赛事有某种联系为目的的营销方式才属于隐性营销，此类营销较为常见，也更契合“隐性”的定义；也有学者认为，隐性营销行为并不必须以具有“诱导公众产生混淆”这一目的为构成要件，如在场馆周围租赁巨幅广告牌、在赛事转播时间段大量投放广告等，此类隐性营销的目的是以视觉冲击增加自身品牌的曝光率，同样属于隐性营销。对隐性营销是否以“误导公众”为目的这一争议，必然对法律规制的范围产生一定的影响。

关于第二个问题，争议聚焦在对隐性营销行为的规制是否应拓展到非商业领域。从国际上现有的相关立法来看，大部分国家立法持否定态度，但是也有诸如美国的《业余体育法》对这一问题持肯定态度。我国《奥林匹克标志保护条例》第6条所称的“其他支持关系”事实上也涵盖了非商业领域的行为，如商家开展公益活动支持大型体育赛事，或者免费向公众发布赛事信息等行为，很难说其没有隐性营销的目的，但是如何界定这一类“披着公益外衣”的行为，或者说将此类行为纳入法律规制的范围是否过于严苛？这既属于立法规制上的问题，也属于司法判断上的问题。

（三）各方利益失衡之困

本文开头阐述了隐性营销涉及的三重关系，这三重关系决定了隐性营销涉及的主体各自代表着不同的利益，也意味着隐性营销的立法规制过程中不可避免地存在着利益博弈。各国侧重保护的利益不同导致法律规制范围和法律责任存在轻重的差异，如何平衡不同主体间的利益，既是探索法律规制路径过程中的困境，也是需要立法者深入思考的问题。

1. 对商业言论自由过度限制的可能性

大型体育赛事的组织者和赞助商虽然一直声称他们主张挤压隐性营销的空间是为了避免消费者产生不必要的困惑，但是实际上他们的意图是获得压制未经授权且与赛事有关的言论的权力。因此，他们希望扩大隐性营销行为的定义范围或者拓宽隐性营销行为的法律规制范围，以此获得更多的话语权和经济利益。

相应地，非赞助商的营销空间在不断缩小。比如，非赞助商的广告中不能出现任何与大型体育赛事名称、徽记或格言有关的元素，而有些元素的出现其实是不可避免的，这就涉及赛事主办方、赞助商的利益与正常的商业言论自由的冲突。2010 年，总部位于温哥华的不列颠哥伦比亚省公民自由协会起诉温哥华奥委会并要求其减少限制措施，正是基于该协会认为加拿大为 2010 年温哥华冬奥会通过的特别立法“严重侵犯了当地企业的商业言论权”。[11]

言论自由是宪法赋予公民的基本权利之一，我国宪法保护言论自由的例外情形是其损害了“国家的、社会的、集体的利益和其他公民的合法的自由和权利”，那么，规制隐性营销行为是否与过度限制商业言论自由有一定关联呢？首先须讨论是否所有的隐性营销行为都符合该例外情形。对于以“诱导观众产生误解”为目的的隐性营销行为，当然地符合该例外情形，因此对其进行规制显然不能视为对商业言论自由的过度限制。而对于诸如以“视觉冲击增加曝光率”为目的的营销行为，并没有足够的证据证明此该类营销行为构成对“国家的、社会的、集体的利益和其他公民的合法的自由和权利”的损害，如果对该类行为也严加规制，可能产生过度限制商业言论自由的不良效应。

2. 侵犯消费者权利的可能性

对大型体育赛事中的隐性营销行为进行规制，还可能在一定程度上影响消费者的权利，尤其体现在消费者的自主选择权上，如美国《业余体育法》通过禁止任何模拟或组合指定词语“倾向于导致”公众的混淆来规制隐性营销行为；英国《奥林匹克标志保护法》被认为赋予了奥林匹克标志更广泛的保护，以至于营销行为如若令公众在脑海中产生与奥运会相关的联想，那么该营销行为便构成对奥林匹克协会的权利的侵犯；更有甚者，采取对场馆周边禁止非赞助商广告、售货点的“场馆清洁政策”。此类做法禁锢了消费者对体育赛事市场中商品或服务的全面认知，消费者自主选择交易对象、内容和地点的权利也亦受到限制。

---

11 Pelanda, Brian Lee, *Ambush Marketing: Dissecting the Discourse*, Hastings Communications and Entertainment Law Journal, 2012, vol, 34, p. 341 – 362.

当然，司法实践中也有观点否认诸如“场馆清洁政策”这一类隐性营销的法律规制可能造成消费者权益的减损。正如巴西巴雷托斯第二民事法院在针对“巴雷托斯检察院诉巴雷托斯牛仔节组织者”一案的判决书中所述，[12]“这一活动是由一个私人团体在一个私人场所推动的，公众可以通过付费门票进入。活动持续十天的目的不仅仅是竞技表演和艺术表演，还包括出售食品和饮料。与此类似，豪华餐厅禁止其客户私自携带餐食进入会场并不构成对权利的滥用”。[13]

三、冲破困境：大型体育赛事隐性营销行为的法律规制之思考

立法过程包含着利益的博弈，对不同主体利益的分析和权衡是科学立法的前提。在当前国内有关隐性营销行为的相关立法近乎空白的情形下，我国应吸收国外立法中的有益经验，并立足本国实际，权衡各方利益，在立法条件具备的情况下，从立法层级、内容和体系出发，探究其法律规制的路径。

（一）结合国情实际，权衡各方利益

1. 把握法律规制之“度”

从国内外立法现状来看，规制隐性营销行为的话语权普遍控制在赛事主办方和赞助商一方，立法给予这两类主体的保护较为强劲。比如，美国对隐性营销的打击已经扩展到非商业领域；英国为筹备2012年伦敦奥运会曾采取严厉的“清洁政策”，仅允许商家在奥运场馆周围划定的“活动区域”内使用传单、海报、广告牌以及进行任何其他宣传活动。这些区域包括赛事场馆周围的公共道路、人行道、火车站、甚至是私有土地及其领空，任何违反这些禁令的人都将面临最高两万英镑的罚款。

我国在借鉴国外立法经验的同时，也应在立法中注重本土化治理模式。对于在我国承办的大型体育赛事，理应对赛事的主办方以及赞助商的正当利益给予合理的保护，但也不应一味迎合赛事的国际组委会或赞助商的要求而扩大打击范围，极力挤占非赞助商的话语空间。一方面，从中国近年来承办的北京奥运会、广州亚运会等大型体育赛事来看，场馆建设所耗费的资金数额巨大，而这部分资金主要来源是政府税收而非赞助费用，因此不应过度限制商家乘“赛

---

12 巴雷托斯牛仔节是巴西的一项以斗牛竞技为主要内容的大型竞技类活动，在当地检察院针对巴雷托斯牛仔节组织者提起的一项诉讼中，检察官认为主办方禁止不带活动赞助商商标的食品和饮料进入会场侵犯了消费者权利。

13 Guerra, Alberto, *How Brazil tackles ambush marketing*, Managing Intellectual Property, Managing Intell Prop, 2016, vol. 259, p. 32 – 35.

事经济的东风”，而应适度分享这一红利。[14] 另一方面，过度限制商业言论，也会破坏大型体育赛事举办期间的商业氛围，反而会降低赛事的经济效应。对于隐性营销行为的法律规制要把握好“度”，严格区分隐性营销行为的类型，评估不同营销行为的危害性，在法律规制上体现“宽严相济”。

2. 坚持法律价值之“本”

法律的制定应坚持“以人为本”的价值取向。从体育赛事的社会价值来看，其具有社会效益性和社会娱乐性，不仅能够将人的身体实践和社会发展紧密联系，也能满足人的精神需求。[15] 因此，有关隐性营销行为的立法也应将人的正当权益摆在优先位置，主要体现在对消费者利益的保护上。

一方面，对于非赞助商“故意误导消费者”的隐性营销行为，因其造成对消费者知情权的侵犯，应采取零容忍态度。另一方面，对于为保护赞助商利益而采取“场馆清洁”等政策，导致消费者无法在场馆附近获取商品或服务的信息或对该商品和服务进行消费，实际上侵害了消费者的自主选择权和公平交易权。从合同法理论分析，消费者通过购买赛票获得进入赛场观看赛事的权利，事实上与赛事主办方产生了一个合同关系。按照《合同法》的规定，“场馆清洁”“禁止不带活动赞助商商标的食品和饮料进入赛场”等规定可能因其损害社会公共利益或违反“格式合同”的规定而无效。基于对消费者正当权利的保护，在立法时也应对隐性营销的规制范围加以考量。

（二）填补立法空白，明确立法模式

结合我国当前在承办大型体育赛事方面的形势以及国内外的立法现状，应探索对隐性营销行为进行专门立法。原因在于：第一，目前与规制隐性营销有关的法律规范主要是针对即将举办的大型体育赛事临时制定或修订的，缺乏普适性，专门立法能够顺应当前我国承办大型体育赛事的形势，避免“一赛一法”的弊端，体现法律的稳定性。第二，明确隐性营销的概念，有利于提高公众对于隐性营销行为的违法性认识和判别能力，并且能够避免隐性营销行为的规制在《商标法》《反不正当竞争法》以及各类行政法规、规章中游离，促进司法机关和执法机关在处理隐性营销行为时的法律适用上更具统一性。第三，专门立法能够更详尽地对隐性营销的表现形式作出规定，内容上更具针对性。针对隐性营销的专门立法，应注意以下几个方面。

在立法层级上，应采用行政法规的形式。目前，我国对隐性营销法律规制

---

14 宋彬龄、童丹：《反埋伏营销特别立法的类型化研究》，载《体育科学》2016 年第 3 期。

15 梅傲：《“人本”说：国际私法一种新学说》，载《现代法学》2015 年第 2 期。

主要体现在《奥林匹克标志保护条例》的部分规定、针对某具体赛事的地方性法规和部门规章，以及《商标法》《反不正当竞争法》等法律的原则性保护上。对于出现在国际性或全国性的大型体育赛事中的隐性营销行为，地域性较强的地方性法规和可能存在部门保护主义的部门规章显然无法做到全面性、集中性地规制，而如果通过全国人大常委会制定专门的法律规制隐性营销行为，一来由于目前有关规制隐性营销行为的学理还不够完善和深入，二来通过全国人大常委会进行立法的周期较长，不能满足当前规制隐性营销行为的迫切需求，因此时机也尚未成熟。是故，当前最适当的做法是制定专门的行政法规对隐性营销行为进行规制。

在立法内容上，首先，要明确隐性营销的规制范围。为避免打击范围过于宽泛，应以“故意误导公众”作为隐性营销行为的构成要件之一，并可借鉴澳大利亚《奥林匹克标记保护法》的规定，以“理性人的认识”作为判断标准；同时，应严格区分“商业领域”和“非商业领域”的营销行为，对支持体育赛事的公益活动更不应视为隐性营销行为加以规制。其次，在损害结果的认定上，可借鉴反倾销领域的立法，将“实质损害”和“实质性损害威胁”作为隐性营销行为的损害标准，立法部门应通过实证调查和案例整理，对隐性营销行为的表现形式作出列举，并以“其他在未经权利人授权的情况下，为达到某种商业目的，通过隐蔽的方式与大型体育赛事建立某种联系，并足以引人误认为与大型体育赛事权利人之间有赞助或者其他支持关系，对赛事权利人的合法利益造成实质性损害或产生实质性损害威胁的行为”作为兜底条款，一方面提高商家营销行为的可预测性，另一方面防范隐性营销行为“更新换代”之不虞。再次，要明确法律责任及举证责任。专门立法应赋予执法机关在发现隐性营销行为后及时向法院申请禁止令的权利，商家也应在接到禁止令后立即停止或纠正广告、活动内容，并通过全国性媒体向社会公众澄清；另外，由于开展隐性营销需要高超的营销技巧以及对政策、法规具有较高的熟悉度，其幕后策划往往还包括商家雇请的营销机构、律师事务所，该类机构参与隐性营销或对隐性营销行为产生效果起到实质性协助作用的，也应承担相应责任。在举证责任方面，则可借鉴美国《兰汉姆法》的规定，要求原告证明隐性营销行为的存在和成立，如此可减少赛事主办方或赞助商对权利的滥用。最后，要对热点的法律问题作出回应，以弥补法律自身的滞后性。[16]例如，随着信息技术的发展，网络开始成为隐性营销行为的新阵地，专门立法应将域名抢注、浏览器劫持等新型的隐性

16　梅傲、向伦：《世界反兴奋剂制度体系下样本采集的程序困境及化解进路——以“孙杨案”为引》，载《天津体育学院学报》2020年第3期。

营销方式纳入规制范围。[17]

在立法体系上，应形成以专门立法为主，《商标法》《反不正当竞争法》为辅的多层次隐性营销行为法律规制体系。专门立法的主要作用应定位在隐性营销概念的提出、表现形式的列举和责任的认定等方面，作为特别法实现对隐性营销行为更加全面的规制。对于涉及商标侵权和不正当竞争行为的部分，还应当各自依照《商标法》和《反不正当竞争法》进行更高层级的规制。

结语

当下大型体育赛事中隐性营销行为法律规制正陷入困境，必须提出冲破困境的纾解之道：第一，应结合国情实际，权衡体育赛事市场中的各方利益，把握法律规制之“度”，体现“宽严相济”；坚持法律价值之“本”，实现“以人为本”[18]。第二，在具体的立法建议上，应对隐性营销行为进行专门立法，在立法层级上定位为行政法规，在立法内容上应明确规制范围、强化法律责任、回应热点问题，形成以专门立法为主，《商标法》《反不正当竞争法》为辅的多层次隐性营销行为法律规制体系。随着我国体育赛事的市场化程度逐步提高，如何规制隐性营销行为将成为提高我国赛事治理能力课题中举足轻重的一部分。一方面应不断总结国内外司法实务案例，将实践经验注入法律的制定中；另一方面应以赛事的可持续发展为导向，加快立法进程，发挥法律的规制与防范功能。

17　崔汪卫：《论奥运隐性营销行为的法律规制——兼评〈奥林匹克标志保护条例〉有关条款》，载《武汉体育学院学报》2018 年第 10 期。

18　梅傲：《“人本”语境下的规制冲突与冲突规则》，载《现代法学》2012 年第 4 期。

国际化法治城市的指标化建设路径

饶世权*

【内容提要】 随着我国一些城市日益国际化，法治城市建设已成为城市治理现代化的重要方式。关于法治城市建设有“抽象建设观”“指标建设观”“特色建设观”等理论，但都存在缺陷。因此，应充分认识到法治指标化对国际化法治城市建设具有指明具体内容、增强可操作性、促进建设等特别意义。而构建国际化法治城市语境中的“法治”指标体系，应当深刻理解“法治”与“城市”的相互定义，从而由法治（法律制度及其运行、法治精神）与国际化城市（国内国外、治理领域）交织形成网络状的指标体系，包括2项一级指标、6项二级指标、19项三级指标、108项四级指标。运用这个法治指标体系推进国际化法治城市建设需要在内容上增加国际性；本国人与外国人等广泛主体参与；并且实施国际化法治城市建设的“自觉模式”，尤其强调“驱动模式”。

【关键词】 国际化　法治城市　法治指标　厚法治　法治评估　驱动模式

引言

我国的法治城市建设源于2008年全国普法办组织开展全国法治城市创建活动，是指加强城市法治建设，强化法治治理城市。随着北京、上海、广州、成都等一些城市日益国际化，作为治理现代化的重要方式——法治城市建设日益重要，但作为国家法治建设重要组成部分的法治城市建设应当如何推进？理论

---

* 饶世权——西南交通大学副教授，法学博士，主要研究领域：法治理论与建设。本文系成都市社会科学规划课题《推进指标化的法治成都建设研究》（项目编号：2019L04）的阶段性成果。

与实践主要从三个层面展开。

一是“抽象建设观”。一些学者从宏观、抽象的角度，提出法治城市建设与政治制度创新、人民群众新需求、推进现代化紧密结合[1]；以精神为指引，健全法律规范体系，扩大公民有序参与[2]；在立法、执法、司法、普法等各个环节共同推进[3]。另一些学者从微观、抽象的角度，主张通过政府规章备案审查制度与机制创新[4]、法治文化培育[5]、社会法治[6]、提高领导干部运用法治思维与法治方式的能力[7]、市民法治意识培养[8]等某一方面的建设推进法治城市建设。多数法治城市建设的实践也是“抽象建设观”。

二是“指标建设观”。宋敏提出以科学立法、严格执法、公正司法、全民守法为核心设计法治城市指标体系[9]。但没有设计具体的指标。刘武俊设计了依法执政、地方立法完善、政府依法行政、司法公平正义、基层民主法治建设扎实、经济法治建设规范有序等法治城市十大基本指标[10]。但并没有明确这些指标的法理依据。孙建比较了“余杭法治指数”，以及无锡市、昆明市、成都市的法治指标，认为“各地评估指标体系不尽相同，在评估主体、指标设置、评估方法等方面存在一定的差异”，而且“评结果只作为政府工作自我考核和自我测评”[11]。但同样没有揭示指标差异的直接原因是法理依据不明确。

三是“特色建设观”。黄仕红基于国际化城市特色，认为国际化城市的法治

---

1 白鸽、唐小明：《法治城市建设是城市治理现代化的必然要求》，载《安徽行政学院学报》2015 年第 2 期。

2 芮国强：《全面推进法治城市建设的若干思考》，载《常州大学学报（社科版）》2015 年第 1 期。

3 李佐军、常纪文：《在法治城市建设中提高干部运用法治思维和法治方式的能力》，载《党政研究》2014 年第 6 期。

4 张一鸣：《法治城市建设中的规制创新：基于政府规章备案审查的视角》，载《重庆社会科学》2018 年第 12 期。

5 张聪：《法治文化培育与法治城市建设研究——基于武汉市城市法治建设市民调查》，载《特区经济》2017 年第 5 期。

6 罗思：《加强社会法治 建设“一流法治城市”》，载《特区实践与理论》2015 年第 5 期。

7 李佐军、常纪文：《在法治城市建设中提高干部运用法治思维和法治方式的能力》，载《党政研究》2014 年第 6 期。

8 王淼：《法治城市建设中的市民法治意识培养——基于对 J 市市民的问卷调查》，载《城市》2014 年第 3 期。

9 宋敏：《法治城市建设指标体系之比较研究》，载《青岛科技大学学报（社科版）》2016 年第 2 期。

10 刘武俊：《法治城市评价指标体系：法治城市创建的“指南针”和“风向标”》，载《中国司法》2011 年第 6 期。

11 孙建：《我国法治城市评估的发展与现状研究》，载《中国司法》2014 年第 3 期。

建设应当发挥立法引领、政府依法行政、司法公正高效、完善法律服务体系和提升市民法治素养[12]。这与非国际化城市法治指标没有区别，因而没有体现出国际化城市的特色。姜福东提出了海洋、临海、滨海城市特色鲜明的新型法治发展模式——“蓝色法治城市”[13]。这些观点仍然属于“抽象建设观”。

显然，关于法治城市建设无论是实践还是研究，多注重“抽象建设观”。虽然有少数城市和学者提出了法治城市指标体系，但拟定法治指标的法理依据不明，并且将法治指标体系主要用于考核性评估，也没有体现其特色。因此，推进国际化城市的法治建设需要新思维，明确国际化法治城市的指标建设与抽象建设有何不同？应当如何建立科学和国际化特色的法治城市指标体系，并指引国际化法治城市建设？

一、明确法治指标化的意义是国际化法治城市建设的前提

“指标”在《现代汉语词典》中解释为“计划中规定达到的目标”[14]。法治指标即法治建设计划中规定达到的目标，是将抽象的法治内容具体化为一系列的因子，并通过这些因子来体现法治建设的内容与结果。因此，法治指标化相对于抽象法治来说，对国际化法治城市建设具有特别意义。

首先，法治指标化将抽象法治具体化为众多指标，为国际化法治城市建设指明了具体的内容。长期以来，抽象地谈论法治，使得法治建设也陷入概括性话语的争议中。20世纪60年代中期兴起的“社会指标运动”渗透到法治领域，形成了以“世界正义工程”（the World Justice Project）为代表，推出衡量国家法治程度的“法治指数”。这些法治指数的理论与实践在21世纪影响了我国，将其运用于法治城市的指标化。王光设立了城市法治的法规规章总量、法规规章年变动量、法院审理案件情况等15个指标[15]；王称心、蒋立山设计了“城市法治环境评价体系”的工作职能、社会状态、发展潜力3项一级指标，下有16项二级指标、90项三级指标[16]。“法治余杭”分为区本级、区级机关、乡镇街道、

12 黄仕红：《深入推进法治城市建设　助力成都国际化水平提升》，载《成都行政学院学报》2018年第6期。

13 姜福东：《青岛市建设蓝色法治城市研究》，载《青岛职业技术学院学报》2016年第6期。

14 中国社会科学院语言研究所词典编辑室主编：《现代汉语词典》，商务印书馆2012年版，第1675页。

15 参见王光著：《城市法治环境评价体系与方法研究》，中国人民公安大学出版社2004年版，第69－70页。

16 参见王称心、蒋立山：《现代化法治城市评价：北京市法治建设状况综合评价指标体系研究》，知识产权出版社2008年版，第94－112页。

农村社区，以及面向老百姓的党风廉政建设、政府行政工作、民主政治参与、安全感和满意度等9个方面的指标。法治昆明设计了法治的社会环境、制度环境、人文环境3项一级指标，其项下包括依法执政、民主政治、规范立法、依法行政、公正司法、法制宣传教育等13项二级指标。2008年的“法治成都”设计了宣传教育、地方立法、法治政府建设、依法治理、司法公正、经济法治秩序建设、法律服务市场秩序建设、法律监督8项一级指标，77项二级指标。相对于抽象法治城市建设，这些法治指标化的理论与实践把“庞大的法律法规变成一系列指标”[17]，明确了法治城市建设的具体内容、标准与目标。

其次，法治指标化将宏观法治微观化，增强了国际法治城市建设的可操作性。长期以来谈论的法治、法治精神、法治思维、法治意识、法治文化、法律、立法、执法、司法、守法等，都是相对宏观的法治概念。而法治指标化不仅设计了相对宏观的一级、二级指标，而且进一步设计更为微观的三级，甚至四级指标。这些微观的三级甚至四级指标直接指明了法治城市建设更为具体的任务和行动，如“法治昆明”的二级指标之“依法执政”仍然较为宏观；下设的三级指标设计了科学决策机制健全程度、规范性文件管理制度健全程度、规范执法水平、政务信息公开、行政救济情况等，鲜明地指出了需要在这些方面行动并达到相应的目标，才能实现“依法行政”。因此，如果说法治指标化将抽象法治具体化为法治城市的内容，是明确了法治城市建设“应当做什么”；那么，法治指标化将宏观法治微观化，则明确了法治城市建设“可以做什么”，使得国际化法治城市建设比抽象方案更具操作性。

最后，法治指标不仅可以用于考核，还可以用于促进建设。当前，理论和实践几乎都将法治指标仅作为考核评价的标准，似乎法治指标不能促进法治城市建设。实质上，法治指标具有科学认知功能、导向功能、激励功能、监督功能。发挥法治指标的认识功能、监督功能，评价对法治城市建设现状或结果状态，形成对当前法治城市建设的结论性评价，其目的主要在于“评价”，可用于考核[18]。这类考核可以倒逼法治城市建设主体之一的被考核者根据指标推进法治城市建设。这是反推模式。而发挥法治指标的认知、导向与激励功能，可以充分认识到城市法治过程及其结果状态，与应有目标的差距，从而引导、激励从“做什么”和“应有效果”等两个方面推进城市法治建设；发挥法治指标的认识功能、导向功能，指引法治城市建设主体的行动。这是正推模式。因此，法治指标相对于抽象法治，不仅可以评价法治城市建设的现状，而且可以从正、

17 钱弘道：《中国法治评估的兴起和未来走向》，载《中国法律评论》2017年第4期。

18 饶世权：《论社会治理法治评估的正当性》，载《黑龙江社会科学》2019年第2期。

反两个方向推进法治城市建设。

综上所述，充分认识法治指标化具有不同于抽象法治的特别意义，可以为国际化法治城市建设提供更具体的内容，更具可操作性和正反推力。

二、建构科学的指标体系是国际化法治城市建设的关键

深刻认识法治指标化对国际化法治城市建设的意义后，需要构建科学的法治指标体系，这是国际化法治城市指标化建设的关键、核心。

（一）国际化法治城市语境中“法治指标”建构的法理基础

当前法治城市建设指标存在差异的原因就在于割裂法治与法律的关系，背离“城市”的本旨。因此，科学构建国际化法治城市语境中的“法治指标”，需要以法治、城市等概念的内核为理论依据。

1. 一般语境中的“法治”

“法治”一词在今天被广泛使用，并作为一种美好的事物或目标而被寄予期待和厚望。但对于什么是法治，却一直存在争论。国外对法治的理解呈现三种学说。首先，法治意味着法律、对法律的态度。柏拉图说：“如果一个国家的法律处于从属地位，没有权威，我敢说，这个国家一定要覆灭；然而，我们认为一个国家的法律如果在官吏之上，而这些官吏服从法律，这个国家就会获得诸神的保佑和赐福。”[19]这段话常常被学者们解读为对法治内涵与意义的经典概括，但这段话实质仅强调了法律制度，以及法律至上权威，即对法律的态度。亚里士多德解释法治时说：法治就是已成立的法律获得普遍的服从，“邦国虽有良法，要是人民不能全部遵循，仍然不能实现法治”[20]。强调法律及人们对法律的服从态度。其次，法治意味着法律应有的态度和对法律的态度。戴雪提出法治的三原则，即没有事先的法律规定就不得惩罚、法律面前人人平等、个人的权利以一般法院提起的特定案件决定之[21]；哈林顿提出的法治保护自由、平等及财产权[22]；戴西（A. V. Dicey）认为“法治意味着普通法律的绝对至高或优越地位”[23]。这些观点提出了对法律的态度、法律应有的态度两大内容。再则，法治意味着法律、法律应有的态度和对法律的态度。现代《牛津法律大辞

19 张宏生、谷春德著：《西方法律思想史》，北京大学出版社1998年版，第12页。

20 ［古希腊］亚里士多德著：《政治学》，商务印书馆1981年版，第119页。

21 ［英］汤姆·宾汉姆著：《法治》，中国政法大学出版社2012年版，第3页。

22 ［英］詹姆斯·哈林顿著：《大洋国》，商务印书馆1963年版，第20页、第37页、第104页。

23 转引自张千帆著：《西方宪政体系（上）》，中国政法大学出版社2004年版，第15页。

典》对法治作了这样的解释：法治“意指所有权威机构、立法、行政、司法及其他机构都服从于某些原则。……如正义的基本原则、道德原则、公平和合理诉讼的程序的观念，它含有对个人的至高无上的价值观念和尊严的尊重。……法治的内容是：对立法权的限制；反对滥用行政权力的保护措施；获得法律的忠告、帮助和保护的大量的和平等的机会；对个人和团体各种权利及自由的正当保护；以及在法律面前人人平等”[24]。这种解释明确了法治包括法律制度及其运行、对法律的态度、法律应当持有的态度或者说价值观等三大内容；并且具象化了后两大内容。

我国学者认为法治有多种含义，主要有：一是法治与人治、德治对应，是“治理社会的理论、原则、理念和方法”[25]，表征治国方略或社会调控方式，是法律在社会治理、国家治理中的至上作用。强调法治包括法律制度及其运行、对法律的态度。二是将法治表征一种依法办事的行为方式。法律体现出对行为指引的至上权威。强调法治是法律制度及其运行，以及人们对法律的态度。三是法治表征一种良好的秩序状态。同样强调人们对法律及其在建构社会秩序中的态度。四是法治是融会民主、自由、平等、人权、理性、文明、秩序、正义、效益与合法性等诸社会价值的综合观念[26]，表明了法治的人权价值。这是法律应当持有的态度。四个层面的意义紧密联系，即法治的人权价值是基础、原因；正因为法治具有人权价值，才将其作为治国方略；通过依法办事，最终形成良好的法治结果，法治的人权价值也才得到实现。法治的人权价值是法治不同含义的基础和最终归宿。因此，法治是具有强烈价值观的概念。另外，前三种主要是指法律制度及其运用、对法律的态度，第四种是指价值观，是法律应持有的态度。

近年来，我国理论法学界提出了法治精神的概念。“法治精神是法治的思想内核，是法的价值的体现，是法治思考凝聚而成的思想精华，是法治实践必须奉行的基本原则”[27]，是法治的宗旨、主要意义，即对法律的态度和法律所持的态度。

因此，借鉴上述对法治的理解，法治包含的基本内容应当是法律及其运行、法治精神，以及法治精神对其他规则及其运行的引导。从结构上来说，法治包括诸多要素（见图1）。一是法治意味着以法律及其运行为基础，即“薄”法治；二是对法律的态度主要是宪法法律至上；三是法律应持有的态度主要包括

24 ［英］沃克著：《牛津法律大辞典》，光明日报出版社1989年版，第790页。

25 李步云著：《法制民主自由》，四川人民出版社1985年版，第153－154页。

26 张文显著：《法哲学范畴研究》，中国政法大学出版社1993年版，第289页。

27 卓泽渊：《法治精神应体现法的价值并指导实践》，载《法制日报》，2007年8月31日。

讲法理、讲证据、讲程序、权力制约、程序正当等技术性观念，以及人权、民主、自由、平等、公正、正义、公平等价值性观念；四是法治精神指导下的其他规则。四个层面构成了“厚”法治。

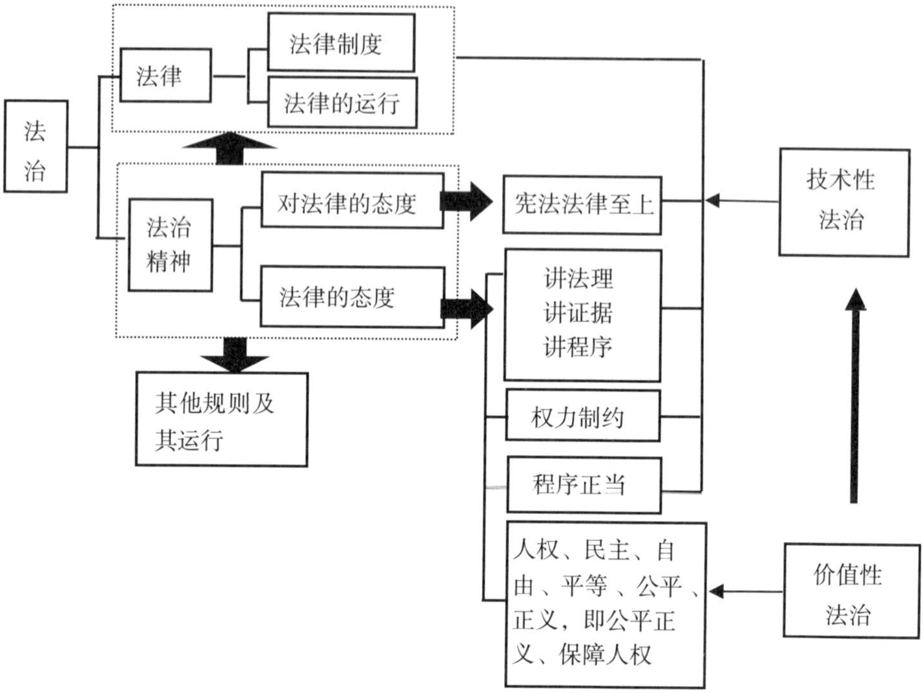

图1 “厚”法治的结构

从法治结构要素之间的关系来说，法治精神体现在法律中，法律运行必须在法治精神指引下进行，从而确保法律制度及其运行都良善。而法治精神不仅决定法律及其运行，而且决定了其他规则及其运行，如党内法规、社会自治规则中也贯彻和体现法治精神，从而形成法治社会。从法治发展来说，法治是人类在国家治理、社会治理中一直追求的理想状态，但法治的最高境界是什么？比如，权力制约，将公共权力限制到何种程度才是最高的法治境界？其实不同时代、不同发展阶段的社会、国家、区域，法治的最好境界是适合当时、当地的建设。因此，法治没有最高的境界，只有更好的境界；法治建设应当有区域特色和阶段特色。

2. 一般语境中的“城市”

在不同的语境中，城市有不同的内涵，有人工环境论、人口集中论、文化集中论、经济集中论和综合论。从社会学来说，城市是一定区域范围内政治、经济、文化、宗教、人口等的集中之地和中心所在，并伴随着人类文明的发展而形成的、有别于乡村的高级聚落。这种定义的“城市”地理边界模糊。而法律将城市的地理边界明确化，城市是指城市规划区的范围和城市行政权力所管辖之范围。

一般语境中的“城市”应当是社会学语境中“城市”与法律语境中“城市”的结合。法律语境中的“城市”体现出明确的地理、法律范围与边界，而社会学上的“城市”体现本质，从而使得“城市”具有不同于“乡村”的特别意义。以成都为例，成都作为城市，位于中国西南地区，四川盆地西部，包括12个区、3个县和5个代管县级市，常住人口1600余万人，四川省省会城市，四川省经济、政治、文化中心，国家重要高新技术产业基地、商贸物流中心和综合交通枢纽，西部地区重要的中心城市。其中的“12个区、3个县和5个代管县级市”体现出法律语境中的城市，四川省会、经济、政治、文化中心等其他内容体现了社会学上的城市内涵。

如果上述对城市的理解是静态化的，那么，从动态来理解城市，每个城市都有不同的发展阶段和发展的定位。同样以成都市为例，2016年成都市着力“打造西部经济核心增长极、建设现代化国际化大都市”。2017年12月，成都市确立了新时代“三步走”战略目标：第一步，到2020年，基本建成全面体现新发展理念国家中心城市；第二步，从2020年到2035年，全面建成泛欧泛亚有重要影响力的国际门户枢纽城市；第三步，从2035年到21世纪中叶，全面建设现代化新天府，成为可持续发展的世界城市[28]。以上鲜明地表达了成都定位于“国家中心城市”和“国际门户”“世界城市”的发展目标。因此，基于现有发展阶段和目标定位于“国际化城市”，“城市”应当呈现国内与国际性相结合的特点。

3. 国际化法治城市语境中的“法治”

无论是法治城市“抽象建设观”，还是“指标建设观”和“特色建设观”，都没有摆脱一般法治的理解。而实际上，法治与城市相互影响、相互作用、相互制约，使得法治城市语境中的“法治”已不同于一般语境中的“法治”，而呈现城市的特点。随着一些城市日益国际化，在全球政治、经济、文化等影响力日益增强，作为治理现代化的重要模式——法治与国际化城市相互影响、相互作用、相互定义，国际化法治城市语境中的“法治”呈现出国内与国际相结合特点，如与外国企业的经济交易日益频繁，与外国的文化交流增多，在城市居住、工作的外国人增加等；也因此使得法治治理的领域包括城市区域国内外因素的政治、经济、文化、社会民生和生态事务等。

28 蒋君芳、史晓露、张守帅：《成都三步战略》，载《四川在线》2017年12月11日。

（二）国际化法治城市语境中法治指标体系建构的基本原则

法治与国际化城市相互定义的法治指标体系的建立应当遵循主客观相结合、宏观与微观相结合、专业参与和公众参与相结合等基本原则。

首先，主客观相结合原则，即法治指标应当充分体现出客观的法治状态与相应的主观法治状态。客观法治状态主要包括法治城市建设主体的行为及其效果。而主观法治状态主要包括主体行为的动机、目的，对行为效果的主观认知与评价等。“理想的方法，应该是把人们的主观感受指标和客观数据结合起来”。因此，主客观相结合，才能准确把握城市法治建设的动机、目的、目标与行为、行为结果及其之间的关系，从而揭示客观法治与主观法治统一的实现程度。

其次，专业参与和公众参与相结合。“法治水平如何，最终要看公众是否满意。法治需要合力，需要公众参与。法治离开公众参与是没有前途的”[29]。多元主体参与的法治更应如此。而多元参与中，根据参与水平的不同，可以分为专业参与和公众参与。专业参与是指法治建设相关的法学者、专业人士等的参与。而公众参与是指除了专业参与以外的人的参与。专业参与是确保法治指标的深刻、高标准；而公众参与是确保法治指标的公众认同性、良善性。二者相结合，确保指标既具有高标准的专业性，又具有公众的普遍认同性。因此，法治指标体系设计也应当体现专业参与和公众参与相结合。

最后，定性与定量相结合。从学理及经验上看，法治指标体系需要定性与定量相结合。定性分析“充分发挥人的主观意图去评判影响指标的价值”，“定量研究更多的是整体性描述与比较”，也“可以集中于特定问题甚至个案问题，从而有助于法治评估的深入剖析”[30]。概言之，定性分析建立法治指标的广度，而定量研究建立指标的深度。二者有机结合，才能确保法治指标在广度与深度方面的科学性。

（三）国际化法治城市语境中法治指标体系的内容

以法治、国际化城市的内涵为依据，根据主客观相结合、专业参与和公众参与相结合、定性与定量相结合等基本原则，结合国际化城市的目标，设计下列表1的国际化法治城市语境中的法治指标体系。

29　钱弘道：《中国法治评估的兴起和未来走向》，载《中国法律评论》2017年第4期。

30　邱成梁、李志强：《迈向实践立场的法治评估指标体系及其方法论》，载《山东社会科学》2017年第8期。

表 1　国际化法治城市语境中的法治指标体系

法治					国际化城市						
一级指标	二级指标	三级指标	四级指标		区域		领域				
			指标	说明	国内	国际	政治	经济	文化	社会民生	生态
法律制度及其运行92	科学立法22	民主立法8	党的领导、党内法规等		√	√	√	√	√	√	√
			立法提案来源广泛	来源越多，表明民主性越强。	√		√	√	√	√	√
			提案获得立案率高	获得立案表明民主的质量，立案越多，表明民主质量高	√		√	√	√	√	√
			立法公众参与人数与人次占总人口比	参与人数、人次越多，表明立法的民主科学越强	√		√	√	√	√	√
			公众正式参与方式比例高	参与方式有正式和非正式，正式的如听证、征求意见等，而非正式的即不按照程序、制度而表达意见，如对立法私人间议论，但不依程序正式向有关机关表达。	√		√	√	√	√	√
			……	……							
		法律及时性3	……	……							
			国内法是否及时与国际方面的法、惯例衔接	国际化城市的体现，及时对接国际方面的法律法规	√	√	√	√	√	√	√
		法律完善度9	……	……							
			国内法与国际方面法很好地融合、衔接	国内外对接的质量	√	√	√	√	√	√	√
			……	……							
			本国人与外国人得到同等保护	根据国民待遇原则，本国人、外国人一样保护，包括外国人不享有比本国人更多的优待；本国人不享有比外国更多的优待。一视同仁是国际化城市的基本标准	√	√	√	√	√	√	√
		公众认同度3	公众参与立法的积极性（行为）高	积极性越高，表明对科学立法程序及立法质量的认同度越高	√		√	√	√	√	√
			公众对法律的评价（主观）积极	公众对法律评价越肯定，越表明对法律的认同	√	√	√	√	√	√	√
			公众对法律的信任	越信任，表明越愿意通过法律规范自己和他人行为	√	√	√	√	√	√	√
	……	……	……	……							

续表

法治精神（法治文化）15	内容6	价值2	人权保障充实		√	√	√	√	√	√	√
			公平正义得到充分维护		√	√	√	√	√	√	√
		技术4	宪法法律至上		√	√	√	√	√	√	√
			权力制约		√	√	√	√	√	√	√
			程序正当	包括如国际仲裁程序的正当等	√	√	√	√	√	√	√
			讲证据		√	√	√	√	√	√	√
	法律以外其他规则及其运行9	规则数量与质量5	规则有无	国内的市民公约、社区自治章程、社会团体章程、单位规章等；国际的国际惯例、国际同业公会章程、国际工程承包合同主要条款等	√	√	√	√	√	√	√
			规则覆盖率高		√	√	√	√	√	√	√
			规则公平、正义，保障人权		√	√	√	√	√	√	√
			规则体系化		√	√	√	√	√	√	√
			规则稳定性、连续性强		√	√	√	√	√	√	√
		规则遵守与执行4	规则至上性	不是与法律比较，而是与其他如个人情感等相比较	√	√	√	√	√	√	√
			讲证据、程序正义、权力制约		√	√	√	√	√	√	√
			违反规则承担责任		√	√	√	√	√	√	√
			平等遵守和执行	如公众遵守市民公约、社区自治、社会团体章程、单位规章等，单位或相关组织执行规则	√	√	√	√	√	√	√

1. 法治指标

对于“法治”，建构了“2－6－19－108 指标体系”。设计了法律制度及其运行、法治精神 2 项一级指标。对法律制度及其运行，设计了科学立法、严格执法、公正司法、全民守法 4 项二级指标。法治精神下设计了法治精神的内容、其他规则及其运行 2 项二级指标，共有 6 项二级指标。二级指标下，又设计了 19 项三级指标、108 项四级指标。因本文主旨所限，表 1 仅作了部分列举。

其中，对科学立法设计了立法的及时性、立法的公众参与和民主性、法律制度完善、公众认同 4 项三级指标，下设 23 项四级指标。立法的及时性主要测评法律制度能否及时为社会实践提供保障；公众参与和民主性主要测评在法律制度完善的过程中，公众对法律制度的完备、完善性的影响和公众参与法治城市建设的自觉性；法律完善性主要测评是否有相关法律制度和相关法律制度能否实现法治城市目标；公众认同主要测量法治城市法律制度的主观效果，即是否得到公众的接受与认可。

对于严格执法，“有限政府与有效政府，是法治国家与市场经济对政府职能与功能定位的两大要求。建设法治和高绩效的政府，是21世纪中国政府建设的重要目标”[31]。因此，法治城市建设中依法行政中，以严格执法、公正执法、有限政府、廉洁政府、高效政府、公众认同为三级指标，下设33项四级指标。严格执法主要测评政府是否严格依法之权限、程序合法行政；公正执法主要测评政府执法的合理性；有限政府主要测评政府权力是否受到法律约束，是否在法定权限内行政；廉洁政府主要测评政府城市建设中能否依法保持公正、公平；高效政府主要测评政府能否有效实现法治的目的与城市治理的目标。公众认同主要测评政府依法行政的主观效果即是否得到了公众的接受与认可。

对于公正司法，设计了司法公正、公众参与、执行、公众认同4项三级指标，下设27项四级指标。司法公正测评司法是否符合法律规定、程序和实体是否公正；公众参与测评司法客观公正是否转化为主观公正；执行主要测评司法判决是否得到执行，权利是否切实得到保护；公众认同主要测评司法公正的主观效果，是否得到了公众的接受与认可。

对于全民守法，设计了普法行为和公众守法2项三级指标，下设10项四级指标。普法行为测评普法活动进行的状况；公众守法测评普法活动的结果，是否促进了公众自觉遵守法律。没有设计公众认同指标是因为公众守法指标本身就表达了公众的认同。这里的公众包括本国人和居住、工作在城市中的外国人。

对于法治精神或法治文化，设计了内容和其他规则及其运行2项三级指标，下设15项四级指标。在内容指标下设计了价值、技术2项三级指标。价值性主要测评公平正义、人权保障是否实现；技术性主要测评法律是否至上。其他规则及其运行下设计规则数量与质量、规则遵守与执行2项三级指标，主要测量在法治精神在其他社会生活中是否得到体现和遵守。

2. 国际化城市指标

对于“国际化城市”，基于城市发展阶段与发展目标，设计了区域和领域两部分。区域即设计了国内指标与国际指标。国内指标都涉及“法治”的所有方面，而国际指标则主要涉及除科学立法外的其他法治指标。一个定位于国际化的城市，意味着法治指标中的依法行政不仅遵循国内法，还必须遵循国际规则，司法、守法与法治文化都会涉及国际规则。国际规则包括国际公法、国际私法、

---

31 李文彬、李渝：《以法治评价和政府绩效评价推动全面发展——“法治指数、政府绩效与区域全面发展研讨会暨青年论坛”会议综述》，载《中国行政管理》2017年第5期。

国际经济法、国际贸易法、国际金融法、国际投资法、国际仲裁法等国际规范，以及国际惯例等。治理领域是指城市活动所涉及的社会关系，可以分为政治、经济、文化、社会民主与生态治理五个方面。因此，国际化城市的治理活动也可以概括为这五个方面，但其中可能涉及的人包括本国人以及外国人。

3. 国际化法治城市语境中的法治指标体系

法治指标与国际化城市指标相互影响、相互作用、相互定义，形成网络状的国际化法治城市的法治指标体系（见表1），体现出如下特点：一是法治内容扩展到包括国际规则，如法律及时性要求“国内法及时与国际方面的法、国际惯例衔接”，法律完善性要求“国内法与国际方面法很好地融合、衔接”；规则至上性要求对国际惯例、国际同业公会章程、国际工程承包合同主要条款等的遵守；公众认同、公众守法的“公众”包括居住、工作在城市中的本国人和外国人。二是法治治理领域包括国际化城市的政治、经济、文化、社会以及生态等，如对外国人的治理、对外国企业经济行为的依法管理等。这些体现出“法治”的国际性指标，并且“国际性指标”必须坚持、遵循我国的“公共秩序保留原则”。

三、指标化模式是国际化法治城市建设的方法保障

明确了国际化法治城市语境中的法治指标体系，那么，如何运用这个法治指标体系推进国际化法治城市的建设呢？要完成指标体系规定的内容并达到相应目标，需要以方法作为保障。

（一）明确国际化法治城市建设的指标化内容

长期以来，在法治城市建设中，忽视国际法律法规、国际惯例等国际规则的创制、适用、学习与遵守。在制定国内法时，也常常忽视与国际规则的衔接。而国际化法治城市语境中的“法治”指标体系明确了国际法治城市建设的具体内容包括国内规则和国际规则，因此应当明确国际化法治城市建设的指标内容不仅包括国内法，还包括相关国际规则。法治治理主体不仅包括居住、工作在城市的本国人，也包括外国人。其中，突出国际性表现在立法中，国内法及时与国际规则衔接、融合，本国人与外国人得到同等保护。严格执法、公正司法包括对本国人和外国人同样严格、公正，尤其是对本国人与外国人执法平等、适用法律平等；对国际规则的尊重。申请外国承认和执行、外国申请承认和执行。全民守法的“全民”包括本国人和外国人。“公众”对法律、对行政、司法的认同包括本国人和外国人的认同。法治精神指标下包括本国规则和国际规则。

这里强调国际化法治城市建设的国内规则与国际规则，治理的本国人与外国人，并不是说仅限于这些内容，而是说需要适当突出这些长期被忽视的内容。同时，需要通过法治对政治、经济、文化、社会民生、生态事务治理的内容进行针对性建设。

（二）主体广泛参与国际化法治城市建设

国际化法治城市语境中的法治指标体系明确了法治指标及其对应的主体，其中，立法主要指城市的地方立法机关，同时也包括参与立法的公众。严格执法主要是国家行政机关的行为规范，公正司法主要指司法机关的行为，而守法、法治文化则是一切国家机关、社会组织、公众、企事业单位等主体的义务，其中的公众包括居住、工作在本城市的本国人和外国人。

因此，指标化的国际化法治城市建设有不同主体的明确分工，要求各主体承担各自的职责、义务。比如，居住、工作在城市的本国人、外国人都要积极学习、遵守国内规则和国际规则，积极依法参与城市的治理活动。行政执法机关、司法机关对外国人与本国人要坚持平等执法、平等适用法律。同时，主体之间还要相互配合，一方面，本国人、外国人都要积极学习、遵守国内规则和国际规则；另一方面，法治宣传教育机关为本国人、外国人提供同等的受法治宣传教育的机会。因此，国际化法治城市建设不仅仅是公共机关的事情，而且也是公众等各主体共同的事业。各主体应当根据指标的指示，广泛参与国际化法治城市建设。

（三）指标化模式推进国际化法治城市建设

通过法治指标推进国际化法治城市建设可以有两种模式：一种模式是法治指标具体建构了国际化法治城市建设的内容与目标，因此相关部门、公众等国际化法治城市建设相关主体自觉对照法治指标，进行相应的建设，此为“自觉模式”。另一种模式是运用法治指标对目前的国际化法治城市建设现状进行评估，找到差距，根据不同指标的指引，发挥优点，弥补短板，并明确各部门、相关主体的法治建设职责或任务，此为“驱动模式”。

显然，自觉模式是各主体包括立法机关、政府部门、司法部门、公众、企事业单位，或者本国人、外国人，能够充分发挥自觉性、主动性，自觉对标法治指标，主动改进、规范自己的行为活动。但各主体是否有这样的自觉性、主动性？而驱动模式则是在发挥法治指标的科学认知、激励、监督、评价功能，充分激发主体的自觉性、主动性的同时，赋予其职责或义务、外在监督等外在压力、推动力。国际法治城市建设的理想是自觉模式，但更现实的是驱动模式。

国际化法治城市建设的指标化驱动模式意味着，第一，需要运用法治指标体系对国际化城市的法治现状进行评估。客观、公正的评估在目前法治城市建设现状下对于推进法治城市建设尤为重要。因此，应当综合运用内部评估、社会评估、第三方评估等多种方式，以更科学地认定国际化城市的法治现状与目标的差距。

第二，科学运用法治评估方法。国际化法治城市的法治评估可以采取社会学、管理学的定性、定量方法。定性、定量评估决定主要手段是通过问卷调查、个别访谈、观察法等获取数据，法治评估也不可缺少文献调查法，即对当前国际化城市法治建设的相关文献进行梳理。通过上述方法，形成四大类型的数据，即调查和统计的数据、资料文献的分析数据、专家投票获得的数据、公众调查的数据。同时，科学选取调查对象。调查对象即样本的选取应当遵循利益相关性与普遍性相结合原则，国际化法治城市中还需要特别选取外国人。选取调查样本时，不同样本的权重应当不同，如利益相关者应当比非利益相关者的权重更大，利益相关度越大，权重也应当越大。

第三，科学组织法治评估。法治评估的实施，需要有相应的组织者、实施者、活动开展过程与组织程序等。一般来说，法治评估程序包括：拟定评估方案，包括评估目的、评估组织者、评估实施者、方法、保障条件等；评估指标的拟定、选取，需要根据评估的目的与类型、被评估者等对表1的指标体系进行必要的修正；评估方法的选取，包括问卷问题设计与调查样本的确定、个别访谈提纲与对象的确定、文献调查的范围与资料收集方法等；评估的实施，即实施调查、访谈等，汇总调查、访谈数据和文献调查数据，进行数据总结、分析，以及为社会治理法治建设提供的借鉴；撰写评估报告。

第四，科学撰写法治评估报告。国际化城市的法治评估不仅仅是行为过程，更重要的应是评估的结论即评估报告，其内容应当包括各项指标的数据，揭示的信息，各项指标之间的关系。通过对评估数据的总结、分析，揭示法治建设的现状，并对法治建设提出建议，通过评估找到差距和原因，提出相关建议。

第五，运用法治指标评估推进国际化城市法治建设的进一步发展。一方面，社会公众通过法治评估的结果，可以对国际化城市的法治建设现状进行评价，并监督相关主体加强法治建设，这是公众行使监督权的重要依据。另一方面，国际化城市的法治建设者通过法治评估的结果，对城市法治建设现状有清楚的认知，从而厘清自身的行为与公众所期待的法治城市之间的差距，明确自身改进的方向、内容，以及目标，并积极改进和完善，从而形成监督与自觉的相结合的国际化法治城市建设模式。

英国合同法中可预见性规则的矫正适用及其对我国司法裁判的启示

黎　珞*

【内容提要】 可预见性规则作为限定违约损害赔偿范围的传统路径，多年来一直受到英国学界的诟病。英国普通法自 The Achilleas 案以来创设责任承担规则作为对可预见性规则的限制规范，主张结合合同特性、商业背景或交易习惯等因素对合同进行补充解释，得出更接近当事人合意的损失赔偿额。可预见性规则与责任承担规则的理论基础均是遵循当事人合意来确定损失赔偿数额，前者属于法律的一般化推定，后者是依据相关要素对合同进行补充解释作业；当法律一般化推定的结果与补充解释的结论不符时，再利用后者对损失赔偿数额进行调整。我国司法裁判应借鉴责任承担规则调整损害赔偿范围，在运用可预见性规则的基础上结合《民法典》第 510 条来确定损失赔偿额。

【关键词】 可预见性规则　责任承担规则　当事人合意　合同补充解释

引言

可预见性规则（the foreseeability rule）作为限定违约损害赔偿范围的重要途径，是由学者 Dumoulin 从查士丁尼法学文献中抽象而来，之后再由法国法学家 Pothier 确立；[1] 在被《拿破仑法典》采纳之后，比利时、意大利、葡萄牙等国

---

* 黎珞——英国伦敦国王学院法律学院助理研究员，主要研究领域：民法总论、合同法、保险法。本文系司法部 2018 年度国家法治与法学理论研究项目（项目编号：18SFB3036）的阶段性成果。

1　Adam Kramer, *An Agreement – Centred Approach to Remoteness and Contract Damages*, Nili Cohen & Ewan McKendrick (eds), *Comparative Remedies for Breach of Contract*, Hart Punishing, 2005, p. 249.

借鉴法国民事立法，相继承认了该规则；同时，可预见性规则也深远地影响了普通法系，最早于1806年被英国法学家在著述中引用，美国法院则在19世纪上半叶直接将Pothier确立的规则作为裁判依据，从而使该规则在美国推广开来。[2]时至今日，除了德国、奥地利、希腊等少数国家采纳相当因果关系理论以外，可预见性规则几乎被大陆法系和英美法系所有国家采用。[3]事实上，即便是放弃该规则的《德国民法典》在定义债务关系中“所失利益”概念时，亦使用了可预见性规则的经典构造——区分一般情事与特别情事以及借鉴极大可能性概念。[4]不仅如此，《联合国国际货物销售合同公约》（CISG）、《国际商事合同通则》（PICC）与《欧洲合同法原则》（PECL）等国际条约也明确采用了可预见性规则。[5]由此可见，该规则已被世界大多数国家及国际组织接受。

在英国普通法中，可预见性规则亦被称为损害赔偿的远隔性规则（The Remoteness Rule），自1854年以来经历了一个多世纪的发展与变化。最初由Hadley v. Baxendale案确立了可预见性规则的基本架构；[6]通过Victoria Laundry（Windsor）v. Newman Industries案确立了合理当事人预见标准（a reasonable man）与巨额赔偿矫正规则（the conjectural sum）；[7]依据The Heron Ⅱ案，澄清了损害在大多数案件中发生才属于可预见的极大可能性标准（in the great majority of cases）；[8]通过Parsons（Livestock）Ltd. v. Uttley Ingham & Co.，Ltd. 案建立只需预见损害的种类而不是具体数额的原则（“type but not extent” principle）。[9]即便如此，英

2 Franco Ferrari, *Comparative Ruminations on the Foreseeability of Damages in Contract Law*, Louisiana Law Review, Vol. 53, 1993, pp. 1264－1265.

3 ［德］克里斯蒂安·冯·巴尔、埃里克·克莱夫主编：《欧洲私法的原则、定义与示范规则：欧洲示范民法典草案（第三卷）》，徐胜强等译，法律出版社2014年版，第806－808页。

4 《德国民法典》第252条：“待赔偿的损害也包括所失利益。按照事物的惯常运行或根据特别情事，特别是根据所做准备和所采取得预防措施，能够以极大的可能性期待得到的利益，视为所失利益。”《德国民法典》，陈卫佐译，法律出版社2015年版，第88页。

5 Djakhongir Saidov et al., *Law of Damages in International Sales: The CISG and other Instruments*, 1st edn, Oxford: Bloomsbury 2008, p. 101.

6 英国普通法根据Hadley v. Baxendale案确立了可预见性规则包括两个细分规则：（1）对于违约在一般情形下导致的损害（according to the usual course of things），法律推定当事人都可以预见，被告应予赔偿（the first limb）；（2）对于违约导致的损害在特殊情形（special circumstances）具备时才会发生，只有被告从原告处获知该特殊情形，原告才能获得赔偿（the second limb）。See Hadley v. Baxendale（1854）9 Ex. 341, para. 355－356.

7 Victoria Laundry（Windsor）v. Newman Industries［1949］2 KB 528（CA）.

8 Koufos v. C Czarnikow Ltd.（The Heron Ⅱ）［1969］1 AC 350（HL）.

9 Parsons（Livestock）Ltd. v. Uttley Ingham & Co., Ltd.［1978］QB 791（CA）.

国学者对传统可预见性规则的批判依然不绝于耳。[10] 基于对这些缺陷的认识，在 The Achilleas 案中，英国上议院大法官 Hoffmann 与 Hope 在参考既往案例与相关学说的基础之上提出了责任承担规则（the assumption of responsibility rule），试图回归合同当事人对于损失承担的合意，从而提高损害赔偿范围的确定性。[11] 该规则在之后的案件中被进一步推广，被视为对传统可预见性规则的修正与重要补充。[12]

在我国民事立法中，可预见性规则原先规定于《合同法》第 113 条第 1 款，现已被《民法典》第 584 条[13] 沿用。然而，我国学界对可预见性规则颇有微词，有学者对其内容和判断标准存在分歧，[14] 还有学者认为该规则的内容与适用标准都亟须进一步细化，[15] 少数学者甚至赞同不再用可预见性规则限定损害赔偿的范围。[16] 另外，在可得利益赔付案件中，法官往往借助“确定性规则”来判断可得利益的赔偿范围。[17] 但究其根本，“确定性规则”不属于实体法规范，只是程序法对证明标准的规定，过于严格地适用该规则将导致受害方的可得利益无法获得补偿；[18] 更何况曾经严格适用该规则的美国法院已逐步接纳更为宽松

---

10 Andrew Tettenborn, *Hadley v Baxendale Foreseeability: a Principle Beyond Its Sell – by Date?*, Journal of Contract Law, Vol. 23, 2007, p. 120; Adam Kramer, *The New Test of Remoteness in Contract*, Law Quarterly Review, Vol. 125, 2009, p. 408; David McLaughlan, *Remoteness Re – Invented*, Oxford University Commonwealth Law Journal, Vol. 9 (2), 2009, p. 109; Lord Hoffman, *The Achilleas: Custom and Practice or Foreseeability?*, Edinburgh Law Review, Vol. 14 (1), 2010, p. 47; Mark Stiggelbout, *Contractual Remoteness, "Scope of Duty" and Intention*, Lloyd's Maritime and Commercial Law Quarterly, Vol. 1, 2012, p. 9; Hugh Davis, *The Problems with Amann: Would an Agreement – Centered Approach to Remoteness Benefit Australian Jurisprudence*, University of Western Australia Law Review, Vol. 42, 2017, p. 1.

11 Transfield Shipping Inc. v. Mercrator Shipping Inc. (The Achilleas) [2009] 1 AC 61 (HL).

12 Edwin Peel: *Treitel on The Law of Contract*, 14th edn, Sweet & Maxwell 2015, para. 20 – 111.

13 《民法典》第 584 条：“当事人一方不履行合同义务或者履行合同义务不符合约定，造成对方损失的，损失赔偿额应当相当于因违约所造成的损失，包括合同履行后可以获得的利益；但是，不得超过违约一方订立合同时预见到或者应当预见到的因违约可能造成的损失。”

14 叶金强：《可预见性之判断标准的具体化——〈合同法〉第 113 条第 1 款但书之解释路径》，载《法律科学》2013 年第 3 期；郝丽燕：《违约可得利益损失赔偿的确定标准》，载《环球法律评论》2016 年第 2 期；潘玮璘：《构建损害赔偿法中统一的可预见性规则》，载《法学家》2017 年第 4 期。

15 姚明斌：《合同法第 113 条第 1 款（违约损害的赔偿范围）评注》，载《法学家》2020 年第 3 期。

16 徐建刚：《规范保护目的理论下的统一损害赔偿》，载《政法论坛》2019 年第 4 期。

17 吴行政：《合同法上可得利益赔偿规则的反思与重构——从〈中华人民共和国合同法〉第 113 条适用的实证考察出发》，载《法商研究》2012 年第 2 期。

18 刘承韪：《违约可得利益损失的确定规则》，载《法学研究》2013 年第 2 期。

的证明标准。[19] 在此背景之下，借鉴英国普通法近年发展的责任承担规则或将有助于我国法官在违约赔付案件中得出更为准确的损失赔偿额，维护双方当事人的合法权益。本文首先将通过几个典型案例介绍责任承担规则在英国普通法中的发展，剖析英国学界对责任承担规则产生的质疑，并探讨如何兼顾适用可预见性规则与责任承担规则，然后结合最高人民法院的一则代表性案件分析责任承担规则在我国司法裁判中的具体运用，并阐述适用责任承担规则的必要性与可行性。

一、责任承担规则之引入：The Achilleas 案

The Achilleas 案在英国被视为颠覆传统可预见性规则的标杆案例，其确立的责任承担规则在之后的诸多判决中被法院广泛援引，[20] 探讨可预见性规则在英国的发展变化必须从此案件说起。本案从初审法院、上诉法院到英国上议院，历经三次审理，并在终审得以改判。有趣的是，上议院的五位大法官虽然一致同意撤销下级法院的判决结果、转而支持船舶承租人的诉求，但判决理由却可以分为两派，一派以 Rodger 法官为代表采用传统可预见性规则作出判决，另一派以 Hoffmann 法官为代表，引入责任承担规则调整因传统规则得出的不符合双方当事人期待的判决结果。通过本案也说明适用传统可预见性规则确实可能导致极为不确定的后果：对于相同的案件事实，初审法院、上诉法院与上议院法官在运用该规则时竟能得出截然相反的结论。

（一）案件事实与判决结果

在 The Achilleas 案中，船舶所有人与船舶承租人订立了一份船舶租赁合同，约定承租人应于 2004 年 5 月 2 日将该船只返还于所有人处。在 2004 年 4 月，由于船舶租赁市场价格上涨，船舶所有人预先与另一家公司订立船舶租赁合同，价格为每日 39500 英镑，并约定若该承租公司不能于 5 月 8 日开始使用预定船只，该公司有权解除租赁合同。因为第一个承租人的航程迟延，该船只无法于 5 月 8 日按时返港。之后由于市场价格下跌，为避免承租公司解除合同，船舶所有人同意按照新的市场价格变更租赁合同，双方以每日 31500 英镑达成协议。由于以降低的市场价格变更租赁协议使船舶所有人遭受巨额的经济损失，于是所有人提起诉讼，向迟延交船的承租人索要经济损失赔偿。船舶承租人承认由

---

19 ［美］E. 艾伦·范斯沃思：《美国合同法》，葛云松、丁春艳译，中国政法大学出版社 2004 年版，第 823 页。

20 James Edelman and others: *McGregor on Damages*, 20th edn, Thomson Reuters 2018, para. 8－175.

于迟延导致船舶所有人遭受损害，双方的争议焦点在于如何计算承租人应承担的损害赔偿数额。船舶所有人主张应以每日减少的租金 8000 磅乘以第二个租赁合同的租期 191 天所得总数作为赔偿总额，船舶承租人则主张以每日的差价乘以迟延交船的 9 天计算赔偿数额。

初审法院与上诉法院法官多数支持船舶所有人的主张，认为船舶所有人遭受的损失属于可以预见到的、迟延交船很可能导致的后果，依据 Hadley v. Baxendale 案确立的规则，应全额赔偿船舶所有人主张的经济损失。值得注意的是，初审法院有一位裁判员提出了不同意见，认为船舶租赁行业存在一项行业共识，即迟延赔偿应以价格差乘以拖延的时长计算，因而他本人支持承租人的诉讼主张。[21] 案件在上诉至英国上议院时发生逆转：虽然五位大法官分别适用传统可预见性规则和责任承担规则作为判决依据，但一致同意改判，采纳承租人主张的较低数额的计算方法。

（二）终审判决理由

在英国上议院五位法官中，Rodger 法官与 Baroness Hale 依据传统可预见性规则作出判决。Rodger 法官认为，在通常情况下双方当事人在合同订立时不能预见 9 天的迟延交船造成船舶所有人如此巨大的经济损失，船舶承租人所主张的经济损失主要是由于极度剧烈的市场波动造成的，如此大幅度的市场波动很反常，因而这类损失不可预见。[22] Baroness Hale 首先承认迟延交船导致所有人随后的租赁合约不能按时履行在合同成立时可以被双方当事人预见，但即便船舶所有人主张的损失可能被当事人考虑到，其发生的可能性也非常小，因此不满足可预见性规则中极大可能性标准，且该类损失的发生是由于极不寻常的市场波动导致的，无法被合理预见。[23]

Hoffmann 法官、Hope 法官与 Walker 法官则在传统可预见性规则的基础上引入责任承担规则，推翻适用可预见性规则得出的判决结果。Hoffmann 法官在参考相关判决和学术文献之后主张在考虑损害赔偿数额之前应先鉴别该类损失是否属于违约方同意承担的损失，如果违约方订立合同时没有考虑承担该类损失，该损失不应被纳入赔偿范围。[24] Hoffmann 法官认为，可预见性规则的本质是法律推定当事人愿意赔偿可以预见的损失，但如果依据合同文本、商业环境、特殊行业规范等因素解释合同发现，违约方不愿意赔偿该类损失，那么即使可以

21 Transfield Shipping Inc v. Mercrator Shipping Inc. （The Achilleas）［2009］1 AC 61（HL）, para. 66.
22 Transfield Shipping Inc v. Mercrator Shipping Inc. （The Achilleas）［2009］1 AC 61（HL）, para. 81.
23 Transfield Shipping Inc v. Mercrator Shipping Inc. （The Achilleas）［2009］1 AC 61（HL）, para. 90.
24 Transfield Shipping Inc v. Mercrator Shipping Inc. （The Achilleas）［2009］1 AC 61（HL）, para. 68.

预见也不应赔偿。在本案中，船舶承租人事先并不知道后续租赁合同的条款、租期等细节，该类损失无法被提前预估，说明承租人没有考虑承担所有人索赔的损失；另外，基于上文提到的初审法院裁判员引述的行业共识，也不应认定承担船舶所有人提出的巨额赔偿符合违约方的意愿。[25] Hope法官认为虽然必须承认，迟延交船属于船舶租赁合约经常遭遇的情形，且当事人可以预见迟延交船将会影响后续合同的履行，但问题的关键在于当事人是否有意愿赔偿船舶所有人主张的损失。Hope法官的判决理由指出，虽然市场波动造成的经济损失可以预见，但违约方事先不知道，也无法控制后续租赁合同的具体内容，所以不能认定违约方愿意承担因缔结后续合同带来的巨额损失。[26] 尽管Walker法官没有直接利用责任承担规则判定损害赔偿的范围，但他认为传统可预见性规则太过粗糙（too crude a test），不应完全依赖该规则得出结论。Walker法官认为最重要的是遵从合同当事人的意愿，即是否愿意承担该类损失，从而判决违约方不应对事先不知道内容的后续租赁合同承担赔偿责任。[27]

（三）案件评析

综合来看，采纳传统可预见性规则的法官承认当事人能够预见迟延交船可能导致后续租赁合同无法及时履行，但认为船舶所有人主张的损失过于巨大，发生可能性极小，且由市场波动引起，违约方难以预见。采纳责任承担规则的法官认为，由于当事人不知道后续合同的内容，从而推断当事人实际上没有考虑赔偿船舶所有人主张的损失，且根据船舶租赁行业的共识，令违约方承担该损失也不符合当事人的实际意愿。Hoffmann法官没有完全否认传统可预见性规则，只是认为该规则源于法律对当事人意思的推断，当推断不符合当事人的意愿时，应引入责任承担规则修正可预见性规则的结论。[28] 责任承担规则采纳的理论是，合同当事人在订立合同时已经将包括违约责任在内的合同风险因素考虑到合同对价之中，因此应尊重当事人风险分配的意思，并通过合同文本、商业环境、特殊行业规范等因素解释合同，揭示当事人对违约责任负担的意愿。[29]

以上判决的理由也说明了运用可预见性规则限定赔偿范围将导致不确定的法律后果。首先，对于市场波动是否可以预见的问题，Rodger法官和Baroness

---

25 Transfield Shipping Inc v. Mercrator Shipping Inc. （The Achilleas）［2009］1 AC 61（HL），para. 71.

26 Transfield Shipping Inc v. Mercrator Shipping Inc. （The Achilleas）［2009］1 AC 61（HL），para. 74.

27 Transfield Shipping Inc v. Mercrator Shipping Inc. （The Achilleas）［2009］1 AC 61（HL），para. 88.

28 Transfield Shipping Inc v. Mercrator Shipping Inc. （The Achilleas）［2009］1 AC 61（HL），para. 67.

29 Transfield Shipping Inc v. Mercrator Shipping Inc. （The Achilleas）［2009］1 AC 61（HL），para. 68.

Hale 认为不可以预见，[30] 但 Hope 法官却认为作为行业人员，当事人可以预见到市场行情变化。[31] 这说明对于同一因素是否能预见，法官拥有较大的自由裁量空间，可能作出不同的判断。其次，采用可预见性规则的两位法官认为，船舶所有人主张的损失过于巨大、发生概率很小，当事人无法预见，因而支持船舶承租人主张的赔偿额。然而，依据普通法判决确立的只需预见损失类型、无须预见损失数额的原则，[32] 既然判决支持承租人的主张，承租人与所有人主张的损害均为经济损失，本应视为同一类型，如果认为所有人主张的损失无法预见，显然自相矛盾。利用可预见性规则的同时，判决结果却有违可预见性规则，说明可预见性规则自身存在缺陷。

需要特别注意的是，三位采纳责任承担规则的法官都依据承租人不知晓后续租赁合同的内容，推断使其承担后续合同期限内全部损失将不符合当事人的意愿，因为一旦违约方知道该合同内容、知晓自己将面临的风险，将会采取措施规避该风险。[33] 对比著名的 Victoria Laundry（Windsor）v. Newman Industries 案，法官将原告错失的、包含巨额利润的合同视作可预见性规则里的特殊事实情形（special circumstances），认为被告事先不知晓该特殊情形，不应对原告遭受的该类巨额经济损失承担赔偿责任。[34] 同样是不知晓后续合同内容这一事实，此案将其视为传统规则里的特殊情形，The Achilleas 案将其视为推断当事人合意的要素。既然可预见性规则中的特殊情形与责任承担规则均注重维护当事人的意愿，有别于可预见性规则中的一般情形，说明传统可预见性规则实际上已经采纳了责任承担规则尊重当事人合意的内涵。责任承担规则与可预见性规则本质上并不冲突，只是前者更清晰地揭示了限定违约方赔偿范围的理论依据，即以合同当事人的合意为中心。

---

30 Transfield Shipping Inc. v. Mercrator Shipping Inc. （The Achilleas）［2009］1 AC 61（HL），para. 81 and 90.

31 Transfield Shipping Inc. v. Mercrator Shipping Inc. （The Achilleas）［2009］1 AC 61（HL），para. 72.

32 Parsons（Livestock）Ltd. v. Uttley Ingham & Co.，Ltd. ［1978］QB 791（CA）；Brown v KMR Services Ltd. ［1995］4 All ER 598.

33 Transfield Shipping Inc. v. Mercrator Shipping Inc. （The Achilleas）［2009］1 AC 61（HL），para. 71.

34 本案原告为洗染店的店主，与被告签订了购买较大功率锅炉的合同。由于被告迟延送达锅炉，导致原告无法及时开展业务，错过了不少商机。一类是普通顾客的洗衣合同，另一类是与政府部门订立的、包含巨额利润的染衣合同。根据案情，法官认为第一类合同损失可以预见，但被告无法预见第二类合同的巨额利润损失，判决不应全额赔偿该损失。See Victoria Laundry（Windsor）v. Newman Industries［1949］2 KB 528（CA）.

二、责任承担规则在后续案件中的发展

The Achilleas 案以后，英国法院时常在后续案件的判决中直接引用责任承担规则或解释应如何兼顾适用责任承担规则与传统可预见性规则，进而完善了责任承担规则的适用。

首先，虽然在 The Achilleas 案中法官利用责任承担规则排除了可以预见但当事人没有意愿赔偿的损失，在可预见性规则的基础上限缩了赔偿范围。然而，在 Supershield Ltd. v. Siemens Building Technologies FE Ltd. 案中，责任承担规则相反被用于扩张可预见性规则确定的赔偿范围。[35] 本案中，被上诉人与上诉人订立了一个承建合同，约定上诉人为被上诉人提供并安装一个喷水系统。然而，由于球阀与杠杆之间的系统故障，水从喷淋水槽泄漏，漫过了喷淋水槽外的防水隔间。一般情况下，当水泄漏到防水隔间时能够通过水管排出，不至于漫过防水隔间，破坏外面的电子设备。但不幸的是，当日水管堵塞，从喷淋系统泄漏的水漫过了防水隔间，给被上诉人造成很大的破坏。被上诉人要求赔偿，获得了法院判决的支持。Toulson 法官认为喷淋系统故障泄漏的水一般能通过水管排出，不会漫过防水隔间导致如此巨大的损失；系统故障与水管堵塞同时发生的概率很小，不满足可预见性规则对损失发生可能性的要求。Toulson 法官同时认为，虽然上诉人无法预见该损失，但当事人订立合同安装喷淋系统的目的就是防止水泄漏破坏设备，该类损失应属双方当事人愿意承担的赔偿范围，即使不能预见，上诉人仍然应该赔偿。[36] 对于责任承担规则与可预见性规则的关系，判决认为两者都应以当事人合意为基础，但后者属于法律推定的结论，不一定符合当事人的实际期待，应将两者共同用于限定违约赔偿的范围。[37]

其次，Sylvia Shipping Co. , Ltd. v. Progress Bulk Carriers Ltd. 案也承认责任承担规则属于对传统规则的修正，应被适用于部分特殊案例。[38] 本案中，船舶所有人将船租赁给承租人，承租人继而把该船转租于次承租人。因为船只发生故障，导致无法按时交给承租人，于是承租人也无法履行次租赁合同，转而签订了另一个次租赁合同，但此时租赁市场的价格已经下降。承租人向法院起诉，要求赔偿两个次租赁合同之间的利润差额，且以整个次租赁期间为时长计算，但船舶所有人主张只赔偿延期交船期间的利润差额。本案案情与 The Achilleas

35 Supershield Ltd. v. Siemens Building Technologies FE Ltd. [2010] 1 CLC 241 (CA), para. 253 – 254.

36 Supershield Ltd. v. Siemens Building Technologies FE Ltd. [2010] 1 CLC 241 (CA), para. 254.

37 Supershield Ltd. v. Siemens Building Technologies FE Ltd. [2010] 1 CLC 241 (CA), para. 253.

38 Sylvia Shipping Co. , Ltd. v. Progress Bulk Carriers Ltd. [2010] 1 CLC 470 (QB).

案十分相似，判决结果却截然不同，法院支持赔偿承租人整个次租赁合同期间可以获得的利润。原因是本案中的承租人可以预见次承租合同的租赁期间，该期间不会超过承租人与船舶所有人之间租赁合同的长度，因而承租人主张的损失不是极度无法量化、无法预估的。[39] 另外，本案中法官没有发现市场中存在要求按照迟延期限计算赔偿数额的行业规范。[40] 由此，Hamblen 法官判决认为，船舶承租人主张的赔偿数额事先可以被当事人预见，没有超出当事人合意承担的赔偿范围，不需要再利用责任承担规则予以调整。[41] Hamblen 法官也认为责任承担规则是对传统可预见性规则的补充，但该规则只适用于特殊的案件，如果传统规则得出的赔偿数额较大地超出当事人的预计、与违约方获得的合同对价不成比例，或者在市场行业规范看来，赔偿该损失有违当事人对责任分配的意愿，就需要利用责任承担规则限定赔偿范围；并且与上文评析 The Achilleas 案的观点相似，他也支持传统规则中的特殊情形作为判断违约方是否有意愿承担某类损失的事实依据。[42]

另一个肯定责任承担规则的案件是 John Grimes Partnership Limited v. Gubbins 案。[43] 被上诉人欲开发一块土地用于建设住房和道路，雇用上诉人设计该房屋建筑和获得政府审批。上诉人违约致使被上诉人不得不另行雇用其他人员完成建设项目，导致该项目完成日期比原计划晚了 15 个月。这期间由于市场行情波动，该项目市值下跌，被上诉人要求上诉人赔偿下跌的差价。法院判决支持被上诉人的诉讼请求，认为市场行情的波动是上诉人可以预见的，更何况在 15 个月的延迟时间里，14% 的价格浮动并不算大。[44] 对于新老规则的关系，David Keene 法官认为，在合同中没有明示条款规定违约责任时，通常合同存在一个暗示条款，约定违约方应赔偿可以预见到的、极可能发生的损失；但如果基于合同特性、商业背景或其他特别情形，表明当事人赔偿该损失不合理，则违约方不应赔偿该类损失。[45] 换句话说，一般案件中仅仅适用可预见性规则即可，特殊案件中才适用责任承担规则来调整损害赔偿的范围。

总之，责任承担规则已经被英国普通法承认，在部分案件中用于调整依据可预见性规则得出的不合理的损失赔偿额。责任承担规则一般在解释合同的基

39 Sylvia Shipping Co. , Ltd. v. Progress Bulk Carriers Ltd. [2010] 1 CLC 470 (QB), para. 487.

40 Sylvia Shipping Co. , Ltd. v. Progress Bulk Carriers Ltd. [2010] 1 CLC 470 (QB), para. 486.

41 Sylvia Shipping Co. , Ltd. v. Progress Bulk Carriers Ltd. [2010] 1 CLC 470 (QB), para. 489.

42 Sylvia Shipping Co. , Ltd. v. Progress Bulk Carriers Ltd. [2010] 1 CLC 470 (QB), para. 479.

43 John Grimes Partnership Ltd. v. Gubbins [2013] EWCA Civ 37 (CA).

44 John Grimes Partnership Ltd. v. Gubbins [2013] EWCA Civ 37 (CA), para. 308 – 309.

45 John Grimes Partnership Ltd. v. Gubbins [2013] EWCA Civ 37 (CA), para. 308.

础上，依据合同特性、商业背景或案件的特别情形确定当事人合意承担的赔偿范围；既可以用于酌减赔偿数额，也可以用于增加赔偿数额。

三、对责任承担规则的质疑与分析

The Achilleas 案曾引发英国学术界对责任承担规则的激烈争论，虽然近年来学界与实务界普遍赞同将责任承担规则作为案件的判决依据，使其成为传统可预见性规则的矫正规范，但仍然有学者对责任承担规则提出了质疑。

既然责任承担规则尊重合同当事人责任分配的意愿，在当事人意思自治的基础上确定违约方的赔偿范围就不可避免地会引发这样的疑惑：合同当事人订立合同时是否实际考虑或商议过如何承担违约责任，通过解释合同能否发现当事人这方面的合意？批评该规则的学者认为不仅很难发现足以证实当事人分配合同风险与违约责任的实质证据，而且合同当事人不一定考虑过应如何承担违约责任，以至于通过合同特性、商业背景或案件的特别情形解释合同以确定当事人的合意缺乏事实基础。[46] 另外，法院在可预见性规则之外再承认责任承担规则可能会消耗更多的司法资源，因为采纳可预见性规则作出的判决会被对其不利的一方当事人依据责任承担规则继续提出质疑。[47]

事实上，这些观点不是没有道理的。一方面，通常情况下，当事人在订立合同时最希望合同能够实际履行，甚至根本没有预料到会发生违约的情况；极有可能当事人在订立合同时完全没有考虑限定损害赔偿范围的问题，毕竟当事人不可能事无巨细地在合同中约定交易的所有内容。[48] 另一方面，在缺乏明示条款直接约定如何承担违约责任时，通过合同特性、商业背景或案件的特别情形等证据间接判断当事人约定的赔偿范围将会导致判决结果的不确定性，如就商业背景或对行业规范的理解来说就可能产生分歧。[49] 在 The Achilleas 案的一审判决中，尽管持反对意见的裁判员提出船舶运输行业存在的一项共识是迟延

---

46 Andrew Robertson, *The Basis of the Remoteness Rule in Contract*, Legal Studies, Vol. 28, 2008, pp. 178 – 179; Paul CK Wee, *Contractual Interpretation and Remoteness*, Lloyd's Maritime and Commercial Law Quarterly, Vol. 1, 2010, pp. 167 – 169; Mark Stiggelbout, *Contractual Remoteness*, *"Scope of Duty" and Intention*, Lloyd's Maritime and Commercial Law Quarterly, Vol. 1, 2012, p. 118 – 120; KW Lawson, *The Remoteness Rules in Contract: Holmes, Hoffmann, and Ships that Pass in the Night*, King's Law Journal, Vol. 23 (1), 2012, p. 15.

47 KW Lawson, *The Remoteness Rules in Contract: Holmes, Hoffmann*, and Ships that Pass in the Night, King's Law Journal, Vol. 23 (1), 2012, p. 26.

48 Andrew Robertson, *The Basis of the Remoteness Rule in Contract*, Vol. 28, 2008, pp. 178 – 179.

49 David McLaughlan, *Remoteness Re – Invented*, Oxford University Commonwealth Law Journal, Vol. 9 (2), 2009, pp. 135 – 137.

交船的赔偿应按照迟延时长计算，但其他大部分裁判员却提出律师与经纪人对该项行业共识的理解不同，不应采纳该项共识。[50] 这说明法官是否应采纳某项行业规范或交易习惯去解释合同的自由裁量权比较大。

然而，虽然存在以上对责任承担规则的合理怀疑，但对于准确理解该规则还有两点需要澄清。第一，英国合同法中既有涉及合同条款解释的规则（construction or interpretation），也有涉及漏洞填补的暗示条款规则（implication of terms）；前者是厘清对合同条文含义的理解以探寻当事人的意思，后者是填补合同漏洞以更好地反映当事人的意愿。对于两者的关系，Neuberger 法官曾在 Mark & Spencer plc v. BNP Paribas Securities Services Trust Co.,（Jersey）Ltd. 案的判决书中说，暗示条款规则应在解释合同之后运用，只有对合同条款理解之后才能填入当事人没有在合同中约定的条款，且不得与已存在的明示条款相抵触。[51] 有观点质疑 The Achilleas 案采用责任承担规则时没有指出具体解释合同本文的哪些语句能反映当事人不愿赔偿船舶所有人主张的损失，[52] 这其实是对 Hoffmann 法官适用方法的误解。可以看到，Hoffmann 法官在 The Achilleas 案中既使用了 construction 一词，又使用了 implication 一词，说明他认为该案需要在解释合同的基础上作损害赔偿范围的填入；[53] 并且，Hoffmann 法官曾说对当事人责任承担意愿的解释不是基于某些特定的语句，而是在商业背景下对合同整体理解所做的判断。[54] 这么说来，Hoffmann 法官运用的责任承担规则实质上是依据合同特性、商业背景、交易习惯等因素作出合乎当事人意愿的漏洞填补，也就是贴近当事人合意的推定，相当于我国学者采用的广义合同解释中的补充解释概念，[55] 而非对具体条文的理解。第二，正如上文提及的相关判决对责任承担规则的阐述一样，该规则不是一般化地运用于每个案件的裁判中，它只是在少数案件中用于纠正依据可预见性规则导致的不合理后果。[56] Hoffmann 法官本身

---

50 Transfield Shipping Inc. v. Mercrator Shipping Inc.（The Achilleas）[2009] 1 AC 61（HL）, para. 66.

51 Mark & Spencer plc v. BNP Paribas Securities Services Trust Co.,（Jersey）Ltd. [2016] AC 742（SC）, para. 756 – 757.

52 Paul CK Wee, *Contractual Interpretation and Remoteness*, Lloyd's Maritime and Commercial Law Quarterly, Vol. 1, 2010, p. 164.

53 Transfield Shipping Inc. v. Mercrator Shipping Inc.（The Achilleas）[2009] 1 AC 61（HL）, para. 71.

54 Transfield Shipping Inc. v. Mercrator Shipping Inc.（The Achilleas）[2009] 1 AC 61（HL）, para. 67.

55 韩世远著：《合同法总论》（第三版），法律出版社 2011 年版，第 708 – 711 页；崔建远主编：《合同法》（第五版），法律出版社 2010 年版，第 372 页。

56 Hugh Beale: *Chitty on Contracts*, 33rd edn, Sweet & Maxwell 2018, para. 26 – 144.

也主张该规则只能适用于某些特定行业，如银行业与船运业。[57] 本文认为，由于责任承担规则与可预见性规则本质上都是遵循当事人合意的产物，不应过度夸大责任承担规则的缺陷。责任承担规则的适用范围应受到限制，只有存在清晰、明确的事实，如当事人依据可能产生的违约责任而达成的议价条款、投保有关保险、拟定责任免除条款或存在足够明确的商业惯例与行业共识等因素时，法院才能适用责任承担规则调整可预见性规则确定的赔偿范围。[58] 相反，如果没有直接的事实证据用于填补损害赔偿的范围，就没有利用责任承担规则的必要。这样既可以发挥该规则的功能，又能够规避该规则适用中的不足。

从责任承担规则相较于传统可预见性规则的积极作用来看，传统可预见性规则主要存在以下两个方面的缺陷：第一，违约可能导致对某项损失的判断存在较大的主观性，因为多大程度的可能性才满足可预见性要求没有清晰的指导标准，不得不赋予法官较大的自由裁量权；[59] 第二，运用可预见性规则会导致可预见的损失不应赔偿、不可预见的损失应予赔偿的情况发生。[60] 对于前者，典型的例子是乘客事先告知出租车司机应准时到达，迟到将使他遭受巨额利润的损失；此时，虽然司机能够预见迟到的损害后果，但一般认为司机不应赔偿迟到导致的与他的收益不成比例的损失。[61] 对于后者，在 The Heron Ⅱ案中，法官引用的案例常被学界作为参考：虽然由于承包商疏忽导致其承建的法院天花板坍塌，给在场的人员造成损伤属于通常可以预见的后果，但如果坍塌发生于假期的晚上，该事故发生的可能性则微乎其微，显然不满足可预见性规则对较大可能性的要求；但即便如此，法官认为该损失应予赔偿，因为建造符合安全标准

---

57 Transfield Shipping Inc v. Mercrator Shipping Inc (The Achilleas) [2009] 1 AC 61 (HL), para. 67.

58 Adam Kramer, *The New Test of Remoteness in Contract*, Law Quarterly Review, Vol. 125, 2009, pp. 412 – 414.

59 Adam Kramer, *The New Test of Remoteness in Contract*, Law Quarterly Review, Vol. 125, 2009, p. 408; Lord Hoffman, *The Achilleas: Custom and Practice or Foreseeability?*, Edinburgh Law Review, Vol. 14 (1), 2010, p. 53; Hugh Davis, *The Problems with Amann: Would an Agreement – Centered Approach to Remoteness Benefit Australian Jurisprudence*, University of Western Australia Law Review, Vol. 42, 2017, p. 6.

60 Andrew Tettenborn, *Hadley v. Baxendale Foreseeability: a Principle Beyond Its Sell – by Date?*, Journal of Contract Law, Vol. 23, 2007, p. 122 – 125; David McLaughlan, *Remoteness Re – Invented*, Oxford University Commonwealth Law Journal, Vol. 9 (2), 2009, p. 113; Mark Stiggelbout, *Contractual Remoteness, "Scope of Duty" and Intention"*, Lloyd's Maritime and Commercial Law Quarterly, Vol. 1, 2012, p. 107 – 111; Hugh Davis, *The Problems with Amann: Would an Agreement – Centered Approach to Remoteness Benefit Australian Jurisprudence*, University of Western Australia Law Review, Vol. 42, 2017, p. 6.

61 Adam Kramer, *An Agreement – Centred Approach to Remoteness and Contract Damages*, Nili Cohen & Ewan McKendrick (eds), *Comparative Remedies for Breach of Contract*, Hart Punishing, 2005, pp. 269 – 270.

的工程是该合同的目的，赔偿屋顶坍塌造成的损失符合双方的合意。[62] 引入责任承担规则恰好弥补了以上缺陷，因为通过补充解释合同揭示当事人对损害赔偿范围的合意能够起到矫正法官运用自由裁量权导致的偏差，排除凭借可预见性规则得出的不合理的结论。例如，相较于巨额的商业利润，出租车司机只能收到小额的打车费用，即使商业损失可以被预见，司机也没有意愿承担乘客巨额的经济损失；但如果司机说，"为保证按时将你送到，我要收取十倍的打车费"，则表明司机已合理分配了合同风险，愿意赔偿乘客的经济损失。

综上所述，责任承担规则的实质是在解释合同的基础上将合同漏洞填补的方法用于确定违约方的损失赔偿额，从而更接近当事人对风险分配的合意、提升损害赔偿范围的准确性，其自身的不足也可以通过限制其适用范围而被有效规避。

四、我国司法裁判应借鉴责任承担规则限定损害赔偿的范围

虽然大部分案件通过可预见性规则能够得出合理的赔偿范围，但在少数案件中仍需要揭示合同当事人之间关于责任分配的期待，利用责任承担规则对赔偿范围予以调整。华锐风电科技（集团）股份有限公司（以下简称华锐公司）与肇源新龙顺德风力发电有限公司（以下简称新龙公司）买卖合同纠纷案即其中一例。[63]

2010 年 7 月 5 日，凯明（大庆）能源开发有限公司（系新龙公司的关联公司，以下简称凯明公司）与华锐公司签署《战略合作协议书》，约定双方为战略合作伙伴关系，凯明公司在大庆地区建设风电场优先选用华锐公司提供的风力发电机组。2010 年 9 月 5 日，华锐公司与新龙公司签署风电机组买卖合同，约定华锐公司向新龙公司提供 33 套风力发电机组，分别于 2011 年 7 月 1 日至 8 月 1 日供货 11 套，2011 年 8 月 1 日至 9 月 1 日供货 11 套，2011 年 9 月 1 日至 9 月 30 日供货 11 套。另外还约定了机组造价为 4520 元/千瓦。由于受市场行情影响，2010 年年底风电机组的价格出现大幅度下滑，新龙公司一直要求与华锐公司重新商议合同造价，双方一直处于协商过程中。2011 年 7 月 13 日，新龙公司向华锐公司发出《关于解除合同协议的通知》，华锐公司亦表明同意解除涉案合同。随后，华锐公司将已经生产完毕的 33 套风力发电机组转售于案外人，由于此时市场售价已大幅下跌，导致与涉案合同形成一定的转售差价。华锐公司请求判令新龙公司赔偿违约导致的损失。一、二审法院均判决新龙公司赔偿华锐

62 Koufos v. C Czarnikow Ltd. (The Heron Ⅱ) [1969] 1 AC 350 (HL), para. 417.

63 最高人民法院（2015）民二终字第 88 号民事判决书。

公司33套风电机组转售价格与原涉案合同之间差价的三分之一。本案的争议焦点是违约方新龙公司的赔偿数额应如何计算，一审中，黑龙江省高级人民法院认为合同解约时华锐公司仅应向新龙公司交付11套发电机组，新龙公司对解除合同所造成损失的预见范围是11套风力发电机组的差价；二审中，最高人民法院虽然没有明确指出11套风力发电机组的差价是违约方可预见的损失赔偿额，但认为华锐公司未善意回应新龙公司的协商，应兼顾双方利益平衡，酌情考虑应给予11套的差价赔偿。[64]

二审法官首先否定了情事变更的发生，认为风电机组价格下跌属于正常的商业风险，应适用《合同法》第113条第1款可预见性规则限定损害赔偿的范围。新龙公司的关联公司凯明公司不仅曾与华锐公司签订《战略合作协议书》，约定双方为战略合作伙伴关系，而且双方还签署了《风力发电机组买卖协议》，约定“当同类型机组市场价格低于4480元/千瓦的5%以上时，供货价格将由甲乙双方另行协商”[65]。这说明新龙公司事实上能够预见风力发电机组的市场价格可能下降，违约将对华锐公司造成损害。通说认为预见的时间点应是合同签订时，[66]既然判决否定了情事变更，那么可预见的范围应是33台机组的差价，何来只需赔偿11台的差价？即使新龙公司欲与华锐公司商议重新确定造价，华锐公司提前做好准备，在价格未商定前将机组生产完毕并没有过错，二审判决酌情确定损害赔偿的数额仅为11台机组的差价显然站不住脚。那么是否应依据可预见性规则判决损失赔偿额为33台机组的差价呢？

需要注意的是在新龙公司与华锐公司签订买卖合同的当日，华锐公司与新龙公司的关联公司即凯明公司签署《风力发电机组买卖协议》，约定“当同类型机组市场价格低于4480元/千瓦的5%以上时，供货价格将由甲乙双方另行协商”[67]。如最高人民法院作出的二审判决书所言，虽然该协议不能约束新龙公司与华锐公司之间的买卖合同关系，但两公司作为行业的专业技术企业，“对该行业交易中的惯常做法及对市场价格波动的处理方法是熟知并依此操作的，可作为认定新龙公司在同日与华锐公司订约时合理预见损失范围的参照因素。”[68]依据《最高人民法院关于适用〈中华人民共和国合同法〉若干问题的解释（二）》第7条之规定，交易习惯包括某地区、行业通常采用的且合同交易双方

64 最高人民法院（2015）民二终字第88号民事判决书。

65 最高人民法院（2015）民二终字第88号民事判决书。

66 胡康生主编：《中华人民共和国合同法释义》，法律出版社2013年版，第206页。

67 最高人民法院（2015）民二终字第88号民事判决书。

68 最高人民法院（2015）民二终字第88号民事判决书。

知道或应当知道的交易习惯与双方经常使用的交易习惯两大类。[69] 由于新龙公司与凯明公司之间的关联关系，且新龙公司自 2010 年年底以来一直希望与华锐公司重新商议合同造价，所以市场价格降幅过大时买卖双方将重新商议合同售价应视作双方都知晓的交易习惯。虽然双方当事人未依据明示条款约定损害赔偿的数额，但法官应斟酌该交易习惯对合同给予补充解释作业，得出更符合当事人合意的判决结果。[70] 由于双方期待在价格波动超过一定范围时再次商议合同售价，也就是说价格波动在 5% 以内双方都应遵守原合同，但超过 5% 就可以重新商议价款，所以双方赔偿的最大损失范围应为 33 台机组原合同售价 5% 的价款差额而不是全部的售价差额。本案价格波动超过 5%，作为违约方的新龙公司最多只需赔偿 33 套机组 5% 的差额。由此看来，责任承担规则能为法院确定违约损失赔偿额提供更为合理的依据，从而得出更接近当事人合意的判决结果。

凭可预见性规则确定的赔偿范围只是法律对当事人合意的一般推定，存在明显的逻辑漏洞。本文认为，我国司法裁判应运用责任承担规则作为可预见性规则的补充，主要包括以下两个方面的理由：

第一，弥补仅依赖可预见性规则限定损害赔偿范围的不足。通过上文的分析可以发现仅仅适用可预见性规则是不全面的，遗漏了通过合同补充解释得出更符合当事人合意的损失赔偿额这类情形。当合同缺乏明示条款约定双方的违约责任时，可以利用可预见性规则得出法律推定的赔偿范围，但如果该赔偿范围有违依商业背景、交易习惯等因素推断的当事人关于如何分担违约责任的合意，则应对法律一般化推定的赔偿范围再进行调整。相反，如果在合同缺乏明示条款时，忽略当事人对责任承担的期待，仅依赖可预见性规则确定损失赔偿额，可能会导致不合理的法律后果，且有违合同自由原则。以上华锐风电科技（集团）股份有限公司与肇源新龙顺德风力发电有限公司买卖合同纠纷案就属于应适用责任承担规则作出判决的典型案例。

第二，基于《民法典》合同编与司法解释中的相关条文，我国合同立法已具备运用责任承担规则的立法基础。首先，《民法典》第 470 条[71] 第 1 款第 7 项

---

69 《最高人民法院关于适用〈中华人民共和国合同法〉若干问题的解释（二）》第 7 条："下列情形，不违反法律、行政法规强制性规定的，人民法院可以认定为合同法所称'交易习惯'：（一）在交易行为当地或者某一领域、某一行业通常采用并为交易对方订立合同时所知道或者应当知道的做法；（二）当事人双方经常使用的习惯做法。对于交易习惯，由提出主张的一方当事人承担举证责任。"

70 韩世远著：《合同法总论》（第三版），法律出版社 2011 年版，第 708 – 711 页。

71 《民法典》第 470 条："合同的内容由当事人约定，一般包括下列条款：（一）当事人的姓名或者名称和住所；（二）标的；（三）数量；（四）质量；（五）价款或者报酬；（六）履行期限、地点和方式；（七）违约责任；（八）解决争议的方法。当事人可以参照各类合同的示范文本订立合同。"

明确规定违约责任属于合同的一般条款，可由当事人约定。该条文与《合同法》第12条的内容几乎一字不差，参考对《合同法》的权威解释，《合同法》第12条的立法目的源于法律对合同要素的规定属原则性规范，不可能兼顾各类合同的特殊情况，所以允许当事人自由约定违约责任。[72] 以此类推，由于法律不可能准确地衡量每一个具体合同的违约责任，在确定责任范围时有必要考量合同双方的合意，而不能仅仅依赖法律的一般化推定，这也正是责任承担规则产生的前提。其次，《民法典》第510条[73]规定当事人没有约定或约定不明的合同内容可以按照合同有关条款或者交易习惯确定。其中"合同有关条款"意指结合合同上下文，对合同内容进行体系解释，推定出当事人未明确约定的真意；[74]"交易习惯"则可以参照上文提及的《最高人民法院关于适用〈中华人民共和国合同法〉若干问题的解释（二）》第7条对交易习惯的定义，以确定合同当事人真实的意思表示。[75] 虽然《民法典》510条仅列明可以补充解释质量、价款、报酬、履行地点等合同的内容要素，但依据《民法典》第582条[76]之规定，违约责任没有约定或约定不明确时同样可以通过第510条确定。这说明违约责任也属于可以进行补充解释的合同内容要素，如在合同没有直接约定违约损害赔偿范围的情形之下，依据《民法典》第510条得出更接近当事人责任分配合意的损失赔偿额。并且《民法典》第833条[77]也规定，运输合同中货物的毁损、灭失的赔偿额也可以利用该法第510条确定。总之，《民法典》的上述规范均认可从合同整体或者交易习惯对合同作出补充解释以填补漏洞，这与Hoffmann法官采纳的解释方法可谓异曲同工，均提倡从合同整体与商业惯例方面确定符合当事人合意的损失赔偿额。

---

72 胡康生著：《中华人民共和国合同法释义》，法律出版社2013年版，第33页。

73 《民法典》第510条："合同生效后，当事人就质量、价款或者报酬、履行地点等内容没有约定或者约定不明确的，可以协议补充；不能达成补充协议的，按照合同相关条款或者交易习惯确定。"

74 最高人民法院民法典贯彻实施工作领导小组主编：《中华人民共和国民法典合同编理解与适用（一）》，人民法院出版社2020年版，第347－348页。

75 最高人民法院民法典贯彻实施工作领导小组主编：《中华人民共和国民法典合同编理解与适用（一）》，人民法院出版社2020年版，第348－349页。

76 《民法典》第582条："履行不符合约定的，应当按照当事人的约定承担违约责任。对违约责任没有约定或者约定不明确，依据本法第五百一十条的规定仍不能确定的，受损害方根据标的的性质以及损失的大小，可以合理选择请求对方承担修理、重作、更换、退货、减少价款或者报酬等违约责任。"

77 《民法典》第833条："货物的毁损、灭失的赔偿额，当事人有约定的，按照其约定；没有约定或者约定不明确，依据本法第五百一十条的规定仍不能确定的，按照交付或者应当交付时货物到达地的市场价格计算。法律、行政法规对赔偿额的计算方法和赔偿限额另有规定的，依照其规定。"

因此，不论从责任承担规则在司法判决中的应用价值还是从我国合同立法现状考虑，法官确定违约损失赔偿数额时应尊重当事人对损害赔偿范围的合意，结合我国合同立法中的有关条文，在运用可预见性规则的基础之上再对合同作补充解释以填补合同文本涉及违约损害赔偿范围的漏洞，矫正依据可预见性规则得出的不合理的赔偿数额。

跨境破产中破产管理之法律适用研究

——以广州亚钢、广州亚铜破产重整案为视角

宁建文*

【内容提要】跨境破产中破产管理的法律适用，既涉及程序法问题，也涉及实体法问题。单一适用法院地法的传统观点存在缺陷，可运用经典冲突法理论对之予以修正。一方面，破产管理的程序问题可适用法院地法，实体问题则应区分不同情况，或适用法院地法，或适用原法律关系的准据法。而关于公司集团破产的处置原则，独立实体原则比单一企业原则在当前更具有可行性和可接受性。另一方面，跨境破产的法律适用需要辅以跨境破产协作机制的构建，方能达到良好的效果。

【关键词】 跨境破产 破产管理 法律适用 冲突法 公司集团破产

据统计，2019年1月至11月，我国新设立外商投资企业36747家，实际使用外资8459.4亿元人民币，持平稳增长态势。[1] 据商务部、外汇局统计，2019年，我国境内投资者共对全球167个国家和地区的6535家境外企业进行了非金融类直接投资，累计投资7629.7亿元人民币。[2] 在如此活跃的跨境直接投资背景下，潜在的跨境破产问题不容忽视。而目前我国的跨境破产案例寥寥可数，与跨境破产法律规则的缺失不无关系。《企业破产法》第5条的原则性规定，实难以应对当前复杂的跨境破产问题，因此有必要对之加以细化，增加其可操作性。

---

* 宁建文——广州市中级人民法院涉外商事审判庭副庭长、广州市黄埔区人民法院审判委员会委员（挂职）。

1 数据来源：国家商务部网站，http://www.mofcom.gov.cn/article/tongjiziliao/v/201912/20191202923875.shtml，最后访问于2020年8月27日。

2 数据来源：国家商务部网站，http://www.mofcom.gov.cn/article/tongjiziliao/dgzz/202001/20200102932441.shtml，最后访问于2020年8月27日。

广州亚钢钢铁有限公司（以下简称广州亚钢）、广州亚铜金属有限公司（以下简称广州亚铜）破产重整案，是具有涉港因素的跨境破产案件，其案情的发展走向反映了跨境破产案件中破产管理的法律冲突问题。本文以广州亚钢、广州亚铜重整案为视角，对跨境破产中的破产管理的法律冲突进行分析，寻求合理的解决思路，以期对跨境破产中破产管理的实践和探索有所裨益。

一、法律冲突的现实样本：广州亚钢、广州亚铜破产重整案

（一）当事人情况

广州亚钢于2001年5月15日成立，注册地在广州市黄埔区；公司类型为台港澳与境内合资的有限责任公司。广州亚钢为中国金属再生资源（控股）有限公司（以下简称中金再生）的三级子公司。广州亚铜于2007年5月25日成立，注册地在广州市黄埔区；公司类型为台港澳法人独资的有限责任公司。广州亚铜为中金再生的四级子公司。

（二）主要案情

2013年7月29日，香港证监会申请中金再生清盘，这是香港证监会首次申请在港上市公司清盘。香港原讼法庭颁令委任了中金再生的临时清盘人，给予临时清盘人对该公司的行政控制权。

其后，中金再生临时清盘人代表香港股东对广州亚钢、广州亚铜采取了更换公司管理层的措施，并通知广州亚钢、广州亚铜的原法定代表人停止对外清偿公司债务。2013年8月20日后，广州亚钢、广州亚铜停止支付所欠各家银行的贷款本息。各家银行认为其贷款债权回收受到了损害，纷纷宣布贷款提前到期，要求两公司清偿本息，并切断了资金供应。其中债权人中国银行股份有限公司广州开发区分行向广州市中级人民法院申请对广州亚钢、广州亚铜进行破产重整。

2013年10月31日，法官经现场调查发现广州亚钢、广州亚铜尚在正常经营。但一个月后两公司的经营状况开始持续恶化，业务紧缩，公司裁员，客户资源流失，陷入资不抵债的困境。

（三）案件审理情况

2014年2月17日，广州市中级人民法院裁定受理广州亚钢、广州亚铜破产重整两案，并指定北京金杜（广州）律师事务所为广州亚铜管理人及广州亚钢管理人。2015年2月9日，广州市中级人民法院裁定批准广州亚钢、广州亚铜的《重整计划草案》。2015年4月底，广州亚钢和广州亚铜重整计划执行完毕。

（四）小结

广州亚钢、广州亚铜作为香港公司中金再生在中国内地的子公司，其破产重整构成了公司集团跨境破产的一部分，案中所涉中金再生临时清盘人的任命、债权的申报方式、债权人会议的权力、中金再生临时清盘人对中金再生的子公司财产的处理等均属于跨境破产中破产管理的内容。上述案件反映了中国内地法律与香港法律的现实冲突。

二、法律适用的价值取向：公平正义、安全与秩序及公共秩序

破产法律的实施适用既结合了程序法和实体法，又融合了民法、合同法、物权法、担保法、公司法、税法等各部门法，且深受当地政治、经济、文化、社会等因素的影响。当破产遇上跨境因素，不同国家、法域之间的法律冲突，更是蕴含着国家主权与安全、社会公共利益和债权人、债务人等各方利益的博弈。根据《企业破产法》第5条的规定，我国法院在决定是否承认和执行外国法院生效的破产案件判决、裁定时，裁量的标准是“不违反中华人民共和国法律的基本原则，不损害国家主权、安全和社会公共利益，不损害中华人民共和国领域内债权人的合法权益”。而当我国法院生效的破产案件判决、裁定在外国法院申请承认和执行时，同样面临着外国法院对相关法律原则和利益衡平的考量。合作是共赢的基础，建立在合作和协调基础上的开放灵活的国际民商事秩序，能更好地实现各国家、社会和个人的利益需求。而寻求共同的价值取向是取得共识的基础；求同存异是合作与协调的前提。

（一）公平正义

公平正义是法律永恒追求的价值，放之四海而皆准。众所周知，破产法以债权人的公平受偿为目标。然而在不同的国家和法域下，价值追求的侧重点却有所不同。例如，中国内地侧重于对破产企业职工权利和国家税款的保护，香港更侧重于对债权人权益的保护，从而导致破产债权清偿顺序的差异。[3]

而正义是什么？美国法理学家博登海默说：“正义有着一张普罗透斯似的脸，变幻无常，随时可呈现不同形状并具有极不相同的面貌。”[4]在社会经济关系所决定的利益的基础上抽象出来并加以神圣化的正义，在不同的历史时期、

3 胡健：《内地与香港跨境破产中的法律问题》，载《中国法律》2009年第4期。

4 ［美］E. 博登海默著：《法理学：法律哲学与法律方法》，邓正来译，中国政法大学出版社1999年版，第252页。

不同的社会背景之下，必然有着不同的阐释。例如，上述中国内地与香港对破产债权清偿顺序的不同规定，与其社会经济政治背景相关，都不能说是非正义的。

现代国际民商事交往蓬勃开展，国家利益已不再是国际民商事交往中的唯一利益主体，利益主体出现了多元化的趋势，当事人个体的利益得到了重视。“办理破产”作为世界银行的营商环境评估体系的十大指标之一，其子指标“破产框架力度指数”的四项内容之一是债权人参与指数，这充分体现了国际社会对国际民商事交往中当事人个体利益的重视。在跨境破产背景下的公平正义，应达到国家利益、社会利益与当事人个体利益的平衡，兼顾本国债权人与外国债权人、本国债务人与外国债务人之间的利益衡平。

（二）安全与秩序

所谓安全，是指利益受到保护，免受威胁和侵害。[5]安全令市场主体实现或享有利益的状况稳定化，并尽可能地维持和延续下去。追求安全价值的法律“应对各种行为的法律后果加以明确宣示从而使法律有可预见性，使人们在行为之前即可预料法律对自己行为的态度，不必担心来自法律突如其来的打击”。[6]

秩序是指自然进程和社会进程中的确定性、连续性和规则性的状态。[7]社会的存在和发展、人们各种利益的实现离不开社会秩序，秩序的存在使人们可以认识到社会运作的具体规则，从而对自己及他人的行为的后果作出预测，进而根据所欲达到的目的对自己的社会活动作出合理的计划和安排。

安全与秩序的价值取向都强调了法律适用的确定性和可预见性。

（三）公共秩序

公共秩序是一个笼统的、含糊的概念，一般包含对国家的重大利益、基本政策、道德的基本观念或法律的基本原则的考量，在国际私法上被用于排除外国法的适用或拒绝给予国际司法协助，即公共秩序保留。公共秩序保留是国家主权原则在国际私法和国际民事诉讼法中的具体体现，是一项被国际社会公认的原则。[8]而前述《企业破产法》第5条的规定，便体现了公共秩序保留的运用。

公平正义、安全与秩序、公共秩序等作为法律的基本价值标准，各有侧重，在跨境破产的法律适用中互相渗透、互相博弈、相辅相成。

---

5 黄建武著：《法理学》，广东高等教育出版社1998年版，第415页。

6 徐国栋著：《民法基本原则解释》，中国政法大学出版社1992年版，第326页。

7 黄建武著：《法理学》，广东高等教育出版社1998年版，第411页。

8 韩德培主编：《国际私法》，高等教育出版社、北京大学出版社2000年版，第141、479页。

三、破产管理的法律适用：冲突法思维的合理运用

破产管理的内容主要包括破产管理人的任命、债权申报的方式、债权人会议的权力、投票方式、对破产财产的占有、清查、估价、变卖和分配等各个方面；其中既涉及债务人位于外国的财产，也涉及其位于内国的财产；既涉及程序法问题，也涉及实体法问题。[9] 一般而言，破产管理人的任命、债权申报的方式、债权人会议的权力、投票方式等主要涉及程序法问题，而对破产财产的占有、清查、估价、变卖和分配等则更多地涉及实体法问题。

（一）反思：单一适用法院地法的缺陷

普遍主义与地域主义解决的是跨境破产管辖权的问题，即法院的选择，而跨境破产还需要解决法律适用的问题，即法律的选择。在相当长的一段时间里，各国法院纷纷把注意力集中于破产管辖权的争夺上，无论是普遍主义还是地域主义，在实质上都强调绝对适用法院地法，冲突法规则（是否应适用外国法的问题）在跨境破产中的价值完全被忽视了，这种封闭和僵化的做法无疑给跨境破产国际合作带来巨大的障碍。[10]

对于破产管理的法律适用，传统的观点是主张适用管理地法，即破产宣告地法或法院地法。沃尔夫认为："破产的管理，适用法院地法（管理地法）的规定。这不仅在管理的程序部分是这样，而且关于管理在实体法上的效果，例如由于破产人的欺诈性转让契据而撤销他的交易行为，或者关于债权人之间的优先权问题，也都是这样。"[11] 戴西和莫里斯也持同样的观点，认为"一切有关破产人财产管理的事项，都适用英格兰破产法的普通规则"。[12]

在前述广州亚钢、广州亚铜破产重整案中，中金再生临时清盘人对广州亚钢、广州亚铜公司作出的指令，无疑适用了法院地法，即香港的法律。其对广州亚钢、广州亚铜下达停止还贷的指令，据其所述，是为了避免在公司交接前处于失控状态，其认为广州亚钢、广州亚铜及其他子公司的财产应当与香港公司的清盘一并统筹处理。其完全忽略了广州亚钢、广州亚铜是根据内地法律设立的具有独立法人资格的有限责任公司，根据《公司法》的相关规定和基本的

9　韩德培主编：《国际私法》，高等教育出版社、北京大学出版社 2000 年版，第 260 页。

10　解正山：《跨国破产立法及适用研究——美国及欧洲的视角》，复旦大学 2010 年博士学位论文，第 141 页。

11　［德］马丁・沃尔夫著：《国际私法》，李浩培等译，法律出版社 1988 年版，第 801 页。

12　［英］J. H. C. 莫里斯主编：《戴西和莫里斯论冲突法》，李双元等译，中国大百科全书出版社 1998 年版，第 1050 页。

公司法原理，公司财产与股东财产相互独立，公司的经营管理也相对独立。中金再生临时清盘人关于合并子公司财产的行为虽最终未能实际实施，但是其通过更换公司管理层停止偿还公司债务的行为，直接导致广州亚钢、广州亚铜构成违约，并引起了债权人的恐慌，令公司经营状况持续恶化，最终依照内地法律进入破产重整程序。在此过程中，中金再生临时清盘人未能顾及内地法律的适用，忽视了依照内地法律设立的子公司的利益及其内地债权人合法利益的保护，未能契合法律对公平正义、安全与秩序的价值追求，因而导致了事与愿违的结果。由此可见，在破产管理中僵化地适用法院地法，违背普遍接受的法律原则，将会遇到很大的阻力。

（二）修正：经典冲突法理论的运用

回到冲突法的思维，在国际私法上影响深远的“国际私法之父”巴托鲁斯的“法则区别说”和德国学者萨维尼的“法律关系本座说”，可为跨境破产法律冲突问题提供解决思路。巴托鲁斯根据法则本身的性质将所有法则分为人法、物法和混合法，他提出：关于权利能力和行为能力问题，依人法；关于物权，依物之所在地法；关于法律行为的方式，依行为地法；关于诉讼程序，依诉讼地法；等等。法则区别说纠正了绝对属地主义的弊端，首次站在双边的立场上来研究法律的适用问题。而萨维尼主张法律关系依其性质总是与一定地域的法律相联系的，适用于各涉外民事关系的法律只应是其“本座”所在地的法律，如人的身份能力应以住所为本座；物之所在地应为物权法律关系的本座；债权关系应以履行地为本座；行为方式应以行为地为本座；程序问题应以法院地为本座；等等。[13]

根据冲突法的理论与规则，破产管理的法律适用，程序问题可以适用法院地法，但是实体问题还需具体问题具体分析，有必要分别考虑不同的情况，或适用法院地法，或适用原法律关系的准据法。例如，对破产管理人支配的财产的范围和变价问题，应依财产自身的准据法；对土地的权利，应依土地所在地法；对企业的合同关系，依原合同的准据法；等等。欧洲联盟 1995 年《关于破产程序的公约》便采纳了上述观点，其规定管理人可依程序开始国法授予的权力而行为，但行使其权力时，破产管理人应遵守他意欲采取行为所在地的缔约国法，特别是关于变卖财产的程序。[14]

对于公司的准据法的确定，有两种观点：一为“组成说”，二为“主事务所

---

13 韩德培主编：《国际私法新论》，武汉大学出版社 1997 年版，第 54、62 页。

14 韩德培主编：《国际私法》，高等教育出版社、北京大学出版社 2000 年版，第 261 页。

所在地说”。“组成说”主张公司原则上适用其据以组成的法律，必要时适用其据以在登记簿上进行登记的法律；而“主事务所所在地说”则指定公司从事其主要活动所在国的法律为应适用的法律，重点放在公司的主要管理地上。由于“组成说”更能保证法律的确定性和有利于债权人的利益，国际条约（1928年《布斯塔曼特法典》）和瑞士的主流观点更倾向于“组成说”。[15]而根据我国《公司法》第2条、第217条的规定，“本法所称公司是指依照本法在中国境内设立的有限责任公司和股份有限公司”；“外商投资的有限责任公司和股份有限公司适用本法；有关外商投资的法律另有规定的，适用其规定”。可见，我国也采纳了“组成说”。

在前述案例中，中金再生临时清盘人的任命、债权的申报等程序问题，应当适用法院地法，即香港法律。而对于中金再生子公司财产的处理，无论是广州亚钢、广州亚铜据以成立的法律，还是其主事务所所在地的法律，均指向中国内地的法律，因此，中金再生临时清盘人行使其广州亚钢、广州亚铜的股东权利，理应依照中国内地公司法。

（三）延伸：公司集团破产的处置原则

公司集团（Corporate Group）并非严格意义上的法律概念，主要是指通过母子公司关系或通过共同的、相互的或连锁的股权而联合在一起两个或两个以上的独立公司实体的情形。[16]前述案例中，中金再生与广州亚钢、广州亚铜实际上形成了公司集团。

在“实体法”和“企业法”两种理论基础上，形成了解决公司集团法律问题的两种处置原则：一为独立实体原则，该原则以传统公司法原则为基础，将集团内彼此关联的母子公司视作相互独立的法人实体，一旦它们陷入破产，将根据一般的破产法原理以独立实体为标准进行切割、单独处置；二为单一企业原则，该原则透过破产法的公平目标与集团一体化（所有权与控制权的连锁）的经济现实，把密切关联的实体看作“单一企业”，在破产程序中将原本独立的法律实体进行合并或将与其有关联的公司的债权予以特别对待，以期在单一程序中进行重组或对所有债权人进行公平清偿。[17]

---

15 陈卫佐著：《瑞士国际私法法典研究》，法律出版社1998年版，第205页。

16 See Jains Sarra, *Corporate Group Insolvencies: Seeing the Forest and the Trees*, 24B. F. L. R. 63, 67-68 (2008). 转引自解正山：《跨国破产立法及适用研究——美国及欧洲的视角》，复旦大学2010年博士学位论文，第95页。

17 解正山：《跨国破产立法及适用研究——美国及欧洲的视角》，复旦大学2010年博士学位论文，第96页。

即使有观点认为单一企业原则将是解决公司集团破产问题的发展趋势所在，[18]但不可否认的是，独立实体原则在当前仍得到广泛而普遍的支持，尤其是在跨国公司情形下。笔者认为，其主要原因在于：其一，独立实体原则以公司独立法人资格和有限责任原则的公司法基石作支撑，具有强大的法理基础，这是其能得到广泛接受的前提。其二，独立实体原则的确定性较之单一企业原则的模糊性，能给予债权人更多的可预见性，更能体现法律对安全和秩序的价值追求。其三，单一企业原则以破产法的公平受偿为目标，却会面临集团成员偿债能力的差异在不同成员的债权人之间形成新的不公平的窘境。其四，在跨国公司集团情形下，欲在不同的破产制度背景下达成全球性的统一破产解决方案，难度非常大。在上述案例中，适用单一企业原则的意图遇到广州亚钢、广州亚铜债权人的强烈反抗，独立实体原则以事实证明了其可行性与可接受性。

四、法律适用的辅助机制：跨境破产协作机制的构建

“徒法不足以自行”。跨境破产的法律适用，不仅需要完善的上层制度构建，而且需要制度践行者对制度宗旨的深刻理解和灵活应用。加强多种形式的沟通与交流，设立破产信息的共享平台，无疑有利于制度机制的协调发展和个案结果的互利共赢。在前述案例中，由于跨境破产协调机制的缺位，以及对香港相关法律制度的不熟悉，广州亚钢、广州亚铜的债权人虽然有些同时也是中金再生的担保债权人，但无法预期其在中金再生清盘程序中能得到的权利保障，更倾向于依照内地法律来保护自身债权的实现。可见，跨境破产协作机制在破产管理中尤为重要。

（一）协作机制助力外国法内容查明

用冲突法思维解决跨境破产中破产管理的法律适用的情况下，外国法内容的查明成为重要的一环。对于外国法的查明途径，根据《最高人民法院关于适用〈中华人民共和国涉外民事关系法律适用法〉若干问题的解释（一）》第17条的规定，法院可通过当事人提供、已对中华人民共和国生效的国际条约规定的途径、中外法律专家提供等合理途径获得外国法律。例如，1988年2月8日生效的《中华人民共和国和法兰西共和国关于民事、商事司法协助的协定》第28条规定：“有关缔约一方的法律、法规、习惯法和司法实践的证明，可以由本国的外交或领事代表机关或者其他有资格的机关或个人以出具证明书的方式提

18　石静霞：《跨国破产的法律问题研究》，武汉大学1998年博士学位论文，第250页。

交给缔约另一方法院。”[19]截至2018年9月，我国与38个国家缔结了民刑事司法协助条约19项（全部生效）、民商事司法协助条约20项（18项生效）。[20]而对于位居对华投资榜首的香港，2019年1月18日签署的《关于内地与香港特别行政区法院相互认可和执行民商事案件判决的安排》是香港回归以来内地与香港商签的第六项司法协助安排，其签署标志着两地民商事领域司法协助已基本全面覆盖，但是正如双方签约代表所指出的，跨境破产协助仍有待磋商。[21]

跨境破产协助机制在上层司法协助制度安排框架下予以建立，应令外国法内容的查明更加快捷和便利，并考虑到破产程序的参与者的特点，可给予破产程序中各方主体一定的查明外国法律内容的权限或帮助，以充分发挥协助机制的效用。

（二）信息化建设提升程序质效

习近平总书记指出，“信息化为中华民族带来了千载难逢的机遇”。近年来我国法院注重信息化建设，形成了智慧法院全业务网上办理的基本格局，基本实现全流程依法公开，明确了全方位智能服务的方向。[22]在破产审判领域，建设全国企业破产重整案件信息网、“总对总”执行网络查控系统对破产审判开放、破产财产实行网络询价和网络拍卖等一系列措施大大提升了破产审判的质效。在跨境破产协作机制中，信息化手段的充分运用，可以大大增加破产信息共享和沟通磋商的便利，大幅减少跨境债权申报、债权人会议召开等程序的时间和成本，有助于破产财产变现价值最大化，增加跨境破产程序的透明度和公正性，最终给参与程序的各方主体带来福祉。最近发生的香港清盘人选择在内地的阿里拍卖平台处置香港的破产财产的事例，便是为了实现清盘资产的最大化使然。[23]

（三）沟通机制化解程序障碍

破产程序涉及的法律关系和利益主体众多，隐藏的矛盾也多。跨境破产程

---

19 韩德培主编：《国际私法》，高等教育出版社、北京大学出版社2000年版，第138页。

20 参见《司法协助类条约缔约情况一览表》，载外交部网站，https：//www. fmprc. gov. cn/web/ziliao_ 674904/tytj_ 674911/tyfg_ 674913/t1215630. shtml，最后访问于2019年4月30日。

21 参见《内地与香港特区今日签署相互认可和执行民商事案件判决安排》，载中国法院网，https：//www. chinacourt. org/article/detail/2019/01/id/3709194. shtml，最后访问于2019年4月30日。

22 乔文心：《智慧路上‘从头越’——人民法院加强信息化建设综述》，载中国法院网，https：//www. chinacourt. org/article/detail/2018/04/id/3282292. shtml，最后访问于2019年4月30日。

23 《5个香港特别车牌挂网阿里拍卖，388万起拍》，载搜狐网，http：//www. sohu. com/a/302074239_ 161795，最后访问于2019年4月30日。

序中可能出现职工难以安置、群体维稳事件、破产财产存在历史遗留问题等棘手问题，这些问题并非简单地适用法律就能够解决的，此时沟通和磋商的机制就显得尤为必要。在跨境背景下，个案的协调总是困难和低效的，常态化的沟通协调机制更能迅速地对问题作出应对，有效地采取解决问题的措施。常态化的沟通机制也有利于在发现问题的苗头时便采取措施，而并非等到酿成严重后果、局面恶化时才仓促应对。为了保障法律适用对安全和秩序的价值追求，有必要建立针对破产管理中各项问题的常态化的沟通协调机制。诚然，国与国之间建立常态化的跨境破产沟通协调机制并非易事，而在建设粤港澳大湾区的背景下，中国内地与港澳之间的跨境破产沟通协调机制相比而言更易实现。

总而言之，在互联互通的国际民商事经济背景下，死守单边的立场解决跨境破产问题是行不通的，唯有站在双边乃至多边的立场，以开放的胸怀求同存异，在坚守原则和底线的基础上灵活地应对，加强沟通与合作，方能实现互利共赢。

从物流供应链视角看疫情防控国际合作路径

张 敏 王 昊*

【内容提要】 随着新型冠状病毒疫情在全球范围内不断恶化，对全球经济带来的冲击也不断加剧。为了防疫而进行交通封锁和其他一系列因素使得本该成为生命动脉的物流业未能在第一时间充分发挥作用，导致全球供应链断裂加剧，国际合作的通道无法畅通等严峻情势，这也是疫情防控中后期可能制约全球经济发展的重大阻梗。本文从物流供应链视角，海运物流和供应链管理在全球性疫情背景下国际合作的价值和规范基础以及制度创新进行探讨，拓展疫情下人类命运共同体背景下的国际合作路径。

【关键词】 新冠疫情 国际合作 物流供应链 人类命运共同体

一、疫情全球防控对建立国际合作机制的需求

（一）新型冠状病毒疫情给全球命运共同体带来的挑战

2020年，新型冠状病毒疫情在全球范围暴发，国际上各国应对疫情的防控措施中多采取了出入境限制措施，在当前产生了来自人流限制对市场的短期影响，伴随着疫情在全球的进一步扩散给全球经济带来的严峻后果，如各国企业大面积推迟复工时间、工厂关停、物流受阻、股价乃至消费和投资的意愿降低等短期影响和对市场活力的长期影响。通过全球供应链的网络层层放大，新型冠状病毒疫情最终将拖累全球GDP增长率大幅下滑甚至可能引发世界经济危机，世界经济将进入深刻变革时期。

新冠疫情可能会进一步加剧逆全球化的趋势。在经济全球化下的多边治理

---

* 张敏——广州航海学院副教授，主要研究领域：物流法、海商法等。王昊——广州航海学院讲师，法学硕士，主要研究领域：民法、国际经济法。

机制与贸易自由化秩序下，全球产业价值链上已经高度互嵌，各国贸易活动与投资活动极为活跃、产业集群已经形成共生发展。这是逆全球化基于霸权国企图形成新的利益分配制度所无法回避的。事实上，任何因素也不可能斩断已经形成的全球一体化大市场，世界无法退回全球化之前的时代。全球化的实质是市场及资本内生性的对全球一体化的追求，是内生的结构性需求。抗击新冠病毒的疫情，需要更加高质量的全球化、更加高质量的全球治理以及更加健康、良性、平等的全球治理新秩序。新冠肺炎疫情的蔓延导致目前许多国家关闭边境、限制港口入境，但是从疫情防控的中长期局势来看，全球供应链及国际贸易必须确保得以继续运行，这是后疫情时期的战略性任务。

（二）健康的经济社会秩序亟须适应疫情防控的国际合作

人类命运共同体的前提和条件是全球化。抗阻新冠病毒要求一种更高质量的、优秀的全球治理，当今世界上，没有任何一个国家可以独善其身。在全球化时代，海外与中国采取的疫情防控步骤不同、方式不同，难免会形成利益冲突，加上发达国家贸易保护主义思维和冷战思维模式的抬头，以及为疫情的防控增加的人为障碍，放大了全球经济通缩的风险，更加凸显了特殊环境下建立国际合作机制的紧迫性。

在对抗新型冠状病毒的前期也是关键时期，世界各国在防疫物资方面进行了广泛的国际间相互援助。疫情前期，许多国家用不同的方式对中国伸出援手。俄罗斯分三次向武汉运送了大批防疫物资和医疗专家，巴基斯坦紧急调运全国公立医院库存的防疫物资捐赠武汉。此外，加纳、科莫多、蒙古国、柬埔寨、泰国、日本、韩国，远在地球另一端的加拿大、德国、英国等国也纷纷空运来防疫物资，体现了人类命运共同体在重大灾害前的力量。

我国在国内疫情刚有所缓解、国外疫情暴发的时候，为多国提供了疫情防控的医疗物资和医务人员的援助，仅在欧洲就为多国提供了抗疫的援助，如意大利、西班牙、比利时、希腊、保加利亚等国家，这些援助被称道“非常专业和有针对性”。[1] 在后期的疫情防控中我国将继续凭借抗击流行病方面的丰富经验和人类命运共同体的理念，在全球疫情防控中发挥力所能及的作用，我国已经把“一带一路”倡议行动扩展到卫生领域。[2]

随着疫情全球扩散即将带来的对经济社会秩序的巨大影响，今后如何恢复

1　参见［美］艾伦·克劳福德：《“健康丝绸之路”：随着中欧双方都与特朗普不睦，中国正用抗疫援助“润泽”欧洲》，载《财富》2020 年 3 月 19 日。

2　张胜、王斯敏：《强化“六稳”举措，释放发展巨大潜力和强大动能》，载《光明日报》2020 年 2 月 25 日，第 7 版。

良好国际经济社会秩序，不仅是摆在我国政府和人民面前的一个重大问题，也是世界各国政府和人民面临的大考题。习近平总书记在2020年2月23日统筹推进新冠肺炎疫情防控和经济社会发展工作部署会议中指出，“新冠肺炎疫情不可避免会对经济社会造成较大冲击”，要求“稳住外贸外资基本盘。要保障外贸产业链、供应链畅通运转”。李克强总理指出，“越是遇到困难就越是要扩大改革开放”，表明了我国对全球化趋势的信念和建立良好国际合作机制的决心。

然而，疫情下经济领域的国际合作的共识和行动还需要进一步形成。单个国家对于全球范围的疫情防控无异于杯水车薪，新冠病毒带来的不仅是单个国家无法独自应对的生命健康的威胁，由此产生的对各国经济社会运行秩序的巨大影响，需要各国携手共同面对。因此，除了在区域和全球范围内搭建公共卫生安全管理网络，形成包括医务人员、医疗设备、药品及服务在内的资源库，也是时候把疫情后恢复经济发展的国际合作放到重要的地位，逐步建立和完善疫情下的国际合作机制。

二、物流与供应链管理在抗击全球疫情中的经济和社会价值

（一）疫情给全球供应链带来的负面影响

新型冠状病毒疫情对经济社会带来全方位的巨大影响和冲击，从供应链的视角，无论是对国内企业、产业、城市还是对全球供应链而言都是一次全方位的“大考”。[3]

在现代工业体系里，产业链环环相扣，一个环节阻滞，上下游企业都无法运转。一方面，国内疫情的暴发及防控所采取的停工停业等措施，造成国内产品的出口对下游海外企业的影响在2020年3月初已集中显现。另一方面，海外疫情的暴发使日本、韩国、意大利等重要工业国家成为重灾区，导致多个行业出现供应链危机。2020年4月初，国内进口海外中间品和上游原材料的影响开始出现，加上海外疫情失控，演变为全球大流行，中国面临外部二次输入。因此，疫情对全球供应链的需求和供给的冲击可能持续更长时间。最后全球贸易萎缩、企业订单和现金流压力上升等现象会集中显现。

境外曾试图采取货币救市的政策来解决市场流动性紧张的问题，然而供应链断裂的本质问题并没有解决。如果供应链的问题不解决，再多的资金也只会增加催生流动性陷阱的风险，并不能必然拉动投资和消费。随着疫情的全球扩

3　习近平：《在统筹推进新冠肺炎疫情防控和经济社会发展工作部署会议上的讲话》，载《人民日报》2020年2月24日，第1版。

散、金融市场的过度反应，全球股市受到激烈冲击，有专家认为危机的根源更可能是疫情引发的供应链断裂。因此，控制疫情、复产复工、启动供应链的重新循环，是与疫情全球蔓延恶劣环境相适应的经济社会运行方式。

（二）物流与供应链管理在后疫情社会的经济价值

正如我国疫情暴发时伦敦/洛杉矶路透社发布文章所称，中国迅速蔓延的新型冠状病毒正在使全球集装箱航运贸易失去同步，BIMCO 首席航运分析师彼得·桑德（Peter Sand）认为新型冠状病毒影响了全球航运业，全美零售商联合会（National Retail Federation）和 Hackett Associates 在 2020 年 2 月发布的月度《全球港口追踪报告》称，制造中心的关闭对集装箱运输的相互影响是巨大的，因为它是亚洲内部和全球供应链的重要推动者。物流与供应链的高度相互依存性，使得物流与供应链融合发展在疫情后期重启经济发展担当重任。

从微观、中观和宏观层面来看供应链的运行机理。微观层面，在企业供应链的整个流程中，任何一个环节断裂或任何一个要素的缺失都会按下整个体系的停止键，因此，疫情对企业供应链带来的影响是联动性的。中观层面，产业由于疫情带来的停工停产，从一个产业内部产品研发、采购、制造、物流、交付客户的服务，到各个上下游，从服务业到制造业产业供应链的所有循环被打破，从而带来结构性的影响。宏观层面，由于城市之间乃至国与国之间的封锁造成的阻隔，疫情对全球生产、生活供应链要素的供给的影响是阻断性的。

正因为疫情给供应链联动性、结构性和阻断性的影响，在疫情防控和经济修复的过程中，供应链的移动性功能不可低估。物流在供应链的移动性中所具备的功能不容忽视：疫情防控期间，安全便捷地组织撤离或把人员、物资、装备送到需要的地方，物流供应链管理应当为全球范围内提供抵御疾病的可持续性的保护措施和医疗设施发挥重要作用；在疫情修复、经济恢复期间，物流与供应链管理的融合发展可以说是启动生产恢复的加速器。

（三）物流在修复全球供应链的社会价值

在国际物流形式中，影响范围最大、历史最为悠久的当属航运物流。在上千年的国际航运习惯中，航运已然成为国家之间、文化之间以及行业之间复杂而又无缝的衔接纽带。从境外对中国新型冠状病毒疫情进行的关注和报道可以看出，本文作者曾对从 2020 年 1 月中旬至 2 月中旬境外媒体、刊物对有关新型冠状病毒（2019 - ncov）的反应进行了浏览和归类，聚焦在贸易与航运领域的主要有以下几个方面：对新型冠状病毒（2019 - ncov）的传播和防护知识的宣传介绍；对世界各地港口的预防新型冠状病毒措施的介绍；几大邮轮公司的邮轮出现病毒感染者的报道，如钻石公主号邮轮、韦斯特丹号邮轮、世界之梦邮轮、海洋之歌号邮轮、歌诗达斯梅拉达号邮轮等；若干行业组织和企业，如国际航运工会（ICS）、波罗的海国际航运工会（BIMCO）向船东发布指导意见，国际运输工人联盟（ITF）给予航空公司以及海员、码头工人和航运业提供的咨询意见；英国保赔协会、澳洲船舶保赔协会、华泰保险经纪公司等对新型冠状病毒暴发提出建议；以及境外若干律师团队对于新型冠状病毒带来的商业风险及法律应对的建议等，可以看出国际社会的人民在流行疾病和灾害面前，具有为了人类共同健康和安全的朴素的人类命运共同体的共识和合作的愿望。

国际航运所包含的国际合作本质已经超越了航运和物流供应链本身，源于船舶操作、船舶建造和航海安全技术问题在海上安全监管的国际标准、贸易政策和贸易协定、环境保护共同的价值追求、法律的冲突与趋同等问题上得到了丰富的国际交流与发展。物流当下和未来在对全球社会的生存、延续与发展的贡献，对社会总体利益的满足与提升等问题上，在疫情全球防控及疫情后期经济的修复中将发挥关键作用。建立以航运物流的专业领域为抓手的疫情防控的国际合作机制，不仅避开了敏感的政治倾向和民族情绪，而且具有成熟、统一的国际海事公约体系和协同有效的国际组织的保障，将成为探索构建人类命运共同体的成功选择。

三、建立物流供应链疫情防控国际合作的国际法基础

海上不仅是依靠航运物流完成90%全球贸易的场所，而且是疫情传播的一个重要防御区域，在确保全球贸易继续稳定发展的同时，也是助力遏制全球疫情大流行、防止国际航行船舶以及所属船员在船岸流动导致的疫情输入的重要战场，是国际疫情防控的战略重地。

（一）国际相关主体开展抗击疫情的国际合作的实践

自新型冠状病毒疫情发生以来，相关国际组织逐步达成国际合同的共识，并着手进行重点领域的专业合作。国际海事组织（IMO）、世界卫生组织（WHO）、欧洲疾病预防控制中心（ECDC）、国际海运卫生组织（IMHA）和其他伙伴机构密切合作，先后发表5份通函，协助成员国有效应对疫情。WHO和IMO建议船旗国当局、港口国当局和相关管理机构、公司和船长通力合作，确保在适当情况下，乘客可以上下船、货物作业可以进行、船舶可以进出造船厂进行修理和检验、物资和供给可以装载、证书可以颁发、船员可以交换。保护海员和乘客健康，降低疫情对海上运输和贸易的影响。东京备忘录发布应对新冠病毒疫情暴发影响的指南，IMO秘书长林基泽先生发表同舟共济战胜疫情的

声明。国际航运公会（ICS）秘书长盖·普拉滕认为当前至关重要的是航运业能够尽可能平稳和安全地持续发展，以确保世界能够成功抗击新冠肺炎疫情。

中国秉持人类命运共同体理念，积极分享中国抗疫经验，与国际社会团结应对疫情带来的挑战，向IMO及国际业界函告《船舶船员新冠肺炎疫情防控操作指南（V1.0）》。尽管某些发达国家出于政治或其他原因在疫情防控过程中产生了不准确的判断和行为，但是迟早会意识到只有秉持人道主义和全球一体化的理念，加强国际合作才能战胜疫情是大势所趋，国际社会一致行动才能取得抗击疫情的胜利并迅速恢复全球正常的经济社会秩序。

（二）国际航行船舶和海上运输在疫情中行动的基本准则

根据当前疫情防控相关的国家公约的规定，以《国际卫生条例》第28条规定的对船舶实行“无疫通过”的要求和对所有旅客给予适当的照顾并防止对船舶以及船上人员和财产产生不必要延误的原则，以及《便利国际海上运输公约》第1条和第5条以及附件第6节均有避免对船舶、船上人员和财产的港口入境施加不必要的限制或延误的要求。从上述内容看，国际社会在疫情中应对遵守的有关国际航行船舶和海上运输基本准则，应当是在安全保障的基础上为航运效率提供最大的便利和避免限制及延误。

（三）国际公约有关航运国家防疫义务的分配

疫情期间对于在本国港口的外国船舶的管理需达成国际共识，其中船旗国、船员国籍国、港口国应当承担疫情防控义务分配，这个共识的基础是国家统一的海事公约。

1. 船员国籍国的义务。主要在人员方面，《海员培训、发证和值班标准国际公约》STCW第A－VI/4节 医疗急救和医护的强制性最低要求：（1）被指定在船上提供医疗急救的海员的适任标准。职责和责任的适任能力，船上一旦发生意外事故或疾病时立即实施急救。具备无线电医疗建议、消毒等科目的知识水平，应足以使指定的海员在船上一旦发生可能的事故或疾病时立即采取有效的行动。（2）被指定在船上负责医护的海员的适任标准。为船上的伤病员提供医护，参加对船舶医疗援助的协调计划的职责和责任的适任能力。对热带病和传染性疾病、疾病预防、保持医疗记录和有关规定的副本、外部援助等知识的理解和熟练。

2. 船旗国义务。人员方面，《海事劳工公约》MLC A4.3第3款通过的法律和条例或其他措施，应确保悬挂其旗帜的船舶上通过和有效实施并促进职业安全和健康政策及计划，包括风险评估及培训和指导海员。[4] 设备上，MLC B3.1.2 卧室和餐厅的通风系统应受到控制，空调系统便于容易清洁和灭菌，以防止或控制疾病的传播。MLC B3.1.8 医务室，医务室的设计应便于会诊和进行医疗急救，并有助于防止传染性疾病传播。保护健康和安全及防止事故方面，MLC A4.3 第 3 款通过的法律和条例或其他措施应保证船上防止职业事故、伤害和疾病，及确保不断改善职业安全和健康保护。[5]

3. 港口国义务。无论悬挂哪一国旗帜的船舶，船上和岸上医疗保证，MLC A4.1 第 4 款国家法律或条例最低限度保证港口国主管部门应通过一个预先安排的机制，保证船舶在海上能够每天 24 小时均得到通过无线电或卫星通信提供的医疗指导，包括专家指导。医疗指导，包括船舶与岸上提供医疗咨询的机构通过无线电台或卫星通信进行的医疗信息沟通，均应由所有船舶免费使用。医疗的提供：MLC B4.1.1 第 6 款，所有船舶均应备有一份最新的能够获得医疗指导的无线电台的完整清单，以及 MLC B4.1.2 医疗报告表格，在船舶与岸上之间交换有关该海员的医疗及相关信息。

四、物流供应链疫情防控国际合作创新的技术基础与规范

随着信息技术的发展，供应链的发展已达到与互联网深度融合的智慧供应链阶段。随着人工智能的发展，机器人配送、无人机配送、自动驾驶等技术早已进入人们的视野，无人仓在物流领域的应用成为热门。有些技术尚未成熟，但相信此次疫情过后将得到大力投入从而快速发展。如在疫情期间采用无接触物流，无疑是阻断人与人之间感染源的最佳途径，交通封锁主要防的是人而非物资，若能大规模实现自动驾驶货车运输将不会造成物资紧缺。

在高级阶段的数字化供应链体系中，供应链可视化将是融合多种技术的一套综合解决方案。在这次疫情期间，很多物资因为协调调配不合理，无法送达最需要的地方。供应链的可视化有助于更直观地看到各个节点的状况，能够使供应链管理者更清晰地进行规划设计，使物资更合理地进行调配。并对扰乱供应链的事件进行实时监控，及时制订调整方案。

在“一带一路”节点布局的国家和地区，基于疫情防控供应链、价值链的信息一体化解决方案，逐步实现基础设施一体化、运营网络一体化、信息一体化。运用可视化物流配送方案建立安全的国际物流防疫体系。在这个防疫物流体系中，首先，运用区块链的加密传输、公开账本、高效共享的技术特性，加

---

4 《环球职业安全健康动态》，宁丙文译，载《劳动保护》2013 年第 9 期。

5 中国船级社：《海事劳工条件检查实施指南（090429）》（手册），2009 年，第 35 页。

强入境人员交通运输防控。其次，系统内相关主体，如交通主管部门，相关国外事、海关、移民管理、民航、口岸等部门，航运企业，电商平台，在系统内加强各主体协调联动和信息共享，保证疫情防控期间相关主体和物流环节的可靠性以及透明度。

更重要的是，可视化物流疫情防控供应链的技术基础亦是技术规则。人工智能法律对于物流领域的合规性要求或常见风险，监管机构的指令或规避风险的规则已经被内化到物流供应链的业务流程之中，并通过人工智能在具体场景下形成微指令，不能出现常规的违法后果，甚至可以把物流法律评估嵌入系统决策层面，通过人工智能筛选并禁止疫情防控中违规活动的开展。

五、建设国际合作协调机制的建议

为了应对全球疫情防控的中长期可能出现的局面，在全国经贸发达地区，如在广州构建“疫情防控与经济发展国际合作协调机制”，用好粤港澳大湾区的国际区位优势，把疫情防控与“一带一路”倡议具体项目进行对接，促进和协调华南地区与“一带一路”相关国家和地区在疫情防控与经济发展、政府海事管理和物流法治完善的合作与协调。

建议从以下方面逐步建立和落实国际合作协调机制：[6]

1. 在“一带一路”倡议所形成的有关国家与我国的国际合作机制下，建立地方政府与行业主管部门在具体领域的对接和落实。集中用好在海上贸易、安全、安保和环保等方面形成的合作通道，如中国—东盟交通部长会议、亚欧交通部长会议、东盟地区论坛、马六甲与新加坡海峡航行安全与环保合作、东盟海事磋商机制等国际交流平台，建立疫情中后期对接我国各地区经济发展的具体工作计划。

2. 实施与疫情防控、复工复产相适应的重点国际合作项目。在“一带一路”支点、节点布局的国家和地区，建设若干可视化物流配送的国际物流防疫系统。运用区块链加密传输、公开账本、高效共享的技术特性，针对物流设备、物资、人员、设施等快捷、高效地到达特定场所的需求，进行交易结算、产品溯源、电子存证等多个方面的供应链管理，保障大幅度提升疫情后经济恢复的效率和效益。同时在全国范围内加快物流与供应链管理创新和应用的政策扶持，拓展和延伸物流与供应链产业与制造业的融合发展。以物流与供应链产业的信息化、标准化、智能化、低碳化应用为主要手段，加快物流企业国际化进程。

---

6 交通运输部海事局：《“一带一路”经济发展国际海事合作研究报告》，2018 年。

3. 为提前应对全球疫情进一步恶化或提升防疫应急国际合作级别做好准备。改造和投入应急医疗集装箱，与海上医疗船舰相结合，把军事海上医院以军转民的方式，参与到遏制全球疫情大流行，应用于疫情防控的应急反应国际合作中。并为培育和发展我国的医疗物流和海上医疗船的软硬件设施提供政策支持，进行装备建设和人员的训练。

4. 推进华南地区航运企业、港口业、造船业、航运高校、科研机构、海事机构和相关服务业在疫情防控与经济的主题下，在疫情后航运市场话语权、新型行业政策和规制的完善、区域性法制秩序建设与协调、国际海事立法和协调履行国际公约等多方面形成话语体系，在官方和非官方国际舞台上发挥主导作用。

总之，建立以物流供应链专业领域为抓手的疫情防控国际合作机制，不仅避开了敏感的政治倾向和民族情绪，而且具有成熟、统一的国际海事公约体系和协同有效的国际组织的保障，将成为探索疫情防控国际合作路径的有效尝试。

警察出庭作证实证考察

——以A市庭审实质化案件为样本

李　科*

【内容提要】考察A市庭审实质化改革试点案件，警察是最常见的出庭人证类型，其出庭率明显高于普通证人。虽然我国刑事诉讼法实行“出庭说明情况”和“作为目击证人出庭”的二元立法模式，但实践中警察与普通证人作证在整体上具有一致性，警察出庭说明情况与出庭作证在程序上不具有区分性。与此同时，警察出庭作证呈现出作证规则性较弱、控辩对抗性不足、法官发问积极等特征。随着警察出庭常态化和出庭警察证人化，应进一步规范出庭警察行为，提升控辩双方法庭对抗技巧和警察出庭能力，发展交叉询问为主，辅以职权询问的混合式人证调查模式。

【关键词】庭审实质化　警察出庭　作证程序　作证特点　交叉询问

一、研究背景与实证样本

侦查人员拒绝出庭作证，曾经被有的学者视作我国刑事司法中的“怪现状”之一。[1]为了解决侦查人员出庭难问题，2012年修正的《刑事诉讼法》新增第57条第2款和第187条第2款对警察出庭作出专门规定。[2]根据立法机关对立法原意的解释，“侦查人员出庭作证是刑事诉讼实践客观需求，乃不得不行之变

* 李科——四川大学法学院博士研究生、成都市人民检察院四级高级检察官，主要研究领域：诉讼法学、司法制度。本文系国家社会科学基金重点项目“庭审实质化改革实证研究”（项目编号：18AFX008）的阶段性成果。

1 龙宗智：《中国作证制度之三大怪现状评析》，载《中国律师》2001年第1期。

2 2012年修正的《刑事诉讼法》新增第57条第2款规定，在对证据收集的合法性进行法庭调查时可以通知有关侦查人员出庭说明情况；新增第187条第2款规定，人民警察就其执行职务时目击的犯罪情况作为证人出庭作证，适用证人出庭作证的规定。

革”。[3]从文本分析，警察出庭作证分为实体性作证和程序性作证：警察就执行职务时目击的犯罪情况出庭作证，证明的是案件实体问题；侦查人员就取证的合法性出庭作证，证明的是程序性问题。

然而，警察出庭作证难的问题似乎并未随着2012年《刑事诉讼法》的实施而根本好转。2014年，最高人民检察院委托“2011计划”司法文明协同创新中心对浙江、河北、东北三省检察机关适用2012年《刑事诉讼法》一年的情况进行调研。调研报告显示，2012年《刑事诉讼法》实施以来，证人出庭率低的情况并没有明显改观，实践中侦查人员出庭作证的极少。侦查机关仍习惯就侦查人员调查取证的情况出具书面的“办案说明”，有些还加盖侦查机关公章作为证据使用，来取代侦查人员出庭作证。[4]

自最高司法机关推进以审判为中心的诉讼制度改革以来，警察出庭作证一直是改革重点之一。2016年7月20日，最高人民法院、最高人民检察院、公安部、国家安全部、司法部联合发布《关于推进以审判为中心的刑事诉讼制度改革的意见》，其中第12条规定：“完善对证人、鉴定人的法庭质证规则。落实证人、鉴定人、侦查人员出庭作证制度，提高出庭作证率……”2017年12月11日，最高人民法院在下发“三项规程”[5]的通知中明确提出，将提高侦查人员出庭作证率作为实施重点之一。相应地，“三项规程”详细规定了警察出庭作证制度，在一定意义上固化了各地庭审实质化改革试点成果。相较于刑事诉讼法规定和已有的司法解释，“三项规程”进一步明确了辩方申请侦查人员出庭的权利、控辩双方协助有关人员到庭的义务、控辩双方向侦查人员发问的规则、侦查人员不出庭导致证据被排除的不利后果，从而使侦查人员出庭作证制度趋于完善。

早在2015年2月，A市中级人民法院（以下简称A市中院）在全国率先探索开展庭审实质化改革试点，将警察出庭作证作为重要内容之一。[6]A市中院制

3　王爱立主编：《中华人民共和国刑事诉讼法修改与适用》，中国民主法制出版社2019年版，第125页。根据上下文，此处所谓的“侦查人员”实为“警察”，包括承担案件侦查职责的警察，也包括负责巡逻、治安、交通的警察。本文使用的“警察出庭作证”之“警察”，正是从广义角度使用的概念。本文研究对象不涉及检察机关根据《刑事诉讼法》第19条直接行使侦查权的情形。

4　卞建林、高维佳、栗峥等：《浙江检察机关新刑诉法实施调研报告》，载《国家检察官学院学报》2014年第3期。

5　这三项规程是指《人民法院办理刑事案件庭前会议规程（试行）》《人民法院办理刑事案件排除非法证据规程（试行）》（以下简称《排非规程》）和《人民法院办理刑事案件第一审普通程序法庭调查规程（试行）》（以下简称《法庭调查规程》）。

6　A市公检法三机关分别制定了《A市公安局民警出庭作证工作规范（试行）》《A市人民检察院关于证人、鉴定人出庭作证工作的指导意见（试行）》和《A市中级人民法院刑事诉讼人证出庭作证操作规范（试行）》。

定了《A市中级人民法院刑事诉讼人证出庭作证操作规范（试行）》（以下简称《人证出庭规范》），将证人、被害人、鉴定人、有专门知识的人、出庭说明情况的侦查人员[7]等能够证明案件有关情况的人统称为人证，对人证出庭作证的操作规范统一作出规定，包括人证出庭的决定及通知、人证出庭特殊申请的处理、视频作证、人证出庭的调查程序、人证出庭保障等规范。《人证出庭规范》第30条至第52条对“人证出庭作证调查程序”进行详细规定，具体包括庭前核实身份、庭前候庭、调查顺序、引导人证入庭、核实身份和告知作证义务、人证保证、人证陈述、发问主体、发问顺序、发问轮次、发问内容、诱导性发问的处理、发问过程中的举证、发问不当的提出及处理、人证退庭、庭后候庭、人证作证笔录、笔录制作与核对等内容，其间，警察与普通证人适用同一法庭调查程序，两者的“作证程序”完全相同，仅存在证人之间的身份差异。该规范具有实践操作性强的特点，为警察出庭作证试点提供了有效的制度支撑。

A市中院的警察出庭作证规则尽管形成于《法庭调查规程》之前，但在体系和内容上均十分接近，因此，考察A市警察出庭作证试点情况，也能在相当程度上反映《法庭调查规程》实施后警察出庭的可能情况。回到A市的实践，本文旨在深入描绘和分析警察出庭作证的真实状态和基本特点，总结警察出庭作证的经验，反思制约警察出庭作证效果的诸多影响因素。本研究采用实证研究方法，研究的基础是A市上下两级法院庭审实质化改革期间的实际案例和庭审录像，试点案件原则上应当遵循《人证出庭规范》等改革文件规定，但近距离观察整个庭审过程可能呈现不同的实际情况。为此，笔者搜集了两方面的资料：一部分是试点案件的录音录像和相应判决书。笔者在2015年2月至2017年10月庭审实质化试点的613起案件中，发现有警察出庭的案件167件，其中有完整庭审录像的58件，从中国裁判文书网下载相应的判决书45份。另一部分是对有警察出庭案件审理程序的参与主体，包括对警察、公诉人、法官、律师进行深入访谈。访谈主要选择案件争议较大、控辩双方对抗性较强的案件，共访谈了10名法官、15名公诉人、10名律师和11名警察。

二、作证程序考察：警察与普通证人的一致性

在613起庭审实质化样本案件中，有人证出庭的271件，人证出庭率达44.21%。警察出庭的167件，警察出庭案件占所有人证出庭案件的61.62%，

7　《人证出庭规范》第2条规定人证范围时将侦查人员限定为出庭说明情况时的作证主体，相应就目击的犯罪情况作为证人出庭作证，警察为证人之一种类，警察为证人的下阶概念。笔者将警察出庭证明目击犯罪情况和说明情况统一称为“警察出庭”。

警察出庭率明显高于普通证人，这是警察出庭实践的一个突出特点。通过对58起案件庭审录像的分析，笔者发现警察作证的两种情形在作证程序方面高度一致，整体上与普通证人作证基本相同，但又呈现某些“警察”特色。

其一，在程序启动方面，一般由控方申请警察出庭作证。统计显示，在58个案件中有57件由控方申请，1件由辩方申请。98%的控方申请率显示出检察机关在启动警察出庭作证程序中的决定性作用。为何如此？笔者进行了进一步的调查。访谈发现，一方面，控方申请警察出庭的动力更大、积极性更强。受访的15名公诉人均表示“警察出庭很有必要”，其中一名公诉人的观点具有代表性，他认为：“警察提供的书面材料过于简单，在证明排除非法证据和到案经过时很有必要申请警察出庭作证。”而许多法官也持类似看法。如一名法官表示：“警察出庭的引发主要是被告人提出异议，公诉人为澄清异议申请警察出庭作证。”另一方面，控方申请后，警察出庭率很高。试点中，警察出庭由公诉人协助通知，法官会尽量安排合适的时间以避免影响警察日常工作，这提高了警察出庭的可能性。在对10位法官访谈中，均表示“没有出现警察拒绝出庭的情况”。

其二，警察作证与普通证人适用同一程序。《人证出庭规范》规定了人证出庭均要经历庭前核实身份、庭前候庭、引导证人入庭、核实身份和告知作证义务、人证保证、人证陈述、发问、人证退庭、作证笔录核对签字捺印等作证程序。实践中，从58份庭审录像观察，警察以证人身份出庭，均适用了《人证出庭规范》。警察出庭与普通证人出庭基本相同，但也有细微差异。以保证程序为例，正常的流程是：法庭核实证人身份，告知作证义务，出庭证人承诺如实作证并在保证书上签名捺印，然后当庭宣读保证书。统计显示，在58个案件中，只有10起案件的警察当庭宣读了《作证保证书》，其余48起案件的法官并未要求警察当庭宣读保证书。这显示出大部分法官对警察“特殊对待”，心理上的原因很可能是法官们认为宣读保证书对警察来说有一点“过分”，警察比普通证人更加清楚作证的法律义务，故没有必要过分严格。又如发问环节，控、辩、审三方发问时对警察的称谓基本相同，但也有细微差别。总体而言，如表1所示，控、辩、审三方称出庭警察为“证人”的有126人，在全部人员中占72.41%，但仍有近28%的发问主体称警察为“警官”。这种称呼在三种主体之间的分布差异较大。91.38%的法官、70.69%的公诉人将出庭警察称为“证人”，而辩护人中，只有55.17%称出庭警察为“证人”。如此看来，警察的职业身份对法官、检察官、辩护律师心理的影响各不相同。如10名受访法官均认为，“警察作证与其他证人作证在程序上没有什么差别，警察就是证人”。

表1 出庭警察的称谓统计情况（单位：件 N=58）

发问主体 \ 称谓	“警官”	“证人”
法官	5（8.62%）	53（91.38%）
公诉人	17（29.31%）	41（70.69%）
辩护人	26（44.83%）	32（55.17%）
总计	48（27.59%）	126（72.41%）

其三，侦查人员出庭说明情况与出庭作证在程序上不具有区分性。从规范层面看，刑事诉讼法对警察出庭实行“出庭说明情况”和“作为证人出庭”的二元立法模式，从侦查人员出庭“说明情况”的规范表达方式看，似乎只需单方说明情况即可，无须遵循证人作证程序，甚至有的学者持证人身份否定说[8]，认为我国刑事诉讼法并未直接承认出庭说明情况的侦查人员为严格意义上的实体证人。[9]但A市在庭审实质化试点期间，无论证明实体性事实，还是证明程序性事实，警察出庭均按《人证出庭规范》适用完全相同的作证程序。控、辩、审三方对“出庭说明情况”的侦查人员和“作为目击证人的警察”的发问并没有明显差异。对比表2和表3，在两种作证情形下，控方发问占绝对优势，占比均达95%以上；审方发问比例均达58%以上。控辩双方交叉询问的案件占比达45.83%和58.82%，经历交叉询问的两种程序案件达50%左右。加之在两种程序中均存在一起仅有辩方发问的案件，辩方的发问权利得到有效保障。

表2 警察出庭说明情况案件发问情况统计（单位：件 N=24）

发问主体	发问	未发问
控方	23（95.83%）	1（4.17%）
辩方	12（50%）	12（50%）
法官	14（58.33%）	10（41.67%）
控辩双方交叉询问	11（45.83%）	13（54.17%）

8 关于出庭说明情况的侦查人员身份有实体证人身份说、程序证人身份说和证人身份否定说。

9 董坤：《侦查人员出庭说明情况问题研究——从〈刑事诉讼法〉第57条第2款切入》，载《法学》2017年第3期。

表3 警察作为证人出庭案件发问情况统计（单位：件 N=34）

发问主体	发问案件数	未发问
控方	33（97.06%）	1（2.94%）
辩方	21（61.76%）	13（38.24%）
法官	20（58.82%）	14（41.18%）
控辩双方交叉询问	20（58.82%）	14（41.18%）

三、作证方式考察：规则性较弱且对抗性不足

通过观察样本案件庭审过程，A市庭审实质化改革中虽然建立了相应的技术性交叉询问规则，但庭审实践中偏重按需发问，只要不违反发问禁止性规则，控辩双方从查明证据的角度可以最大限度地自由发问。当然，法官为控制证据调查的有效性、效率性会控制控辩双方发问的节奏。笔者通过对样本案件的研究发现，警察作证方式呈现以下基本特征。

（一）控方发问"全面兼顾重点"，辩方均为"重点发问"

笔者以全面和重点来区分发问方式的类别，前者是指发问方"全面开花"式对警察所知晓所有案件事实的发问，后者是"有的放矢"式直击待证事实，仅针对控辩双方的争议点或单方的异议点发问。如表4所示，控方系全面发问和重点发问均有，各占35.71%和64.29%。辩方在其发问的所有案件中均实行重点发问。这说明，控方发问以重点发问方式为主，但仍有超过三分之一的案件实行全面方式发问。进一步分析，在控方实行全面发问方式的案件中，控方对警察目击的全部案件事实和警察参与的侦查取证行为进行发问。例如，在尧某某制造毒品案中，控方就警察王某参与的三次搜查经过和称量经过作全面发问；在邓某某盗窃案中，控方通过对整个犯罪事实的全面发问来还原案发经过。那么，为什么控方要采用全面发问的方式？一方面，这可能与警察的作证事项有关，警察作为侦查人员和目击证人，其深度参与案件侦查过程。作为证明责任方，控方通过对警察的全面发问，可以有效还原案件侦查细节，综合发挥所有在案证据的最大证明效力。另一方面，这可能与控方发问习惯有关，控方对警察的第一个问题，通常是"请你陈述一下被告人的到案经过"，之后警察会概括陈述整个案发经过。客观上，对待证事实的面面俱到也确实符合防止遗漏重要作证细节的发问逻辑，公诉人的发问越全面则警察证言越翔实，证明案件事实亦越确实、充分。

表 4　控辩双方发问方式统计（单位：件）

发问主体	全面发问	重点发问
公诉人	20（35.71%）	36（64.29%）
辩护人	0	33（100%）
被告人	0	14（100%）
法官	0	34（100%）

重点发问是控方主要的发问方式和所有辩方的发问方式。析其原因，其一，这可能与警察出庭证明事项的范围有限有关。例如，在警察出庭证明量刑事实的案件中，此时案件犯罪事实已查清，只存在是否构成自首、立功之争议，控方发问习惯直达要害，直接对被告人是否存在自首、立功等情节展开发问。例如，在马某某故意伤害案中，重点发问："被告人是如何到案的?"在李某寻衅滋事案中，重点发问："被告人是否带领你们抓捕同案被告人齐某？在哪儿抓获的?"此种重点发问方式简单有效，不需要复杂的发问技巧且直达争点，有效提升发问效率。其二，这可能与警察出庭证明事项较为集中有关。当控辩双方对案件的争议点集中于某个侦查行为或某个案件细节时，控辩双方重点围绕争点发问。例如，在邓某某盗窃案中，控方重点围绕"盗窃车辆当时为什么没作价格鉴定"发问；在徐某某贩卖毒品中，重点围绕"毒品搜查、拍照、称重、查封、扣押、编号"的取证行为发问，以集中证明毒品证据取证的合法性。其三，辩方重点发问的理由，可能主要在于，辩方无须对证明被告人有罪承担证明责任，也就没有必要对警察就全案作全面发问。辩方发问的首要目的是发现指控证据的漏洞和获取有利于被告人定罪、量刑的案件信息，通过发问证明案件证据存在合理怀疑，即达到质证目的。

（二）控辩双方发问的对抗性不足

这从两个方面表现出来：一方面，辩护方发问频率不高、发问的积极性不足。考虑到辩护律师的专业性，当案件中有辩护律师时其为主要发问方，无辩护律师时被告人为辩方唯一发问方。分别考察有无律师辩护的情况，在 46 件有律师辩护案件中，辩护律师直接表示"不需要发问、没有问题"的有 13 件，放弃发问案件占比达 28.26%，相较控方只有 2 件未发问，辩方发问频率远低于控方。再考察无律师辩护案件，在 12 件无律师辩护案件中，有 5 件案件被告人明确表示"没有问题"，有 5 件案件法庭未给予被告人发问机会，辩方未发问案件多达 10 件，占比 83.33%，这意味着在没有律师辩护的案件中，控辩双方以"零对抗"为常态。综上，辩方未发问案件 23 件，发问案件 35 件，发问率为

60.34%，相较于控方96.55%的发问率，辩方发问积极性明显不足。

另一方面，辩方质疑性、反驳性发问较少。以“探索性发问”和“质疑性发问”进行分类统计，[10]辩方基于控方形成的卷宗证据，反驳警察的证言，抑或直接针对警察证言中存在的逻辑矛盾、与卷宗证据间的矛盾、不合常理等方面进行反驳，展开质疑性发问。如表5所示，辩护人和被告人质疑性发问的案件仅9件，占比34.04%，这说明辩方习惯于采用探索性发问方式，即非对抗性发问为常态。

表5 控辩双方发问情况统计（单位：件 N=58）

发问主体	探索性发问	质疑性发问	未发问
公诉人	56	0	2
辩护人	25	8	13
被告人	1	1	10

进一步分析质疑性发问案件特征，经统计，在9件质疑性发问案件中，被告人均不认罪，且控辩双方存在争议。这说明，质疑性发问的前提是辩方对警察侦查行为存在异议，其站在否定性评价的立场思考问题，以得出有利于被告人的结论。以梁某某盗窃案、李某某假冒注册商标案、张某某运输毒品案为例（庭审记录摘录见段后），在梁某某盗窃案中，辩护人质疑警察先入为主，进而欲动摇警察认定监控视频中实施盗窃人为被告人的认定结论；在李某某假冒注册商标案中，被告人直接质疑警察陈述的真实性，而后警察作出“不能确定”的回应；在张某某运输毒品案中，辩护人质疑警察取证的合法性，进而欲达到排除非法证据的证明目的。由此观之，质疑性发问是一种有效的发问策略，案件事实会在不断质疑与排除合理怀疑中得到澄清与证实。质疑利用证人的在场条件，基于推翻证言内容之目的进行反向询问、证明，是对证言或证人可信度表达异议的最直接、最充分方式，也是最具说服力的方式。[11]质疑性发问较少可能不利于控辩双方有效对抗，从查明案件事实的角度，控辩双方均有必要提升发问能力和掌握发问技巧。

10 顾名思义，探索性发问是指发问仅发挥探索警察所知案件事实的作用，通过问答式询问探索证人所知晓的事实真相。质疑性发问的核心是对证人证言提出质疑，秉持不相信警察如实陈述或警察存在违法取证行为的立场，以质问、怀疑的语气发问的方式。

11 左卫民著：《实证研究：中国法学的范式转型》，法律出版社2019年版，第293页。

庭审记录摘录1（梁某某盗窃案）

辩护人：根据监控录像能否确定被告人就是实施盗窃的人？

警察：确定。

辩护人：你们认为被告人盗窃，有无先入为主的思想？

警察：没有。

庭审记录摘录2（李某某假冒注册商标案）

被告人：你说沙发有吊牌，你敢不敢保证有吊牌的就是九品（沙发品牌）的商品？我敢发誓我做南方（沙发品牌）的东西里面肯定没有吊牌、说明书、二维码这些东西。你们当时只查获了六七套，其中三套是封闭的沙发，是坏掉很久处理不掉的沙发。有两套是处理好发出去的，有一套是南方的沙发。

警察：到底是买回来的样品，还是他们做的沙发，不能确定。

庭审记录摘录3（张某某运输毒品案）

辩护人：扣押时，制作扣押清单，为什么没有保管人签字？

警察：很晚了，找不到保管人签字。

辩护人：同一案件，前面一份扣押清单保管人签字了，这是怎么回事？

警察：这个有保管人签字的扣押清单应该是之后签的。

辩护人：有没有移交清单？

警察：没有。

辩护人：塑料袋装的，可以拆开的是不是就不叫密封？

警察：可以拆开。

辩护人：其他人如果接触到怎么办？

警察：没有人能接触到那个涉案财物。

辩护人：为什么没有清单？

警察：装卷时有疏漏。

（三）法官职权发问较为积极

在58个样本案件中，有34件法官直接参与对警察的发问，占比达58.62%。[12] 这说明超过半数的案件，法官出于全面查明案情的需要，向警察发问主动性大。那么在具体的询问过程中，法官的发问参与度如何呢？这可以通过平均发问的问题数量加以评估。根据表6数据计算，法官发问的问题平均每案达5.32个，公诉人平均每案7.89个，辩护人平均每案6个。相比较，法官发问的问题数接近于辩方发问问题数，法官承担了27.69%的发问量。

12　此时的发问特指法官就案件事实对警察的事实性发问，而非关于推进庭审流程的发问。

表6　控、辩、审三方发问问题数量及案件数量统计（单位：个/件）

公诉人	辩护人	被告人	法官
442/56	198/33	36/14	181/34

由于在顺序上，法官发问在控、辩双方之后，如果控、辩双方发问已经较为充分，法官发问的必要性就会较小。而法官平均发问数量与控、辩双方接近这一事实表明，在法官们看来，控、辩双方发问的充分性整体不足，需要补充性发问查明案件事实。在极端的情况下，控、辩双方怠于发问，而法官则全面发问。以沙某盗窃案为例，警察李某某出庭，公诉人、辩护人均表示不需要发问，而后法官承担了主要的发问任务，共计向警察提出16个问题。法官积极发问的现象体现了警察出庭环节法官的职权作用十分突出。

（四）警察拒绝回答被告人发问造成警察出庭目的难以实现

样本案件中，共14件被告人发问案件，其中5件警察拒绝回答问题，法官的处理方式也不尽相同。具体表现为三种情况：第一种情况是警察无视被告人发问，法官消极对待。在程某某故意伤害案中，被告人发问："拍照监控可以显示我当时有伤，你怎么说？"此时警察没有回应，法官也未要求警察必须回答。笔者分析，此案中被告人的问题与辩护人的问题系重复发问，故没有理会被告人发问。第二种情况是警察拒绝回答被告人问题，并质问被告人，法官对此未予干涉。以张某某容留他人吸毒案为例，被告人发问："你说都是阳性（毒品尿检），我记得有两三个不是阳性？"警察回答道："我先请问你，你是不是阳性？"被告人答道："我是。"第三种情况是警察拒绝回答提问时，法官建议警察回答被告人的发问。以孔某某贩卖毒品案为例，被告人发问："为什么交易时不抓，等分开以后抓，相隔时间那么久？"警察表示沉默，法官遂建议警察："证人你可以回答这个问题吗？"警察方配合回答："可以。时间很短，我们距离交易地点要走几步，时间非常短。"通常情况下，警察对辩护律师的提问不会拒绝回答，但对被告人的态度就不同了。之所以出现这种差异，很可能是"警察—犯罪嫌疑人（被告人）"角色转换带来的心理冲突所致，警察从侦讯时讯问人的角色转变为庭审中被询问人的角色，一时难以接受，甚至可能认为有损职业尊严。至于法官应对方式，笔者认为消极应对不利于被告人发问权的保障，相对而言，第三种情形中法官处理方式较妥当，当警察拒绝回应被告人的提问时，法官行使庭审指挥权，结合发问之必要性和征询警察意见，综合判断处置。

四、警察出庭效果：基本全盘采信警察证言

为评估警察出庭作证的实际效果，笔者根据58个警察出庭样本案件案号，从中国裁判文书网中下载对应一审判决书45份，另有一件案件法庭当庭对证言采信情况作出认定并当庭判决，共计掌握46件警察出庭案件判决结果。下文针对这46起案件的警察证言采信情况进行分析。

（一）以采信警察证言为常态

在46件警察出庭案件中，有45件警察出庭作证证言被采信，警察证言采信率达98%。在一定意义上，警察证言的高采纳率说明在绝大多数情况下警察证言是真实可信的，法院认可其证明力，最终作出采信警察证言的认定。警察证言的高采纳率还说明警察当庭作证对查明案件事实至关重要，有时在准确查明特定案件事实中发挥着难以替代的作用。

在此基础上，进一步分析警察证言采信的说理程度。根据判决书载明的情况，我们将采纳的说理程度分为“概括性采纳”“简要列明采纳”和“专门说理评价采纳”三种类型。[13] 其中，专门就警察出庭证言部分作出评价和说理的判决有26件，占比57.78%。此类判决中，法官专门分析了警察出庭证言的内容、证明对象及认定情况，这反映出法官仅凭书面卷宗材料无法查明全部案件事实，警察出庭具有独立的证明价值。有11件案件作出概括性采纳全案证据认定。有8件简要列明采纳，其与概括性采纳相类似，两者仅存在是否将警察证言记载于判决书中的差别。

（二）以未采信警察证言为例外

在46件判决中，仅有1件未采纳警察证言，表明警察证言不被采信属于例外情形。这起案件是曾某抢劫案。该案庭审中，协警赵某某当庭作证前后不一致，且未作合理解释。赵某某在开始进行概括性陈述时表示：“我在抓曾某时，他持刀反抗，右手反过来挥了一刀”，但其在接受控辩双方发问时又称：“曾某挥舞反抗时感觉有一把刀，按倒被告人时才确认有一把刀”，这意味着赵某某并未亲眼看到被告人持刀挥舞反抗的犯罪事实，而是仅凭“感觉”判断。故法庭最终没有采信赵某某关于被告人持刀反抗的证言，认定没有充分证据证明被告

13 简要列明采纳警察证言的判决，是法官将警察证言内容记载于判决书中，并对所有在案证据作出统一认定。概括性采纳即法院判决采纳全部指控证据，不对每份证据的证明力和是否采纳为定案根据作单独认定。专门说理评价采纳是指在判决书中专门就采纳警察证言作出评价和说理的情况。

人构成转化型抢劫罪，仅构成盗窃罪。

如普通证人所作证言一样，警察证言也可能存在虚假。证人作伪证，其根本动因在于对利益的权衡和取舍。[14]特别是在关于侦查行为合法性证明中，出庭警察作为被指控实施违法取证行为的人，与证明事项具有直接利害关系，法庭此时会更加审慎判断其证言真实性。即使警察作为犯罪事实和量刑事实的证人，也与案件处理结果息息相关，特别是涉及有罪无罪的判罚时，无罪即对警方侦查行为作出否定性评价，其追诉犯罪的内在动因与中立证人的身份常常存在冲突。而且，证人即使没有说谎，其证词也未必真实。无论是在侦查阶段还是在庭审中，人证的真实性都极大地受到其感知、记忆规律和各种社会因素的影响。[15]因此，证人出庭作证和交叉询问的证据调查方式，才是有效辨别言词证据真伪，最大限度查明案件实质真实的最佳途径。在曾某抢劫案中，虽然警察证言未被采信，但通过对出庭警察的交叉询问查明了案件真相，警察当庭证言发挥了对其书面证言的证伪作用，警察出庭作证仍有效发挥了查明案件事实的作用。假使警察不出庭，而以一份含糊其词的情况说明提交法庭，法庭在查明案件事实，核实案卷证据时则更加困难，无法形成最大限度的确信心证。无论法庭对警察证言采信与否，警察出庭都有利于查明案件事实，从诉讼结果上证成“诉讼证据质证在法庭、案件事实查明在法庭、诉辩意见发表在法庭、裁判理由形成在法庭”具有目的正当性。

五、警察出庭制度的发展方向

综观A市庭审实质化改革实践，警察出庭取得了明显成效。从量上考察，警察出庭人数最多，成为出庭证人的主体构成。从质上考察，警察出庭基本遵循A市中院制定的《人证出庭规范》，以全新的直接言词证据调查形式，不断冲击传统侦查机关“情况说明”所形成的法庭调查障碍，在案件事实证明中发挥实质性证明作用。以下进一步归纳警察出庭改革成效，总结不足和讨论警察出庭制度发展方向。

（一）警察出庭的常态化

警察出庭的重要性毋庸置疑。警察具有维护公共安全的职业身份，出庭证明与职务相关的案件事实，从而与其他类型人证出庭相区别。同时，警察出庭

---

14 何家弘主编：《证人制度研究》，人民法院出版社2004年版，第132页。

15 马静华：《庭审实质化：一种证据调查方式的逻辑转变——以A市改革试点为经验总结》，载《中国刑事法杂志》2017年第5期。

还具有通知便利、受职业道德规范约束、人员法律素养普遍较高等特点。从有利于指控的角度来看，警察出庭对侦查取证行为合法性作出说明，可以驳斥辩方排除非法证据申请，从出庭的结果看，法院大多数情况下均采纳警察证言。警察对取证行为细节的当庭说明，可以强化侦查行为合法性，进而固化侦查取证所获得、固定的证据，以达到指控被告人构成犯罪的目的。如果警察不出庭，仅凭“情况说明”来应对辩方对取证行为违规，甚至违法的质疑难以说服法官形成有效心证。正如一名法官所言，“警方有时出具了5份情况说明，但还是没有把法庭想要知晓的事情交代清楚”，有的证明事项只需要警察出庭几分钟即可达到证明目的。

A市庭审实质化改革期间初步实现了警察出庭的常态化和规范化。改革由政法委统一领导和公检法三机关协同推进，警察作为改革原动力之一，其带头出庭的目的和结果均为实现“证人、鉴定人、侦查人员、有专门知识的人”四类人员出庭数据短期内得到大幅提升。警察出庭率在改革初期达到顶点，而后回归常态，警察出庭实现了“由不出庭到出庭、由不愿出庭到接受出庭、由出庭随意化到出庭制度化”的转变。改革中形成的警察对出庭的司空见惯，在其体会到出庭非但不是“麻烦”还可提升工作效率时，加之警方对出庭的制度性认可，其出庭主动性增强，未来警察出庭常态化是可以预见的。

在警察接受出庭常态化的前提下，我们应当更加准确把握警察出庭案件标准，出庭必要的判断标准应以是否具有争议为前提。从样本案件看，很多被告人认罪、对指控犯罪无异议，案情简单的案件中警察出庭，其出庭必要性值得商榷，特别是警察出庭时间极短，控方提问简单，类似“走过场”型的警察出庭，实则是某种程度上的司法资源耗费。立法者在2012年《刑事诉讼法》制定时即考量警察出庭立法是否会对侦查机关的工作造成大的困难和干扰，警察出庭乃穷尽其他证明手段仍无法查清案件事实时，方求诸警察出庭作证。实践中警察出庭应当坚持必要性原则。[16] 随着改革试点推向深入，各单位警察出庭越发规范，从对法官、公诉人、律师的访谈中亦可看出，在有争议、被告人不认罪案件中的警察出庭才具有其必要性，才符合庭审查明案件事实的需求。特别是在实践中已形成警察经通知无正当理由不得拒绝出庭制度的前提下，审判机关更要把握好警察出庭案件的度，在控、辩、审三方均有警察出庭诉求时，从案件本身证据证明出发具备警察出庭的需要时，警察方得被通知出庭，在最大限度的庭审实质化和最小限度的影响侦查机关日常工作之间实现平衡。

---

16 龙宗智等著：《司法改革与中国刑事证据制度的完善》，中国民主法制出版社2016年版，第136页。

（二）出庭警察的证人化

我国将被告人、被害人、证人、侦查人员、鉴定人、有专门知识的人作为人证分类标准，有其不同主体、证明作用、与案件的关系等内在逻辑，但将出庭说明情况的侦查人员单独列为人证之一种，是人为将证人的警察身份特殊化。从《刑事诉讼法》第62条“凡是知道案件情况的人，都有作证的义务”的规定推论，证人应是知道案件情况的人。警察与教师、医生等其他具有特定职业身份的证人本质上不具有区分性，均为知道案件情况的人员之一。

2012《刑事诉讼法》所设定的侦查人员出庭说明情况是在特定情境、特定程序中启动的，它只针对侦查行为合法性证明时适用。从“说明情况”的立法用语看，侦查人员在庭审中不是客体，而是作证的主体，延伸至交叉询问程序中，警察是主动根据需要说明情况，而不是被交叉询问调查的对象。主动与被动的差异是立法原意的推断，警察在庭审中是否有权拒绝“说明情况”亦不明朗。立法对警察特殊身份的关怀，旨在尽量减轻警察因为出庭而要承担的各种义务和责任，包括接受控、辩双方质询的义务，但这种立法关照是否真正具有司法实践价值呢？警察出庭二元立法在逻辑上是可以减轻警察在证明“取证行为合法性”时的义务负担，特殊证人地位的立法强调亦可尊重警察的“颜面”，但实践中“无须接受控、辩双方质询”的义务简省，未能消解警察出庭时单方信息传递所导致的控、辩、审三方的质疑，反而会使警察对其“取证行为合法性”证明不充分，使这种自证清白式证明本身就较弱的证明力被进一步削弱。

从庭审实践观察，警察与证人出庭并无二致。警察接受控辩双方的交叉询问有利于查明案件事实，如果警察面对提问沉默以对，则显得底气不足，甚至会影响法庭对其陈述取证行为合法性的证言是否真实的认定。司法实践中，警察不惧，而且乐于接受控、辩双方发问，通过对控、辩双方核心争议事项和关心的问题作出回答，以供法庭作出判断。当然正如《排非规程》第23条规定的，警察有义务并就相关情况接受发问。法庭对发问方式不当或者内容与证据收集的合法性无关的，应当制止。此时的侦查人员出庭说明情况与证人出庭作证在规范层面也趋于一致，在未来立法中将警察出庭统一规定为侦查人员作为证人出庭作证符合司法实际和司法规律，亦不存在对警察诉讼地位、职业尊重产生不利影响，警察的证人化立法正当时。

（三）出庭警察行为有待进一步规范

考察A市庭审实践，有的警察庭审表现过于随意化，有的对庭审流程和作证程序还不够熟悉。改革推进仍聚焦于“有没有”和“结果意义上的好不好”，而没有关注警察“作证过程是否规范”的评价问题。警察作为刑事诉讼侦查行为主体，其言谈举止更是直观反映其职业操守，应进一步规范其出庭行为，展示客观、公正、中立的良好证人形象。

一是发挥警察职业身份的正向效应。警察出庭的衣着外表、言谈举止应符合公职人员和法庭证人的双重身份。警察因其系刑事案件侦查人员而区别于其他证人，可能因参与前期侦查准备工作而具有高度的中立性，亦可能与案件处理结果有利害关系而属于具有追诉倾向的证人，但警察的独特性均因其具有警察身份。警察作为国家公职人员，应理性平和执法，以客观公正追诉犯罪的人民守护神形象示人。外化于庭审中的表现形式，警察应当注意其仪表及言行，着装应大方得体，在法庭的言谈举止应理性、谦抑、平和，而不应咄咄逼人，甚至以恶意眼神、神态、表情威胁辩方，警察如果表现得不理智，在损害警察执法客观公正感官的同时，亦会对法庭造成办案鲁莽，可能存在非法取证指控的嫌疑。因此，警察在法庭上以“正义”“公正”等符合其人民警察职业形象示人，可增强其证言的可信度，反之则降低其证言的证明力。

二是严格遵循作证程序规则。A 市中院《人证出庭规则》关于“人证出庭作证调查程序”的规定具有较强的可操作性。观察庭审改革实践，有的庭审未严格遵守该调查程序，如部分庭审对人证保证宣誓环节的省略，实践中发问顺序也不尽相同。这可能与法官在长期庭审实践中形成独具个性的法庭调查习惯有关，也可能与改革文件规定较为烦琐而法官追求最佳庭审效率有关，亦可能与法官对改革文件的适用效力理解有关，将其视作指导性文件规定，倾向于选择自己认为最适合的法庭调查方式。关于警察在作证时未严格遵循作证前保证宣示的行为，为显示警察如实作证之态度坚决和真诚理性，警察在作证之前当庭口头宣读《作证保证书》是必不可少的作证环节，实践中将此环节省略的做法系因重实体轻程序的传统思维所致，有的代表程序正义的程序环节恰恰对证人庭审如实作证发挥着不可替代的作用，正如警察当庭作证较书面证言更有利于查明案件事实，刑事庭审中的直接言词原则应一以贯之。

三是警察应熟练掌握出庭技能。底气足方可临危不乱。庭审实践中，有的警察对控辩发问应答如流，有的警察面对发问不知所措，这是出庭能力个体差异的表现。当然，为查明案件事实，警察作证应始终围绕“如实作证”展开，但如何应对辩方的陷阱式发问和诱导性发问，如何避免答非所问和提升临场应变能力均要求警察出庭能力的逐步提高。庭审实质化改革期间，A 市警方采取增加警察出庭频率，组织警察旁听警察作证和积极开展出庭能力培训等措施推进警察出庭工作，但一线警察访谈反馈仍希望加大培训力度以充分应对日渐常态化的出庭工作。加强警察出庭前的培训应形成固化制度，警察在出庭前做好预案，不断培养良好的语言组织能力和临场应变能力，避免出现“教科书”式的答辩和沉默回应。

（四）混合式人证调查模式的发展

我国《法庭调查规程》已经建立起控、辩双方交叉询问为主，辅以法官职权询问的人证调查模式，但庭审法官仍表现出过度主导庭审的倾向，法官依靠职权询问获得的警察证言似乎更加可靠、合乎心意和高效。析其原因，法官过度主导庭审的情况有其存在的合理性，如果法官以一个消极中立者的立场终结庭审，则案件事实可能无法彻底查清，以目前实践中盛行的实质真实观和结果导向评价标准，法官将成为未查明案件事实真相的责任主体。在对警察的法庭调查中，法官应当发挥庭审主导作用，但法官包揽对警察发问的做法值得商榷。首先，交叉询问作为最佳的言词证据调查方式，法官应有效利用交叉询问规则而非越俎代庖。当然，实践中，控、辩双方发问对抗性低，发问无法直击要害，无法全面覆盖争点，即发问不充分的问题还经常出现，法官此时不得不成为主要的发问主体，以提高庭审效率和发问效率。其次，在解决发问覆盖争点的前提下，法官可以适度引导控、辩双方针对警察证言的合法性、相关性、真实性、证据能力和证明力深度发问，互相辩论，以达到真理越辩越明，多角度检验警察证言证明作用的目的。

进一步分析，当控、辩双方客观上不具备技术性交叉询问能力时，庭审法官该何去何从。实践中控、辩双方常常存在法律知识储备不足，询问技巧未充分掌握的情况，甚至有时从己方立场出发的发问可能刻意误导证人，即诱导性发问被禁止的问题。如果单纯依靠控、辩双方交叉询问来开展人证调查和主导法庭进程，则大概率出现的问题是庭审效率低下和控、辩双方偏离核心事实过远的问题，这当然不利于法庭有效查明案件事实。因此，法官对人证调查节奏的把控和庭审指挥尤为重要，这是我国庭审职权主义的应有之义。

比较两种人证调查方式，控、辩双方交叉询问是被证明最有效的人证调查方式，此时当事人的积极性得到极大发挥，但同时由于控、辩双方关注焦点不同，立场不同，其发问所针对的案件事实可能有所疏漏，可能只针对案件事实的一个层面，此时法官履行职权询问权力，达到全面查清案件事实的目的。某种意义上讲，法官具有查清全部案件事实的需求，其办理案件必须达到“案件事实清楚，证据确实充分，排除合理怀疑”的证明标准，这也要求法官要对其有疑问的部分向出庭警察发问。在庭审实质化改革不断推进和“三项规程”全国试行的影响下，警察出庭将越发成为刑事庭审常态，控、辩双方逐渐熟悉法庭对抗技巧和方法，警察应对出庭能力也在逐步提高，反过来促进刑事庭审实质化改革成果得以固化和为未来立法提供有益经验。

税收筹划司法认定的实证研究

——基于2019年的35份税务行政判决书

李　悦*

【内容提要】纳税人就税务机关的核定结论向法院提起行政诉讼，寻求司法权力认定、保障并救济其税收筹划权利。文章汇总分析2019年度35份税务行政判决书后，从文书法律适用与证据采信说理不足的表征出发，认为税收筹划司法认定对法官专业知识提出了较高要求，制度突破关键在于廓清认定的证明标准。基于回应前述问题之需要，首先，法院应坚持价值中立的司法认定立场，在税收法定之程序保障原则指引下，借助“意旨＋类型化”的司法解释路径，着力构建差序化的司法认定证明标准。其次，借助便利纳税人的裁判说理方式，将个案税法适用的演绎过程外部化，提升税法对交易安排评价的可预测性，促进征纳双方实现税收人际公平。此外，税收筹划的“负面清单”、高水平的税务审判队伍、信息制度工具等配套举措，能够助力税收筹划司法认定向纵深发展。

【关键词】税收筹划　司法认定　证明标准　税收法定　程序保障

一、问题的提出

习近平总书记指出，“凡属于重大改革都要于法有据。在整个改革过程中，都要高度重视运用法治思维和法治工具”。[1] 税收筹划是纳税人以遵从税法为前提，事前预测交易安排可能产生的税负，优选整体经济成本较轻的交易路径，

---

*　李悦——深圳职业技术学院经济学院讲师、辽宁科技大学法律硕士指导教师，中国财税法治研究院助理研究员。主要研究领域：财政税收法学。

1　习近平：《在中央全面深化改革领导小组第二次会议上的讲话》。

以实现税负节减的类型行为。改革开放以来，随着计划经济的“纳税义务人”观念向市场经济的“纳税人”观念逐步转变，来源于主体私法形成权利的税收筹划，作为纳税人理应享有也事实享有的新型权利，其同税务机关核定权力宏观上的协调与平衡，始终是个常论常新的前沿问题。

毋庸讳言，长期以来我国税法治理的体制机制安排，更倾向于强化税务机关的征收职权与管理能力，“管理”理念始终支配着程序税法的运行与完善。易言之，即税收服务的意识和规范始终缺乏，税法对税收筹划权利的保障有所不足。具体而言，尽管看似通过主客观要件的排列组合，不难划定纳税人节税、避税和逃税的筹划行为。[2]但税务机关因《税收征收管理法》的概括授权，而获得对税收筹划行为的自由裁量权，现实中税务机关始终具有巩固权力的动机，同时并未受到规范、程序和制度等客观层面的法律控制。税务机关“可以”或“有权”进行税收核定，但法律没有明确“必须核定”“怎样核定”和“核定多少”，这使得税收核定制度的运行具有极大的任意性、不确定性和不可预期性。

申言之，税务机关在实践中往往根据经验或逻辑，笼统地认定纳税人的交易安排“违法”，进而在直接证据未必充分的前提下，径行援用《税收征收管理法》第35条“计税依据明显偏低，又无正当理由条款”，核定并再次配置纳税人的经济利益。从学界对税收核定行为的评价来看，税收核定作为税务机关对交易安排的事实推定，税法为税务机关设置了比较低的证明标准。[3]与此同时，纵然不难证立纳税人享有税收筹划权，但该权利客观上缺失高位阶法律的明确规定，导致：（1）理论研究需要对宪法和税法予以体系解释和演绎，从较低的税收规范性文件层面寻求税收筹划的依据，增大了部分税收筹划行为“于法无据”的风险；（2）我国税收政策体量庞大且变动频繁，税收筹划事前报告制度内生不合法性，征纳双方难以实现阶段性信息对等，增大了税收筹划司法认定“有理有据”的难度；（3）更不必说税务实践中筹划方案的架构设置与具体运行，始终需要寻求税务、会计及审计的合规依据，这种专业壁垒绝非广大纳税人所能够轻言跨越。两相对比之下，税务机关具备行使税收核定权力的正当权威，纳税人行使筹划权利则存在结构阻碍，这便导致税务实践中难以定性的灰

2 税收筹划行为的（1）形式和实质都符合法律规定，是为节税；（2）形式符合法律规定，但是缺乏对应的经济实质，是为避税；（3）形式和实质均不符合法律规定，是为逃税。各国税务机关重点关注并规制以避税和逃税为目的的过激税收筹划行为。

3 《税收征收管理法》第35条规定了税收核定的适用条件，其中前五种情形适用虽有争议，但总体上仍然不难判断。唯有第35条的第1款第6项“计税依据明显偏低，又无正当理由”在理论和实践中的争议很大。《税收征收管理法实施细则》第47条则规定了税收核定的程序和方法。

色筹划行为，便难以避免地同“逃税”和“避税”等同，势必激化纳税人权利同征税方权力的紧张关系。

在我国行政主导的税收核定权力配置体系下，纳税人不服税务机关作出的调整应纳税款的裁量时，就税务机关的核定结论向法院提起行政诉讼，借助司法权力审查税务机关自由裁量权力的使用过程，不失为认定、保障并救济自身税收筹划权利的“救命稻草”。承前所述，征纳双方的结构性紧张并非全然来自税收筹划本身，而根源于我国并未对税收核定设置常态化约束机制。尽管我国税收筹划法律体系的规范位阶始终较低，从程序税法的控权角度来说，“税收核定司法审查”与“税收筹划司法认定”本质相通，分别以“权力制衡”抑或“权利保障”的叙事立场，诠释我国税务行政诉讼机制的完善路径。

人民法院通过裁判表现出认可税收筹划的鲜明态度，能够弥补当前反避税规范涉及面过宽的不足，无疑对税收领域的国家治理体系和治理能力现代化建设非常重要。正如2016年再审儿童投资主基金税务征收案（以下简称“儿童基金案”），最高人民法院在裁定书中提出三个“事关”：税收筹划的司法认定事关“税收法律法规和政策的把握”，事关“如何看待我国税务机关处理类似问题的基本规则和标准”，事关“外国公司与中国公司合法权益的平等保护”。我国税收核定司法审查的整体标准越发严格，税收筹划司法认定的保障程度逐渐增加。以2017年德发房产建设有限公司再审行政诉讼案（以下简称“德发案”）为例，最高人民法院的判决书体现了我国法院对税收核定的内容予以审查，特别是对涉诉税务机关提供的证据是否充分的探讨，表明了人民法院不再局限于审查核定结论是否存在程序违法，如税务机关的主体资格、程序规范和事实认定是否有误等问题，对税收核定的个案审查将逐步采用实质标准的显著趋势。

但诚如前述，因为税收筹划司法认定既涉及对筹划安排的理论定性，又涉及我国法院对税收核定行政裁量的个案评价，毋庸讳言，当前我国法院系统对税收筹划的司法认定仍存争议。文章认为，这既同我国税法较强的专业性，如对纳税人类型、税基、税率和征收期限等弹性要素确定，连同现行法律体制漏洞或机制缺陷引致的筹划空间有关，更直接同我国税收筹划的司法认定规则，特别是专门司法解释的缺失和滞后有关。那么，这势必导致对纳税人税收筹划行为的个案评价在我国法院系统内部存在相当程度的不协调性，不仅很有可能破坏纳税人间的横向税收公平，进而挑战我国法院行政裁判的社会公信力，反过来，也为税务机关行使税收核定权力带来更多顾虑。基于完善我国税收筹划司法认定制度的考虑，笔者在中国裁判文书网上检索2019年以“税收筹划”“避税”和“反避税”为主题的案件，根据文书内容剔除无直接关联样本后汇总得到35份判决书。因检索到的案件数量有限，本文仅能通过小样本研究管窥全貌，分析这35份判决书所反映的税收筹划司法认定情况，描述税收筹划司法认定的实然缺陷并寻求其成因，以期有针对性地提出完善税收筹划司法认定制度的建议，为征税方特别是税务机关行使核定权力提供必要参考。

二、基于2019年35份判决书的税收筹划司法认定现状

（一）案由分布

文章以“税收筹划”“避税”和“反避税”为检索主题，设定“文书类型：判决书”“案件类型：行政案件”和“裁判日期：2019年1月1日至2019年12月31日”的约束条件，在裁判文书网检索并汇总到的35份判决书中，案由为“税收征管”的案件有22件，占比为62.9%；案由为“房屋买卖”的案件有7件，占比为20%；案由为“房屋拆迁”的案件有3件，占比为8.6%；案由为“社会保障”的案件有2件，占比为5.7%；案由为“货物买卖”的案件有1件，占比为2.9%。可以得出结论，2019年我国税务机关在征管过程中，对纳税人方进行的税收筹划行为存疑，启动税收核定权力追缴应纳税款后，纳税人方不服而提起行政诉讼的案件占比近三分之二。整体案件分布符合现有研究提出的，因纳税人申报数额同税务机关事实认定存在差异，致使税务机关认定纳税人涉嫌偷逃税款，但纳税人认为自己的行为属于税收筹划，主动向法院提起行政诉讼的情况。[4]与此同时，税法承担“第二次评价”民商事交易的法律功能，民商事案由（如货物买卖）所引发的涉税司法争议，主要因为民商事主体进行税收筹划的方式选择不当，违背了法律强制性规定导致交易安排无效，或因其他因素导致私法上存在效力瑕疵，因税法不遵从而脱离了税收筹划司法认定的指涉范域。

（二）案件地点和文书类型

本文主要汇总税务行政诉讼的判决书。因为税务行政诉讼中的裁定，既可能涉及被告主体资格、行政诉讼管辖、行政诉讼受案范围、诉讼时效等行政诉讼程序问题，还可能涉及《税收征收管理法》及其实施细则的行政复议前置、纳税前置等专门程序。税务行政诉讼的判决书主要解决税收核定的合法性与适当性问题，那么就不得不涉及对纳税人税收筹划个案认定等征纳双方争议的实体法律关系。承前所述，2019年海南法院系统出具的税收筹划司法认定判决书

4　闫晴：《纳税人税收筹划与税务机关反避税的冲突与平衡——基于231份判决书的实证研究》，载《科学决策》2018年第11期。

有16件，占比为45.7%；重庆市则有3件，占比为8.6%；湖南、浙江、江苏、吉林各有2件，占比各为5.7%；广东、广西、湖北、福建、黑龙江、辽宁、陕西、内蒙古各有1件，占比各为2.9%。不难看出，我国税收筹划的司法认定可谓“遍地开花”，各地法院均作出了探索司法认定标准的努力，较少的判决书既与税务行政诉讼和行政诉讼总数递增的趋势有显著差异，[5]也符合我国法院系统对税收筹划的实体保护力度增强的态势。除此之外，就笔者汇总的2019年度的35份判决书来说，海南省的税收筹划司法认定诉讼案件较多，这可能同2018年提出探索建设海南自由贸易港，各种类型纳税人纷纷入驻并开展离岸金融活动有关，同时，因为前述纳税人整体权利意识强并且税收筹划能力高，税务机关的征管能力相对不足而导致司法认定的需求增加。

（三）判决结果

在前述税收筹划的司法认定诉讼案件中，由纳税人提起诉讼的案件数量为34件，整体占比高达97.1%；由税务机关主动提起诉讼的案件数量仅为1件，占比仅为2.9%。[6]在诉讼结果中，纳税人败诉案件数量为11件，占比为31.4%；而税务机关败诉案件数量为24件，占比为68.6%。结合既往典型案例如“儿童基金案”和“德发案”不难看出，实践中纳税人自认为合法的税收筹划行为，征管过程中被税务机关否认并核定的情况相当常见。本文汇总到的35份判决书同时表明，法院对纳税人的诉求并非全部予以驳回或判决败诉，相当数量纳税人的税收筹划行为最终获得法院支持，提示了税务机关的税收核定结论绝非全然不可挑战，也标志着我国税收筹划司法认定力度的提升，侧面反映了我国纳税人的权利保护意识逐渐增强，通过司法途径维护税收筹划权利的能力显著提高。总体而言，法院在尊重行政机关依法制定的裁量标准前提下，将司法认定结论同税务机关的行政裁量结论相区分，而未“照单全收”税务机关的税收核定结论，充分发挥了司法能动性，揭示了深化与展拓税收筹划司法认定范围的可能性。但是，在详细阅读裁判文书时仍可看到类似情节的“同案不同判”现象，再次揭示了由法院系统对税收筹划的司法认定标准予以梳理，进而为纳税人的具体税收筹划行为划定合法以及范域，在减税降费的大背景下优化我国税收营商环境，助力提升我国税收征管秩序的高度必要。

5　德恒律师事务所：《2018年中国税务行政诉讼大数据报告》，载德恒律师事务所网站，http：//www. dhl. com. cn/CN/tansuocontent/0008/015036/7. aspx？MID = 0902，最后访问于2020年2月18日。

6　见吉林省长春市中级人民法院（2019）吉01行终30号国家税务总局长春市税务局与吉林银行股份有限公司行政管理案。

三、税收筹划司法认定的制度障碍

（一）表征：司法认定的裁判说理缺乏

税收筹划的前提是纳税人对税法的遵从状态，因此，制定良好并有效运行的税法，逻辑上构成税收筹划司法认定的大前提。就税收筹划的法律定性而言，我国现行税法已经认可税务代理机构协助纳税人进行筹划，举重以明轻，纳税人自主进行的税收筹划无疑更是合法的。[7]但纳税人税收筹划所依托的实定税法仍然混乱，税收法律、行政法规、部门规章和规范性文件“叠床架屋”，而并未得到规整协调的底层法治逻辑系统指引，致使税收筹划司法认定的裁判文书普遍缺失翔实、自洽、可接受的理由说明，通常以“事实清楚，证据确凿”作为总括性的裁判理由。

其一，我国税收筹划裁判文书的说服力普遍不足，笔者汇总的判决书就部分细节问题论证阙如，论证说理服务于既定结果的导向性非常明显。税收筹划的若干具体问题，譬如《特别纳税调整实施办法（试行）》第95条，纳税人就交易的合理商业目的承担举证责任；至于税收筹划交易安排是否有经济实质，交易安排的经济实质与税法形式是否匹配，纳税人方（包括税务中介）则无须提供证据，那么，是否可认定“经济实质”与“合理商业目的”截然不同？除此之外，税务机关是否有权在税收筹划报告制度中明确，以纳税人方提供材料作为启动调查或检查程序的前置程序？[8]……种种问题，在税收筹划的司法认定过程中均需要通过法院的裁判文书予以澄清。但在笔者汇总的35份2019年判决书中，反避税规范的“合理商业目的”同“经济实质”通常并列使用，两个常用概念的相互关系仍然难以明确，更遑论提炼出我国法院对税务行政诉讼的证明标准，进而寻求税收筹划报告制度作为税收核定前置程序的合法性判断了。

其二，我国税收筹划司法认定中行政主导的色彩浓厚，既未彰显对征纳双方予以同等法律保护的形式正义，亦未向弱势方之纳税人倾斜更多司法资源的理念。税收筹划对于秉持“为了国库收入，围绕国库收入”立场的税务机关而言，意味着国家税收收入与财政资金的直接减损，不难想象，税务机关对纳税人税收筹划的态度相对消极，甚至以“于法无据”为由拒绝承认纳税人的筹划

7 参见《注册税务师管理办法》《注册税务师涉税服务业务基本规则》《税务咨询业务规则（试行）》和《税收筹划业务规则（试行）》等。

8 参见《关于非居民企业间接转让财产企业所得税若干问题的公告》和《涉税专业服务监管办法（试行）》。

权利。[9]但相较而言，法院绝不能以“法律规定不明”为由拒绝裁判，仍应发挥其司法能动性对税法的原则性规定予以解释，经由个案对税务机关的税收核定权力进行控制限权，保障纳税人能够顺利实现其税收筹划权利。诚如前述，从税收筹划本身的性质来说，前文已经根据纳税人的主观过错和客观危害程度，将纳税人以节减税负为目的的税收筹划，类型化为偷税、避税和节税三个层次，但实践中前述行为在交易外观上高度相似。部分法院在审理税收筹划案件时，往往不加区分地类推适用逃税规则，显著增强了国库中心主义的色彩，[10]最高人民法院在前述“德发案”中的逻辑反转也反映了这点，论证有欠充分的同时倒置了征纳双方的证明责任。[11]再者，同我国现行的刑事与民事诉讼制度存在很大不同，我国的《行政诉讼法》没有明确规定裁判理由制度，无从通过裁判文书知晓证据采信和法律适用过程。文章认为，正是因法院系统对税收筹划的认定立场失之偏颇，从而难以澄清法院对纳税人具体行为的定性，有损税收筹划司法认定行政裁判的社会公信力。诚然，富于经验的法官在直觉上不难体悟税收筹划的法律边界，但将税收筹划可行与否的理由以裁判说理的形式公之于众，显然能够更充分地保障纳税人的信赖和期待利益，从而更好地回应司法机关定分止争的治理期待。

（二）挑战：司法认定的专业要求较高

承前所述，税收筹划案件法律适用和裁判说理的翔实程度，直接受主审法官价值判断和专业水平的约束。宏观来看，纵然近年来我国的税务行政诉讼裁判文书数量逐年递增，但税务诉讼案件占行政诉讼案件的比重依然较低。[12]例如，根据2017年的《最高人民法院工作报告》，我国2016年共发生22.5万件行政诉讼案件，其中税务行政诉讼案件不到500件。究其原因，不仅在于税务

9 依据《国家税务总局关于纳税人权利与义务的公告》，纳税人享有纳税申报方式选择权、申请延期申报权、申请延期缴纳税款权、依法享受税收优惠权、委托税务代理权。可以说，纳税人通过税收筹划迟缴、少缴甚至不缴税款是其应然权利。

10 比如在高贤伟出口导线骗取退税案中，浙江省金华市中级人民法院即对纳税人的税收筹划行为适用逃税规则，详见浙江省金华市中级人民法院（2017）浙07刑初53号刑事判决书。

11 最高人民法院在判决书中评价德发公司的土地拍卖行为时，说理时首先提出“计税依据是通过拍卖方式形成时，税务机关一般应予认可和尊重，不宜轻易启动核定程序，以行政认定取代市场竞争形成计税依据”，其次提出“有效的拍卖行为并不能绝对地排除税务机关的应纳税额核定权”。

12 在裁判文书网中，2006年至2018年税务行政诉讼文书数量分别为6、2、1、2、2、1、12、82、321、316、693、938、1067。依据《2018年中国税务行政诉讼大数据报告》，我国的税务行政诉讼文书中，裁定书占69%，判决书占31%，不难得出，2018年全年我国税务行政诉讼判决书仅约331份。

行政复议的双重前置程序，在制度上成为我国纳税人实现诉权的阻碍；另外的重要原因可能在于，我国税务行政诉讼案件的专业性过高，法院系统处理该专门类型案件的能力有待提高。诚如前述，税收筹划要求财务人员以巧妙的交易结构安排尽可能减轻税负，导致税收筹划案件的难度远高于普通行政诉讼案件。[13] 因为此类案件的审理不仅需要法律专业知识，也必须具备税务、会计和审计等财会专业知识，具备看懂纳税人交易凭证、单据、账簿和审计报告等能力，设若是涉外的税收筹划案件还将涉及重复征税扣除等问题。与此同时，税务行政诉讼的受案法院往往是基层法院，法官并不完全具备税务领域的专业知识，更加倾向于照搬税务机关的核定意见以保持司法谦抑性，不将自身的价值判断带入税务机关的税收核定中。总而言之，税收筹划司法认定案件的专业性要求过高，往往导致其在审理中成为难啃的“硬骨头”，法院也陷入专业能力不足与审判准确度难以保障的两难困局。[14] 这不仅降低了我国税收筹划认定案件的审理准确度，也难以为进行税收筹划的纳税人提供明确的指引，甚或在现实中诱发更多的“同案不同判”现象。[15]

（三）关键：司法认定的证明标准模糊

充足准确的纳税人税务信息是法律适用的小前提，税务机关要求税收筹划方定期和及时报告的税收筹划报告制度，主要由《涉税专业服务监管办法（试行）》确定并实施，但其缺乏上位法依据并为纳税人创设义务，在理论上备受合法性的质疑。[16] 当法院发现案件中存在税务信息的缺失或冲突时，可依职权启动案件调查权以查明涉案事实，但受制于税收筹划案件信息的复杂性，法院即使启动调查权并获得了若干初步证据，也难以在海量的税务信息中彻底复原税收筹划的状况，判定纳税人交易主观上是否属于“合理商业目的”。既然直接获得纳税人税务信息的难度很大，法院认定时仍然主要依靠复验征纳双方提供的证据，双方主要就证据的客观性、关联性和合法性展开质证，审查征纳双方提

---

13 陈清秀：《税法总论》，元照出版社2012年版，第214页。

14 《2018年中国税务行政诉讼大数据报告》显示，税务行政诉讼裁判结果中，税务机关胜诉的案件数量占比为63%，相对人撤诉的案件数量占比为28%，相对人胜诉的案件数量占比为8%，未决案件数量占比为1%。可以认为，税务争议中法院远远未发挥出定分止争之社会作用。

15 譬如儿童投资主基金与浙江省杭州市西湖区国家税务局的行政征收二审行政判决书（2015）浙行终字第441号的税收筹划认定标准为“合理商业目的”；南京土壤仪器厂有限公司与江苏省南京市地方税务局稽查局、南京市地方税务局二审行政判决书（2016）苏01行终776号的税收筹划认定标准为“经济实质”。

16 张怡、吕俊山：《税收信息制度性工具的破与立——以税收法定主义之程序保障原则为逻辑支点》，载《西南政法大学学报》2019年第1期。

供的证据是否足够充分，使法官确信证据双方材料证明的事实为真即可。但我国关于行政诉讼证明标准的规定相对模糊，已有的专门司法解释语焉不详且规范陈旧。[17]综观现有典型案例所采用的证明标准，税收核定适用条件中，本应由税务机关承担“无正当理由”证明责任转移至纳税人，过错责任错置为过错推定责任。而具体的税收核定方法上，税务机关无须证明其核定方法选择的合理性，而由纳税人方向法院提出异议并予以反证。这些证明责任的不合理分配给纳税人带来“难以承受之重”，因此，亟须厘清法院在税收筹划司法认定过程中的证明标准问题，这也是税收筹划司法认定制度的关键所在。

（四）总结

“纳税人”和“公民”是内涵相同而外延有异的范畴，就我国的税收立法和征管问题而言，全社会的纳税人、舆论传媒和监察机构，能够及时、充分并实质性地发挥其应然的监督功能。但当涉及少数纳税人的税收筹划个案时，其他纳税人和舆论传媒仅能获取部分边缘性信息，既未被授权对税收筹划的案件给出结论，也难以对税收筹划是否侵犯公共利益作出判断。归根到底，任何新型权利均有其理论与现实的双重边界，纳税人税收筹划的自由权利应以公共利益为界，禁止滥用税收筹划权利侵蚀国家税基。既然税收筹划是纳税人基于私法形成的类型化行为，交易安排无疑有高度的目的性、差异性和非公开性，因无从知晓税收筹划可能导致的公共利益减损，社会主体的知情权和监督权便难以得到保障。文章认为，司法是保障并实现社会公平正义的“最后防线”，也是对税务机关至关重要的外部监督方式，因此，在人民法院存在依程序制定的税收筹划司法认定标准时，社会便不会轻易质疑税收筹划案件的走向和结果。相对于以同类个案提出修改税收核定标准的司法建议，从旁促成司法认定依据行政基准完善的间接方式，转向直接由法院系统明确税收筹划的司法认定标准，不仅能保障纳税人合理合法的筹划权利，同时也能避免纳税人滥用税收筹划权利，更有利于在权利和权力的动态博弈中推进税收法治建设进程。

四、税收筹划司法认定制度的完善路径

回应型法理论能够为税收筹划司法认定制度发展提供理据。文章认为，税收筹划的司法认定制度不仅在形式上受行政诉讼的正当程序原则和比例原则约束，同时需要满足税法内生的人际公平和社会可接受性要求，注重税收筹划司法认定制度规范的开放性和灵活性。

17　参见《最高人民法院关于行政诉讼证据若干问题的规定》“证据的审核认定部分”。

（一）税收筹划司法认定的理论指引

1. 形式维度：税收法定下的类型化立法

现代税法学所指涉的税收法定原则，是指税收的权利义务必须由法律予以规定，税收的各类构成要素皆必须且只能由法律予以明确规定的原则。[18]税收法定原则具体包括税收要件法定原则、税收要件明确原则、合法性原则以及程序保障原则四个方面内容；其中“程序保障原则”包括税收程序法定和纳税人权利救济程序法定两个方面。[19]承前所述，在笔者汇总的35份裁判文书中，在法律规则不明确和信息不对称的双重困境下，法院会陷入缺失裁判逻辑前提的困境，造成税收筹划司法认定的“失范”情形。文章认为，此时需要借助“创设意旨+类型化规定”的认定标准设置路径予以回应：

其一，税收筹划司法认定需要以专门司法解释为直接依据，该司法解释需要详细阐明司法解释的创设意旨。诚如前述，我国目前虽颁行了《税收征收管理法》及其实施细则，税务机关也相应出台了诸多部门规章甚或规范性文件，但税收法定主义要求纳税人的权利救济程序法定，税收筹划司法认定作为业已存在的行政诉讼，并未触及《立法法》第80条“增加本部门的权力”的无效规定，从而具有出台专门司法解释的正当性。我国有必要在税务行政诉讼的司法解释中明确提出纳税人税收筹划的司法认定标准，从而为法院审查税务机关的税收核定提供指引。此外需要强调的是，该专门司法解释必须对制定意旨加以明确记载，即将立法意旨作为税收规划类型化的标准指向，进而判断事实与条文承载的规范具有相同意义，由此解决可能产生的纳税主体差别对待问题。[20]

其二，结合现有的税法研究成果，专门司法解释所创设的认定标准，需对税收筹划行为加以明确类型化。类型化作为社会科学的重要研究方法，“是对贴近生活事实的研究对象予以归纳、抽象，将其共同性方面整构成税法类型”。[21]类型化的司法认定标准主要体现行为的差异性，对纳税人的经济和程序利益影响越大的行政行为，在税务行政诉讼过程中应适用更加严格的证明标准；而对纳税人经济和程序利益影响较小的事实，则应适当援用较为宽松的证明标准。因此，在税务机关启动核定程序的调查阶段，税务机关的证明标准较低，只需证明纳税人有不实申报，税收筹划有滑入偷逃税款评价范围的可能。但与此同

18　张守文：《论税收法定主义》，载《法学研究》1996年第6期。

19　金子宏著：《租税法》（第22版），弘文堂出版株式会社2017年版，第83页。

20　曾远：《论税法解释类型化方法》，载《现代法学》2016年第1期。

21　金子宏著：《日本税法》，战宪斌等译，法律出版社2004年版，第67页。

时，在纳税人提起税务行政诉讼的过程中，税务机关就必须承担主要的证明责任，证明纳税人存在过激的税收筹划行为。当税务机关具有足够的优势证据证明违法事实存在，法院才能进行否定性的税收筹划司法认定。

综合近年来的研究成果，本文提出，司法认定的标准确定至少需要考虑以下价值评判因素：第一，交易形式同经济实质的关联性；第二，税法欺诈或权利滥用的影响；第三，纳税人税收筹划时的主观意图；第四，交易安排框架中合法外观的比重；第五，筹划行为对量能课税原则的违背程度。[22] 合宜的税收筹划司法认定的证明标准，有必要从客观行为倒推主观目的，有层次地考虑下述事实证明因素：第一，证据性事实必须排除税务机关滥用权力，即类似于刑事诉讼的排除合理怀疑标准；第二，结论性事实适用优势证据标准，即参照当前民事诉讼的举证标准；第三，惩罚性责任适用实质证据标准，即确定乃至必然的盖然性标准。[23]

其三，税收筹划的司法认定标准本身需不断跟进征管实践，可参考最高人民法院发布民商事裁判规则（案件要旨）的形式，通过完善税务裁判规则（案例要旨）的方式予以回应。文章认为，系统而高效地解决滥用税收核定权的个案，指导行政机关的同类型税收核定行为，救济并保障纳税人的税收筹划权利，是税收筹划司法认定的制度期望。当下时代，税收筹划的交易架构和实现手段“野蛮生长”，税收立法和税收征管所面临的现实难题可谓日新月异，这就对税收筹划司法认定标准的回应性，连同法院系统的涉税审判能力提出了新的要求。文章认为，从“儿童基金案”和“德发案”等最高人民法院的指导案例出发，通过完善司法解释条文与典型指导案例的互补适用模式，能够透过纳税人复杂多变的税收筹划方式，令法院谨慎剖析其主观意图并判断其行为的合法度，从而提升司法标准同税收立法、征管实践的整体契合度，最终为我国纳税人的税收筹划行为展示动态的制度底线。

2. 实质维度：征纳双方的动态人际公平

其一，良善且有效的税收筹划司法认定标准，需要实现征纳双方的普遍人际公平。公平是法律的制定目的和根本追求，也是制定和修改法律规范时重要的实质性因素。随着税法理论的发展，税收公平早已突破了权利主体间的狭义人际公平，不同经济区域之间的税收区域公平，发展至探讨公权力和私权利主体间的普遍人际公平，连同当下社会与未来代际公平的多元化维度。若将税收

---

22 翁武耀：《避税概念的法律分析》，载《中外法学》2015 年第 3 期。

23 王霞：《从德发案看税收核定司法证明标准的适用》，载《法律科学（西北政法大学学报）》2019 年第 4 期。

公平同税收筹划司法认定的制度期望相结合，税收公平不仅要求不同纳税人之间的税负分配，做到“同等条件，同等对待；不同情况，不同对待”，[24] 更需要达致税收筹划权利与税收核定权力间的动态平衡，即通过司法机关的中立立场实现更广泛的税收人际公平。毋庸讳言，在制定并完善税收筹划司法标准的过程中，如若专门的司法解释采用宽口径认定标准，将诱使纳税人滥施税收筹划获得税收减免，导致纳税人逃避本应承担的税收责任；而如若采用窄口径的司法认定标准，将不利于保障纳税人的经济发展权利，甚或威胁到纳税人最基本的生存权利，有违不得对课税禁区征税的底线原则。总而言之，税收筹划的司法认定标准必须保持应有的谨慎态度，既要注重划定纳税人的税收筹划权利边界，同时也需要注意对司法自由裁量权力的限制。

其二，具体的交易安排是否存在税收利益以外的其他商业目的，直接决定是否可被法庭直接认定为税收筹划，不可避免地依赖于法官的自由心证过程。但自由心证的形成并非全无客观约束条件，亦即“自由心证”并不等于“心证自由”，囿于法院相对于税务机关收集纳税人税务信息的能力欠缺，为此，司法解释需要通过不同事实不同证明标准的策略，进行“证据事实”和“结论事实”两分的事实认定。当税务机关收集事实证据时已排除权力滥用的可能，法院便应尊重税务机关对事实证据的认定结论；法院主要审查征纳双方对结论证据的合理性和充分性，尽量排除税收筹划司法认定过程中掺杂的价值判断因素。从而确保在税收筹划司法认定的全过程，各级法院能够采用大致相同的裁量标准，为法官的自由心证提供客观的制度依据。与此同时，法官则需要严格依据司法解释提出的标准作出判断，审查税务机关核定裁定的形式合法性和事实合理性，运用多层次的税收核定争议司法证明标准，审慎决定不同证据在事实认定过程中的价值，[25] 尽可能适用相同的证明标准减少“同案不同判”，增进个案处理中征纳双方的税收人际公平度。

3. 交互维度：便利纳税人方的裁判说理

纳税便利原则可弥合税收筹划司法认定的形式同实质间的差异，即以“方便并有利于纳税人”作为规范设置的目标与裁判文书的说理标准。[26] 纳税便利在税收立法上体现为简明易行的征收规范和便捷高效的征管程序，征管中减少了纳税人对税收制度的不确定性，降低纳税人遵从成本同时缓解主观上的“税痛感”。作为税法基本理论创新的迁移与拓展，法院进行税收筹划司法认定所形

24　李森、刘亚林：《税收公平新论》，载《税务研究》2016 年第 1 期。

25　王霞：《从德发案看税收核定司法证明标准的适用》，载《法律科学（西北政法大学学报）》2019 年第 4 期。

26　单飞跃：《纳税便利原则研究》，载《中国法学》2019 年第 1 期。

成的裁判文书（尤其是判决书）中，有必要充实税收筹划司法认定的裁判说理内容，从而便利纳税人掌握税收筹划的司法认定标准，降低纳税人寻求权益救济和维护合法权益的专业门槛。文章认为，合宜的税收筹划司法认定标准应规定裁判说理，必须将法官的自由心证外部化，并非简单地以“事实清楚，证据确凿”而省略采信证据的说理过程，裁判说理具体应包括：（1）对纳税人方提供的证据是否予以采信的理由；（2）对于税务机关的主体资格与核定程序形式上是否恰当的理由；（3）对于税务机关作出税收核定的事实证据是否予以采信的理由；（4）对于税务机关提出的结论事实是否予以采信的理由。这能够极大地增强税收筹划司法认定文书的说服力和权威度，显著加强了司法权对行政权进行个案审查监督的说服力，从而做到“方便并有利于”纳税人程序性负担的减轻，对实质缓和税务机关与纳税人之间的征纳矛盾具有重要意义。

（二）税收筹划司法认定的配套制度

1. 配套制度之一：税收筹划“负面清单”

我国亟须在立法、行政和司法的诸环节，建立规整协调的税收筹划认定法律标准，明确税收筹划司法认定的法治价值。具体而言：其一，立法应明确纳税人税收筹划行为的法律边界。我国在将来修订《税收征收管理法》《特别纳税调整实施办法（试行）》等的反避税规范时，应考虑明确提出类型化的税收筹划行为“负面清单”。[27] 亦即首先要做的就是贯彻纳税人诚信推定原则，不把核定征收视为对纳税人不遵从税法的惩罚措施，当国库利益和纳税人的契约自由发生冲突时，法院应更多地保护纳税人意思自治和交易安全。只要纳税人的税收筹划行为不属于“负面清单”的范畴，法院即可初步得出税务机关的核定行为违法的推定结论，规定由税务机关而非纳税人提出证据推翻该推定结论。与此同时，当前社会税收筹划的外在形式不断变化，我国法院系统很有必要跟进具体税务实践变化，为法官提供更加合理、准确、规整的规范指南，通过自我控权的方式限制自身税务司法裁量权力，逐步建立健全税收筹划的司法认定程序。其二，当前经济背景下法院应从宽掌握税收筹划的认定口径，落实减税降费的“放水养鱼”要求从而保障我国纳税人的经济发展权。平心而论，对于实现国家税收收入而言，“应收尽收”和农业上的“颗粒归仓”始终是不可能实现的目标，无论是立法机关、税务机关抑或司法机关都必须现实地理解和接受这种误差。与此同时，“善税至少应当包括以下内容：……不把纳税人当敌人、当仇

27　闫晴：《纳税人税收筹划与税务机关反避税的冲突与平衡——基于231份判决书的实证研究》，载《科学决策》2018年第11期。

人、当贼防。”[28] 易言之，即便法院无条件地支持乃至放任税务机关的核定权力，最大限度地压缩纳税人的税收筹划权利，也不能全然消除节税、避税和逃税之间的税收筹划“灰色地带”，也不可能通过税收筹划方获得交易的全部真实信息，此时，法院有必要对税务机关“应收尽收”的司法认定立场，摒除“警察与小偷”式税收管理的监管规制模式，通过落实税收服务理念寻求更具效果的制度性工具。

2. 配套制度之二：高水平的税务审判队伍

专门知识是法官正确进行税收筹划司法认定的必要条件，设若脱离对案件合同与费用等交易安排的线索梳理，税收筹划的司法认定结果必将存在疑虑甚至错误。因此，在税收筹划的司法认定案件中，我国亟须建立高水平的专门税务审判队伍。其一，我国应对审判人员进行专业技术培训。通常来说，行政审判庭涉及行政赔偿和行政申述等事项，税务案件在行政案件中属于“小众案件”，主审法官未必具有财会方向的专业知识。若在各行政审判庭中选拔出具有税收案件审判基础的法官，并对其进行税法与税收筹划知识方面的专业培训，使其具备注册会计师、税务师等专业证书要求的基础知识，能够基于行业共识对通常的税收筹划案件作出判断。其二，我国有必要探索构建专门税务法院，为税收筹划的司法认定搭建专门平台。近年来，各法院的涉税案件逐渐增多，若在地方各级人民法院设置专门的税务审判庭，繁复冗杂的制度构造并不利于司法的专门化改革。就我国司法体制的传统而言，专门法院如海事法院通常采用三级两审制，以区别于普通法院的四级两审制，中间层级为省级的高级人民法院，由最高人民法院进行垂直管理。此种管理模式不仅可为专业案件的审理提供渠道，也充分尊重了我国现有的审判体制。因而，我国宜以地级市为起点设置专门税务法院，也可以考虑在自贸区所在地方探索设立税务法院；然后，依托跨行政区域在省高院内部设置具有上诉功能的税法法庭（院）；最高人民法院内部则设立税务纠纷终审功能的专门庭，从而为税收筹划案件的审理提供专门、专业的审理渠道。其三，我国应探索创新税务法院法官的选任机制。我国可考虑从优秀的注册会计师、税务师、律师队伍中选拔部分社会人才专职担任税务法院法官，审理部分税收筹划的司法认定案件。

3. 配套制度之三：税收筹划的信息制度

信息“壁垒”的持续存在不仅增大法院审理税收筹划案件的难度，也导致审理类似案件的准确度难以显著提升，我国应多途径降低税收筹划司法认定的信息获取难度。其一，我国应扩大税收筹划案件的信息提供范畴。通常的税务

28 李炜光：《权力的边界：税、革命与改革》，九州出版社2015年版，第54页。

行政案件仅需征纳双方提供与案件密切相关的信息。因为税收筹划的司法认定案件专业性过高、案情通常较复杂，审理法官需要更多的信息进行判断。因而，我国应扩展税收筹划案件的信息提供范围，至少拓展至税务机关已经掌握的涉税信息，即要求当事人将不低于税收筹划报告制度所要求的信息告知法院。其二，我国应提升审判机关的信息甄别能力。法官认定事实即心证形成有两条路径：（1）依据证据直接认定；（2）依经验法则从间接事实推认事实。[29]因此，我国需提升法院对税收筹划案件的信息甄别能力，不仅可通过完善证明标准作出社会可接受的认定结论，更可以借助技术手段找出真实的涉税信息，挑选出最符合实践运行情况与双方真实意愿的信息。其三，我国应扩大税收筹划案件的多部门信息共享水平。在部分极端情况下，部分当事人出于追求自身利益可能向法院提供片面信息，诱使法院作出更有利于自身利益的司法认定结论。此时，多部门的信息共享则成为破解该问题的"良方"，我国税务机关、工商部门、银行金融机构等，可探索向法院提供与案件相关的涉税信息，协助法院对税收筹划的司法认定作出准确判断。

29　谭中平：《民事判决事实认定说理的结构性改革——基于事实认定与法律适用关联性说理的视角》，载《人民司法》2019年第4期。

国际公共健康危机下中国药品强制许可制度的反思与重构

聂洪涛　韩欣悦*

【内容提要】专利制度的发展植根于激励发明创造与保护公共利益的平衡之上，在我国经济发展取得瞩目成就的同时，公共健康问题也成为社会的主要矛盾之一，大量治疗恶性疾病的特效药依赖进口，由于受专利权的保护，许多患者无力承担治疗费用，使药品专利保护陷入两难境地。强制许可制度是解决药品专利利益冲突的主要手段，但发达国家所构建的知识产权壁垒和强制许可对专利创新激励机制的损害制约着我国强制许可的实施。为此，我国要及时打破强制许可"零实施"的困境，明确仿制药的法律地位，拓宽申请主体与许可范围，简化补偿标准与审查期限，完善质量跟踪与医疗管理体制，为医疗卫生事业的长足发展和人民生命健康的有力保障提供制度基础。

【关键词】药品专利　公共健康　强制许可　TRIPS　TPP　溢出效应

引言

公民健康权与药品专利权的法律冲突一直是国际知识产权保护面临的重要问题，在药品巨头集中的发达国家和专利权保护力较弱的发展中国家之间表现尤为突出。TRIPS 和《多哈宣言》签署以来，各国专利法与国际标准相继接轨。

---

* 聂洪涛——西安财经大学法学院副院长、教授，主要研究领域：知识产权。韩欣悦——西安财经大学法学院硕士研究生，主要研究方向：知识产权。此文系西安市社科基金项目西安外企知识产权保护体系研究（FX83）阶段性研究成果、西安财经大学"青年英才发展支持计划"支持项目。

针对全球范围内的突发性传染疾病，世界各国纷纷投入针对流行性疾病的特效药物研制中，但由于专利药品价格高昂、可及性低，往往无法及时应对突发性的全球公共健康事件。以原研药生产为主的发达国家更希望加强对于药品专利的保护，而作为药品消费者的多数发展中国家则更注重公民健康，往往为保障可及性而对药品专利保护采取较为消极的态度。在因无法负担专利药的高昂价格而导致病毒得不到有效控制的发展中国家中，虽有个别已经基于国民健康的考量将强制许可制度投入实践，但我国专利法经过多次调整，一直对此保持谨慎态度。即使在遭遇空前严重的公共健康危机时都未曾以药品专利强制许可制度来解决可及性问题。强制许可制度长期被束之高阁，既考虑到我国作为世界上最大的发展中国家实施强制许可可能引发的国际知识产权纠纷，又考虑到我国药品研发能力本身有所不足，过于保护仿制药或将阻碍医药企业创新积极性。此外，仿制能力不足、制度规范不到位等都制约着我国药品专利强制许可的实现。

一、药品强制许可与国际贸易争端

我国自加入世界贸易组织以来，实行与国际接轨的专利保护和强制许可制度，作为人口大国，公共健康一直是国家治理的重要议题，但由于存在诸多现实障碍，到目前为止，我国的专利强制许可制度在实践中并未实施。在此次新型冠状病毒之前，我国曾暴发甲型 H1N1 流感，当时能够治疗该流感的药物只有瑞士罗氏制药生产的“达菲”和英国葛兰素史克公司尚处于临床试验阶段的药物，即罗氏制药在全球范围内实现了对流感药物的垄断，为保证垄断利益罗氏拒绝为其他国家制药企业授予普通许可，虽允许我国上药集团和广东一家药企生产“达菲”，但供给数量难以满足市场需求，罗氏制药的垄断为广州白云山制药提出强制许可申请提供了契机，白云山制药在 2005 年禽流感后就自行研发出了与“达菲”等效的抗流感药物，表明我国已基本具备仿制能力。如获得国务院专利行政部门批准，患者的药价负担会显著下降，药品市场的利润惠及我国制药企业，但罗氏在我国独占的市场份额会被挤占，可能导致外商投资环境受到影响，并容易引发国家间的贸易摩擦。国务院专利行政部门基于这种考量拒绝了广州白云山制药提出的强制许可申请。在发达国家主导的国际贸易体系下，强制许可的实施面临着发达国家贸易制裁的多重风险，避免贸易摩擦是我国强制许可至今未突破“零”的困境的重要原因。

近年来，以知识产权为焦点的中美贸易摩擦及欧美发达国家建立的知识产权贸易壁垒增加了我国实施药品专利强制许可的压力。受各国经济发展水平和人口密度、气候环境等的影响，遭受公共健康问题的往往是发展中国家，而被强制许可的专利药品往往来自以欧美为主的发达国家，药品专利强制许可制度难以脱离发展中国家与发达国家利益的冲突与博弈。随着知识经济在全球范围内的兴起、知识产权产品在国际贸易中所占的比重逐步上升，药品强制许可作为除不予专利保护外对权利人利益损害最严重的制度，无疑是引发国际贸易摩擦的焦点。自确立强制许可制度以来，实施药品专利强制许可的发展中国家曾屡遭美国等发达国家的贸易制裁，美国也曾多次将我国列入观察名单，声称我国知识产权制度不完善，未给予其出口产品等同于美国国内相同标准的保护。

2020 年 2 月 18 日，在我国国内正紧锣密鼓地开展着新型冠状病毒防疫工作之时，美国贸易代表办公室（USTR）发布公告，宣布取消 25 个经济体的 WTO 发展中国家优惠待遇，其中包括中国和中国香港地区。这标志着美国在与中国的贸易中将不再适用“特殊和差别待遇”，而按照发达国家标准进行。在此之前美国就多次以出口贸易体量、对外直接投资规模等，证实中国是何等“发达”。2017 年至今，美国多次针对中国发起以知识产权为核心的贸易制裁调查，接连涉及潜在威胁美国技术转让、知识产权等的多个创新领域，目前中国药品行业专利发展水平欠佳，自有产权比较匮乏，或许美国此举并不是针对中国，但由统计数据可以得出，美国对华发起的贸易调查远远多于其他国家，可以预料在未来数年，中国科技领域的发展与专利制度的变革或将与美国有进一步的联系和博弈。

表 1　2001—2019 年美国对部分国家或地区发起贸易调查总量统计表（单位：件）[1]

国家/地区	反补贴调查	反倾销调查	合计
中国	134	68	202
印度	24	19	43
韩国	27	7	34
中国台湾地区	26	1	27
土耳其	11	9	20
日本	19	0	19
巴西	11	4	15
越南	11	4	15
印尼	10	5	15
墨西哥	13	1	14

1　数据来源：USITC 美国国际贸易委员会。

续表

意大利	10	3	13
泰国	9	1	10
加拿大	4	2	6
德国	6	0	6
南非	5	1	6
印度	2	3	5
西班牙	4	1	5

TRIPS 要求成员国将药品纳入专利保护的范畴，又规定了专利强制许可制度。随后《多哈宣言》授予各成员国在公共健康危机爆发时可以对药品专利强制许可的权利。TRIPS 的发展过程充斥各国国家利益间的激烈博弈，发展中国家为了加入世贸组织，必须对专利进行符合协议要求的最低程度的保护。在由发达国家主导的国际贸易秩序中，发展中国家难以制定出与其国内经济发展相适应的贸易制度。以专利保护为例，在一国科技发展的初级阶段，通常需要通过仿制来提高科技创新水平，对关系生命健康的食品、药品等外国专利产品多不予专利保护。美国也不例外，为抵制外国文化产品对本国市场的挤压，美国曾对外国公民的作品不予版权保护。我国首部《专利法》的颁布与美国相差近两个世纪，在美国广泛实施强制许可、对专利消极保护的时期，广大发展中国家尚未建立专利保护制度。在美国以自身意志为主导建立更高水平的国际知识产权保护体系的现在，大量的发展中国家仍需依靠较为宽松的知识产权制度提高国内的科技发展水平，而发展中国家实施强制许可、反向工程所仿制的对象，正是发达国家的专利产品。

美国为促进本国经济发展并夺取在亚太地区的主导地位，推动建立了多个具有更高知识产权保护标准的区域间协定，将高保护标准从自身向其他国家推广，如今正积极开展跨太平洋伙伴关系协议（TPP）的谈判。其中涉及大量有关知识产权的内容，保护标准之高呈现出“超 TRIPS”的显著倾向，深刻影响着国际知识产权保护的执行准则。近几年来随着大量专利药品的到期，各国都在积极探索仿制药的发展空间。而美国将其在医药专利领域的优势植入 TPP 中，所涉及的医药专利条款旨在极力维护原研药专利权人的优势地位，抑制仿制药的发展。TPP 扩大了专利可授予的范围，降低了可授予专利的标准，旨在使原研药“常青化”，对未公开的药品试验数据设置了很强的独占性和排他性，给予原研药至少 5 年的试验数据独占保护，并为其新剂型或新适应症再设定了至少 3 年的数据保护，原研药未披露数据独占期的延长进一步推迟了仿制药的上市时间[2]。同时，为了弥补行政审批过程中消耗掉的时间，美国又提议延长专利的保护期限，要求缔约国在20年的期限之外进一步延长专利保护[3]。仿制药生产商在申请仿制药上市时，必须经过专利权人的同意，但与TRIPS协议不同的是，TPP未规定诸如强制许可等例外情况，同时对平行进口作出了严格的限制[4]。TPP所带动的发达国家对专利权的强保护，或将预示着更高标准的知识产权保护体系成为未来国际社会知识产权保护的主流，而发展中国家更多处于生产仿制药的地位，有能力单独研发专利药的企业较少，“超TRIPS”模式推迟了仿制药的上市进程，将会增加民众的医疗成本，最终可能影响到公共健康[5]。

二、公共健康危机视域下强制许可“零实施”的现实隐忧

随着世界范围内危害公共健康的流行性疾病频发，作为维护公共健康强有力手段的药品专利强制许可制度却长期处于“零实施”的状态。我国虽已建立强制许可的法律法规体系，并力图与国际水平协调一致，但在理论和实践层面仍存在许多突出问题。

（一）“仿制药”的法律地位不明确

我国对于仿制药并无明确的法律界定。从2018年由影片《我不是药神》引起广泛关注的“陆某抗癌药代购”一案可见一斑，陆某代购的“格列卫”在2013年就已达到保护期，但仍被视为专利药品，虽最终作出不起诉决定，但背后反映的药品专利问题仍值得深思[6]。当时由我国所生产的格列卫仿制药价格并不便宜，几乎等同于专利药的价格。长期以来，我国与国际接轨更注重保护标准的一致性，而忽略了我国国情的特殊性。我国人口众多，区域发展很不平衡，贫困人口聚集地区通常又是疾病治疗的难点，特别是广大农村地区缺乏专利药品的购买能力，这使得我国法律规定与实际情况存在诸多矛盾。只有经过药管局注册的药品才是“正规药”，即使仿制药具有与原研药相同的治疗效果，其他

2　何志鹏：《国际经济法治格局的研判与应对——兼论TPP的中国立场》，载《当代法学》2016年第1期。

3　刘宇：《TPP医药专利谈判最新发展及争议初探——以知识产权章节为中心》，载《国际经贸探索》2014年第12期。

4　张磊、徐听、夏玮：《跨太平洋伙伴关系协议（TPP）草案之知识产权规则研究》，载《WTO经济导刊》2013年第5期。

5　梁志文：《美国自由贸易中药品TRIPS－Plus保护》，载《比较法研究》2014年第1期。

6　郝敏：《药品专利强制许可制度在发展中国家的应用——从“抗癌药代购第一人”陆勇事件谈起》，载《知识产权》2015年第8期。

来源的药品未获得药物管理局的注册、批准，往往都被认为是“假药”。我国药品通常被认为具有“常青”性，即使专利权期满也继续享受着高价待遇。同时，为了谋取经济利益，除了研发生产的成本以外，关税、经销商、医院等中间环节还潜藏着很大“灰色地带”的利润空间，药价层层加码，最终全都转移到患者身上，专利保护常常成为药价虚涨的“保护伞”。

（二）申请主体与许可事由范围过窄

相比于法国征用许可模式下的双申请主体，和许多国家的任意申请主体模式，我国强制许可的申请主体过于单一，虽同为发展中国家，我国的药品专利保护远比巴西、印度严格，国内许多学者认为，我国强制许可申请主体的范围过窄。在我国，强制许可的申请者必须是向专利权人申请专利许可却遭拒绝的单位，条件也被限制在“为了公共目的或是紧急情势”，相比于印度等国“任何人都可以申请强制许可”和以“价格无法负担”为理由，我国的申请条件也严于其他国家。对于主体的限制是考虑到我国人口众多、地域辽阔，申请主体过多会影响强制许可实施的效率，但主体过于单一易引起政府不作为时公共健康被漠视的问题。在我国，药品强制许可是依申请进行的行政行为，但公共健康问题具有紧急性和非盈利性，缺乏足够的盈利动机，具有实施条件的主体未必会积极申请。此外，我国没有对申请主体资格的详细规定，使仿制药生产可能面临技术和经济能力不足的困境。

TRIPS 规定了紧急情势下专利药品的强制许可制度，但并未明确何为“紧急情势”，缔约国在遵守“谨慎义务”的条件下，使用专利药对某项疾病实施控制也并不违反规定。《多哈宣言》对 TRIPS 的规定进行了补充，提出了世界各国对于知识产权的保护，尤其是药品类应以保障公众健康为首要目的，并明确艾滋病、结核病等“严重危及公众健康”的疾病出现为可以适用的“紧急情势”。一些国家从价格或数量层面细化了相关概念，但在我国“非常情况”“公共利益”等范畴较为模糊，导致司法实践中很难确定是否适用强制许可。此外，虽然我国当前面临重大疫情，对于专利强制许可的讨论更多限于突发性传染疾病的应对，但反观他国，均未将治疗传染疾病作为强制许可的唯一适用范围，而是从供应数量、价格等角度，规定基于公共健康的考虑征用许可证。医疗保障体系尚不健全的诸多发展中国家都曾先后为心血管疾病、癌症等非传染疾病执行强制许可。在人口密集、经济发展不平衡的我国，也不宜对适用范围进行过于严苛的限制。

（三）补偿数额与许可期限可操作性较差

TRIPS 的弹性条款中并未明确使用费详细的计算方式，仅规定需给付权利人合理的报酬，对具体经济价值的参考因素并无定论，许多广泛实施强制许可的国家也并未规定强制许可使用费的计算方法和参考因素。使用费受时间期限、专利价值的不同以及个案悬殊性的影响，确定费用基准存在着技术层面的困难。同时，强制许可主要用于应对可控性差、传播速度快、短期内易导致大规模死亡的传染性疾病，而类似流感这类疾病的暴发又具有周期性，难以预先明确一个固定的计算方法。以美国为首的发达国家又在极力提高补偿标准，抬高适用强制许可的门槛，在许多贸易协定中变“适当补偿”为“全面补偿”。

我国没有对使用费数额作出详细的规定，使用费的“合理”标准尚不明确，仅靠当事人协商和行政裁决导致使用费缺乏可预测性。这除了可能损害专利权人的合法权益之外，申请人也会因费用损失的不确定性而犹豫是否提出申请。在贸易摩擦的背景下，我国制药业以仿制药为主，强制许可的对象多是发达国家的药品专利，我国既要使强制许可制度具有可预测性和可操作性，又要保留一定的自由裁量权以应对发达国家的调查和谈判，正处于两难境地。

突发性公共健康问题具有紧迫性，特别是在出现重大疫情的形势下，及时将药品投入使用，才能够控制疫情暴发的规模，减少人民的生命和财产损失。然而，强制许可程序并不具有这样的及时性。漫长的行政决定往往需要好几个月，将会错过疫情控制的黄金时间。我国人口密度大、流动性强，与疫情扩散的速度相比，强制许可较长的决定期限可能带来消极影响。

（四）质量监督与救济机制长期缺位

现行法律法规只关注制度问题，并未考虑强制许可一旦实施后药品的安全问题。我国在流行性疾病治疗领域的医疗水平还存在不足，强制许可后如何保障仿制药的质量是我们必须关注的问题。要解决突发性公共健康危机，仅仅获得特效药品并大量生产和仿制只能保证“量”的增加，使更多患者获得治疗机会，但要使药品的“质”得到提升，确保药品的治疗效果，就需要对生产的药品设立监督机制。在专利与药品安全法律法规没有正式衔接的情况下，相关监管可能出现空白。

近年来，我国原研药企业创新能力不足，仿制药的技术水平也有待提高。仿制药的确降低了医疗支出，也提高了药品的可及性，但仿制药行业存在着“散乱差”的问题，高质量市场仍被外国原研药占领，仿制药的质量与群众的需求相比还有较大差距。仿制药的价格虽然较易被民众所接受，但是由于缺失核心技术，相比于那些经过严格测试和质量监控的专利药，仿制药品确实有着不可避免的缺陷和隐患，可见我国药品行业的发展并未与日益完备的药品专利体系保持同步。虽然医疗保险制度在一定程度上缓解了国内药品质量与价格的矛盾，却解决不了外国原研药与国内仿制药之间的矛盾。同时临床试验、质量疗效评价等审批环节也消耗了大量时间，药品医保目录更新并不及时，药品即使生产出来也很难进入医保目录，人民群众看病难、买药贵的问题并没有得到解决。

三、专利保护与公共健康的价值冲突与协调

全球性公共健康事件频繁暴发，传播速度之快、范围之广给人类生命健康带来严重威胁，也使世界经济发展遭受重大损失。阻碍发展中国家及时应对公共健康事件的原因之一就是专利药品价格高昂，患者无力负担，最终延长了疾病控制的时间。强制许可试图解决这种个人利益与公共利益的冲突，缓解公权与私权、生命健康与知识产权的矛盾。但强制许可的运用可能会损害创新激励机制，降低研发热情，适用确应谨慎。大多数国家虽在立法或判例中确立了强制许可制度以平衡专利权与公共健康之间的冲突，为防止专利权的滥用以及为了公共利益，授权第三方生产、销售、经营专利药品并向专利权人支付一定补偿费用，但在适用上往往设定了严格的条件。强制许可对专利创新激励机制可能造成的破坏是各国保持谨慎的重要原因。从短期来看，强制许可解决了因专利保护带来的药品可及性问题，但损害专利权人的创新积极性可能造成“无药可医”的根源性公共健康危机[7]。

（一）垄断权利与“溢出效应”作用机理

专利保护制度的创新激励机制渊源于“创新经济学”理论，创新经济学认为大公司的创新动力一方面来自经济增长和生产率提高，另一方面来自保护创新的垄断行为[8]。专利制度所创设的垄断预期是激励创新的主要工具，就药品专利而言，从研发到上市都离不开大型药企的投资，药品专利保护所形成的垄断利益则是激励投资的主要动力。西方学者提出专利制度的激励模式不是以奖励专利权人实现的，而是以控制其他竞争者的进入实现的，排他性垄断利益是对创新研发的最大激励，因此他们往往主张大范围、高标准的专利保护制度。

强制许可对创新激励机制的破坏可以从药品专利研发的“溢出效应”中得以论证，即在技术创新的过程中成本或效益被加诸其他人，而施加者却不为此

7 姚颉靖、彭辉：《药品专利与公共健康关系的实证研究——基于27个国家和地区的数据分析》，载《科技与经济》2010年第3期。

8 参见罗娇著：《创新激励论———对专利法激励理论的一种认知模式》，中国政法大学出版社2017年版，第40页。

付出代价。智力成果具有非排他性和非竞争性，成果同时惠及研发者和后来的仿制者。药品专利既有市场竞争者可以通过反向工程仿制同种专利药品的“知识溢出”，又有节省仿制药市场开发成本的“市场溢出”。由于突发疫情等强制许可事由的发生具有不确定性，强制许可对药品专利保护期的破坏也不特定。强制许可使专利保护期内的仿制行为合法化，仿药企业成为“溢出效应”的直接受益者，药品研发本身具有的高风险性和不确定性加剧了技术外溢效应对创新激励机制的破坏。同时，强制许可使仿制药分割了一部分专利药的市场份额，当仿制药过度挤占原研药市场时，原研药企业可能面临研发收益低于研发成本的困境，在利益得不到弥补的情况下，可能引发终止研发投资的后果，使公众面临根源性的健康危机。

专利保护形成的垄断带来的好处是能够消除技术创新的“溢出效应”，仿制产品的成本远低于专利产品，在完全竞争的市场中，技术创新的成果可以被其他企业习得，超额利润被瓜分，而专利权人却得不到应有的回报。原研企业由于超额利润的驱动投资于技术创新，创新成果如果被其他企业共享则只能拿到平均利润。而在垄断市场中，研发成果受到垄断权利的保护，投资于产品开发就能够获得专利权，从而抢占市场先机，得到超额利润。这使得企业更积极地投入研发活动。

但技术垄断超过必要限度反而会抑制创新。在完全竞争的市场中，所有企业都是市场规则的接受者，不具备对市场的支配权。新的竞争者会源源不断地进入，经营不善者也会随时退出。因存在被市场竞争淘汰的可能性，必须不断研发新产品以保证自己的市场份额。但技术垄断使得竞争压力减小，药品产业本身具有较高的技术门槛，同时原研药企业实力雄厚，获取专利权之后将制定垄断价格，在很大程度上控制着价格与产量，几乎不存在生存压力，由于占据了大量的市场份额，缺少扩张空间，创新的需求将有所减弱。研发出新产品取得专利权后，垄断企业很可能将专利搁置而用于形成壁垒，从而达到限制竞争对手的目的，反而对技术创新产生消极影响。

（二）创新激励机制与药品可及性矛盾审视

从经济学的角度来看，强制许可损害的是专利保护期内专利权人的市场垄断利益，可以通过专利保护期内和专利到期后专利产品的价格和销售数量分析强制许可实施前后专利权人的市场利润[9]。专利制度相当于赋予专利权人20年

---

9 ［美］曼昆著：《经济学原理——微观经济学分册》，梁小民、梁砾译，北京大学出版社2015年版，第329页。

的合法垄断期，在保护期内没有可替代性药品的情况下，专利权人自己生产或授权制药企业生产的原研药，在符合药价监管规定的前提下可以自由制定高于边际成本的价格，使垄断利益最大化。

专利保护期内或强制许可实施前，专利药企业为使利润最大化，会选择产出边际收益 = 边际成本（MR = MC）的产量并制定远高于边际成本（MC）的价格，专利权人所获利润 Π = 垄断产量 Q^* × 强制许可前的价格 P^* − 边际成本 MC，如图 1 所示。

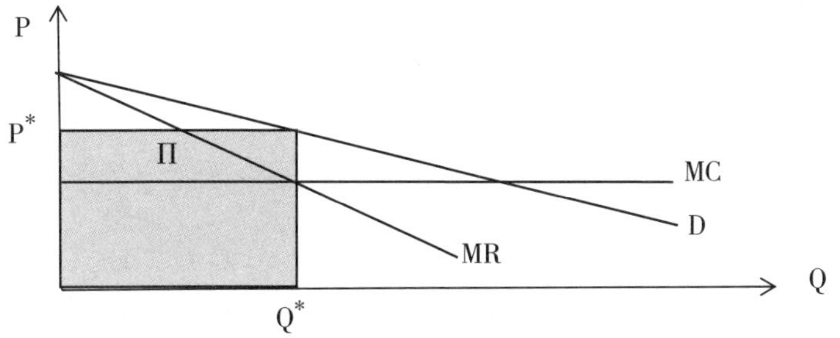

图 1　强制许可实施前原研药商垄断的药品利润

专利保护到期或强制许可实施后，仿制药企业可以自由仿制并销售疗效相似的仿制药，仿制药的市场供给扩大，若不考虑受品牌效应影响部分消费者仍选择购买专利药的消费倾向，该药品的价格将不再由原研药垄断企业自由制定，而由市场形成。受仿制药竞争增加的影响，仿制药价格下降至等同于边际成本，而原研药价格仍由专利药企制定。仿制药企业所获利润 Π1 = 竞争产量 Q_1 × 强制许可后的价格 P_1，如图 2 所示。

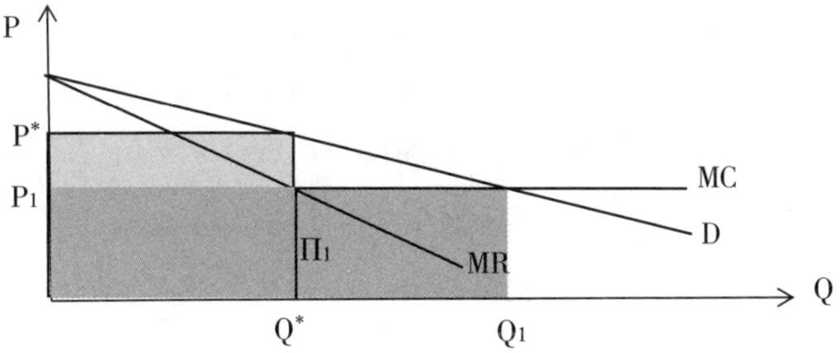

图 2　强制许可实施后仿制药商分享的药品利润

由图 1、图 2 的对比可知，强制许可实施后仿制药企业的利润远高于原研药，在专利期内挤占了专利药的垄断利润，利润之差可以间接反映强制许可对创新激励机制的影响程度。但是，专利制度在完全垄断和竞争两种情况下，药品企业的研究开发成本与政府的机会成本是不变的，而在垄断的情况下，专利产品的价格与强制许可后的价格相差甚远，市场规模、适用人群等会发生显著变化，考虑到持有专利的企业价格升高导致的社会实质性需求下降造成的利润损失与消费者购买药品的支出都会因为强制许可的实施而减少，强制许可对创新激励的影响也会有所减弱，削弱作用并不绝对，在一定程度上可以增加社会福祉。

专利是对制药企业的保护，而强制许可是对公共健康的保护，作为平衡专利权与公共健康的制度，强制许可既能实现对生命健康基本人权的保护，又能补偿专利权人以实现对专利的保护。首先，国家设立药品专利制度，是为激励医药创新，鼓励药品生产和研发，从而实现社会福祉、增进公众福利。但是过度强调专利保护，社会公众无法负担，就会损害公共利益，与专利制度设立的初衷相违背。强制许可制度可以纾解专利私权保护过强给公众健康带来的高成本。其次，药品与生命权息息相关，是民众的必需品，公共健康作为涉及人类生命权等基本人权的重要事项，对任何国家而言都不容忽视，强制许可制度也要求其给予专利权人以补偿，并不完全损害专利权人的利益。因此，强制许可制度并非对专利权的否定，只是基于特定情形对药品专利的不利影响进行补救[10]。

四、药品专利强制许可困境纾解与未来展望

维护公共健康是国家的应有之义，在流行病肆虐的当下，病毒已危害到世界人民的生命健康。我国在药品创新研发上和发达国家仍有较大差距，原研药和特效药的开发能力在短期内也很难提高，仍需以大量的仿制药满足公共医疗需求。为能尽早打破“零”许可的现状，避免强制许可制度成为“一纸空谈”，我们应在利益平衡的基本原则下及时采取多项措施，既要平衡原研药企业与仿制药企业之间的利益关系，又要平衡专利保护与公众健康之间的利益关系，使得保护创新与鼓励仿制相互协调，共同推动知识产权立法的完善和医疗卫生事业的发展。

（一）明确仿制药的法律地位

目前我国对于原研药和仿制药并没有清晰的定义，只在《药品管理条例》中对“新药”和仿制药的申请进行了简单的解释，由于“新药”概念模糊，导致在实践中范围被扩大，一些所谓的“新药”其实只是仿制药，却当作新药上

---

10 王玫黎、谭畅：《挑战与回应：我国药品专利制度的未来——以药品专利与健康权的关系为视角》，载《知识产权》2017年第2期。

市销售，不仅造成了药品市场的混乱，还导致仿制药“以仿充新”。同时，“仿制药”也不等于“假药”，我国应通过行政规章或司法解释对原研药和仿制药的概念、范围予以界定，明确其法律地位。目前在最高人民检察院发布的《关于全面履行检察职能为推进健康中国建设提供有力司法保障的意见》中虽对少量的仿制药代购等行为不认为是犯罪，但并没有明确为维护公共健康情形下大量进口仿制药的合法性，我国可适当放宽仿制药的进口条件，简化审批程序[11]。

根据 TRIPS 相关规定，仿制药进口是合法的国际贸易，但在我国未经药管局注册的仿制药还是违规药品，无法获得法律保护。我国在药品创新性研发方面，与发达国家仍有较大差距，如强行与国际社会的最高标准接轨，药品的可及性或将难以保障。药物研发的高风险性和研发成功后的高额利润使我国药企长期遭遇发达国家的专利壁垒，要在短期内打破专利壁垒又具有很大难度。就目前的情况来看，我国应有条件地允许部分与公共利益相关的平行进口，考虑到专利药品的可及性，适当放宽进口将有助于国民健康。

（二）拓宽申请主体与许可范围

我国应直接在《专利法》中将应对公共健康问题予以明确规定，且不应以治疗疾病的种类来限制强制许可的范围，强制许可实施应以能否满足公共健康需要为界定标准。针对适用主体方面，我国申请药品专利强制许可的主体必须是单位，这一点可适当放宽。明确申请药品专利强制许可制度的主体，加强制度的具体实施。对于“紧急情势”“公共目的”的规定应更加详细，许多国家对强制许可的适用规则都进行了“具有很大社会需求”“价格远超支付能力”等具有可操作性的规定，我国可加以参考，使制度能够落到实处。

（三）简化补偿标准与审查期限

现行专利法对强制许可使用费的“合理”标准很不明确，我们有必要使补偿标准更具有可预测性和可操作性。同时，由于疫情的扩散速度很快，强制许可的应用要及时迅速，否则无法防止疫情继续扩散对人民生命财产造成无可挽回的损失。我国对仿制药的审查重点主要集中在对原研药的临床可替代性上，但这一过程往往需要一年至两年，因此应当适当简化仿制药的审批程序，在事关公共健康的重要时期加大对仿制药的政策扶持[12]。

---

11 刘立春、朱雪忠：《中国制药行业应对授权仿制药挑战的对策》，载《中国医院药学杂志》2012 年第 22 期。

12 丁锦希、刘阳阳、胡雪莹：《中美仿制药上市准入制度比较研究》，载《中国医药工业杂志》2014 年第 2 期。

公共健康危机是国家的紧急状态，但强制许可的审查周期通常长达数月，对于紧急状态显然不妥。如果期限过短，审查不充分会损害专利权人的合法权益，但期限太长疫情就会失控[13]。应规定简便易行的药品专利强制许可审查期限，包括一审、二审在内的司法审查不宜超过 1 个月。如符合强制许可实施的条件却无人提出申请，可以由专利行政管理部门和卫生部门牵头建立公益性的仿制药厂，担当申请人的角色，迅速落实强制许可使药品投入生产，从而应对突发危机，保障公众的生命健康。

（四）完善质量跟踪与医疗管理体制

强制许可的目的在于保障公共健康，由于具有公共性，药企难以获得超额利润，在经济利益的驱动下可能发生生产劣质药品弥补利润损失、“发国难财”的恶劣事件。劣质药品在公共医疗危机的情况下流入市场所造成的不良后果将远远大于平常。为此，一旦启动强制许可，务必要建立药品投放的跟踪反馈机制，对药品疗效和患者反应进行监督，出现不良反应要及时反馈，并将情况向社会公告。同时应建立损害赔偿程序，使服食药品出现不良反应的患者快速获得救济。公共医疗是一项系统性工作，仅凭强制许可也未必能解决药价虚高的问题，还有赖于医疗体制的完善与药品质量的提高。目前药品流通环节过多，也使药价被不合理地抬高，对此有必要进一步改革医疗管理体制。

结语

药品作为事关生命健康的特殊商品，专利保护应以公共健康危机爆发时有在支付能力范围内的药品保障人民生命健康为限。强制许可的合理性在于生命法益的至上性，而发达国家对于发展中国家“公益性”的强制许可始终存在怨言，专利权一味妥协于生命健康绝非一件好事。制药企业有专利保护才有研发热情，有利润才有更多资金投入，一味打着保护公民健康的旗号消极面对药品专利保护最终可能伤及国家医疗创新的根本。我国一贯十分重视知识产权保护与国际社会的接轨，积极融入国际科技创新的热潮，始终做负责任的大国，在流行性疾病大范围暴发的情况下，强制许可“零”实施的现状亟待改变，与此同时我国更应注重提高自身医疗研发水平，尽快融入国际专利保护标准，保障医药资源优化配置，增强应对公共医疗问题的能力，在专利保护与国际接轨和公民健康之间兼顾公益与私益，促进药品专利立法目的与人文价值的有效实现。

---

13 潘金平、黄婷：《浅析公共健康危机视域下的药品专利强制许可》，载《牡丹江大学学报》2016 年第 9 期。

论我国法院审判效率评价机制的重构

张进德　黄　可*

【内容提要】作为我国审判效率评价机制的核心指标，结案率以其诸多优势已沿用多年。但是，审判工作被施以高效率的压力，当人为追求高结案率成为常态时，审判的内在规律势必会遭到破坏，随之而来的便是破坏司法秩序、忽视当事人权益、影响司法公正等诸多问题。近年来，每至年底法院出现的各种乱象便是其中的典型表现。透过现象探究本质，通过对原有结案率设置的合理性追问我们会发现，我国法院通用的结案率计算公式存在不科学之处，而且将结案率作为审判效率评价机制的核心指标有过于单一之嫌。我们从法学与统计学的分析视角，提出结案率计算方法的完善意见；在结案率指标之外，还应探索实施合法结案、均衡结案、工作强度等一些辅助指标。在当前司法改革大背景下，应当尝试构建一种以结案率为主、多维度指标为辅的综合性审判效率评价机制。

【关键词】结案率　审判效率　评价机制

引言

近年来，每至年底法院“立案难”都会成为司法领域的热点话题。在现行立案登记制语境之下，法院立案部门的职能实际并不复杂，只需对当事人递交的材料作初步审查，及时受理在形式上符合法律规定之起诉要件的案件，然后将案件分给不同的审判部门予以审理即可。然而，实践并非如此。我们为此调

＊　张进德——上海政法学院诉讼法教研室主任、副教授，主要研究领域：诉讼法学与司法制度。黄可——上海政法学院诉讼法学硕士研究生，主要研究方向：民事诉讼法学与司法制度。本文系2016年国家社科基金一般项目“法官员额制的系统化改革研究”（16BFX066）的阶段性成果。

研了国内多家基层法院和中级法院。《民事诉讼法》第119条要求原告起诉时所列被告只需“明确”即可。但在实践中，诸多法院立案部门除要求提供被告人的姓名、住址和联系方式外，还会额外要求提交被告人的身份证号码甚至复印件，没有则以材料不齐全为由拒绝立案。这并非某个地区的特有现象，有些法院“立案难”的情况甚至会更为提前。据我们在H省Z市J区人民法院的调研，2019年9月起去法院立案的当事人或者律师就被告知，10月8日将是2019年立案的截止日期。全国法院系统通常在每年12月20日左右会统计当年度的结案率，但很多地方法院为了尽可能控制结案率，会将立案截止日大幅度提前。这类现象在我国地方法院的存续可能已有近20年的历史。早在2005年，报刊媒体就曾报道过四川省某法院年底拒绝立案还将之称为不成文规定的做法。[1]此类新闻报道屡见不鲜，但是一直并未引发司法改革的实际关注。

除“立案难”外，每到年底一些法院存在的另一种实践运作方式也值得关注，那就是对诉前调解的过度依赖。据我们对X区法院立案庭某法官的访谈调研可知，从2019年9月开始，作为S市较为先进的法院之一，X区法院便着力于加强对立案庭法官调解技能的培训，旨在推进诉前调解，即对于纠纷尽可能先组织调解，调解成功的才补办立案手续。表面上看，这种做法既缓解了立案压力，同时又为提高调解结案率作出了贡献，可谓“一箭双雕”，实则存在很大的隐忧。仅强调调解结案，歪曲了审判的应有地位。民事司法的一大重要功能就是通过审判来确定社会行为的规范和标准，这是调解方式所不具备的价值理念。另外，诉前调解也不是适于所有种类的案件，对其适用必须加以限制，否则就打破了正常的司法规律。

为应付年底的结案率考核，审判庭加班加点进行突击结案，法官一天安排多个案件的庭审程序已经成为常态，有的当事人甚至在周末、晚上等非工作时间收到法院的开庭传票。在诉讼程序上，能简化则简化，S市D中院相当一部分二审案件都不开庭，法官通过翻阅一审卷宗和简要询问当事人的方式即可作出裁判。此外，不少法院的执行部门为提升结案率也有应对之策，如以无财产可供执行为由，先终结本次执行程序来强行结案，等结案率考核结束之后再让申请执行人以发现新的财产为由重新申请执行。此种做法甚至由最高人民法院通过司法解释的方式予以制度化，但在实践中此项终结本次执行的特色制度却催生了一种奇异现象：全国法院的执行结案率十分之高，而法院的执行部门却年年在加班清理积案。

结案率，作为评价审判效率的核心指标，已经在我国沿用了几十年。在各

1 廖德凯：《为保“结案率”竟能拒“立案”?》，载《党建文汇》2005年第12期。

级法院的年度工作报告中，一般首先提及的都是全年的收案、结案数和上升比率。以最高人民法院为例，在其2019年度工作报告中，首先就对2018年的主要工作进行了总结，其中受理案件34794件，审结案件31883件，同比分别上升22.1%和23.5%。[2]最高人民法院2018年度统计的结案率为91%，相比2017年的89%又有所提高。地方各级人民法院的工作报告也大致如此，部分地区法院甚至达成了99.69%、100.02%的超高结案率。[3]在此风向标之下，伴随着中国司法管理体制中固有的行政化因素，各级法院纷纷以高结案率为标杆，法官面临着压力。党的十九大将我国社会主义初级阶段的主要矛盾概括为人民日益增长的美好生活的需要和不平衡不充分的发展之间的矛盾，足见我国目前的经济发展状况仍然存在相当大的不均衡之处。

一、结案率：审判效率评价机制的核心指标

（一）结案率指标的历史沿革

结案率，是指在一定统计期间内审结的案件数占所有受理案件数的比例。[4]其中"所有受理案件数"包括上一统计期内尚未审结的案件和本次统计期内新受理的案件。1992年、1993年的《中国法院年鉴》对结案率进行了统计，之后的年鉴中就没有再出现过直观的结案率数据。[5]但是，多年来我国一直将结案率作为评价审判质量的核心指标。2008年，最高人民法院试行新的"案件质量评估体系"，包括33项考核指标，旨在用以取代原来单一的结案率指标。然而，2008年"年底立案难"的现象依旧如期而至，群众和新闻媒体纷纷提出质疑。2009年，最高人民法院发布《关于进一步加强司法便民工作的若干意见》，首次对"年底不立案"的做法作出正式回应，其中第14条规定："……人民法院不得因为提高结案率而在年底拒收当事人申请立案的请求。对符合立案条件的，不得延期立案。当事人对人民法院因此拒收案件或延期立案的，可以向上级人民法院反映，上级人民法院应当核查；对情况属实的，在辖区内应予通报批评。对于为提高结案率而动员当事人撤诉、擅自中止案件诉讼、执行程序的，当事人可以向上级人民法院反映，上级人民法院应当核查；对情况属实的，在辖区内应予通报批评，对相关人员要追究责任。"该意见虽然赋予了

2　《最高人民法院工作报告（2019）》，法律出版社2019年版，第1页。

3　《金昌市中级人民法院结案率达99.69%》，载《金昌日报》2006年2月15日。《2019年上海市松江区人民法院工作报告》，2020年1月8日松江区第五届人民代表大会第八次会议。

4　高皋：《科学使用结案率这个杠杆》，载《人民法院报》2019年1月9日。

5　向洪彩：《重庆市法院考核研究》，西南大学2010年硕士学位论文，第5页。

当事人救济途径和惩戒措施，但在后续的司法实践中并未得到良好的贯彻。[6]

2008年33项指标制度经过三年试行后，最高人民法院于2011年3月将考核指标修订为31项（司法实务界通常称其为“31率”），并提出要以“法定（正常）审限内结案率”取代传统的“结案率”，即计算法定正常审限内结案数与收案数的比例。实际上，“结案率”指标在司法实践中一直未被否定。正如最高人民法院有实务界人士指出：“对于结案率，我们应当清醒、理智地对待，一方面，要弱化结案率指标的评价功能，避免以偏概全的做法……另一方面，地方各级人民法院仍可以将结案率指标作为掌握审判进程的指标之一，用以发现问题、调整人员、整合力量，为科学管理提供依据。”[7]此外，学界也对此持积极态度，龙宗智教授便指出，应当突出办案数量在考核中的基础地位，将经过系数调整及质效考量后的办案数量作为绩效奖金分配的主要依据。[8]最高人民法院的态度不甚明晰，加之学界支持，地方各级法院所采用的做法参差不一，多数是“新旧指挥棒”并用，在“31率”存在的前提之下，结案率指标的考核往往仍被放在首位。

（二）结案率指标的形成机制及优势分析

多年来，结案率承担起了审判效率评价机制核心指标的重任，其背后的形成机制值得思考。首先，在传统司法机制的惯性作用下，我国法院系统受到行政因素的影响较大，效率优先成为审判工作最重要的价值取向。[9]行政权在本质上可定位于执行权，“高效地实施政策和法律以及保证政令畅通本身就是行政追求的主要目标和价值”。[10]不可否认，法院一直将司法公正与“让人民群众在每一个案件中感受到公平正义”作为最高目标，多年来我国在司法改革领域也确实取得了长足的进步。但是当政府提出特定的审判任务、公平与效率两种价值相冲突的情况下，法院往往会优先选择后者。其次，结案率考核方式是法院行政化管理模式的要求。我国《法官法》对法官考核作了专章规定，其中第23条、第24条第2款、第33条、第37条对考核的方法及内容作了明确规定，与

6　杨建明：《人民法院结案率指标的局限与改革——从“年底不立案”的报道说起》，载《广西政法管理干部学院学报》2013年第2期。

7　佟季、闫平超：《法定（正常）审限内结案率指标的释疑》，载《人民法院报》2011年10月29日。

8　龙宗智：《试论建立健全司法绩效考核制度》，载《政法论坛》2018年第4期。

9　刘学在：《我国法院行政化倾向成因分析》，载《中南民族大学学报（人文社会科学版）》2003年第1期。

10　翁子明：《司法判决的生产方式——当代中国法官的制度激励与行为逻辑》，北京大学出版社2009年版，第85页。

《公务员法》中规定的公务员考核类似。审判工作考核的侧重内容可概括为“完成工作的质量、数量和效率”。[11]

结案率评价指标本身存在诸多优势，对其合理性应予以充分肯定。最高人民法院对结案率指标的总体评价是：“结案率作为指导、管理审判工作的重要指标，对于提高审判效率，应对案多人少矛盾，发挥了重要作用。其最明显的优点是直观、清晰、简单，可以使法院领导一目了然地看出法院当前所受理的案件中有多少已经审结，对管理者适时、适度地调度工作有很大帮助。”[12]具体而言，结案率指标的优势体现在：第一，计算方法简便，数据直观形象。只需用司法统计数据中的结案数与收案数进行简单的运算即可得出结果，且数据结果直观形象，易于理解；第二，考核内容整体性强。通常计算结案率是以一段时间内的总和为基础的，能够体现出这段时间内法院、审判庭、法官总体上的审判效率；第三，考核结果通用性强。结案率统计结果除可作为法院内部评价审判庭和法官的参考指标、用于法院工作报告和新闻媒体宣传外，同时还是政府、人大、党委、上级法院评价具体法院审判工作质量的重要指标。

二、对现行结案率指标的合理性追问

公平与效率是审判价值体系的两大核心目标。法谚有云：迟来的正义非正义。除上述诸多优势外，结案率发挥的首要作用就在于能有效地激励法院提升整体审判效率，对于实现效率价值发挥了举足轻重的作用。然而，指向审判效率的数据被广泛地用于各种场合，结案数、收案数、结案率等几乎已经成为给各家法院戴在头上的“紧箍”。[13]这些数据本旨在向社会汇报法院工作情况，但在信息高度发达的现代，却引发了社会心理学上的“沉锚效应”。[14]由此，结案率在公众的心中就先入为主地成为评价司法绩效的一个重要指标，这就从本源上使得结案率的功能定位发生了异化。同时，我们应当思考，司法之公正价值能否用结案率指标予以量化呢？答案明显是否定的。正如美国弗莱彻法官在《公平与效率》一文中所言：“我们一方面得记住‘正义被耽搁等于正义被剥夺’，另一方面又必须保证不因盲目追求效率而牺牲社会中最易受伤害的人的利

11 赵震江：《法律社会学》，北京大学出版社1998年版，第444页。

12 《最高人民法院关于进一步加强司法便民工作的若干意见》，2009年3月10日印发。

13 彭语良、马建威：《结案率计算方法及指标值科学性分析》，载《黑河学刊》2012年第4期。

14 沉锚效应（Anchoring effect），是指人们在对某事作出判断时，易受第一印象或第一信息支配，就像沉入海底的锚一样把人们的思想固定在某处。参见陆剑清：《现代投资心理学》，首都经济贸易大学出版社2009年版，第34页。

益。”[15]公正价值在司法中应具有优先性，但目前群众对于司法公正的认知只能通过个案经历或新闻媒体来获得，结案率反映的是审判主体的“工作效率”，而非“审判质量”。[16]以个案为视角，“审判质量”有两方面的要求，一是为避免诉讼迟延要求审判主体在法定审限内完成审判工作，二是为避免诉讼草率要求审判主体占用合理的时间段来进行审理，两者缺一不可。

（一）结案率计算公式科学性分析

结案率反映的是一段时间内法院审判任务的完成情况。统计学上，计算任务完成情况的基本公式为：任务完成情况相对数 $=\frac{\text{实际完成任务数}}{\text{应当完成任务数}}\times 100\%$。[17]在人民法院现行司法实践中，采用的结案率计算方式主要表现为三种：

公式1：结案率 $=\frac{\text{结案总数}}{\text{收案总数}}\times 100\%$

公式2：结案率 $=\frac{\text{审限内结案数}}{\text{结案总数}}\times 100\%$

公式3：结案率 $=\frac{\text{结案总数}}{\text{新收案总数}}\times 100\%$

根据统计学原理，结构相对指标（relative indicators）反映的是事物各部分与总体的比例（事物的纵向比较）及事物的内部组成情况。[18]结构相对数的特点表现为：①计算结果 <1；②分母总比重 $=1$；③分子分母不能互换。结案率作为典型的结构相对指标应当符合以上特点。上述三个公式存在一个共同的缺陷——分子和分母不存在可比性。

具体而言，公式1中，分母“收案总数”包括在该时间段内依法不能审结的案件，同时分子“结案总数”也不能体现出案件按时审结的情况。公式2中，分子为“审限内结案数”没有问题，分母“结案总数”包括审限内结案数与审限外结案数，却未包括审限外未结案数，即不能反映出未结案件中是否有超审限的情况。[19]公式3中，分子为“结案总数”，其包括审结的新收与旧存案件，而分母却限定为“新收案总数”。综上，以上三种结案率计算方式的分子和分母均不属于同一个统计范畴。

15　［美］弗莱彻：《公平与效率》，载宋冰编：《程序、正义与现代化——外国法学家在华演讲录》，中国政法大学出版社1998年版，第444页。

16　王玲芳：《绩效考评忙 四看“结案率”》，载《人民法院报》2019年1月21日。

17　严戈、屈国华：《改革法院司法统计结案率指标的思考》，载《统计方略》2003年第5期。

18　最高人民法院研究室主编：《司法统计基础与实务》，科学出版社2007年版，第48页。

19　李艳：《法院结案率制度的评析与改革》，载《法律适用》2007年第10期。

（二）过度追求结案率的负面影响

目前法院系统对审判工作的绩效考评通常以季度、年为单位，其中尤为重视年终结案情况，“新指挥棒”（“31 率”）在手，“旧指挥棒”（结案率）仍在用，而且更管用。从 J 省 Z 中院 2017 年、2018 年四个季度的结案情况分布来看（见图 1），前三个季度结案率一般较低，但呈递增趋势，到第四季度则陡然升高，已经违背了“均衡结案”的要求，可见法院“年末冲顶”、过度追求结案率已成为一种常态。[20] 从立法、理论与实践角度看，一些随之而来的负面影响也不可忽视。

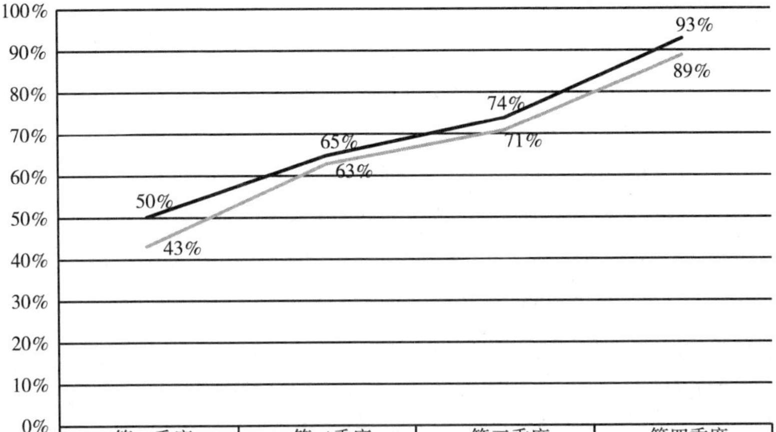

	第一季度	第二季度	第三季度	第四季度
2017年度	43%	63%	71%	89%
2018年度	50%	65%	74%	93%

图 1　Z 中院 2017—2018 年四季度结案率走势图

1. 扰乱司法秩序，影响程序公正

法院过度追求结案率已经扰乱了正常的司法秩序。首先，正常的审判工作节奏因此失衡，如图 1 所示（图 1 反映的虽仅为个例，但经我们考察，Z 中院的各季度结案率水平大致代表了目前多数法院的总体趋向，有一定的参考价值），上半年正常，而下半年超负荷运行。[21] 其次，打破社会公众心目中对司法秩序的合理预期，影响司法公信力。最直观的例子，法院年底不立案的做法势必会伤害当事人、律师，甚至是一般社会公众对于司法机关的基本信赖，让其对正常的司法秩序产生误解。

20　贺荣：《关于均衡结案的调查研究》，载《中国审判》2010 年第 51 期。

21　胡昌明：《构建符合审判规律的审判效率评价机制——法院高结案率现象的解读与反思》，载《全国法院系统第二十二届学术讨论会征文（2010 年）》，第 10 页。

程序公正，作为诉讼程序的重要内在价值，是一个抽象的概念，总体上要求诉讼程序的公开与安定，在具体案件的审理过程中则要求法官中立、当事人双方平等对抗且享有足以影响诉讼过程和裁判结果的充分程序参与机会。程序法与实体法具有同样的位阶效力，程序正义与实体正义缺一不可。从法理学上看，所有社会主体都在守法主体的范围之内，法院作为国家司法机关理应为国民守法作出表率。然而，以结案率指标为核心的审判效率评价机制很大程度上已经误导了司法行为。法院为片面追求结案率，无视程序法规定擅自缩短举证答辩等法定期间、二审违规不开庭审理等做法已经违背了程序公正的基本要求。

2. 损害当事人利益，影响实体公正

诉权，即当事人提起诉讼的权利或权能，也可表述为当事人所享有的请求法院解决其纠纷的权利（本案判决请求权说立场）。诉权关乎于宪法中人权保障的基本观念，一国对当事人诉权的保障程度体现出其国家的法治文明程度，而国家对当事人诉权的保障主要又是通过法院来实现的。当事人行使诉权，法院经审查合法就应依法启动诉讼程序，任何限制立案的行为都可定义为对当事人诉权的侵害。在诉讼系属之后，当事人还享有法定的诉讼权利。如申请回避权、委托代理权、答辩权、陈述权、质证权、异议权、申请保全或先予执行权、上诉权和撤回上诉权、申诉权、申请执行权等。这些诉讼权利体现了辩论主义、处分主义的基本理念，贯穿于诉讼全过程，重要性不言而喻。然而，法院在追求高结案率时，违法限制答辩期、不开庭审理、违规执行等必然会损害当事人利益。

作为诉讼程序的外在价值，实体公正是评价法院定分止争、维护当事人合法权益、稳定社会秩序等功能是否有效发挥的重要标准，彰显了国家司法权威与公信力，在我国语境下要求严格以事实为依据，以法律为准绳。我国虽无直接的既判力规定，但判决必然具有既判效力，即关于某诉讼标的的终局判断对法院和当事人均产生约束力，在后诉中不得推翻。[22] 因此，判决的公正与否至关重要。在过度追求结案率的情况下，不少法官不顾审判规律仓促下判，影响了审判质量，在事实认定和法律适用方面或许会失之偏颇，虽不能说会绝对影响实体公正，但大大提高了造成司法不公的可能性。

3. 影响法官队伍的整体发展

从法官的视角来看，年底突击结案、追求高结案率也并非其本人所愿，法官群体也承受着很大的压力，为了解法官职业群体的实际情况，我们对J省J市（县级市）法院法官进行了问卷调查，该法院现在编人数共计135人，其中法官76人，本次问卷调查对象总数为70人（6人休假不在岗）。其中，41人（占比

---

22 江伟主编：《民事诉讼法学》，复旦大学出版社2002年版，第70页。

59%）认为法官工作存在相当程度的心理压力，总是工作繁忙；25人（占比35%）认为法官工作给其造成了较大的心理压力，已经出现了严重的工作倦怠和紧张感，甚至需要寻求心理辅导或有跳槽转行的想法（见图2）。随着社会经济的日益发展，案件数量显著增加、纠纷复杂性提高，而结案率指标只高不下，这无疑带来了更多的审判压力，在经济发达地区尤为严重。据统计，至2017年全国约12万名法官的个人年均办案量已达到2008年的3倍之多。[23]这是员额制改革直接带来的影响，提高了审判效率却也使一线办案法官不堪重负。

一方面，法官的身心健康和正常的生活秩序被打乱。在高压的工作状态之下，办案法官加班加点、牺牲休息时间已成为常态，身心健康均受影响。我们在某基层法院调研访谈时，某位法官曾经感叹："我们每年拿到体检报告时都不敢打开，因为大多都会发现新的问题，囊肿、炎症都算是小问题了，就像是对自己的审判一样。"每个人都有多重社会角色，法官是法官，亦为人子女、父母、夫妻，忙于工作必会疏于对亲人的照顾与陪伴，长此以往必然会使生活和谐度、幸福感降低，甚至造成更严重的后果。另一方面，法官的职业积极性与法官队伍的稳定性受到冲击。不少法官不堪重负，对一线审判工作产生倦怠，申请调离审判庭，转向行政岗位、立案庭或审判监督部门等压力较小的部门，甚至还有跳槽转行的做法。[24]据最高人民法院公布的数据，近5年内流失的法官人数占总人数的将近10%，大量的优秀法官从审判系统内流失，影响了法官队伍的整体发展，这是中国司法机关与国民的共同损失。

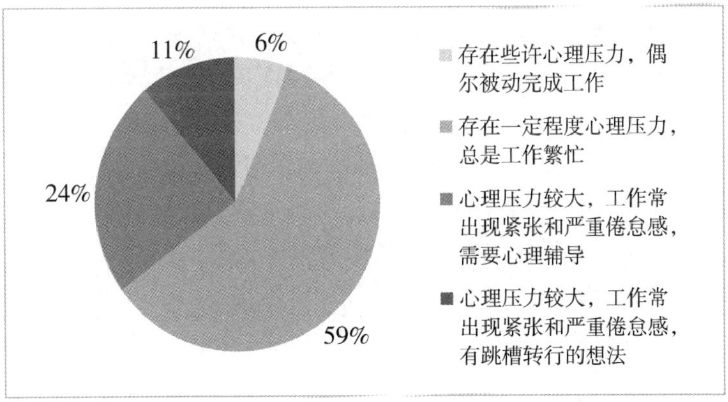

图2　对J法院法官的问卷调查

23　《最高法：法官平均办案数量提升至2008年的近3倍》，载中国新闻网，http://www.chinanews.com/gn/2017/08-01/8292304.shtml，最后访问于2020年1月4日。

24　刘岚、应启明：《基层法官心理压力有多大？——来自宁波市北仑区人民法院访谈》，载《人民法院报》2006年2月28日。

三、以结案率为中心的多维度审判效率评价机制之重构

（一）结案率应有的合理定位

因结案率本身所具有的优势，加之社会大环境中职权因素的影响，从结案率在我国的发展沿革来看，迄今为止结案率一直是我国审判效率评价机制中的核心指标。然而，这种定位是否有过于拔高之嫌，由此而引发的法院年底“立案难”困境其实已经回答了这一问题。通过对我国现行结案率指标合理性的进一步追问可发现，首先，结案率的计算公式不甚科学；其次，若过度追求结案率势必会对实体公正、程序公正、当事人权益、诉讼秩序、法官职业群体等造成冲击。那么，应如何认识结案率呢？

首先，要不要结案率？“初看此问题，其与‘人该不该吃饭’问题一样，没有结案率要求，何谈审判效率，何谈司法公正，法律人都知道，答案自然是肯定的。”[25]结案率能有效地激励法院系统提升审判效率，并且结案率的考核方式契合了法院潜在的行政化管理模式，在我国早已深入人心，可谓一种根深蒂固的司法传统了。我国法院时下采用的结案率计算公式的确存在不科学之处，因而有学者将结案率等同于错误的结案率计算方式，认为结案率不科学而应当完全舍弃，这是以偏概全。结案率计算公式是用来反映结案率的，计算公式可以通过进一步修改而科学化，但这并不代表结案率本身不科学。

其次，如何定位结案率？从发达法治国家的经验来看，评价法院审判效率一般会以多维度、多方面来进行，此类国家往往存在一套综合性的评价机制。以美国为例，要求 95% 的案件应在受理 6 个月内审结，审理超期的案件数不得超过 5%，任何四个季度内结案数与新收案数相比每月平均落差不超过 10%。[26]注重构建综合、具体、有针对性的审判效率评价机制，追求制度设计的精细化，是我们可借鉴的经验。我们认为，应结合我国实际，改革结案率原有的计算公式，弱化传统结案率的评价功能，将其作为审判效率评价指标的主要内容之一（不再是核心、唯一指标），并辅之以其他评价指标，下文将以此观点为基础探索构建审判效率综合性评价机制的可行之径。

（二）结案率计算方式科学化

1. 计算结案率应遵循的原则

我们认为，将结案率纳入考核指标体系予以计算时，至少应当遵循以下三

---

25 杨成会：《不能不说的结案率》，载《民主与法制时报》2017 年 1 月 5 日。

26 李艳：《法院结案率制度的评析与改革》，载《法律适用》2007 年第 10 期。

个方面的原则。其一，合法性原则。合法性原则是指应依法律规定来判断案件哪些案件应于统计期内审结。审判活动具有法定性、程序性，追求审判效率的前提是遵循法定程序，应当结案而未结案和不应当结案而结案都是程序违法。根据我国立法与司法解释等规定，适用程序不同或审级不同，其法定审限是不同的，法官应严格遵循。若任意省略法定程序、缩短法定审限都是违法行为，会对当事人的程序参与权甚至是实体权益造成损害。其二，可比性原则。可比性原则是统计学理论中的概念，要求在计算相对数指标时，分子和分母在统计口径、统计范围与计算方法上具有可比性。[27] 其三，科学性原则。科学性原则是对统计结果的要求。结案率指标作为一种统计指标，会对司法行为产生导向作用，也会影响公众对司法公正与效率的判断，因此结案率应当科学反映审判工作效率和法院工作的实际情况，否则会起到相反的作用。

2. 具体计算公式的设置

结案率的基本公式为：$结案率=\frac{实际结案数}{应当结案数}\times 100\%$

“实际结案数”较为直观，关键问题是如何确定“应当结案数”。根据结案率计算的上述原则要求，一些问题应当注意。不少法院习惯于将整年度（季度、月）内的旧存案件与新收案件数之和作为本年度（季度、月）应当结案数，但这其实只是某段时间内法院受理案件总数，要将该时间段内法定不能审结的案件扣除才可作为应当结案数，这是合法性原则的要求。而且只有准确得出“应当结案数”，才能使得分子（实际结案数）与分母（应当结案数）属于同一个统计范畴，从而符合可比性原则。

据此则得出，结案率结算公式应为：

$$结案率=\frac{实际结案数}{旧存案件数+新收案件数-法定不必结案数}\times 100\%$$

那么，这里的“法定不必结案数”又包括哪些呢？我们尝试以民事案件为例，根据相关法律与司法解释，对此类案件进行非穷尽性列举，仅供局部参考：（1）统计期届满前一段时间内新受理案件。以立案之日为起点，原告 5 日内向被告送达起诉状副本；被告 15 日内提出答辩状；法院 5 日内向原告送达答辩状副本；法院 3 日内向当事人及诉讼参与人送达开庭传票；庭审结束后法院 5 日内评议案件；当庭宣判的，法院 10 日内送达裁判文书。上述程序时间总计为 43 日，因此统计期届满前至少 43 日内所新受理的案件按照法定程序在考核期内是无法审结的，应当排除在考核范围之外。（2）当事人依法提出管辖权异议且考

27 严戈、屈国华：《改革法院司法统计结案率指标的思考》，载《统计方略》2003 年第 5 期。

核期届满前法院对该异议尚在审理中的案件。(3)依法中止审理且考核期届满前尚未恢复审理的案件。(4)依法采用公告送达且开庭日期安排在考核期届满之后的案件。

(三)评价审判工作的多维度辅助指标

结案率指标指向的是审判效率，但若过度、单一地追求这种“高效率”，往往会“适得其反”地出现一些负面效应。结合我国实际情况，以结案率指标为主，辅之以审判合法性、均衡性以及审判工作强度三个维度的考核，有利于激励法院系统从原先以高效率为唯一追求，转变为以合理效率为目标。[28]

1. 合法结案指标：法定（正常）审限内结案率

法定（正常）审限内结案率，是指在某段考核期内按照法定审限要求审结的案件数与总结案数之比，计算公式为：

$$\text{法定（正常）审限内结案率}=\frac{\text{审限内结案数}}{\text{结案总数}}\times 100\%$$

一方面，本指标从规范层面出发，以法律和司法解释的要求计算法定审限内结案率，符合审判规律，较为科学。另一方面，鉴于实践中常出现疑难案件拖延审理的情况，该指标能在准确反映审判效率的前提下，引导和鼓励法院尽量按期审结案件，避免久拖不决损害当事人权益，有利于审判效率的整体提升。

2. 均衡结案指标：结收案比率

均衡结案指标指向的结收案比率，是指在一段考核期内结案数与新收案件数之比率，计算公式为：

$$\text{结收案比率}=\frac{\text{结案数}}{\text{新收案数}}\times 100\%$$

该指标旨在考察一段时间内法院审判节奏的均衡度，即为了避免出现四季度结案量落差较大的情况，从而实现审判节奏的均衡有序。其中的“结案数”与“新收案数”可能并不对应，因为旧存案件的结案量也算在“结案数”之内，此处并非技术性错漏，而是为追求动态平衡。“法院受理的案件时多时少，有的难办有的易办，但在年度内的每一个大的时间段内，如一个月或一个季度内，新收案件与办结案件的总量应当大体相当。”[29]当结收案比率趋近于1，说明审判工作相对稳定、高效，法院大致能够实现“收支平衡”；当结收案比率远

28 胡昌明：《构建符合审判规律的审判效率评价机制——法院高结案率现象的解读与反思》，载《全国法院系统第二十二届学术讨论会征文（2010年）》，第21页。

29 蔡晖：《如何正确看待积案与审结率》，载《人民法院报》2001年5月26日。

低于1，则说明审判工作已超负荷，应及时采取调整措施稳定工作节奏。

3. 审判工作强度指标：人均结案数

人均结案数，是指在一段考核期内结案总数与法院参与审判的法官总人数之比，反映的是该法院的人均办案量，计算公式为：

$$人均结案数=\frac{结案总数}{参与审判法官总人数}\times 100\%$$

前述合法结案指标和均衡结案指标体现的均为法院的审判任务完成情况，而审判工作强度指标反映的则是一线办案法官的工作强度。两个法院统计出的结案率相同，但工作强度却可能相差很大。若人均结案数较低，则证明该法院审判效率不高且存在冗官冗员、人浮于事的情况；若人均结案数较高，则证明该法院工作强度较高，审判人员压力过重，应及时增配法官员额或采取其他措施使人均结案数回归合理水平，维持正常审判秩序。人均结案数计算结果较为客观真实，即便受到行政化因素的干预，也能基本客观地反映法院的审判工作强度。

（四）相关配套性建议

我国已于2012年初步完成了基本的法官员额制改革，将法院审判职能与行政管理职能相分离是改革内容之一，但法院系统的行政化因素仍然存在，尤其体现在审判绩效考核中。在下一步改革中应进一步弱化行政因素的影响，以期形成符合审判规律的法院管理体制，体现法官职业本身的特殊性。傅郁林教授说："在司法这样一个严重依赖于法官内心判断的职业领域，仅仅依赖于外部管理和控制是行不通的。"因此，为实现审判效率的长足发展，不仅需要外部、事后的监督，还需通过内部、事前的激励，注重培养法官的职业道德和职业荣誉感。做好事前的法官遴选工作，完善我国法官人才选拔机制，遴选出专业素质过硬，且具有高尚职业道德的优秀法官，这是实现司法公正高效的根本性保障。

结语

解决纠纷、司法为民、维护社会公平正义是我国法院的基本职责所在。公正与效率两种价值的内在张力和冲突映射到结案率上，使其本身承载了过多的负荷。多方面力量把结案率指标推到了聚光灯下，而其本身的弊端却被选择性忽视，致使司法在满足社会预期的过程中不堪重负。为提高结案率而滋生的诸多隐形做法，扰乱了司法秩序，损害了当事人权益，无疑都是后续司法改革所应极力摒除的一些现象。只有多方位、多角度、多层面的评估才能更真实客观地反映司法工作实际，也才能真正让效率价值有机融入司法评估体系中去。本文尝试提出完善结案率指标的计算公式，弱化结案率在审判效率考评中的至高地位，并辅之以其他参考指标的评估。这一改革路径也许只是一种初步探讨，抛砖引玉，仍然期待着对符合审判规律的审判效率评价机制之构建有所助益。

适用《横琴自由贸易试验区临时仲裁规则》进行临时仲裁的现实困境及本土化推进

陈　磊*

【内容提要】《横琴自由贸易试验区临时仲裁规则》的制定是中国仲裁史上的一次伟大尝试和重要突破，但该规则未明确临时仲裁协议的成立要件，缺少防止仲裁机构过度介入的规则设计，规定的临时仲裁员任职高阶化要求不利于仲裁庭组庭，欠缺临时仲裁第三方资助的披露规则，未设置临时仲裁运行失败后的救济规则，这些结构性瑕疵不利于临时仲裁的落地实施。中国现行法律背景下适用《横琴自由贸易试验区临时仲裁规则》进行临时仲裁仍将面临合法性质疑，司法对仲裁的过度监督将限制临时仲裁的发展，临时仲裁程序的“行政化”倾向也会制约当事人的自主权。临时仲裁在本土化推进过程中，应明确临时仲裁的制度空间，固守意思自治与诚信合作的基本原则，建立机构仲裁对临时仲裁的有限介入机制，放宽仲裁员的任职资格，设计纠纷衔接机制避免临时仲裁陷入“三不管”困境，形成临时仲裁与司法程序间的良性互动。

【关键词】横琴规则　临时仲裁　机构仲裁

中国自贸区的快速发展使得构建本土的临时仲裁制度具备了优良的时机和

---

* 陈磊——首都经济贸易大学法学院讲师，诉讼与司法制度研究中心主任，硕士生导师，主要研究领域：国际商事仲裁。本文是北京市教委 2021 年度社科计划资助项目“自贸区临时仲裁制度创新研究”（项目编号：SM202110038007）、国家社科基金项目“自贸区纠纷解决机制创新与临时仲裁的制度构建研究”（项目编号：18CFX083）、首都经济贸易大学北京市属高校基本科研业务费专项资金资助项目的阶段性研究成果。

环境。在《仲裁法》不承认临时仲裁、《最高人民法院关于为自由贸易试验区建设提供司法保障的意见》（以下简称《意见》）仅“有限”开放临时仲裁的法制背景下，珠海横琴新区管委会和珠海仲裁委员会于 2017 年 3 月在横琴自贸片区正式发布《横琴自由贸易试验区临时仲裁规则》（以下简称《横琴规则》）。该规则拓展了临时仲裁适用主体的范围，增加了仲裁机构对临时仲裁的介入机制和转化机制，其确立是我国仲裁史上的一次伟大尝试和重要突破，也是我国纠纷解决机制中具有里程碑意义的创新。尽管有着上述重大跨越，但是《横琴规则》在内容上尚存在着不少结构性瑕疵，影响临时仲裁制度的落地实施。本文将以《横琴规则》的条文规定为研究对象，挖掘其中存在的技术缺陷，分析在我国现行法律背景下适用《横琴规则》进行临时仲裁潜在的外部障碍与难题，最后提出中国临时仲裁制度的本土化推进思路。

一、《横琴规则》对临时仲裁制度的创新与突破

（一）《意见》对临时仲裁制度的有限开放

从研究的时间线路上来看，《意见》出台之前，对于是否应该建立临时仲裁制度，仲裁界还是颇有争议的；而在出台之后，更多地就偏向了如何构建或完善的问题，是否应该建立的分歧较少。在《意见》和各地临时仲裁的制度实践之前，国内学者的早期研究已对临时仲裁与机构仲裁的对比和各自优势进行了较为独特的考察，并对建立临时仲裁的必要性进行了深入的分析[1]。不过以后的研究更加注重的是临时仲裁相关制度的构建设计，而对必要性的论证只是作为暗含的理论前提或铺垫，导致对临时仲裁必要性的阐述很少跳出上述研究的探讨范围，并且也未能很好地回应上述研究中提出的质疑。这既说明了上述研究的全面和深入，也说明对临时仲裁的研究并未能随着制度实践的推进而深入。

在《意见》出台之后，对临时仲裁制度推进的研究更偏重于中国的实践和实务方面。有学者以对《意见》的注释和对其自己起草的《中国临时仲裁示范仲裁规则》的逐条说明为主，论述临时仲裁在中国发展的法律问题，从实务操作的角度上对《意见》进行了归纳和辨析，并认为临时仲裁的有限放开对中国仲裁发展有重要意义，可以逐步改变涉外仲裁事业与国际上主要的临时仲裁制度发展情势不符的现状[2]，但其仅是就临时仲裁的应用前景展开讨论，未对临时仲裁在中国大陆落地可能面临的外部障碍与难题进行进一步探讨。

1　刘晓红、周祺：《我国建立临时仲裁利弊分析和时机选择》，载《南京社会科学》2012 年第 9 期。

2　高菲：《中国临时仲裁实务指南》，法律出版社 2017 年版，第 5 –6 页。

关于对《意见》所确定的“三特定”规则的解释问题，有学者曾将涉外仲裁与临时仲裁按逻辑顺序综合考虑，以域外仲裁机构在中国的发展这一特殊角度为出发点，分析域外仲裁机构在我国直接开展仲裁业务的合规和操作问题，并评析《意见》可能引发的具体法律技术问题[3]。事实上，就域外仲裁机构开展业务问题，《意见》改用了域外仲裁的提法，透露出来的国际化方向可能预示着中国下一步修改《仲裁法》的思路。域外仲裁机构要想真正在中国仲裁法律服务市场立足，就一定要做差异化仲裁法律服务的提供者，而选择域外机构的当事人，所熟悉的仲裁方式很可能更多的是临时仲裁而非机构仲裁。而就具体法律技术问题，《意见》改用“特定地点”，应是考虑到了“仲裁地”概念在《仲裁法》中的缺失将影响临时仲裁在中国内地的有效开展。

（二）《横琴规则》对《意见》的突破

尽管《意见》使得临时仲裁制度在我国正式开启了新的篇章，其中的“三特定”规则及有限放开临时仲裁的举措是应对国内贸易发展对临时仲裁制度现实需要的选择，但《意见》对临时仲裁仍然存在诸多限制，也可以看出其对临时仲裁制度的正式构建引入尚持相对保守的态度。而珠海仲裁委员会《横琴规则》标志着临时仲裁在中国境内的真正落地，是我国仲裁史上的一次伟大尝试和重要突破，也是我国纠纷解决机制中具有里程碑意义的创新。《横琴规则》在制定过程中就已充分考虑我国立法层面的限制，并能够结合我国民商事仲裁程序的实践特色，在总体结构与国际上的临时仲裁规则较为统一，也在一定程度上表现出本土化特点。

首先，《横琴规则》相较于《意见》而言，在适用主体的范围上有一定的拓展，该规则的主要适用主体是自贸区内注册企业，同时规定还可适用于合同中的其他当事人约定的情形以及投资者于东道国由于直接投资而引起的纠纷。适用主体扩大将拓展《横琴规则》的可适用空间，在临时仲裁制度未得以全面建立的当下，能够有力推动各方当事人在纠纷解决时更倾向于选择《横琴规则》，发挥临时仲裁的显著优势。

其次，《横琴规则》充分体现当事人的合意、程序自主权，充分考虑当事人心理预期的同时减少程序性的约束以及对当事人的强制性规定。与此同时，《横琴规则》第 6 条也赋予仲裁庭独立的自由裁量权，并以此作为当事人意思自治不能或意思自治不明确时的补救机制。

3　袁培皓：《域外仲裁机构与临时仲裁在中国自贸区内的新发展》，载上海国际经济贸易仲裁委员会：《上海国际仲裁评论（2018 年卷）》，法律出版社 2018 年版，第 75－87 页。

再次，《横琴规则》第 9 条、第 17 条的规定体现了机构介入对临时仲裁的干预，尽管这在某种程度上是当事人自主性的限制，但正是由于临时仲裁中当事人具备更高程度的自主性，而缺乏特定的机构与人员进行管理，因此可能因当事人约定内容的缺陷而出现程序中断等瑕疵，这也是临时仲裁制度构建中应当通过相应规则设计加以规范的原因。与之相对应，《横琴规则》第 59 条则明确要求珠海仲裁委员会及工作人员不对临时仲裁庭的错误、疏忽或裁决负责，这使仲裁庭实现了权责独立，为工作的深入展开提供了权力基础。

最后，临时仲裁向机构仲裁转化的规则设计是《横琴规则》的鲜明亮点，这一程序设计的目的是在临时仲裁未得到立法层面认可的情形下，确保临时仲裁裁决有效性，增强当事人适用临时仲裁的信心。根据《横琴规则》第 47 条规定，在仲裁庭的裁决书或调解书作出并送达当事人后，当事人可以请求珠海仲裁委员会进行确认，在珠海仲裁委员会确认后，该临时仲裁视为机构仲裁。该条款明确了文书转化的唯一主体是珠海仲裁委员会，并且经过确认，临时仲裁最终被视为机构仲裁，这是在我国仲裁制度下妥善解决临时仲裁最终的执行效力的创新之举，能够在临时仲裁尚未建立起完整体系的现状下，确保临时仲裁的公正性与有效性。

二、《横琴规则》条文及体系存在的瑕疵

（一）未明确临时仲裁协议的成立要件

《横琴规则》第 2 条第 1 项[4] 规定仲裁协议应当有明确的临时仲裁协议或临时仲裁条款。然而问题的关键是临时仲裁协议的要件为何，是否仅需要临时仲裁意思表示即可，规则并未规定。甚至何为“临时仲裁”，规则的解释也尚不明确。尽管《横琴规则》第 2 条第 1 项[5] 对“临时仲裁”内涵作出了定义，但是这基本与《意见》的“三特定要件”规定相同，属于同义重复。事实上，对于“三特定要件”，理论界与实务界均认为其含义有待进一步明确[6]。因此，《横琴

4　《横琴规则》第 2 条第 2 项：“仲裁协议：是指当事人在合同中订明的同意将其争议提交临时仲裁的条款，或者当事人在纠纷发生前或发生后以其他方式达成的同意以临时仲裁方式解决争议的协议。”

5　《横琴规则》第 2 条第 1 项：“临时仲裁：是指国务院批准设立的自由贸易试验区内注册的企业根据其相互之间的约定，在内地特定地点、按照本临时仲裁规则、由特定人员组成仲裁庭并以仲裁庭名义对仲裁协议项下的争议进行的仲裁。”

6　张圣翠、傅志军：《我国自贸区临时仲裁制度创新研究》，载《上海财经大学学报》2019 年第 2 期；叶雄彪：《从理念到实践：论“一带一路”背景下临时仲裁的制度构建》，载《河南财经政法大学学报》2019 年第 6 期。

规则》第2条与其说是临时仲裁内涵的规定，不如说是临时仲裁的实行范围限制。由此，《横琴规则》未对仲裁协议的成立要件予以明确，当仲裁协议的表述未能传达选用临时仲裁制度解决争议时，仲裁机构或者法院能够通过解释获得管辖权，从而使得当事人的程序自主权落空，增加当事人诉讼负担和其他支出。另外，这样模糊的规定也会导致一些本应当或者本可以由临时仲裁制度解决的案件不能适用该制度，临时仲裁制度失去运行机会，也就失去了发展的养分。

（二）缺少防止仲裁机构过度介入的规则设计

《横琴规则》适用于当事人同意将其合同或非合同财产纠纷提交临时仲裁庭并同意按照本规则对临时仲裁程序和机构仲裁程序进行对接的商事案件。该规则第21条规定了仲裁机构对临时仲裁员的选定和指定机制，第27条规定了仲裁机构对临时仲裁庭组庭不能或不当的救济机制，第47条规定了仲裁机构对临时仲裁裁决书和调解书的确认与转化机制。不过，在规定仲裁机构介入临时仲裁发挥其补充作用的同时，《横琴规则》缺少相应设计，避免仲裁机构过度介入影响临时仲裁的独立性和高效性，进而一定程度上削弱临时仲裁制度高度尊重当事人意思自治的优势。

（三）临时仲裁员任职的高阶化要求不利于仲裁庭组庭

仲裁员对临时仲裁裁决质量的影响毋庸置疑，保障裁决质量的直接途径就是由当事人选任适合自身及案件的仲裁员。《横琴规则》第20条[7]实际上规定了仲裁员“三八两高”的条件要求，这与我国仲裁法的规定保持了一致。就仲裁员的任职条件而言，《仲裁法》过去之所以有这样的规定主要是出于确保仲裁员法律专业性、职业化的考量，这是在当时的法治环境下所作出来的权衡。然而，这样的限制在仲裁员队伍日益壮大、专业化和国际化程度越来越高的现阶段已经不合时宜。事实上，仲裁界对仲裁员任职资格的高阶要求诟病已久[8]，这其中质疑最多的就是仲裁员具有法律知识并不代表具有解决仲裁案件所需的专业知识，也不代表熟悉繁多的仲裁规则、能够切实解决商事当事人间的纠纷。而且，

7　《横琴规则》第20条：“仲裁庭的组成方式：（一）当事人可以直接选定仲裁员，也可以约定选定仲裁员的方法或约定指定仲裁员机构。（二）选定或指定的仲裁员应当符合我国《仲裁法》规定的仲裁员条件。（三）当事人逾期未直接选定仲裁员、当事人约定的选定仲裁员的方法未能产生仲裁员，或者当事人约定的指定仲裁员机构未能完成指定的，由珠海仲裁委员会（或由珠海仲裁委员会授权珠海国际仲裁院）作为指定仲裁员机构。”

8　郇恒娟、张圣翠：《“一带一路”倡议下我国仲裁员制度的创新研究》，载《国际商务研究》2019年第3期；马占军：《我国商事仲裁员任职资格制度的修改与完善》，载《河北法学》2015年第7期。

仲裁员任职资格的高阶化要求也与商事仲裁的国际立法潮流与实践有较大差异，不利于临时仲裁制度的发展壮大[9]。另外，如果当事人在临时仲裁协议中所选意图作为仲裁员的具体人员不符合前述的“三八两高”要求、未协议选定任何特定人员作仲裁员或者仅表示委托某机构选择仲裁员时，临时仲裁协议是否应被创新地赋予法律效力的问题，《横琴规则》也未予以规定，可能导致仲裁庭组庭失败，也可能导致临时仲裁协议被司法认定无效。

（四）欠缺临时仲裁第三方资助的披露规则

《横琴规则》第 23 条至第 25 条分别对仲裁员的信息披露、回避义务作了规定[10]，但并未对临时仲裁第三方资助的披露问题作出较为完善和系统的规定。如今大多数国家以及国际立法和实践都承认临时仲裁的第三方资助并作出不同于机构仲裁的特别规定，包括制定单独的第三方资助披露条款、明确第三方资助披露的主体、披露的对象、披露的内容、违反披露义务的责任等问题[11]。《横琴规则》没有规定律师事务所为当事人提供第三方资助服务或第三方资助的媒介服务的情形，也未规定具体的后果与惩罚措施，相应的法律保障也不完善，这种对临时仲裁第三方监督程序规定的欠缺将可能不利于临时仲裁公正性的保障。

（五）未设置临时仲裁运行失败后的救济规则

强意思自治性、程序灵活性是临时仲裁的制度优势。临时仲裁赋予当事人极大的程序自治权与控制权，并且没有机构的管理服务。这就决定了临时仲裁容易程序失灵或者陷入僵局。比如，当事人恶意拖延导致发生仲裁迟延、当事人选任仲裁员不能导致仲裁僵局、当事人滥用权利导致程序失灵等。也正因为此，国际临时仲裁的立法与实践中一般设置临时仲裁运行失败后的救济规则。从《横琴规则》的规定可以看出，珠海仲裁委员会被作为“兜底机构”，承担化解僵局职能。此处容易引发疑问，当事人不认可约定指定仲裁员机构指派的仲裁员，是否属于指定仲裁员未能完成指定的情形？如果认为属于，同为仲裁

---

9 从临时仲裁的国际立法来看，仲裁法或者仲裁规则中通常不对仲裁员任职资格作出过高要求，甚至没有法律专业上的门槛。例如，《英国伦敦国际仲裁院规则》《UNCITRAL 仲裁规则》《贸法会国际商事仲裁示范法》等皆是如此。林一飞：《国际商事仲裁法律与实务》，中信出版社 2005 年版，第 146 页。

10 《横琴规则》第 23 条至第 25 条要求仲裁员对仲裁程序开始之前以及仲裁程序过程中可能出现的影响公正裁决的情况向双方进行披露；针对临时仲裁没有机构进行管理的特点，规定了在双方当事人对仲裁员是否回避发生争议时，由指定仲裁员机构最终决定是否回避。

11 覃华平：《国际仲裁中的第三方资助：问题与规制》，载《中国政法大学学报》2018 年第 1 期。

机构，珠海仲裁委员会为何享有最终选任权合法性及合理性？如果认为不属于，假设约定指定仲裁员机构就是珠海仲裁委员会，当事人是否能够拒绝珠海仲裁委员会的指派？对于以上问题，《横琴规则》并未设置合理的解决方案。而未设置临时仲裁运行失败后救济规则的后果，就是当临时仲裁制度失灵后当事人间的商事纠纷依然存在，必须设置与其他纠纷解决机制相衔接的制度才能彻底实现解纷功能。

三、适用《横琴规则》进行临时仲裁的外部障碍与难题

《横琴规则》的条文内容与框架体系存在着上文中阐述的诸多不足与缺陷，不仅如此，自贸区在适用《横琴规则》开展临时仲裁时还存在着一些外部障碍与难题。本文分述如下。

（一）适用临时仲裁仍面临合法性质疑

根据我国《仲裁法》第 16 条、第 18 条的规定，一份有效的仲裁协议应选定确定的仲裁委员会，否则仲裁协议将无法排除法院的司法管辖权。这意味着立法只认可机构仲裁，排除临时仲裁的适用，现阶段适用临时仲裁首要面临的就是合法性质疑。

2016 年《意见》是为了满足自贸区经济贸易发展对多元化纠纷解决制度的现实需求而出台的司法文件。尽管其中的“三特定”规则被仲裁界视为临时仲裁的“有限放开”，相关举措正式开启临时仲裁制度在我国适用的新篇章。但《意见》对临时仲裁仍然存在诸多限制，也可以看出其对临时仲裁制度的正式引入尚持相对保守的态度[12]。《意见》的认可是有限认可，这种认可与《仲裁法》相冲突，授权国务院调整法律和地方性立法都不能适用于临时仲裁的构建，这种有限创新的背后仍存在现实的矛盾和质疑[13]。同时，最高人民法院 2018 年相继出台并施行的“三大仲裁司法释”[14]中亦未给临时仲裁留下空间，让临时仲裁制度的呼吁者难掩失望之意。这就意味着，根据已出台的司法解释等法律文件尚无法将《意见》第 9 条的规定等同于承认临时仲裁，因此对于临时仲裁的立法层面还需进一步明确界限。

12 张贤达：《我国自贸区临时仲裁制度的构建》，载《国家检察官学院学报》2017 年第 3 期。

13 初北平、史强：《自由贸易实验区临时仲裁制度构建路径》，载《社会科学》2019 年第 1 期。

14 分别是 2018 年 3 月 1 日起实施的《最高人民法院关于人民法院办理仲裁裁决执行案件若干问题的规定》、2018 年 1 月 1 日起实施的《最高人民法院关于仲裁司法审查案件报核问题的有关规定》及《最高人民法院关于审理仲裁司法审查案件若干问题的规定》。

适用于横琴自贸区的《横琴规则》则是在立法与实践的差距中寻求平衡，是我国临时仲裁制度探索过程中的一次有效尝试。但是由珠海仲裁委员会出台的《横琴规则》性质上属于规范性法律文件，其效力位阶较低，临时仲裁制度的合法性问题仍未能从根本上有效解决[15]。例如，《横琴规则》首次规定了临时仲裁向机构仲裁的转化，但作为下位法，其与仲裁法、仲裁司法解释均有冲突，这一规定仍缺乏合法性基础。关于临时仲裁的裁决是否因转换为机构仲裁裁决就具有法律效力的问题，实际上没有其他任何法律依据，学者对于《横琴规则》所确立的仲裁裁决的转换制度仍持保留态度[16]。因此，《横琴规则》看似解决了我国临时仲裁的适用问题，然而通过将临时仲裁转化为机构仲裁而承认其效力的方式，本质上仍未承认临时仲裁，因此转化后的裁决面临司法审查时仍然很可能面临合法性疑问。另外，这种纯粹为了满足合法性要求而设置的临时仲裁裁决效力转化机制，放在国际商事仲裁的大环境下来看，难免略显呆板而格格不入，看似是为了保障仲裁的权威和裁决的公信力，实则不当限制了当事人选择仲裁作为纠纷解决方式的意思自治权，与仲裁制度设立的初衷背道而驰，也与现行国际趋势“大仲裁，小诉讼”的理念不符。

（二）司法对仲裁的过度监督限制临时仲裁的发展

仲裁与司法之间的相生相伴关系一直是仲裁理论与实务中最古老的话题。仲裁作为一种较司法审判更为便捷、高效的解纷方式，具有较高的自由度。但无约束即无自由，仲裁的自由程度意味着其需要相应的监督制度，以此在保证效率的同时兼顾公正[17]。而这一监督主体理应由司法机构来充当，国际通行做法与我国现行制度皆是如此，对此并无争议。但在我国目前实践中，司法对仲裁的监督实行从程序监督到实体监督的全方位监督模式[18]。这从《仲裁法》第58条有关申请撤销仲裁裁决法定事由的规定中可见一斑。事实上，未能营造仲裁友好型的司法监督环境、司法对仲裁的长臂监管也是我国仲裁界一直诟病并

15　陈磊：《中国自由贸易区临时仲裁制度的实践与制度构建》，载《对外经贸实务》2019年第8期。

16　孙巍：《中国临时仲裁的最新发展及制度完善建议——〈最高人民法院关于为自由贸易试验区建设提供司法保障的意见〉与〈横琴自由贸易试验区临时仲裁规则〉解读》，载《北京仲裁》2017第3期。

17　汪祖兴：《仲裁监督之逻辑生成与逻辑体系——仲裁与诉讼关系之优化为基点的渐进展开》，载《当代法学》2015年第6期。

18　沈伟：《我国仲裁司法审查制度的规范分析——缘起、演进、机理和缺陷》，载《法学论坛》2019年第1期。

期望有所改变的[19]。当然，如同临时仲裁在立法上不被承认的原因一样，我国仲裁的严密司法监督也有其特定的历史原因、法制原因和社会原因。不过现阶段，随着商事仲裁体制的不断优化、仲裁员素质和能力的提升、仲裁环境的不断改变，现行司法保持对仲裁的这种严密监督难以与国际潮流接轨，不利于中国商事仲裁制度的发展。

具体到临时仲裁制度的司法监督，《横琴规则》在第 9 条、第 40 条规定了法院对临时仲裁协议效力的司法监督，在第 13 条规定了法院对临时仲裁保全及其他临时措施的司法监督，在第 48 条规定了法院对临时仲裁裁决、申请重新仲裁的司法监督。从以上条文可看出临时仲裁面临的司法监督与机构仲裁同样严苛，甚至有过之而无不及。这其中有对临时仲裁的支持、监督，但似乎更多的是体现司法对临时仲裁的不信任。临时仲裁在司法过度干预的情况下，势必难以实现一裁终局，也无法发挥自身高效便利、灵活自由的制度优势。因此，如果不明确司法介入的尺度与界限，就会导致司法对临时仲裁的过度监督，不仅浪费司法资源，很大程度上使得临时仲裁难以发挥其作用。最终导致的后果就是当事人在考虑到临时仲裁可能无法最终实现纠纷解决时会更倾向于直接进入司法程序，减少临时仲裁的适用，大量商事纠纷只能再次涌入法院，形成“诉讼爆炸”局面。在这样一种恶性循环中，设置临时仲裁制度的目的恐将无法达到。

（三）临时仲裁程序“行政化”倾向制约当事人的自主权

我国仲裁机构虽非直接隶属于行政机关，但其机构管理上仍旧受到行政机关的指导与影响，这被称为仲裁“行政化”。事实上，机构仲裁“去行政化”进而实现“民间化”也是中国仲裁界多年来一直呼吁的焦点话题[20]。仲裁制度要进行完善，过去的制度设计必须作出一定的改变，否则仲裁就很难保持其机构本应具有的独立性与中立性。在临时仲裁的呼吁声和期盼声中，仲裁界希望看到临时仲裁在规则上能有所突破、在运行时能够彻底实现“去行政化”，真正能够遵循其性质而设置，从而发挥制度优势。不过就《横琴规则》的规则来看，临时仲裁的这种行政化倾向似乎并未完全消除，可以从以下几个方面得以印证。

首先，《横琴规则》第 20 条规定了仲裁员的选任方式，当事人可以直接在仲裁协议中确定仲裁员，也可以协商确定仲裁员。当组成仲裁庭的仲裁员选任

19 章杰超：《论仲裁司法审查理念之变迁——以 N 市中院申请撤销国内仲裁裁决裁定为基础》，载《当代法学》2015 年第 4 期。

20 姜丽丽：《论我国仲裁机构的法律属性及其改革方向》，载《比较法研究》2019 年第 3 期；汪祖兴：《仲裁机构民间化的境遇及改革要略》，载《法学研究》2010 年第 1 期。

出现争议时，珠海仲裁委员会有权决定仲裁员名单。这表明《横琴规则》一定程度上还是吸收了仲裁法中关于仲裁员选任规则须遵从仲裁机构的基本原则。这种行政管理色彩实际上损害了当事人意思自由。同时，如果当事人约定的指定仲裁员机构未能完成指定，《横琴规则》第 21 条亦作出了不符合仲裁当事人意思自治性质的规定，即“应当在珠海仲裁委员会《仲裁员名册》中指定仲裁员”。无论前者还是后者的规定更像是一种“行政化”的安排，带有强制性质，较大程度上剥夺了当事人自由选择仲裁员的权利。暂且先不讨论从仲裁员名册中指定仲裁员是否一定就能保障仲裁员的质量，即便该两条规定可以达到公正价值，也是以牺牲当事人的意思自治为代价的。这同时也表明未被纳入仲裁员名单的仲裁员不能够进行临时仲裁，不利于临时仲裁的不断优化，未免有些得不偿失。

此外，《横琴规则》第 19 条规定了仲裁庭的人数只能由一人或三人组成，这也是仿照机构仲裁的规定，不过这种机械化的规定实际上是没有必要的。因为如果临时仲裁当事人选定的仲裁员人数超过三人，当事人支付的仲裁费用就多，在当事人经济条件允许的情况下，选任多少仲裁员是当事人的自由，没有必要通过这种强制性规定阻碍仲裁当事人的自主权。综上，我国传统机构仲裁的行政化管理体制正在潜移默化地对临时仲裁产生某种负面影响，临时仲裁程序所凸显的“行政化”倾向正在制约甚至侵蚀当事人的自主权，势必阻碍临时仲裁的民间化转型，也难以体现临时仲裁的自主性、灵活性。

四、中国自贸区临时仲裁制度的本土化推进

近年来，国内学者已着手围绕自由贸易试验区的法治保障体系开展临时仲裁制度的研究。在临时仲裁的构建路径上，大致可以总结为立法完善、宏观架构、微观实践三个板块。

在立法层面上，有学者认为仲裁法修法时有必要将临时仲裁的受案范围扩大至自贸区企业与境外企业、开放选任仲裁员范围、赋予仲裁庭更为广泛的权限、完善法院对仲裁庭的支持[21]。也有学者提出我国修改仲裁法及其司法解释时，应以香港经验为借鉴，学习香港的仲裁立法和香港国际仲裁中心的发展过程以及临时仲裁的相关经验[22]。

第二块研究比较多地集中在自由贸易港的宏观架构问题上，毕竟自由贸易

21　初北平、史强：《自由贸易实验区临时仲裁制度构建路径》，载《社会科学》2019 年第 1 期。

22　刘天姿、陈婕：《完善我国自贸区临时仲裁制度的法律思考》，载《河北科技大学学报（社会科学版）》2019 年第 2 期。

港可以理解为自由贸易区的进一步推进，但也有海事、知识产权等特殊领域的研究。有学者按照“应然性”—“制度性”—“因应”的逻辑结构，集中讨论临时仲裁的司法监督和制度供给问题[23]。也有学者将社会文化、经济发展、社会诚信这三个层面作为临时仲裁制度评价系统以及监督方式的关键[24]。

由于珠海仲裁委员会等典型机构开先河之举，使得以临时仲裁的创新实践为研究出发点的第三块研究成为近两年的关注焦点。有学者梳理了自贸区开放临时仲裁的合法性基础及其推进过程，认为在《横琴规则》的适用中更充分地体现当事人意思自治是程序落地的基础[25]。也有学者将出发点及落脚点都集中于机构介入临时仲裁这一特殊问题上[26]。而实务界人士以实际案例为基础进行分析，探讨临时仲裁费用收取、仲裁员指定机构等问题[27]，其提出的问题更具有现实性，虽然其中很多问题已被理论研究所提到，但从仲裁案件角度提出来更能体现临时仲裁的法律障碍和现实困难。

沿着以上研究思路，结合前文阐述的《横琴规则》存在的瑕疵与缺陷，以及目前我国临时仲裁适用中遇到的障碍与难题，在我国自贸区临时仲裁制度构建路径的具体建议上，笔者提出如下六点思考。

（一）明确法治背景下临时仲裁的制度空间

之所以要明确法治背景下临时仲裁的制度空间，是因为与临时仲裁有关的所有研究都需放在法治的前提下展开。而依据笔者的理解，能够影响或体现临时仲裁的精神或存在空间主要是法治本身所具有的特征，因为按照临时仲裁制度发展的逻辑结构，这些才具有最终决定性。首先，全面依法治国是十九大报告中明确的新时代中国特色社会主义的基本方略之一，十九大以后法治在我国的内涵、作用和地位都有了新的重大变化。《中共中央关于全面推进依法治国若干重大问题的决定》中提出“社会治理的法治化”，即善于运用法治思维和法治方式化解矛盾，通过对话协商等方式协调各方利益，通过依法参与调解、仲裁等方式为当事人提供法律服务，这种指导思想可作为审视临时仲裁的出发点。其次，当下中国多元社会中，人们对社会公平正义的理解和诉求的

---

23 何悦涵：《中国建设自由贸易港临时仲裁制度问题研究》，载《上海对外经贸大学学报》2018 年第 6 期。

24 陈忠谦：《临时仲裁实践的中国方案探讨》，载《仲裁研究》2019 年第 43 期。

25 张建：《构建中国自贸区临时仲裁规则的法律思考》，载《南海法学》2017 年第 2 期。

26 刘冰：《构建〈海峡两岸仲裁中心仲裁规则〉临时仲裁制度研究》，载《海峡法学》2018 年第 1 期。

27 车普刚、阮洪杰：《自贸区临时仲裁制度发展现状、难点及对策》，载《中国银行业》2018 年第 12 期。

多样性、复杂性和易变性要求公正是法治的生命线，因此公正价值既是临时仲裁追求的目标，也是在设立临时仲裁制度时需要考量的重要因素。最后，由于制度的革新需要体现制度的规范性、约束性和通用性，同时，制度创新是具有风险的，这些分析也可以为临时仲裁能不能作为独立的制度和如何构建该制度提供思路。

在目前仲裁法还未修订的空档期，如何为临时仲裁的铺开提供法治空间是亟须解决的问题。本文认为，现阶段最高人民法院可以通过个案批复等手段，逐步形成对临时仲裁特定地点的基本认定规则和裁判逻辑，在时机成熟时，汇总发布新的司法解释，并最终在全国铺开。而特定仲裁规则一定不能限于中国内地仲裁机构实行的机构仲裁规则，随着临时仲裁的发展，中国的许多行业协会、商会或其他社会团体完全有可能制定自己的临时仲裁规则，供其会员单位选用，并快速、专业且低成本地解决本行业领域内的争议。对于特定人员，自贸区的仲裁机构比自贸区的法院作为初期的代指定机构更为稳妥，当然，当事人也可以选择域外仲裁机构来代指定仲裁员，待临时仲裁有了一定的发展之后，当事人也可以完全自由约定他们所信赖和熟悉的仲裁员。

（二）固守意思自治与诚信合作的基本原则

临时仲裁的制度优势在于程序灵活、程序自治和当事人自主，与此对应地，其程序运行也要求在完全自治的环境下进行。因此，临时仲裁的发展需要遵循意思自治与诚信合作的原则。为充分发挥临时仲裁的自治、自主性优势，其相关的制度设计应当保证当事人的意思自治，不能本末倒置，牺牲当事人的意思自治而保全其他制度。此为临时仲裁程序意思自治的第一要义。“去行政化”“民间化”是临时仲裁的应然模样，前文所提到的《横琴规则》中“仲裁员名册”“仲裁庭的组成人数”“珠海仲裁委员会作为指定仲裁员机构”等规定，都或多或少地损害了当事人意思自治、破坏了临时仲裁的自主性，未来仲裁法修法或者其他机构设计临时仲裁规则时应作出改变。

通过意思自治推动临时仲裁程序的第二要义是要求当事人与仲裁员能够诚信合作，否则意思自治将可能导致权利滥用、程序中断。在诚信合作的临时仲裁环境中，当事人之间需要诚信，当事人与仲裁员之间亦需要诚信。当事人之间诚信合作，可以保证商事争议进入临时仲裁程序后能够顺利、快速解决，不致出现前文所述的临时仲裁僵局、程序失灵、程序拖延等现象。而仲裁员与当事人之间诚信合作，对当事人而言，其可以基于这种“对人的信任”而毫不犹豫地选择临时仲裁方式解决纠纷[28]；对仲裁员而言，其也能在包括商事调解、机构仲裁、临时仲裁等替代性纠纷解决机制的激烈竞争中赢得市场，利用自身专业领域知识获得更多的业务，进而发展壮大临时仲裁制度。笔者相信，如能固守这两个原则进行临时仲裁的规则完善，即便我国临时仲裁起步较晚，但依旧能够在多元化商事纠纷解决体系中占据重要一席。

（三）建构机构仲裁对临时仲裁的有限介入机制

我国当前的仲裁制度已经呈现出“双轨制”结构，机构仲裁历史悠久、趋向完善，临时仲裁初出茅庐、发展空间巨大。这两种仲裁形式各有所长，临时仲裁要后来居上，完全可以依托于相当成熟的机构仲裁。《横琴规则》在临时仲裁员的选定和指定机制、临时仲裁庭组庭不能或不当的救济机制、临时仲裁裁决书和调解书的确认与转化机制三个方面实现临时仲裁程序和机构仲裁的程序对接，既充分考虑了我国立法层面的限制，又能够结合我国商事仲裁程序的实践特色，值得肯定和学习借鉴。未来在完善临时仲裁规则时，除了要规定仲裁机构对于临时仲裁的介入机制，还应作出相应设计，避免仲裁机构过度介入影响临时仲裁的独立性，确保“仲裁机构介入临时仲裁”中的“介入”是“支持、监督”，而非“侵入”。

值得注意的是，即便我们在临时仲裁规则中将仲裁机构作为临时仲裁的“管理机构”，但是这种“管理”更多的是一种“协助”“救济”，而非“干预”的形式。同时，临时仲裁与机构仲裁的“合作”方式应当明确各自界限，仅当临时仲裁无法继续进行或者当事人有其他争议并同意进行机构仲裁时，才可将临时仲裁转化为机构仲裁。如此，才能在更好促进临时仲裁发展的同时，保证机构仲裁能发挥其在行政管理、机构服务等方便的优势。

（四）合理设定仲裁员资格准入条件

临时仲裁员任职的高阶化要求不利于仲裁庭组庭，《横琴规则》沿用《仲裁法》关于仲裁员行业准入的法定条件，但是这种高阶门槛和严格条件意味着许多事实上具备仲裁能力、希望从事临时仲裁业务的优秀商界人士因不具备法定资格而无法成为仲裁员。基于临时仲裁和机构仲裁的差异，当事人在选任仲裁员时也有所区别，临时当事人如果无法选用其信任、熟悉的仲裁员，则会因为

---

28 临时仲裁中当事人选择临时仲裁员是基于“对仲裁员的信任”，而在机构仲裁中，更多的是“对仲裁机构的信任”。另外，虽然在机构仲裁中也会选任仲裁员，但是从仲裁员名册中选任的仲裁员是仲裁机构“信任”的仲裁员，而非当事人“信任”的仲裁员，这一点二者有较明显的区别。这也是本文后文主张开放仲裁员名册的主要原因之一。

仲裁员选任较为费时或不能组庭成功而放弃临时仲裁，不利于商事争议及时解决。目前各国主要是从当事人自治的角度选任仲裁员，而非从法律专业水准的角度[29]。我国未来应当适当放宽仲裁员的法定条件和任职资格，尤其是在临时仲裁中，程序是否能够稳定快速运行，完全依赖于当事人与仲裁员之间的信任与配合，因此，可以基于临时仲裁的特殊性，以当事人自主决定和商事纠纷最终解决为标准，合理设定仲裁员资格准入条件。也可以一步到位，直接与国际立法接轨，不规定仲裁员的选任资格，而是通过当事人达成仲裁员选任协议的方式确定临时仲裁员，若当事人在仲裁庭组庭出现其他争议问题导致无法组庭时，则按照仲裁机构的相关规定重新组庭。

如果选择适当放宽仲裁员的法定条件和任职资格的模式，建构完善的临时仲裁还需开放仲裁员名册。《横琴规则》没有明确规定名册制的性质，但事实上采用强制性选用制度。这其中有一些客观原因，如仲裁机构可以通过强制仲裁员名册来确保仲裁员聘任过程公开透明、有效监督，以保障仲裁员的专业素养和道德水准。不过对于临时仲裁制度来说，仲裁员名册限定选任仲裁员有两大弊端：一方面，使得仲裁当事人的意思自治受到极大限制[30]；另一方面，一些行业的商事案件具有特殊性，仲裁员名册过于封闭会导致当事人无法选任真正适合于特定纠纷的仲裁员。因此，《横琴规则》要求只能在珠海仲裁委员的仲裁员名册中选定临时仲裁员，在很大程度上会阻碍临时仲裁的推进。当然，现阶段完全取消仲裁员名册制度也不符合中国的实际情况，毕竟临时仲裁才刚刚起步，仍需确保仲裁员的专业水准。另外，如果实行完全的开放式仲裁员名册制，也有可能导致仲裁效率下降[31]。因此，应当在保留仲裁员名册的基础上，不再强制当事人只能从仲裁委员会确定的仲裁员名册中选任仲裁员，以此来保证当事人的选任自由。

（五）设计纠纷衔接机制避免临时仲裁陷入“三不管”困境

所谓临时仲裁当事人“三不管”困境，是指当临时仲裁出现前文所述的仲裁迟延、仲裁僵局、程序失灵等情形而无法顺利进行下去时，又因为有效临时仲裁协议的存在，当事人无法向法院提起司法诉讼解决争议，也无法向仲裁机构提请仲裁，由此陷入临时仲裁庭、常设仲裁机构及法院均无法有效解决商事争议的困局。仲裁当事人恶意拖延程序、当事人选任仲裁员不能、当事人滥用

29　在已建立临时仲裁并对仲裁员的资格作出规定的国家或地区，仲裁员的任职资格主要考量道德素养、文化素质、专业水平等，法律从业资格与经历并非唯一的条件，甚至不是主要的条件。

30　汪祖兴：《当事人共任仲裁员不能之救济实践及完善》，载《中国法学》2012年第5期。

31　袁发强：《自贸区仲裁规则的冷静思考》，载《上海财经大学学报》2015年第2期。

权利都有可能导致“三不管”困境。此外，在临时仲裁的不同发展阶段，“三不管”困境形成的外部原因也有所区别。就现阶段而言，临时仲裁作为自贸区的试点，尚未全面展开，“三不管”困境的形成原因之一是临时仲裁与机构仲裁、司法诉讼等纠纷解决机制之间存在隔阂，当事人程序选择权不能有效行使。为了避免临时仲裁当事人陷入“三不管”困境，应作出事前有效预防及事后适时救济：一方面，要预防出现程序中断的情形；另一方面，在出现程序中断时，应当在不同纠纷解决机制之间构建可行的衔接机制。具体而言，在临时仲裁程序运行不畅时，如一方当事人不遵守仲裁员所作出的决定，不按时提交证据或提交虚假证据或其他恶意拖延仲裁的情形，应当明确仲裁员的权力，发挥仲裁庭主持人的作用，对滥用权利的当事人作出警告；情节严重的，仲裁庭可以设置证据失权规则或作出不利于恶意当事人的案件推定，还可以对恶意当事人予以费用分配加重、教育训诫等惩戒措施。若遭遇仲裁僵局、程序失灵时，要设计临时仲裁与机构仲裁、司法诉讼的衔接机制，允许仲裁当事人变更临时仲裁协议，重新达成新的仲裁协议或司法管辖协议，充分尊重当事人的程序选择权，形成机构仲裁或者诉讼及时介入的新合意，以此适时破解临时仲裁“三不管”困境。

（六）形成临时仲裁与司法程序间的良性互动

临时仲裁作为一种纠纷解决制度，不应游离于纠纷解决体系之外，相反，应当将所有的纠纷解决机制看作一个整体，利用仲裁机构和司法的力量对临时仲裁机制进行保障和制约。但是这种制约有其必要前提，即不能破坏临时仲裁自身的独立价值。面对多样化、新型化的纠纷，临时仲裁的独立价值更应该得到尊重和保障，司法强权不应该成为临时仲裁制度发展的绊脚石。司法对仲裁的长臂监管会限制临时仲裁的发展，放宽司法对临时仲裁的过度限制必然是历史趋势。从世界各国仲裁制度与司法监督关系的发展来看，对仲裁的监督经历了由严到松的态度转变，司法有限干涉原则已经达成共识，法院仅有权对临时仲裁的程序性事项进行审查[32]。我国仲裁法未来修法应当让弱化仲裁司法监督的理念根植人心，充分尊重仲裁庭的自由裁量权和当事人的程序自主权。具体说来，应当赋予临时仲裁裁决独立获得司法确认的权利，而不必经过机构仲裁转化的“桥梁”。临时仲裁裁决书必须加盖仲裁委员会印章才可被司法承认及执行的规定显然不符合临时仲裁时效性的要求，应该将该转化程序改为非强制性

32　康宁：《契约性与司法化——国际商事仲裁的生成逻辑及对“一带一路”建设的启示》，载《政法论坛》2019年第4期。

要求，由当事人决定是否寻求仲裁机构的转化确认，如此不仅可保证临时仲裁的裁决书即使无仲裁机构转化确认也具有法律效力，而且使当事人降低对临时仲裁程序规范性及裁决质量的疑虑，肯定并认可临时仲裁的制度价值。

结语

临时仲裁制度在中国的探索虽由来已久，但其发展并非延续的，而是断裂的。随着自贸区深化改革的继续推进，临时仲裁因其在特定商事纠纷解决上的优越性将越来越受商事当事人青睐。目前，在自贸区政策开放以及优化营商法治环境的大背景下，我国已经基本具备了培育临时仲裁制度的土壤和养分。但建立临时仲裁制度非一日之功，其依然面临现实障碍，诸如仲裁员的选任方式、仲裁庭自主性的保障、临时仲裁与司法之间的衔接等问题都是建立临时仲裁制度必须破解的困境。目前来说，临时仲裁制度在国内的实践应用不多，研究的素材有限，本文能提出的解决措施也较有限。可以预见的是，随着自贸区的纵深发展，《横琴规则》的大量适用，临时仲裁制度发展过程中面临的现实困境将会被一一击破，临时仲裁在国内真正落地实施指日可待。

粤港澳大湾区法律合作研究

邓伟平　郭世恩*

【内容提要】 粤港澳大湾区包含内地、香港和澳门三个法域，法律制度和社会制度的差异，造成了大湾区交流合作过程中的法律冲突，阻碍了区域一体化建设。如何通过法律合作消除大湾区的法律障碍，提升大湾区区域发展质量和水平，为大湾区的发展保驾护航，成为建设过程中的一个重要问题。大湾区"一国两制三法域"的鲜明特色在全世界范围内都是独一无二的，并且大湾区的法律合作具备与此前粤港澳合作不同的内涵和特点，因此大湾区法律合作研究必须立足于大湾区实际，探索一条适合大湾区法律合作发展的路径，助力大湾区建设成为世界一流湾区和城市群，成为经济发展的新引擎和新标杆。

【关键词】 粤港澳大湾区　法律冲突　法律合作

2017 年 7 月，国家发改委、广东省政府、香港特别行政区政府和澳门特别行政区政府签署了《深化粤港澳合作 推进大湾区建设框架协议》，标志着粤港澳大湾区战略上升为国家级战略。

粤港澳大湾区是由 11 个城市构成的区域城市群，包括香港、澳门、广州市、深圳市、珠海市、佛山市、东莞市、惠州市、中山市、江门市和肇庆市，即由港澳两个特别行政区和广东省九市形成的"9 + 2"城市群。由于"一国两制"的施行，大湾区内部存在显著的社会制度和法律制度差异，形成了"一国两制三法域"的鲜明特色。这一特色在区域内部造成了复杂的法律冲突，既包括作为内地一部分的广东省九市与港澳之间的法律冲突，又包括因地方立法权

* 邓伟平——中山大学法学院副教授；郭世恩——中山大学法学院法学理论硕士研究生。

不同导致的广东省九市之间的法律冲突，还包括港澳之间的法律冲突。法律冲突形成了法治壁垒，不利于区域内资源要素的自由流动，地方政府之间协调不畅同样会阻碍区域合作。如何通过深化法律合作，解决区域内的法律冲突，助力大湾区的整体建设，是一个值得研究的课题。

一、大湾区法律合作的现状

在分析大湾区法律合作的现状时，需要从两个维度进行考虑，一是将大湾区作为内地与港澳的法律合作的一部分，二是对大湾区作为一个单独的整体就其内部开展的法律合作进行分析。我国学者已经对前者进行了较为细致的研究，本文主要对大湾区内部开展的法律合作进行研究。

这一部分的法律合作主要是广东省作为单独主体与港澳开展法律服务业合作，合作的主要依据是广东省政府分别与香港特别行政区政府和澳门特别行政区政府签订的《粤港合作框架协议》和《粤澳合作框架协议》。广东省还通过地方立法的形式，加强与港澳之间在律师、仲裁、调解等法律服务业领域的合作，如《深圳经济特区前海深港现代服务业合作区条例》《珠海经济特区横琴新区条例》《广州市南沙新区条例》等。

（一）律师业合作

大湾区律师业合作在《内地与香港关于建立更紧密经贸关系的安排》（CEPA）及其十份补充协议下展开，CEPA对整个内地与港澳开展法律服务业的合作作了规定。在CEPA框架下，内地与港澳的律师业合作形式包括港澳律师事务所在内地设立办事处或代表机构、开展内地与港澳律师事务所联营两种，CEPA刚签订时，律师事务所联营存在诸多限制，包括地域限制和专职律师人数限制，后来通过一系列补充协议，逐步取消限制。[1]

此外，CEPA及其补充协议还对广东省规定了一些优惠政策或者试点，以推进律师业的合作。例如，《补充协议六》规定，广东省享有优惠政策，只需要成立时间满一年或以上并至少有一名设立人具有五年（含五年）以上执业经验就可以进行律师联营。并且2014年《香港和澳门律师事务所与内地律师事务所在广东省实行合伙联营试行办法》规定，在广东省试点开展合伙型联营模式，港

1 《香港特别行政区和澳门特别行政区律师事务所与内地律师事务所联营管理办法》规定联营的内地律师事务所的专职律师至少应有20人，而CEPA《补充协议三》取消了专职律师的数量限制，《补充协议四》取消了《补充协议二》中的地域限制，即香港的代表机构只能与所在地的省、自治区或直辖市内的一个内地律师事务所联营。

澳律师事务所可以在广州南沙、深圳前海和珠海横琴三个自贸区内与广东省内的律师事务所开展合伙型联营。据2017年的统计数据，在广东省范围内已经成立了11家合伙型联营律师事务所。[2]在广东省积累了合伙型联营律师事务所经验后，2019年1月16日，司法部发布《关于扩大内地律师事务所与港澳律师事务所合伙联营地域范围的通知》，将这一系列经验推广到全国，于2019年3月1日起，在全国范围内允许设立合伙型联营律师事务所。

（二）法院审判制度创新

大湾区在法院层面开展的法律合作主要体现在大湾区内法院的一些探索，包括建设域外法律查明平台和法院司法合作。2014年，在深圳市司法局的支持下，深圳市蓝海现代法律服务中心成立，这是一家非营利性的法律民间运营机构，该中心在2015年成为最高人民法院和中国法学会支持设立的“中国港澳台和外国法律查明研究中心”的授牌单位[3]。2019年11月29日，全国法院域外法查明统一平台——最高人民法院域外法查明平台正式上线，该平台面向全国全面开放提供法律查明服务，提供专家委员会查明和专家机构查明两种查明申请方式，同时建设法律查明案例库[4]。此外，在大湾区成立前海合作人民法院并在司法合作方面进行了许多制度创新。一是选任港籍人民陪审员制度；二是依法保障自由选择适用香港法裁判制度，通过制定裁判指引明确涉港因素的具体情形、拓宽香港法律查明途径、打造由法官和域外法专家以及港籍陪审员组成的审判队伍等方式，保障香港法适用的实现；[5]三是开展诉调对接工作，根据当事人意愿，在诉前或者诉中邀请调解组织开展调解工作，调解成功后由主审法官审查确定调解协议的法律效力。[6]同时，创新调解方式，一方面，当事人和调解员可以通过电子邮件、微信等电子通信方式沟通，开展调解工作，简化程序，提高工作效率，降低交通成本和时间成本。另一方面，设立选用港籍调解员制度，并且针对港籍调解员对内地法律不够熟悉这一情况，建立“内地调解员＋港籍调解员”或“法官＋港籍调解员”的联合调解制度，内地调解员或法官重

---

2 载广东司法厅官网，http：//sft. gd. gov. cn/sfw/news/toutiao/content/post_ 1132471. html，最后访问于2020年10月9日。

3 载深圳蓝海现代法律官网，http：//m. bcisz. icoc. cc，最后访问于2020年10月9日。

4 载中国法院网，https：//www. chinacourt. org/article/detail/2019/11/id/4697254. shtml，最后访问于2020年10月9日。

5 前海法院细化《涉外民事关系法律适用法》，制定了《关于审理民商事案件正确认定涉港因素的裁判指引》。

6 前海法院制定了《诉调对接中心工作规程》《诉调对接调解规则》《诉调对接中心调解员管理办法》等一系列规章制度。

点针对内地当事人开展调解工作，港籍调解员重点对港籍当事人开展工作，提高了涉港案件的调解成功率，建立起以法院为主导的多元化调解制度。

（三）调解和仲裁合作

就大湾区内开展的调解方面的合作而言，2011年，深圳出台的《深圳经济特区前海深港现代服务业合作区条例》规定，鼓励深港调解机构间的合作，引导香港调解机构在前海提供调解服务。2013年，粤港澳商事调解联盟成立，包括深圳国际仲裁院调解中心及其他12家商事调解机构结成调解联盟。2018年，横琴新区国仲民商事调解中心成立，作为珠海横琴首家商事调解机构，[7]推动跨境调解解决跨境纠纷。[8]

大湾区在仲裁方面开展的工作主要包括：一是鼓励引进香港仲裁机构，借鉴先进仲裁制度。[9]二是选择适用香港法和将香港作为仲裁地。[10]三是吸收聘任港澳籍仲裁员。[11]四是创新仲裁机构形式，成立深圳国际仲裁院。深圳国际仲裁院引进国际先进的仲裁规则，一方面，构建了一套完整的、专业的“商会调解+仲裁”“展会调解+仲裁”和“香港调解+SCIA仲裁”多元化争议调解体系。[12]另一方面，提供常用商事合同示范文本、典型案例、仲裁程序咨询等，便利当事人和共享服务。五是整合区域内仲裁资源，成立大湾区仲裁联盟，通过联盟这一平台促进湾区内部仲裁机构之间的交流合作，达到资源共享、优势互补的目的。

二、大湾区法律合作的挑战

大湾区法律合作面临范围狭窄、合作程度较低的问题。由于基本法对港澳司法协助有明确规定，司法合作的重点一直放在司法协助上，所取得的合作成

---

7 《珠海市横琴国仲民商事调解中心正式揭牌》，载新浪网，http：//gd. sina. com. cn/zh/2018-03-08/city-zh-ifxpwyhv9703752. shtml，最后访问于2020年10月9日。

8 邹平学、冯泽华：《改革开放四十年广东在粤港澳法律合作中的实践创新与历史使命》，载《法治社会》2018年第5期。

9 2011年《深圳经济特区前海深港现代服务业合作区条例》规定，为了吸引港澳等外资企业进入前海投资，鼓励在前海引进香港先进的仲裁制度，引导香港仲裁机构进入前海提供仲裁法律服务。

10 2015年广东省政府出台的《实施〈粤港合作框架协议〉2015年重点工作》规定，前海企业可以自由选择将香港作为仲裁地和选择适用香港法解决争议。

11 广州市南沙区劳动人事争议仲裁委员会经批复同意，成为国内首家聘任港澳籍仲裁员的仲裁机构。

12 载深圳国际仲裁院官网，http：//www. sccietac. org/web/doc/view/1. html，最后访问于2020年10月9日。

果也主要集中在司法协助领域，虽然在近两年大湾区的司法合作中，开展了跨境法律服务业方面的合作，但对于大湾区的发展而言仍旧不充分、不足够。我们认为大湾区的法律合作仍存在以下三个方面的挑战亟须解决。

（一）法律冲突多种多样

在大湾区内部不仅存在“一国两制”背景下内地与港澳之间的区际法律冲突，也存在因地方立法权不同导致的广东省九市之间的法律冲突，还存在香港与澳门之间的法律冲突。

就广东省九市之间的法律冲突而言，广州市是广东省省会所在的城市，深圳市和珠海市是经济特区，依照《立法法》第72条享有地方立法权限，佛山市、惠州市、江门市和肇庆市作为设区的市，经广东省人大常委会决定[13]后落实了地方立法权限，东莞市和中山市虽然属于不设区的市，但比照设区的市享有地方立法权。[14]广东省九市均享有地方立法权限，各市的权限大小不完全相同。按照《立法法》第74条规定，深圳市和珠海市作为经济特区，比其他设区的市享有更为广泛的立法权限。而香港和澳门作为特别行政区，按照《香港基本法》第18条和《澳门基本法》第18条规定，立法机关对基本法附件三之外的事项均享有立法权，立法权限显然比广东省九市广泛得多。

正是地方立法权的存在以及立法权限的差异导致在广东省九市之间也产生了地方立法冲突。在研究大湾区区域法律冲突的过程中，我们不应该仅关注广东省九市作为一个整体，作为内地的一部分，与港澳之间产生的法律冲突，还应该关注广东省九市所适用的地方性法规和规章所产生的在广东省九市之间、广东省九市和港澳之间的冲突。这些法律冲突无法协调，会阻碍区域内要素的流动以及合作的开展，不利于大湾区的整体建设。

香港和澳门之间也存在显著的法律冲突，这些法律冲突主要通过司法协助安排的模式解决。港澳之间的司法协助起步较晚，直至2013年才开展，而且仅

---

13 2015年5月《广东省人民代表大会常务委员会关于确定佛山、韶关、梅州、惠州、东莞、中山、江门、湛江、潮州市人民代表大会及其常务委员会开始制定地方性法规的时间的决定》，落实佛山市、惠州市、东莞市、中山市、江门市的地方立法权限。2015年9月《广东省人民代表大会常务委员会关于确定河源、阳江、茂名、肇庆、清远、揭阳市人民代表大会及其常务委员会开始制定地方性法规的时间的决定》（广东省第十二届人民代表大会常务委员会第39号公告），落实肇庆市的地方立法权限。

14 2015年《全国人民代表大会关于修改〈中华人民共和国立法法〉的决定》规定，广东省东莞市、中山市比照适用有关赋予设区的市立法权的有关规定。《广东省地方立法条例》第66条规定，东莞市、中山市依法制定地方性法规，适用本条例有关设区的市行使地方立法权的规定。

就仲裁裁决达成了相互认可和执行的安排，[15] 对于诉讼文书的送达、民商事案件判决的认可与执行都还没达成协商一致的安排。该“安排”规定的生效模式为，香港经立法会修订《仲裁条例》，澳门通过将“安排”文本发布在《澳门特别行政区公报》后，“安排”在双方指定的日期生效。这表明了，双方政府间签订的“安排”在未经过指定的生效程序前，属于效力待定的协议，也体现了法域平等的原则。

（二）合作法律依据模糊

大湾区内开展的跨行政区域法律合作欠缺明确的法律基础。大湾区内11个城市之间的法律合作涉及不同的行政区域，这种跨行政区域的在法律层面开展的政府间的合作没有先例。根据现行宪法和相关法律的规定，我国地方政府仅有权管理区域内的地方性事务，对于跨区域事务是否具有管辖权并没有明确规定，这涉及中央和地方事权的划分问题。而地方政府间建立合作机制，也没有明确的法律授权。此外，地方政府间签订的协议还存在法律效力和法律地位不明确的问题。这种政府间签订的行政协议，是地方政府在区域经济一体化过程中摸索出来的一条新路径，不属于立法法规定的法律渊源，法律地位不明确。并且区域间签订的协议中往往缺乏对于签订主体的权利义务内容的明确规定，因此协议的遵守和落实依赖于地方政府的自觉性。有学者认为，这种跨区域签订的协议性质上可以认为是一种政策行为而非法律行为。[16] 在推进大湾区一体化发展过程中，不仅要解决法律冲突的问题，更要推动跨区域的对于公共事务的管理和合作的开展，如公共交通的建设、环保问题等。对于这种跨区域政府间签订协议的约束力和强制性的缺乏，是深化大湾区合作和推进区域一体化建设的一个重大阻碍。

（三）法律服务业合作失衡

CEPA框架下的法律服务业合作呈现出资源流动的结构性失衡，[17] 港澳法律资源进入内地较多，内地法律资源进入港澳较少，不符合双向交流合作的目标。以香港为例，截至2018年，全国范围内就已有62家香港律所设立的代表处，11家港

15　2013年，香港特区律政司和澳门特区行政法务司签订了《关于香港特别行政区与澳门特别行政区相互认可和执行仲裁裁决的安排》。

16　邹平学、冯泽华：《改革开放四十年广东在粤港澳法律合作中的实践创新与历史使命》，载《法治社会》2018年第5期。

17　郭燕明：《CEPA下粤港律师业合作的“失衡”及其回归》，载《当代港澳研究》2017年第3期。

澳和内地合伙型联营律所。[18]而仅有31家内地律所在香港设立分支机构。[19]

这种现象出现的直接原因是，港澳律所进入内地法律服务市场门槛较内地律所进入港澳法律服务市场门槛低。比如，内地相关法律法规关于香港律所在内地开设代表处，对于设立时间和专职律师的人数没有要求，而内地律所要在香港设立分支机构，则需要满足已设立4年、拥有20人以上的专职律师的要求。究其深层原因，一方面，内地与港澳存在法律制度和法律文化差异，香港属于普通法系，与内地在法律制度和法律适用方面有巨大的差异，内地法律服务从业者对港澳法律不熟悉。且判例法为主的香港法律规则复杂，在香港执业所要求的法律能力和外语能力较高，内地法律服务从业者难以展现竞争优势。另一方面，也与政策导向有关，内地在法律服务市场的合作中，更多的是鼓励港澳法律服务“走进来”的政策，缺乏引导内地法律服务“走出去”的鼓励性政策。CEPA也是着重支持香港法律执业者进入内地市场，对内地法律执业者进入香港市场没有详细规定。此外，香港强调司法独立，对内地法治不够信任，对合作抱有警惕防御心理，采取比较慎重保守的态度。

三、深化法律合作的建议

在大湾区开展法律合作是解决大湾区内部法律冲突、打破制度藩篱、推动生产要素在大湾区内部自由流动的应有之义，也是将大湾区“一国两制”制度差异转变为优势的法宝。为了深化法律合作，我们提出以下建议以推动大湾区的建设。

（一）夯实合作法律基础

要解决在大湾区开展法律合作的法律依据问题，在我国现行法律框架下，修改相关法律当然是最根本、最有效的方式，但面临阻力大、成本高、周期长的问题。有学者提出，可以将粤港澳大湾区内部规划内容以法律的形式确定下来，为合作的开展提供明确的法律依据，并在法律中规定明确的协调机构以协调粤港澳大湾区的法律合作事宜，这一法律可以由全国人大常委会制定，通过后列入基本法附件三，[20]我们认为，专门为大湾区立法并将其纳入基本法附件

18　载中国政府法制信息网，http：//www. moj. gov. cn/government_ public/content/2019 - 03/07/634_ 229827. html，最后访问于2020年10月9日。

19　载香港律师会网站，http：//www. fjt2. net/gate/gb/www. hklawsoc. org. hk/pub_ c/default. asp，最后访问于2020年10月9日。

20　王万里：《从域外经验看粤港澳大湾区的法治统合问题》，载《港澳研究》2018年第3期。

三会面临较大的阻力，而由全国人大常委会对现行法律进行解释，不失为一种可行性和可操作性最强的方式。全国人大常委会可以通过对宪法和港澳基本法的立法精神和立法目的进行解释，从中寻找大湾区法律合作开展的法律依据。[21]在合作条件成熟、合作实践经验丰富时，由全国人大出台相关法律，对大湾区的法律合作的权力范围、主体、合作方式进行规定，提供法律条文依据，并明确为合作而签订的协议的法律地位和法律效力。

（二）推动区域法制协同发展

针对区域内法制不统一的问题，解决区域内法律冲突最终还是要落实到开展立法协调工作上，在立法层面对区域内法制进行协调，同时借鉴示范法的方式推动区域内法制的趋同和统一，从根源上逐步减少以致消除法律冲突。

在统一实体法以及统一区际冲突法出台之前，由立法机关进行协商，达成一致意见后，直接在大湾区内部开展区域协同立法，制定区域范围内施行的统一的法规和规章。“一国两制”制度可以为大湾区区域协同立法的开展提供法理基础。“一国两制”在维持主体秩序性质不变的同时容许例外的合法存在，是其最本质的特点，也是其内在的法理逻辑，这也是“一国两制”最具开创性的地方。开展区域协同立法，推动港澳融入国家的一体化秩序之中，从原本只注重于特别行政区自身的法治发展，逐步过渡到跨行政区的法治发展，进而为我国多元化的单一制注入更丰富的内涵，充实中央与地方之间的制度空隙。[22]至于具体的法律依据问题，建议由全国人大常委会有针对性地以立法的方式来解决，这样既可以解决前述宪法层面存在的冲突，也可以使区域协同立法有法律依据，真正做到依法立法。全国人大常委会解决问题可以有两种方式：一是修改立法法，在其中增加有关区域协同立法的内容；二是授权立法，专门作出一个关于区域协同立法的决定。在解决了区域协同立法的法律依据问题后，再在大湾区开展区域协同立法工作。[23]

借鉴域外国家协调区际法律的示范法的经验，可以在大湾区的法律合作中采取示范法的模式，发挥其作为软法的柔性、容易被多方主体接受的优势，协调区域内的法律冲突和矛盾、指导深化法律合作的开展。参考基本法制定过程中组建起草委员会的方式，应由精通大湾区各法域法律的专家学者组成起草委员会，负责起草大湾区示范法，以保障示范法的质量以及可适用性。对于立法

---

21 叶必丰：《区域经济一体化的法律治理》，载《中国社会科学》2012年第8期。

22 叶一舟：《粤港澳大湾区协同立法机制建设刍议》，载《地方立法研究》2018年第3期。

23 刘松山：《区域协同立法的宪法法律问题》，载《中国法律评论》2019年第4期。

协调的方式和内容，可以分两步走。第一，对于各法域间争议不大的事项，或者在实践中已经逐渐达成一致做法的事项，可以直接开展协商，并制定区域性法律，在各区域内适用。第二，对于争议比较大、难以在短期内达成协商一致的事项，可以采用区域示范法的形式推进立法协调。

（三）拓展法律服务业合作

针对法律服务业合作中存在的问题，需要拓宽法律服务业的合作广度和深度，大湾区的法律服务业合作不应该仅局限于 CEPA 框架之下，应进一步发挥大湾区的制度优势，丰富法律服务合作的内涵和形式。

一是推动大湾区律师业的合作从失衡走向平衡，拓宽法律服务业合作的深度和广度。首先，在大湾区内部，需要通过相关的优惠政策和相关的创新机制，引导广东省律师主动进入香港和澳门法律服务市场。同时，港澳也要逐步降低对内地律师事务所在港澳开展法律业务的准入门槛，直至和内地的准入门槛达到一致，为广东省的法律服务机构进入港澳法律服务市场提供良好的基础和保障。与此同时，广东省法律服务机构也需要提高法律业务水平和法律服务质量，提高内在竞争力，才能开拓港澳法律服务市场并站稳脚跟。其次，三地政府通过协商签订多边合作协议，为多边合作提供良好的规范基础，并形成对等的开放条件。此外，还应通过加强大湾区内部的法官、律师之间的交流，以及法学院在培养学生时注重加强港澳法律的教学等一系列措施加强对港澳法律的了解，为法律服务业的合作打下坚实基础，

二是打造粤港澳大湾区一站式、多元化的商事争端解决中心。大湾区三法域诉讼程序和诉讼制度差异大，以诉讼为主的纠纷解决机制，存在法院压力大、当事人成本高等一系列问题，诉讼并非最高效和最经济的纠纷解决方式，仲裁和调解制度能与诉讼制度形成互补。因此，可以借鉴港澳地区先进的仲裁和调解经验，建立起集诉讼、调解和仲裁为一体的多元化纠纷解决机制，打造一站式的商事争端解决中心。一方面，随着互联网技术的发展，可以探索建设互联网平台，创新纠纷的在线解决方式和渠道，建设在线立案、在线调解、在线司法确认、电子送达为一体的统一电子化信息平台，同时开展互联网远程调解和仲裁，实现跨境调解和仲裁案件的在线解决，节约交通成本，提高调解和仲裁效率。另一方面，要完善纠纷解决机制之间的衔接，首先，要做好纠纷案件的前置分流工作，把尊重当事人意思自治原则与引导选用调解或仲裁方式原则相结合，对特定案件，可以考虑将调解作为诉讼前置程序，引导当事人选择调解方式解决纠纷，同时尊重当事人自主选择纠纷解决方式的权利。其次，重点做好诉调衔接工作，对于采用调解方式解决纠纷的案件，衔接好调解协议的达成

与由法官确认调解协议效力之间的过渡工作，确保调解协议高效发挥法律效力。最后，推动仲裁裁决和调解协议的跨境认可和执行，继续推动仲裁协议和调解协议在大湾区内部的相互认可和执行的司法协助。通过做好全过程的衔接工作，保障纠纷解决过程的顺畅，保障协商成果能够有效实现。

三是推动开展法院司法合作。一方面，要继续推动法律查明制度的建设，将涉港澳的法律查明的司法协助事项提上后续司法协助安排的谈判协商日程，完善相关查明制度和程序，同时继续推进法律查明中心的建设。此外，还要通过开展粤港澳法官之间的交流、引入港澳籍陪审员和设立专门的涉港澳案件审判庭的方式，提高涉港澳案件审判队伍的专业性。另一方面，要促进跨区域法院合作的开展，目前大湾区内已经建立了广州南沙自贸区法院、深圳前海合作区法院、珠海横琴新区法院三个自贸区法院，可以发挥自贸区先试先行的优势，通过三法院的内部协作机制，探索开展范围更广泛的法律合作。出于网络安全考虑，现在内地与港澳地区的互联网共通存在限制，而构建一个共享共通的司法信息平台，可以保障大湾区内司法案件信息的共享，促进案件的高效解决。因此大湾区可以开展试点工作，由国家安全部门协助破除跨境网络共通的技术障碍，建立内部司法信息共享网络平台，实现跨境立案、跨境文书送达、跨境调查取证、跨境庭审等，拓宽司法合作范围，深化司法合作程度。

以上措施，有利于深化大湾区的法律合作，提高大湾区法律合作的深度和广度，推进大湾区的法治建设，提升大湾区的法治环境，实现大湾区建设的战略目标。但大湾区的法治建设是一个漫长的过程，这些措施和建议的具体落实和开展仍会面临许多现实层面的阻力和困难，大湾区法治建设仍在路上。

案例分析

人民法院主持召开线上第一次债权人会议的操作规范

——广州某洲投资有限公司破产清算案

张静怡*

【裁判要旨】

在重大突发公共卫生事件背景下应大力推进网络债权申报及在线召开第一次债权人会议。线上召开第一次债权人会议时，人民法院应在会议召开的各环节作出规范，以保障债权人的知情权、程序参与权、表决权。

【关键词】疫情防控在线庭审第一次债权人会议

【案件索引】

广州市中级人民法院（2020）粤01破1号决定书。

合议庭成员：张妍、丘杰、钟淑敏。

【基本案情】

广州某洲投资有限公司（以下简称某洲公司）成立于2005年，注册资本2.6亿元，是一家以自有资金投资为经营范围的其他有限责任公司。2019年12月因不能清偿到期债务，经债权人提出破产申请，广州市中级人民法院于2019年12月18日裁定受理对某洲公司的破产清算申请。在债权申报期内，共收到42家债权人60笔债权共计14034247120.22元。债权申报期限届满后，新增债权申报1笔，金额为217584288元。2020年1月6日，广州市中级人民法院发出

* 张静怡——广州市中级人民法院广州破产法庭一级法官。

(2020) 粤01破1号决定书，指定广东卓凡律师事务所担任管理人。管理人目前已完成38家债权人所申报的51笔债权审查。2020年3月11日，某洲公司破产清算案第一次债权人会议召开。

【案例注解】

该案是广州破产法庭成立后受理的第一案，债权额巨大，债权人数众多且绝大多数为遍布全国16个省份的国有企业或中央直属企业，债权结构复杂。第一次债权人会议的召开时间恰为新冠肺炎疫情防控关键阶段，经征得债权人同意，人民法院决定以在线形式主持召开了第一次债权人会议，会议未因疫情原因改期或延期举行。债权人应到43名，实到43名，到会率达到100%，得益于扎实的前期准备工作，广州市中级人民法院智慧法院建设的软硬件设施和破产法庭信息化审判的规范制度，对重大突发公共卫生事件中线上方式召开第一次债权人会议具有规范指导意义。

一、会前准备扎实充分

本案中，人民法院与管理人多次召开会议，指导管理人做了较为充分的履职准备，管理人组建了由16名律师、4名实习律师和3名辅助人员的工作团队，并下设综合组、债权审查组、财产调查管理组、主张权利组4个工作组，较为出色地完成了债权审核、财产调查等前期工作。

二、会议流程指引清晰

会前，债权人会议资料应发送至债权人邮箱等有效联系方式，同时上传至广州中院智慧破产审理系统，供债权人查阅和下载。会中，明确在线庭审纪律后，由审判长宣读在线召开第一次债权人会议的注意事项，包括但不限于视频连线人员发表意见和提问的方式、会议材料的下载及阅读、会议结束后的签名及表决方式等，以让债权人知晓变更开会形式后具体事项的操作方法及流程。会后，人民法院应提醒各参会人勿直接退出视频连线，应在线上签名确认后方可退出在线会议。

三、开会形式简便有序

债权人依照事先由管理人录入的债权人信息获得账号及密码；管理人、个人债权人、法定代表人等可通过验证码或生物特征识别等身份验证形式登录，通过“广州微法院”进入线上会议现场，也可以通过广州地方破产案件智慧审理系统“智破”系统进入会议现场，一号一人，确保参会人员的身份认证及参会资格。债权人在人民法院的引导下对管理人的工作报告可以通过视频进行提问和发表意见，法定代表人可以接受询问并在线回应。

四、权利保障合法规范

1. 债权网络申报。由于疫情防控的需要，人民法院积极鼓励已知债权人采用网络申报方式。管理人应协助制作完整的债权申报文书范本，将电子版送达已知债权人，工作邮箱及微信公众号均可作为申报债权确认的有效送达方式。管理人应对电子化材料及时予以审核。

2. 通知变更会议召开方式。本案中，由于债权人数众多，管理人设立了微信公众号并于微信公众号上发布变更第一次债权人会议召开方式的通知和操作流程，以及会议所需材料、案件进展及时发布等，确保债权人的知情权。

3. 会议表决方式灵活可选。人民法院在会议表决环节再次告知债权人对于债权审查意见等表决事项可采取何种表决方式。采取线上和线下相结合表决方式的，应确定管理人已将表决票发送给债权人。在该环节，人民法院还释明：线上表决的可以当场表决，线下表决的应确定一定期限内将表决票提交给管理人。超过规定期限既未提交表决票也未提出异议或诉讼的，管理人将视为无异议。

【相关法条】

《中华人民共和国企业破产法》第62条。

网络购物经营者意思表示的解释规则

——广州某会公司与任某某网络购物合同纠纷案

袁玥　麦应华*

【裁判要旨】

网络购物合同纠纷中，经营者由于自身原因导致其意思表示与真实意思不一致的情况较为普遍。此种情况，一般通过重大误解制度进行处理。但在交易双方均未主张撤销合同时，可以通过对经营者意思表示的解释来确定意思表示的含义，进而确定合意的内容。这也符合“解释优先于撤销”的原则。

法院应综合商品售价、实际发货情况、页面补正行为、历史销售情况、进货成本、同类产品市场价格、是否为“特价秒杀活动”、同类纠纷处理情况等因素以及诚信原则，对经营者意思表示的含义作出解释。

消费者明知页面图文详情有误仍下单购买，并主张经营者错误交付，要求承担违约责任的，因有违意思自治与诚信原则，故法院不应予以支持。

【关键词】意思表示的解释　意思自治　诚实信用

【案件索引】

广州互联网法院（2019）粤 0192 民初 38355 号民事判决书（2020 年 1 月 21 日）。

审判庭成员：袁玥。

---

* 袁玥——广州互联网法院综合审判一庭四级法官；麦应华——广州互联网法院综合审判一庭审判辅助人员。

【基本案情】

2019 年 6 月 18 日，任某某在某会购物平台广州某会电子商务有限公司（以下简称某会公司）自营店铺购买了 4 瓶“雅诗兰黛”品牌护肤品，付款 1596 元。2019 年 6 月 24 日，任某某签收货物。任某某主张其购买的商品为“雅诗兰黛乳霜”，而某会公司交付的产品系“雅诗兰黛精华水”，与“商品详情”页面展示的图片不一致，故某会公司应向任某某交付“雅诗兰黛乳霜”。某会公司主张其出售的商品为“雅诗兰黛精华水”，商品详情页面系错放了“雅诗兰黛乳霜”的图片，故不同意原告的诉讼请求。此外，任某某于 2019 年 6 月 17 日在某会购物平台某会公司自营店铺购买了 12 瓶本案相同产品，付款 4788 元，并于 2019 年 6 月 22 日收货。

【裁判结果】

广州互联网法院于 2020 年 1 月 21 日作出（2019）粤 0192 民初 38355 号民事判决，判决：驳回原告任某某的全部诉讼请求。判决已发生法律效力。

【裁判理由】

法院生效裁判认为：任某某从某会公司自营店铺下单购买商品，双方成立网络购物合同关系。该合同并未违反法律法规的规定，合法有效，双方的权利义务均受法律保护，双方当事人均应当按照约定全面履行自己的义务。某会公司主张已按合同约定发货，任某某则主张货不对版，构成违约。究其实质，双方当事人对案涉合同约定的标的物种类存在分歧。任某某主张某会公司发出要约的标的物为“雅诗兰黛乳霜”，某会公司则主张标的物为“雅诗兰黛精华水”，只是其将商品详情部分错放了另一商品的介绍信息。本案中，案涉商品的标题名称与图文详情展示的商品不一致，商品名称显示规格与产品信息显示规格不一致，订单信息中商品名称与配图不一致，就此，某会公司对案涉合同要约中标的物的真实意思表示为何，成为判断其是否已依约履行合同，是否构成违约的关键。

探究某会公司对案涉合同要约中标的物的真实意思表示，需结合案涉标的物的市场价格、发货行为、补正行为等客观表示行为综合判断。首先，从案涉标的物的市场价格来看，“雅诗兰黛乳霜”的市场售价是“雅诗兰黛精华水”的 3 倍。案涉标的物标示原价 580 元，折后定价 399 元，原价、定价均符合“雅诗兰黛精华水”的市场价格。任某某表示某会公司是一家专门做特卖的网站，其售卖的商品价格与商品正价相差较大，故以399元的价格买到案涉乳霜也属正常。依常理，商家无理由故意标低打折商品的原价，案涉标的物标示的原价与“雅诗兰黛乳霜”的市场价格、某会公司的过往售价差距过大，难以解释为某会公司对“雅诗兰黛乳霜”的打折行为，故对任某某的上述意见，法院不予采纳。其次，从某会公司的发货行为来看。根据某会公司提交的订单后台记录，其是依照商品编号管理订单，编号027131208709对应的货物在后台显示为“雅诗兰黛精华水”，某会公司向任某某交付的商品亦为“雅诗兰黛精华水”。最后，从某会公司的补正行为来看，争议发生后，某会公司已将案涉商品图文详情展示的商品图片全部变更为“雅诗兰黛精华水”产品图片。变更后，该商品页面显示的商品编号与变更前一致，亦再次印证其依照商品编号管理订单的主张。综上，可以认定某会公司对要约中标的物的真实意思表示为“雅诗兰黛精华水”，而非“雅诗兰黛乳霜”。

从消费者的角度，任某某对案涉要约中的标的物亦不存在错误认识，不属于受保护的善意相对人。首先，从任某某的购买数量、次数、用途来看，任某某作为一名男性消费者，在短时间内对案涉商品下单购买两次，共计16瓶。结合护肤品的正常消耗时长、保质期、适用人群等特点，任某某对案涉商品的购买行为超出正常消费需求。其次，从注意义务的角度，任某某分次、大量购入案涉商品，其对商品信息应有较高的注意义务。对商品标题名称、图文详情、市场价格的关注为一般消费者的正常注意范畴，面霜与精华水有市场通用包装规格，两者包装外形、市场价格差异明显，不易混淆，任某某予以必要审慎注意即可知悉某会公司对要约标的物的真实意思是“精华水”而非“面霜”。最后，从任某某的售后维权行为来看，任某某在收到货物后即时与某会客服联系，在聊天中强调商品图文详情及订单配图情况，并在客服作出回复后主动提及配图与文字标题不一致的问题：“你的意思是配图配错了?”“那你怎么不说是你们文字标题弄错了。”结合其大量购买行为，其对案涉商品标题名称与图文详情不匹配的问题应有知悉，并在明知的情况下作出下单付款的承诺行为。结合上述理由，任某某就某会公司对案涉合同标的物的真意应为知悉，其据此作出承诺行为，应视为同意以案涉价格购买“雅诗兰黛精华水”。据此，某会公司向任某某交付“雅诗兰黛精华水”并未违反案涉网络购物合同的约定，任某某请求某会公司交付“雅诗兰黛乳霜”，缺乏合同依据。此外，任某某如认为其系因某会公司错放“雅诗兰黛乳霜”图片于商品详情处导致下单购买“雅诗兰黛精华水”，可依法行使撤销权。现任某某主张某会公司向其交付“雅诗兰黛乳霜”，因某会公司并无以案涉价格出售“雅诗兰黛乳霜”的真实意思，故任某某该主张亦有违民法意思自治的基本原则。因此，对原告关于被告交付“雅诗兰黛乳霜”4瓶的诉讼请求，法院依法予以驳回。鉴于某会公司在庭审中表示同意退货退款，视为其对合同权利的自主支配，任某某如需退货退款，可另行向某会公司主张。

综上所述，任某某要求某会公司交付货物“雅诗兰黛乳霜”的诉讼请求，缺乏事实及法律依据，法院依法予以驳回。

【案例注解】

网络交易中，很多经营者，特别是大型网络交易经营者需要维护的交易页面信息远超同类线下经营者，对交易信息的更新频率也远高于线下经营者，因自身原因导致意思表示与真实意思不一致的情况较为普遍，表现为价格标错、优惠券设置错误、商品名称或者计量单位设置错误、错放商品展示图片等。网络交易的便捷、高效亦导致电子商务经营者稍有不慎，便会产生成千上万的“错误”订单，随之引发大量纠纷。

我国法律已为意思表示错误提供了救济渠道，即重大误解制度。如电子商务经营者的表意错误足以造成相对人误解，则双方均可依法行使撤销权，使双方权利义务恢复至合同订立前的状态：消费者可行使撤销权，要求电子商务经营者退货退款；电子商务经营者可不予发货，并退还相应购物款。但是，重大误解制度并不能完全解决网络交易中的意思表示错误问题，特别是在“误载无害真意”的情形下，人民法院应充分运用意思表示的解释规则认定经营者意思表示的真实含义，从而维护网络交易的稳定，遏制消费者的非善意维权。

本案是电子商务经营者设置于商品详情页面的图片与商品名称不一，导致交易双方对标的物产生分歧而引发的网络购物合同纠纷。交易双方均未主张“重大误解”撤销合同，消费者起诉要求电子商务经营者向其交付商品详情页面展示图片中的产品。本案的关键问题是，如何确定电子商务经营者意思表示的真实含义，为表意错误但不足以造成相对人误解的经营行为提供救济。在对电子商务经营者意思表示进行解释的同时，还应充分考量善意消费者的权益保护，从而体现涉网纠纷的处理对意思自治的尊重以及对诚信价值观的倡导。

一、电子商务经营者意思表示的解释规则

在对意思表示的含义产生争议时，需要对意思表示进行解释，从而明确意思表示的真实含义。对意思表示的解释必须遵循一定的规则。《民法典》第142条规定：“有相对人的意思表示的解释，应当按照所使用的词句，结合相关条款、行为的性质和目的、习惯以及诚信原则，确定意思表示的含义。无相对人的意思表示的解释，不能完全拘泥于所使用的词句，而应当结合相关条款、行为的性质和目的、习惯以及诚信原则，确定行为人的真实意思。”《民法典》第

466条规定："当事人对合同条款的理解有争议的，应当依据本法第一百四十二条第一款的规定，确定争议条款的含义。合同文本采用两种以上文字订立并约定具有同等效力的，对各文本使用的词句推定具有相同含义。各文本使用的词句不一致的，应当根据合同的相关条款、性质、目的以及诚信原则等予以解释。"

上述条文虽明确了意思表示解释规则的若干要素，但具体到某一类合同中，还需根据该类型合同订立模式、履行方式的特征进行具体分析。网络购物合同的订立模式为商家通过网页文本向不特定消费者展示商品的名称、价格、品种、质量、规格、外观等详情信息，有意购买的消费者在浏览相关信息、咨询客服人员后，点击购买、付款，待系统提示订单创建成功后，双方的网络购物合同正式成立。因此，网络购物合同纠纷中对经营者意思表示的解释，应结合销售页面的商品名称、售价、标的物市场价格、发货行为、页面补正行为等客观表示行为以及标的物历史销售情况、前后台订单管理方式、售后服务情况、进货成本、是否为"特价秒杀活动"、同类纠纷处理情况等因素予以判定。其中，商品售价应为最重要的考量因素。

本案中，商品名称为"雅诗兰黛精华水"，"雅诗兰黛乳霜"的市场售价是"雅诗兰黛精华水"的3倍，案涉标的物标示原价580元，折后定价399元，原价与售价均符合"雅诗兰黛精华水"的市场价格。某会公司提交的订单后台记录显示其是依照商品编号管理订单，编号027131208709对应的货物在后台显示为"雅诗兰黛精华水"，某会公司向任某某交付的商品亦为"雅诗兰黛精华水"。争议发生后，某会公司已将案涉商品图文详情展示的商品图片全部变更为"雅诗兰黛精华水"产品图片。据此，可以认定某会公司对要约中标的物的真实意思表示为"雅诗兰黛精华水"，而非"雅诗兰黛乳霜"。将标的物的市场价格、发货行为、前后台订单管理方式、页面补正行为等作为判定经营者真实意思的考虑因素，体现了裁判对网络购物交易习惯的考量。

二、对非善意消费者，适用"误载无害真意"解释规则

在对经营者意思表示解释时，还需要考虑善意消费者的权利保护问题。这主要涉及消费者是否知道经营者真实意思的问题。

虽然经营者的意思表示与其真实意思不一致，但是消费者作为相对人知道或者通过可期待的谨慎可以知道经营者的真实意思，那么就应该认为双方已经就经营者的真实意思达成了合意。其原因就在于，非善意相对人不值得保护。[1]这种在表意错误下，认定双方就真意达成合意，适用"误载无害真意"的解释

1　朱庆育著：《民法总论》，北京大学出版社2013年版，第262页。

规则。

如何认定相对人是否善意，一方面应考察其购买行为、生活需求，另一方面应结合错误的明显、严重程度综合考量。此处的“善意”是指在合同订立时并非明知经营者存在错误。对因“过失”而未知悉错误的相对人，其虽仍为“善意”，亦应自负过失责任。对错误是否达到明显、严重程度的判断应从理性消费者视角出发，结合市场价格、成本等因素进行考量。如错误未达明显、严重程度，一般理性消费者无法从商品网页信息知悉错误存在，裁判时应侧重保护交易安全，对合同文本作出有利于消费者的解释，由表意错误的经营者自负意思表示错误之责任。由于对错误程度进行判断时已将商品成本考虑在内，作此责任划分不会使经营者承担过重损失，不违反公平原则。如错误已达明显、严重程度，消费者通过可期待的谨慎即可知悉经营者的真实意思表示，裁判时则应认定消费者的下单行为是针对经营者的真实意思表示作出的，合同权利义务直接根据经营者的真意认定。

本案中，首先，从原告的购买数量、次数、用途来看，其对案涉商品的购买超出正常的生活需求。其次，结合面霜与精华水包装外形、市场价格的明显差异，原告通过必要的审慎注意即可知悉经营者对要约标的物的真实意思。因此，本案原告不属于善意消费者，其对案涉合同标的物的真意应为知悉，其据此作出承诺行为，应视为同意以案涉价格购买“雅诗兰黛精华水”。此外，原告如认为其系因某会公司错放“雅诗兰黛乳霜”图片于商品详情处导致下单购买“雅诗兰黛精华水”，可依法行使撤销权。现原告要求某会公司向其交付“雅诗兰黛乳霜”，因某会公司并无以案涉价格出售“雅诗兰黛乳霜”的真实意思，故原告该主张有违意思自治原则。

三、注意区分意思表示错误、违约、欺诈等不同情形

网络信息庞大复杂，经营者对网页信息编辑错误时有发生，如不准许经营者纠正其错误表示，恐与意思自治原则有悖。但在司法实践中，亦存在大量本意是以低价限时促销提高销量，后因无力履行合同转而主张“意思表示错误”的情形。更有甚者，部分经营者故意采取低价策略，利用“零点秒杀”“亏本促销”等少量特价活动引流，同时安排“刷手”“刷单”，如善意消费者顺利抢到特价商品，经营者便主张“意思表示错误”不予发货。对此，审判实践中应注意对意思表示错误、违约、欺诈等不同情形的区别处理。

上述情形中，违约属于合同履行问题，与意思表示解释规则无涉，在经营者欲以缔约过失责任替代其违约责任时，如允许经营者据意思表示错误撤销合同，合同的违约条款则无法适用，守约方便无法得到应有的赔偿。此时，对经营者是否存在意思表示错误，应根据经营者要约时的实际履约能力、过往违约记录、涉诉情况等加以判断。裁判时还要区分违约责任和缔约过失责任的不同法律后果。对于无实际履行合同的真实意思，通过设置虚假的交易信息诱使相对人作出承诺的经营者，不得寻求重大误解的制度救济，人民法院可根据案件实际情况向所涉网络购物平台、相关行政部门发出司法建议，对此类不诚信诉讼行为进行规制。如对消费者构成欺诈，还应承担相应的惩罚性赔偿责任。

网络购物合同纠纷通常为小标的纠纷，但所涉皆为民生。意思表示错误本就是民事审判的难点，在与网络远程性、虚拟性、信息不对称性等特点结合，混杂网络空间“刷单”“职业打假”等乱象时，问题更趋复杂。在此类纠纷审判中，应在意思自治与交易安全之间找到平衡点，确保网络交易严格遵循意思自治、公平、诚信原则，维护网络空间清朗有序。

【相关法条】

《中华人民共和国民法典》第142条、第466条；
《中华人民共和国合同法》第125条。

交通事故损害赔偿案件中损伤参与度适用的判断路径

——罗某登、罗某孜等诉叶某光、某产保险股份有限公司广州市分公司机动车交通事故责任纠纷案

徐　琳　王　涵*

【裁判要旨】

随着汽车保有量的高速增长以及人口老龄化趋势的发展，司法实践中出现了大量涉及受害人特殊体质或自身因素的交通事故损害赔偿案件。在审理该类案件的过程中，是否考虑受害人特殊体质或自身因素对损害结果的参与度以及应在何种范围内考虑参与度，对于有效维护受害人合法权益、平衡各方当事人利益以及实现侵权法制度利益意义重大。本案从事故责任与损害赔偿责任的区分、交强险与商业三者险的区分以及具体赔偿项目的区分出发，确定了较为明确的损伤参与度适用的判断路径，对审理同类案件具有一定参考价值。一是交通事故损害赔偿纠纷中，事故责任与损害赔偿责任并非完全对应；二是在计算具体赔偿项目金额时，应考查相关费用的产生是否与交通事故存在直接、密切关联，以确定是否考虑损伤参与度；三是在交强险赔偿责任限额内考虑损伤参与度不仅没有现行法依据，亦不符合交强险之社会公益属性。

【关键词】 损伤参与度　交通事故　特殊体质　因果关系

* 徐琳——广州市中级人民法院审委会委员、涉外商事审判庭庭长、二级高级法官；王涵——广州市中级人民法院涉外商事审判庭法官助理。

【案件索引】

一审：广东省广州市海珠区人民法院（2018）粤0105民初5259号（2019年1月30日）；

二审：广东省广州市中级人民法院（2019）粤01民终9035号（2019年6月11日）。

一审合议庭成员：区伟斌、邓志达、陈丽娥；

二审合议庭成员：徐琳、张明艳、罗毅。

【基本案情】

原告罗某登、罗某孜、罗福某、罗纯某、罗立某、罗满某诉称：2018年1月13日23时15分，被告叶某光驾驶粤A4××××小型轿车沿广州市海珠区广州大道南往北行驶至广州大道南058号灯柱对开路段，追尾碰撞前方行驶中由罗福某驾驶的粤AL××××小型轿车（其中后排中间搭载阳玉某）尾部，造成阳玉某等人受伤及车辆损坏的交通事故。事后，阳玉某被送往南方医科大学中西医结合医院检查治疗，为右肩关节外伤，后回家。2018年1月26日，阳玉某因右肩疼痛伴活动受限到广州市中医医院住院治疗，于2018年2月2日疑是急性肺栓塞抢救无效死亡。2018年3月12日，中山大学法医鉴定中心对阳玉某进行死因鉴定，结果为阳玉某因双侧肺动脉血栓栓塞致死。对方肇事车在被告中国人民某产保险股份有限公司广州市分公司（下称某保广州公司）购买了交强险和第三者责任险。2018年4月10日，交警部门对该起交通事故作出事故认定书，认定叶某光负事故的全部责任。原告请求：（1）某保广州公司在机动车交通事故责任强制保险限额内赔偿原告120000元，并优先赔偿精神损害抚慰金；（2）两被告共同赔偿原告794512.31元，其中广州某保在商业第三者责任险限额内承担责任；（3）各被告承担本案诉讼费。

被告某保广州公司辩称：涉案粤A4××××车在该公司投保了交强险及保额100万元的商业三者险（已购买不计免赔）。本次事故并不是造成阳玉某死亡的直接原因。事故发生后第二天，阳玉某在门诊检查时，医院要求其做手术。两个星期后，阳玉某才住院做手术，病因显示为右肩关节及肩锁关节退行性变。在该两个星期内，是否有其他原因造成阳玉某伤势加重，手术是否与其自身疾病也有关系？且阳玉某是在手术顺利，恢复较好的第三天发生血栓栓塞致死，而肺栓塞是术后并发症，并非必然发生，存在个体差异。因此，为确定本案事故与阳玉某死亡是否存在关联性及参与度，该公司要求进行司法鉴定，并根据鉴定结论来确定是否应承担责任及责任的大小。此外，不同意支付诉讼费；营养费、伙食补助费应在交强险医疗费限额内赔付；医疗费中应扣除 3580.6 元的非医保用药；没有证据证明支出了护理费用，故不同意赔偿护理费；未有医嘱要求加强营养，故不同意赔偿营养费；不同意赔偿丧葬费；原告不能举证证明阳玉某在事发前一年连续居住在城镇，故不能按照城镇标准计付死亡赔偿金；原告未提供劳动合同、社保记录等证明实际的误工情况，故要求计付误工费不应支持；原告也未举证证明支出了交通费、住宿费，故也不同意计付，即使计算其中的住宿费，也只能计算 7 天；事故不是造成阳玉某死亡的直接原因，故不应当赔偿精神损害抚慰金。

被告叶某光辩称：同意某保广州公司的意见。

法院经审理查明：2018 年 1 月 13 日 23 时 15 分，被告叶某光驾驶粤 A4××××小型轿车沿广州市海珠区广州大道南往北行驶至广州大道南 058 号灯柱对开路段，追尾碰撞前方行驶中由原告罗福某驾驶的粤 AL××××小型轿车（其中后排中间搭载阳玉某，1953 年 11 月 12 日出生）尾部，造成阳玉某等人受伤及车辆损坏的交通事故。事后，阳玉某被送往南方医科大学中西医结合医院检查治疗，为右肩关节外伤，后回家。2018 年 1 月 26 日，阳玉某因右肩疼痛伴活动受限到广州市中医医院住院治疗。2018 年 1 月 31 日，医院对阳玉某实施右肩关节镜检+肩袖修补术，手术顺利并安返病房。2018 年 2 月 2 日中午，阳玉某如厕时突然出现头晕，晕倒，神志不清，呼吸气促，唇甲紫绀，即实施抢救，但最终疑因急性肺栓塞抢救无效死亡。阳玉某治疗期间共产生医疗费 35806.01 元。2018 年 3 月 12 日，中山大学法医鉴定中心对阳玉某进行死因鉴定，结果为阳玉某因双侧肺动脉血栓栓塞致死。被告叶某光是粤 A4××××车的登记车主。被告某保广州公司是该车的机动车交通事故责任强制保险和第三者商业险的承保公司。2018 年 4 月 10 日，广州市公安局交通警察支队海珠大队对该起交通事故作出事故认定书，认定叶某光负事故的全部责任。

诉讼中，法院根据某保广州公司的申请，委托中山大学法医鉴定中心鉴定本案交通事故与阳玉某死亡是否有因果关系，参与度是多少。该中心经鉴定后，于 2018 年 11 月 18 日作出鉴定意见书，认为本案交通事故损伤与阳玉某双侧肺动脉血栓栓塞致死存在轻微因果关系（诱因），受害人自身具有发生深静脉血栓形成的高危因素，交通事故损伤在被鉴定人死亡后果中的参与度拟为 5%—15%，参考均值为 12.5%。

原告对该鉴定结论提出异议，认为案涉事故与受害人死亡仅相隔 19 天，死亡时是手术后的第三天，受害人仍在事故受伤治疗期间，整个治疗过程中，并未发现受害人自身有其他疾病。即使受害人自身因素对其死亡有一定的影响，但交通事故是死亡的直接诱因，二者具有连续性和关联性，没有本次交通事故就不会出现受害人死亡的结果。本案中，虽然受害人双下肢静脉血栓形成与自身因素有关，但这并不是侵权责任法等法律规定的过错，事故责任认定受害人对事故的发生及损害后果的造成均无过错，不存在减轻或免除被上诉人赔偿责任的法定情形。因此，对于本案鉴定中的参与度数值不予确认，认为参与度与本案的赔偿没有关联性。被告叶某光、某保广州公司对鉴定结论无异议。

【裁判结果】

广州市海珠区人民法院于2019年1月30日作出（2018）粤0105民初5259号民事判决：一、被告中国人民某产保险股份有限公司广州市分公司在本判决生效之日起十日内赔偿105691.96元给各原告；二、驳回各原告的其他诉讼请求。

宣判后，罗某登、罗某孜、罗福某、罗纯某、罗立某、罗满某提出上诉。广州市中级人民法院于2019年6月11日作出（2019）粤01民终9035号民事判决，认定一审判决认定事实不清，适用法律不当，依法予以改判。二审判决如下：一、维持广东省广州市海珠区人民法院（2018）粤0105民初5259号民事判决第二项；二、变更广东省广州市海珠区人民法院（2018）粤0105民初5259号民事判决第一项为：中国人民某产保险股份有限公司广州市分公司于本判决发生法律效力之日起十日内在交强险责任限额内赔偿罗某登、罗某孜、罗福某、罗纯某、罗立某、罗满某共计120000元；在商业三者险责任限额内赔偿罗某登、罗某孜、罗福某、罗纯某、罗立某、罗满某共计115285.97元。

【裁判理由】

法院生效判决认为：本案的争议焦点为损害赔偿数额的计算是否需要考虑损伤参与度，如需考虑参与度，应在何种范围内予以考虑。

一、本案是否需要考虑交通事故造成的损伤的参与度

在机动车交通事故赔偿案件中，确定赔偿数额时是否考虑损伤参与度需结合案件具体情况分析，并非一概考虑或不考虑损伤参与度。就本案而言，其一，根据事故认定书、门诊病历、入院记录、手术记录、死因鉴定意见书等，案涉交通事故导致受害人右肩外伤，事故发生至受害人死亡相隔19天，其间，受害人于1月14日凌晨即事故发生后不久门诊治疗，未住院，于1月19日再次门诊治疗，1月23日进行MRI检查，1月26日入院治疗，1月31日手术治疗，2月2日由于急性肺栓塞猝死。从事故发生到受害人死亡，时间较长、病情反复、历经多次诊疗且死亡突然。其二，对于中山大学法医鉴定中心就损伤参与度作出的鉴定意见书，经审查，该鉴定中心及其鉴定人具备鉴定资质，鉴定程序合法，且上诉人自身亦确认受害人自身因素对其死亡参与度较高，故采信上述鉴定意见书符合法律规定。根据鉴定意见书的分析说明，交通事故导致的外伤属非致命伤，受伤部位为右肩部，不可能造成下肢血管内皮及其他组织的直接损伤，亦不可能直接造成下肢血流瘀滞，但交通事故损伤及手术损伤可引起血小板凝聚能力增强，诱发血液凝固性增加，从而间接促进下肢血栓的形成，受害人自身具有发生深静脉血栓形成的高危因素。最终形成的鉴定意见认为，交通事故损伤与受害人死亡存在轻微因果关系（诱因），参与度拟为5%—15%，参考均值为12.5%。综上所述，交通事故损伤并非导致受害人死亡的直接、必然、主要因素，仅是间接促进下肢血栓形成的可能因素，与死亡因果关系轻微。且自身因素固然不是受害人的过错，但也并非侵权人的过错，此种情形下，要求侵权人对死亡结果承担全部赔偿责任将过分加重侵权人责任，显失公平，故本案中应对损伤参与度予以适当考虑。

二、在何种范围内考虑损伤参与度

关于在何种范围内考虑损伤参与度涉及两个层面的问题：（1）是否所有赔偿项目均需考虑参与度；（2）交强险与商业三者险范围内的赔偿责任是否均需考虑参与度。针对第一个问题，二审法院认为，因受害人死亡而产生的相关损失需要考虑参与度，本案中，该类损失包括死亡赔偿金、丧葬费、精神损害抚慰金及家属误工费、交通费、住宿费，其余各项损失（医疗费、住院伙食补助费、护理费、营养费）与死亡结果并无关联，不应考虑参与度。就第二个问题，二审法院认为，根据《道路交通安全法》第76条的规定，机动车发生交通事故造成人身伤亡、财产损失的，由保险公司在交强险责任限额范围内予以赔偿。交强险立法并未规定在确定交强险责任时应依据受害人体质状况对损害后果的影响作相应扣减，保险公司的免责事由也仅限于受害人故意造成交通事故的情形，即便机动车一方无责，对于受害人符合法律规定的赔偿项目和标准的损失，保险公司也应在交强险无责限额内予以赔偿。因此，参照损伤参与度确定交强险限额内的赔偿责任没有法律依据，也不符合交强险的社会公共利益属性。一审法院对所有赔偿项目及所涉险种均参照损伤参与度计算赔偿金额不当，二审法院予以纠正。

【案例注解】

在交通事故损害赔偿案件中，如本案一样涉及受害人特殊体质的案件不在少数，如何确定此类案件中受害人、侵权人和保险公司之间的民事赔偿责任，一直存在着原因力说和“蛋壳脑袋规则”之争，裁判尺度多有不一。原因力说使人诟病的地方在于，若一律由受害人负担其特殊体质引发的风险，会限制其行为自由，妨碍其参与社会生活的权利。而“蛋壳脑袋规则”的问题在于对弱势一方权益的过度倾斜保护会过分挤压另一方在特定领域的行为自由。本案以损伤参与度的考虑与否作为判断的出发点，在两种理论争议中寻找维护各方当事人利益平衡和确保倾斜保护适度的契合点，以期实现个案的妥善处理，亦希望对厘清此类交通事故损害赔偿案件的审理思路有所裨益。

一、考虑损伤参与度的合理性

损伤参与度通常被定义为侵权行为在损害后果中介入的程度或所起作用的大小，可以通过专业鉴定机构进行评估和量化。在交通事故与受害人特殊体质均为损害后果责任成立原因的情况下，损伤参与度对于认定事故与损害之间的责任承担因果关系颇为关键。但是，损伤参与度在真正意义上并不仅仅涉及因果关系的问题，而是涉及考察界限，即以公平的方式推定引发条件的主体就相关后果承担责任的界限，有助于审判人员在实际案件的处理中明确法律价值取向，保证责任分配的公平公正。

二、交强险责任限额内不考虑损伤参与度

根据《道路交通安全法》《机动车交通事故责任强制保险条例》等法律法规的规定，机动车发生交通事故造成人身伤亡、财产损失的，由保险公司在交强险责任限额范围内予以赔偿。交强险的首要功能是保障机动车道路交通事故受害人依法得到赔偿，并未提及交强险对被保险人的风险分散功能。交强险相关立法并未规定在确定交强险责任时应依据受害人特殊体质对损害后果的影响作相应扣减，即便机动车一方无责，对于受害人符合法律规定的赔偿项目和标准的损失，保险公司也应在交强险无责限额内予以赔偿。受害人特殊显然非受害人之过错，特殊体质受害人较常人往往承担更多不幸，有些特殊体质亦是老龄化的必然趋势。在交强险责任限额内减轻保险公司的赔偿责任，不符合交强险的社会公共利益属性，与现行法律精神相悖。

三、以损伤参与度的高低为参考确定损害赔偿责任的承担

在讨论特殊体质受害人的损害赔偿问题时不能脱离受害人特殊体质的定性，应当充分考虑到受害人的特殊体质在事故发生前是否足以对其生活、工作、社会活动能力产生影响，以及作为原因之一的交通事故是否一般会增加或便利损害后果出现的可能性，确定是否可以减轻侵权人的损害赔偿责任。在事故损伤参与度较高的情况下，受害人的特殊体质在事故前一般不会对其生活、工作、社会活动能力产生影响，事故与损害结果之间存在相当程度的因果关系，如果保护特殊体质受害人的利益，那么侵权责任法的制度利益和社会公共利益也得

到了保护。在损伤参与度较低的情况下，尤其是事故对损害结果的产生仅具有轻微因果关系的情况下，如要求侵权人承担全部赔偿责任，不甚公平。对超出交强险部分考虑损伤参与度，既有利于明确侵权责任的目的，预防和制裁侵权行为，也可以更好地平衡受害人和侵权人之间的利益以及个体利益和社会公共利益。

四、具体赔偿项目金额的确定是否考虑损伤参与度需逐一考查

在考虑损伤参与度的情况下，并非意味着每一赔偿项目金额的确定均需参考损伤参与度。如相关费用的支出与损害结果没有关联，而与交通事故存在直接、密切的关联，则不应考虑损伤参与度。如本案中的医疗费、住院伙食补助费、护理费、营养费等费用的产生与交通事故存在直接相关关系，是受害人因交通事故而支出的必要费用，故不应当考虑损伤参与度。而死亡赔偿金、丧葬费、精神损害抚慰金等费用因受害人死亡而产生，在计算时则应考虑损伤参与度。

【相关法条】

《中华人民共和国道路交通安全法》第76条；

《最高人民法院关于审理道路交通事故损害赔偿案件适用法律若干问题的解释》第16条；

《机动车交通事故责任强制保险条例》第1条。

境外实际出资人的投资权益应依法得到平等保护

——赖某妹与广州市某水厂、蔡某如等股东资格确认纠纷案

陈舒舒　叶汉杰*

【裁判要旨】

境外实际出资人委托内地居民代持企业股份而签订的授权委托书，如无《合同法》第52条规定的无效情形，应属于有效合同，双方当事人应依合同履行。委托人有权随时解除与受托人之间的委托合同，合同解除后，受托人应协助委托人办理股份移交手续。

股份系种类物而非特定物，虽然受托人将其名下本属于委托人的2%的股份当作第三人的股份对外转让，但因某水厂另一股东名下仍有2%股份为受托人代第三人持有，为使委托人的合法权益得到及时救济，委托人有权在授权委托书解除后要求受托人协助其将上述2%股份进行移交。

企业章程虽规定股东向股东以外的人转让其出资时，必须经全体股东超过三分之二的同意。但是本案实际持股的股东因权利受到侵害而要求变更代持人，并不属于向股东以外的人转让其出资，因此企业以违反章程为由不同意实际持股股东变更代持人理据不足。

【关键词】境外　代持　撤销　股份　种类物

* 陈舒舒——广州市中级人民法院金融审判庭副庭长、三级高级法官；叶汉杰——广州市天河区人民法院综合审判庭审判员、二级法官，在广州市中级人民法院金融审判庭挂职。

【案件索引】

广州市中级人民法院（2018）粤01民终13429号民事判决书（2019年6月24日）。

审判庭成员：陈舒舒、徐玉宝、王碧玉。

【基本案情】

2009年10月，两香港居民赖某妹与蔡某明签订《购买某水厂股份协议》，合作购买水厂40%股份，随后二者从水厂原股东处取得相应股份。2011年7月，赖某妹委托内地居民蔡某如代其持水厂21%股份，蔡某明在授权委托书签名见证。由于蔡某如同时代其他股东持股，故其持水厂股份达到79%。2013年1月，邓某青向蔡某如收购水厂60%股份，由于蔡某如未及时变更股权登记，邓某青于2014年11月20日向人民法院起诉请求将蔡某如占水厂79%股份中的60%股份登记于其名下，该案判决支持了邓某青的诉请，随后各方主体办理了股权变更登记。2015年9月，赖某妹因蔡某如向邓某青转让股份一事，与蔡某如、蔡某明等发生股权争议，遂撤销对蔡某如的授权。2016年7月，赖某妹另行委托钟某莲代持上述水厂21%股份，因蔡某如、蔡某明以及水厂等均不配合，赖某妹遂起诉蔡某如等立即为赖某妹办理21%股份的工商变更登记手续，将登记在蔡某如名下的21%股份变更登记至钟某莲名下。

【裁判结果】

广州市中级人民法院于2019年6月24日作出（2018）粤01民终13429号民事判决，判决：一、撤销广东省广州市白云区人民法院（2016）粤0111民初10010号民事判决；二、蔡某如等为赖某妹办理工商变更登记手续，将登记在蔡某如名下的19%的股份份额变更登记至钟某莲名下；三、蔡某汉等为赖某妹办理工商变更登记手续，将登记在蔡某汉名下的2%的股份份额变更登记至钟某莲名下。

【裁判理由】

法院生效裁判认为：据另案判决查明的相关事实，赖某妹实际持有某水厂21%的股份，并由蔡某如代为持有。现登记在蔡某汉名下的3%的股份中有2%为蔡某如代蔡某明所有；而蔡某如名下79%的股份中，除去代案外人持有的

25%的股份、代赖某妹持有的21%的股份，剩下仅有33%的股份系代蔡某明持有。

蔡某如违背其与赖某妹签订的多份授权委托书中的约定和承诺，未尽受托人的审慎注意义务，混同蔡某明和赖某妹的股份份额，代蔡某明向邓某青转让35%的股份，侵害了赖某妹2%的股份。赖某妹作为委托人，在其合法权益受到侵害时，依法有权随时撤销对蔡某如的授权。现蔡某如已签收赖某妹发出的《撤销委托告知函》。双方的委托关系至此解除，赖某妹据此要求蔡某如返还代持的股份合理合法。

但是，现另案民事判决已经发生法律效力，邓某青有权依照该判决获得蔡某如名下60%的股份。如此一来，蔡某如名下可供处分的股份仅余19%。赖某妹要求将蔡某如名下21%的股份全部转让给其指定的代持人显然没有法律和事实依据，也与生效判决的处理结果相矛盾。然而股份系种类物而非特定物，虽然蔡某如将其名下本属于赖某妹的2%的股份当作蔡某明的股份转让给邓某青，但是如前所述，蔡某汉名下仍有2%的股份为蔡某如代蔡某明所有。因此，从本案客观情况来看，为使得赖某妹的合法权益得到及时救济，蔡某如应将其所持有的19%的股份返还给赖某妹，蔡某汉也应将其名下已转让给蔡某如但还未办理过户的2%的股份返还给赖某妹。

某水厂的章程虽规定股东向股东以外的人转让其出资时，必须经全体股东超过三分之二的同意；但是，本案实际情况是作为某水厂实际持股21%的股东赖某妹因权利受到侵害而要求变更代持人，并不属于向股东以外的人转让其出资。因此，某水厂、蔡某明、蔡某如以违反水厂章程为由，不同意赖某妹的变更要求理据不足。现某水厂的登记股东中，除有直接利害关系的蔡某如、蔡某汉、邓某青不同意赖某妹变更代持人外，其余股东均表示同意，受托人钟某莲也到庭表示同意接受委托并确认其仅是名义股东、股东所有权利均由赖某妹享有，二审法院依法支持赖某妹变更代持人的诉求。

【案例注解】

本案争议双方均有香港居民，因水厂股份产生的纠纷有一定历史原因，由于水厂是股份合作制企业，而非外商投资企业，故作为香港居民的赖某妹无法成为登记股东。但赖某妹确实是水厂的实际投资人，故其合法权益应当受到法律的保护。本案中，由于蔡某如在将股份转让给邓某青后，剩余持有股份已经不足21%，故赖某妹的诉请在客观上与另案生效判决存在冲突，但如果仅支持赖某妹的部分诉请，无法及时救济股东权利。本案作进一步审查，查明水厂另一股东蔡某汉亦代持蔡某明的股份，故为一次性解决双方争议，一同判决将蔡某如剩余的19%股份及蔡某汉的2%股份转移登记至赖某妹的代理人钟某莲名下。本案不拘泥于客观实际情况，为平等保护各方主体权益，创造性地审查水厂股权真实架构，从根本上解决了双方的争议，营造了湾区良好的投资环境，向社会传递强烈信号，无论基于何种历史原因，只要合法投资权益受到侵害均能得到法律的保护。妥善处理同类案件需要注意以下要点。

一、正确认定境外实际股东委托内地股东代为持股协议的效力

现实中，因境外投资者无法成为非外商投资企业的股东，境外投资者经常与内地公民或公司签订代持股协议，约定由境外投资者实际出资，由内地股东进行名义持股。因该代持股协议发生纠纷，名义股东经常质疑该代持股协议的效力。

《最高人民法院关于审理外商投资企业纠纷案件若干问题的规定（一）》第15条第1款规定："合同约定一方实际投资、另一方作为外商投资企业名义股东，不具有法律、行政法规规定的无效情形的，人民法院应认定该合同有效。一方当事人仅以未经外商投资企业审批机关批准为由主张该合同无效或者未生效的，人民法院不予支持。"《最高人民法院关于适用〈中华人民共和国公司法〉若干问题的规定（三）》第24条第1款规定："有限责任公司的实际出资人与名义出资人订立合同，约定由实际出资人出资并享有投资权益，以名义出资人为名义股东，实际出资人与名义股东对该合同效力发生争议的，如无合同法第五十二条规定的情形，人民法院应当认定该合同有效。"参照上述规定，法院审查该代持股协议的效力应注意以下几点：第一，在没有出现《合同法》第52条（《民法典》第153—154条）规定的合同无效情形时，应认定该代持股协议有效，境外投资者的实际股权权益应得到保护。第二，虽然该代持股协议未经外商投资企业审批机关批准，但因要经审批机关批准并非效力性强制性规定，因此法院不能以该代持股协议未经外商投资企业审批机关批准为由认定该合同无效或者未生效。第三，关于实际出资人是否享有权利应审查其是否实际履行出资义务，名义股东以公司股东名册记载、公司登记为由否认实际出资人权利的，法院不予支持。

二、名义股东在实际出资人解除代持股协议后应配合实际出资人变更股份登记

代持股协议本质为委托合同。《民法典》第933条规定："委托人或者受托人可以随时解除委托合同。因解除合同造成对方损失的，除不可归责于该当事人的事由外，无偿委托合同的解除方应当赔偿因解除时间不当造成的直接损失，有偿委托合同的解除方应当赔偿对方的直接损失和合同履行后可以获得的利益。"根据上述法律规定，实际出资人有权随时解除与受托人之间的代持股协议，受托人收到解除委托通知之日即发生法律效力，双方之间委托合同予以解除。合同解除后，名义股东作为受托人应协助实际出资人办理股份移交手续。但是上述股份移交手续不能违反股份登记的行政规定要求，如本案某水厂是股份合作制企业，而非外商投资企业，故作为香港居民的赖某妹无法成为登记股东。但赖某妹确实是水厂的实际投资人，故其有权要求蔡某如在委托持股协议解除后协助其将股份转移登记至指定的内地公民钟某莲名下。

三、根据股份的种类物特性妥善保护实际投资人的权益

股份系种类物而非特定物，本案代持人蔡某如混同蔡某明和赖某妹的股份份额，代蔡某明向邓某青转让35%的股份，侵害了赖某妹2%的股份。且根据另案民事判决，邓某青有权依照该判决获得蔡某如名下60%的股份。根据生效判决，蔡某如名下可供处分的股份仅余19%，赖某妹要求将蔡某如名下21%的股份全部转让给其指定的代持人显然没有法律和事实依据，也与生效判决的处理结果相矛盾。如果机械地认为因蔡某如名下可供处分的股份仅余19%，因此只能要求将蔡某如转移其名下19%的股份显然无法妥善保护实际出资人的权益。但考虑到股份的种类物特性，因为蔡某汉名下仍有2%的股份为蔡某如代蔡某明所有。在蔡某如已经将实际属于赖某妹的2%的股份作为蔡某明的股份对外转让的情况下，为妥善保护实际出资人的权益，应当穿透性地认为实际出资人可要求蔡某如将其代蔡某明持有的2%的股份进行替代返还，该处理既不会与生效判决冲突，也实现了对实际出资人的平等保护。

四、实际出资人变更代持人不应认定为对外转让股份

实际出资人本已委托名义股东进行名义持股，该股份实际是归实际出资人享有。实际出资人如认为名义股东损害其权益可解除代持股协议，要求名义股东配合其向指定人转让股份。该转让虽然形式上为向他人转让股份，但事实上实际出资人并未变更，因此不应认定为对外转让股份。企业或者名义股东以变更名义股东属于对外转让股份，违反企业章程有关对外转让股份的规定为由不予配合实际出资人有关转移股份的要求，法院不予支持。

【相关法条】

《中华人民共和国合同法》第410条；

《中华人民共和国民法典》第933条；

《最高人民法院关于适用〈中华人民共和国公司法〉若干问题的规定(三)》第24条；

《最高人民法院关于审理外商投资企业纠纷案件若干问题的规定（一)》第15条。

刑事附带民事公益诉讼中能否适用惩罚性赔偿

——谢某香与曾某生产、销售有毒有害食品案

吴英杰　汪正宇*

【裁判要旨】

惩罚性赔偿具有公正、效率、社会等方面的特殊价值，适用于刑事附带民事公益诉讼，能够预防行为人以过低犯罪成本侵害公共利益，增强法律威慑效能。作为公益诉讼起诉人的人民检察院，能够最大限度地保护众多消费者合法权益，有利于实现保障食品药品安全、发展食品药品文化等公益诉讼目标。人民检察院对食品药品安全领域的犯罪行为提起刑事公诉时，一并提起附带民事公益诉讼，主张惩罚性赔偿的，人民法院经审查事实与证据，符合惩罚性赔偿条款适用条件的，予以支持。

【关键词】凉茶经营　惩罚性赔偿　食品药品安全　刑事附带民事公益诉讼

【案件索引】

一审：广东省广州市白云区人民法院（2019）粤0111刑初2769号刑事附带民事判决书；

二审：广东省广州市中级人民法院（2020）粤01刑终746号刑事附带民事裁定书。

---

* 吴英杰——广东省广州市中级人民法院刑二庭法官助理；汪正宇——广东省广州市中级人民法院办公室综合科法官助理。

一审合议庭成员：柯学、周丽萍、冯爱芬；

二审合议庭成员：徐建军、梁敏、边龙。

【基本案情】

2018年年初，被告谢某香开始在本市白云区长红竹仔园街经营正顺凉茶行，后被告谢某香纠集被告曾某，在该凉茶行经营期间，违法在所出售的凉茶内添加药品粉末。直至2019年5月7日被查获。经鉴定，被告谢某香、曾某在上述所生产的凉茶中，对乙酰氨基酚、马来酸氯苯那敏、醋酸地塞米松等成分不符合要求，检验结论为不合格。2019年12月13日，广州市白云区人民法院作出（2019）粤0111刑初2769号刑事判决书，认定被告人谢某香犯生产、销售有毒、有害食品罪，判处有期徒刑九个月，缓刑一年，并处罚金10000元；被告人曾某犯生产、销售有毒、有害食品罪，判处有期徒刑七个月二十天，并处罚金2000元。

诉讼中，公益诉讼起诉人主张被告谢某香从2018年年初至2019年5月初进行销售，共计480天（30天×16个月），被告曾某参与销售2个月共计60天。按每天至少销售涉案凉茶10瓶，每瓶售价7元计算，谢某香销售的总价款为33600元（7元×10瓶×480天），曾某参与销售的总价款为4200元。对此，公益诉讼起诉人出示了检测报告，被告谢某香、曾某在公安机关的供述予以证实。其中被告谢某香于2019年5月7日在公安机关供述：感冒茶、止咳茶、咽喉茶的价格是7元，口腔茶的价格是8元，正常每天能销售40瓶左右，咽喉茶、口腔茶每天能卖10瓶左右。被告曾某于2019年5月7日在公安机关供述：正常每天能销售40瓶左右，但有时只销售10多瓶。5月24日供述：大概每天多的时候能卖二三十瓶，少的也有10来瓶。经质证，被告谢某香对上述证据的真实性予以确认，但认为其是从2018年年初开始经营凉茶店，却并不能证明其是在2018年年初开始销售带有药粉的凉茶。被告曾某认为根据鉴定意见，销售时间应该为2019年3月27日至同年5月7日，没有证据表明2019年3月27日之前曾销售含药粉的凉茶。

被告谢某香主张从2019年二三月左右才开始在凉茶中添加药粉，但未提供证据证实。

以上事实，有公告、身份信息资料、询问笔录、讯问笔录、搜查笔录、认定意见书、检测报告、刑事案卷材料及当事人陈述等证据证实。

原审判决据此认为，被告谢某香经营正顺凉茶行期间，纠集被告曾某在所出售的凉茶内添加药品粉末并向不特定的消费者出售，违反《食品安全法》的规定。被告谢某香从2018年年初开始经营正顺凉茶行，至2019年5月7日被查获，被告曾某参与了2个月的生产和销售，应就其参与生产和销售期间的价款与被告谢某香承担连带责任。

【裁判结果】

广东省广州市白云区人民法院判决如下：一、自本判决生效之日起10日内，被告谢某香支付销售不符合食品安全标准食品的赔偿金共336000元，该款项向广州市白云区财政代管公益诉讼专项资金项目缴纳。二、被告曾某在42000元范围内对上述判决第一项承担连带责任。三、于本判决生效之日起90日内，被告谢某香在省级以上媒体就生产、销售不符合食品安全标准食品的事实向消费者道歉（内容需经本院审核）；如逾期不履行上述义务，则本院将在《人民法院报》刊登本判决主要内容，费用由被告谢某香承担。如果未按本判决指定的期间履行给付金钱义务，应当依照《民事诉讼法》第253条之规定，加倍支付迟延履行期间的债务利息。

宣判后，一审被告人暨附带民事公益诉讼被告谢某香对附带民事公益诉讼判决部分提起上诉，认为：（1）被上诉人无客观证据证明上诉人销售了有毒有害凉茶的数量为4800瓶，向上诉人主张336000元的赔偿款无事实依据。（2）本案为公益诉讼，被上诉人主张的“惩罚性赔偿”无法律依据。

广东省广州市中级人民法院于2020年6月12日作出（2020）粤01刑终746号刑事附带民事裁定书，认为上诉人谢某香经营正顺凉茶行期间，纠集原审被告曾某在所出售的凉茶内添加药品粉末并向不特定的消费者出售，违反《食品安全法》的规定。原审被告曾某应就其参与生产和销售期间的价款与上诉人谢某香承担连带责任。一审刑事附带民事判决认定的事实清楚，证据确实、充分，适用法律正确，审判程序合法，判决符合法律规定，依法应予维持。上诉人谢某香提出的上诉意见与查明的事实和法律规定不符，理据不足，不予采纳。裁定：驳回上诉，维持原判。

【裁判理由】

一、关于上诉人谢某香的民事赔偿责任

上诉人谢某香与原审被告曾某在公安机关侦查期间的供述，能够相互佐证，证明谢某香从2018年年初开始经营正顺凉茶行，每天至少销售涉案凉茶10瓶。鉴定机构出具的检测报告，证明谢某香、曾某在上述所生产的凉茶中，存在不符合要求的成分，检验结论为不合格。上诉人谢某香辩称其不是在经营之初就往凉茶中添加药粉，但无证据予以证实。谢某香、曾某生产、销售有毒、有害

食品罪的事实清楚，证据充分。被上诉人广州市白云区人民检察院认为上诉人谢某香从 2018 年年初至 2019 年 5 月初进行销售涉案凉茶，主张 336000 元的赔偿款，并无不当。

二、关于本案的惩罚性赔偿诉讼请求

《食品安全法》第 148 条第 2 款规定，生产不符合食品安全标准的食品或者经营明知是不符合食品安全标准的食品，消费者除要求赔偿损失外，还可以向生产者或者经营者要求支付价款 10 倍或者损失 3 倍的赔偿金；增加赔偿的金额不足 1000 元的，为 1000 元。但是，食品的标签、说明书存在不影响食品安全且不会对消费者造成误导的瑕疵的除外。《最高人民法院关于审理食品药品纠纷案件适用法律若干问题的规定》第 15 条规定，生产不符合安全标准的食品或者销售明知是不符合安全标准的食品，消费者除要求赔偿损失外，向生产者、销售者主张支付价款 10 倍赔偿金或者依照法律规定的其他赔偿标准要求赔偿的，人民法院应予支持。

上述法律规定表明，销售者销售不符合安全标准的食品的，消费者可主张惩罚性赔偿。上诉人谢某香与原审被告曾某生产、销售不符合食品安全要求的凉茶，未尽到食品安全保障义务，应承担相应的法律责任。被上诉人广州市白云区人民检察院作为公益诉讼起诉人，是国家为了保障社会公共利益而赋予检察机关诉权的诉讼参与人。尽管《最高人民法院关于审理消费民事公益诉讼案件适用法律若干问题的解释》没有直接规定检察机关可以在诉求中提出惩罚性赔偿，但基于维护社会公共利益的原则，以及惩罚性赔偿制度具有公正、效率、社会等方面特殊价值来看，并不排斥检察机关主张惩罚性赔偿。检察机关提起附带民事公益诉讼能够最大限度保护众多消费者合法权益，是公权对公益的保护。因此，被上诉人广州市白云区检察院主张上诉人谢某香和原审被告曾某依法承担惩罚性赔偿，予以支持。

【案例注解】

在检察机关提起的食品药品安全刑事附带民事公益诉讼案件中能否适用惩罚性赔偿，是本案关键的法律适用问题。

一、“等”字引发的实务分歧

（一）法条溯源

刑事附带民事公益诉讼是刑事附带民事诉讼和民事公益诉讼的结合，检察机关应在民事公益诉讼的框架内行使诉权。《最高人民法院关于审理消费民事公益诉讼案件适用法律若干问题的解释》第 13 条规定，消费公益诉讼诉求承担民事责任的范围是“停止侵害、排除妨碍、消除危险、赔礼道歉等”，法条并没有明确将惩罚性赔偿纳入，只用了“等”字兜底。因此，能否对法条作等外等解释，对危害食品安全案件的被告人适用惩罚性赔偿成为实务中的一大分歧。

（二）基于严格的法定主义——不应适用惩罚性赔偿

以广东省消费者委员会诉李某等人消费民事公益诉讼一案为例。被告李某等人生产、销售病死猪肉，广东省消费者委员会向深圳市中级人民法院提起公益诉讼，请求依据《食品安全法》第148条第2款的规定，对李某等人处以价款10倍的惩罚性损害赔偿。深圳中院未支持广东省消费者委员会的诉请。[1]理由主要有两点：一是法律依据不足，如前所述，原告援引的《最高人民法院关于审理消费民事公益诉讼案件适用法律若干问题的解释》第13条没有明确惩罚性赔偿这一责任种类；二是主体不适格，根据原告援引的《食品安全法》第148条第2款，仅可以确定请求惩罚性赔偿的主体是消费者，并且赔偿金数额的参考基数是“价款”或“损失”，原告广东省消费者委员会既没有实际购买行为，也没有任何实际损失，无法直接参照适用食品安全法。不难看出，实务中遵守严格的法定主义会从主体资格和法律依据上完全排除惩罚性赔偿。

还有一种否定观点认为，赔偿金归属何处、如何管理，目前仍处于立法真空、制度空白。在配套机制不健全的状态下，盲目扩张赔偿责任反而成为执行程序的负担。

（三）基于消费者权益保护的替代性与补充性——应当适用惩罚性赔偿

以广州市人民检察院诉刘某消费民事公益诉讼一案为例。刘某生产、销售假冒伪劣食盐，广州市人民检察院向广州市中级人民法院提起公益诉讼，请求判令被告刘某支付其生产、销售的假冒伪劣食盐价款10倍的赔偿金。广州市中级人民法院认为：“即使没有消费者起诉刘某，依法也不能免除其犯罪行为所应承担的民事侵权责任。消费民事公益诉讼具有替代性和补充性，是为了保护众多不特定消费者的合法权益，同时避免消费侵权者的民事侵权责任落空。”[1]对被告人处以罚金刑的同时适用惩罚性赔偿，是不是苛加双重责任？广州市中级人民法院在该案中的司法回应是：将刘某被判处的罚金从惩罚性赔偿金中扣除。

本案认同适用惩罚性赔偿的实务观点。从诉讼主体来看，检察机关作为公益诉讼起诉人，是代位行使公共利益代表的诉讼权益，其诉讼目的均是一致指向食品药品安全的公共利益。承担惩治犯罪行为的检察机关提起惩罚性赔偿，诉讼能力强，也更能有效维护众多消费者合法权益，弥补公共利益的损害。从制度设置来看，检察机关在食品药品安全领域的犯罪行为提起刑事公诉时，一

1 参见深圳市中级人民法院（2017）粤03民初547号民事判决书。

1 参见广州市中级人民法院（2017）粤01民初383号民事判决书。

并提起附带民事公益诉讼，其主张的惩罚性赔偿是针对恢复受损公共利益的，预防行为人以过低的违法成本侵害公共利益，具备威慑犯罪的功能表征。本案判处的惩罚性赔偿缴纳至广州市白云区财政代管公益诉讼专项资金项目，反映出刑事附带民事公益诉讼的惩罚性赔偿诉求有别于消费者提起的私益诉讼。

二、本案适用惩罚性赔偿的再考量

（一）公共利益与特定主体民事权益的包容

从检察机关提起民事公益诉讼的初衷来看，只有在消费者委员会或其他组织不提起公益诉讼的情况下，检察机关才进行补位。检察公益诉讼以不特定主体的公共利益为保护目标，弥补侵害公共利益的治理漏洞或救济空白，发挥司法维护公益的效能。虽然现行法律只规定了民事特定主体之间（消费者与经营者、生产者）的侵权纠纷可以适用惩罚性赔偿，但民事个体、特定主体的权利与公共利益是相互包含的，并在一定条件下相互转化，二者并不是相互排斥或对立的矛盾关系。检察机关作为提起公益诉讼的主体，具有对不特定主体的抽象概括性，参照《食品安全法》适用惩罚性赔偿，正是实现公益诉讼目标的方式。

（二）违法成本与获利价值的悬殊

食品药品安全领域发生的侵权事件往往发生在一碗一盏之间，就本案来说，消费者饮用一瓶或一小杯凉茶可能不会有强烈不适或难以将自身不适与凉茶质量联系起来，即便察觉凉茶有质量问题，但没有妥善保管购物小票、残余凉茶等证据，基于对举证、起诉消耗的时间、金钱成本的衡量，起诉违法行为的激励不足，可能提起诉讼的只是众多受害者中的少数。相较之下，违法经营者违法成本大大降低，获利变得更加容易。适用惩罚性赔偿，增加违法成本，才能有效遏止不法售卖行为。

三、本案对食品药品安全领域其他问题的回应

审理食品药品安全领域的公益诉讼案件要结合不同行业的经营方式进行考察。本案上诉人在一审中提出“根据客户的需求才销售带有药粉的凉茶”的抗辩意见，应结合凉茶铺的售卖习惯与方式判断。凉茶由不同的中药组合熬制而成，不同种类的凉茶针对不同的病症，通常情况下，消费者会简单叙述自己身体不适的症状，凉茶铺经营者根据经验推荐凉茶种类。但凉茶不能等同于药物，经营者也不是医生，此种售卖模式与患者去医院就诊开药具有本质区别。消费者对自己不适症状的表述，如感冒、有炎症等，并不代表要求经营者随意添加治疗感冒、消炎的西药或其他药剂，申言之，消费者只是出于对凉茶药性的信赖，而不是对任意添加违法药剂、药粉的放任。

“民以食为先，食以安为先”，本案发生在“凉茶铺多过米铺”的广州地

区，自古以来，凉茶就是岭南人民不可或缺的饮品。2006年，凉茶被列入第一批国家级非物质文化遗产，凉茶行业是具有相当影响力的饮食行业。然而近年来，凉茶铺经营者偷掺药物、夸大宣传的报道屡见报端，本案适用惩罚性赔偿，发挥公益诉讼的最大价值，规范凉茶经营者在法治轨道内传承非物质文化遗产，不仅是对人民群众生命健康的最佳护航，也是对凉茶这张文化名片的最大保护。

在现有的法律体系下对社会新情况、新风险作出回应时，我们需注意到：条文不可能从一“出生”就完美契合已有的司法框架，做到法与法无缝衔接。正是司法实践者不断地探索、尝试，避免机械适用法律，发现适用中的程序痛点、堵点，完善配套制度或机制，法律体系才会不断走向成熟。

【相关法条】

《中华人民共和国食品安全法》第38条、第148条；

《最高人民法院关于审理食品药品纠纷案件适用法律若干问题的规定》第15条；

《最高人民法院关于审理消费民事公益诉讼案件适用法律若干问题的解释》第2条、第13条；

《最高人民法院、最高人民检察院关于检察公益诉讼案件适用法律若干问题的解释》第20条。

"双合同"中虚假装修合同应被认定无效

——广州某房地产开发公司与黄某健商品房预售合同纠纷案

刘贤君　眭　翘*

【裁判要旨】

近年来，在政府对房地产市场不断出台调控政策情形下，部分楼盘开发商利用"双合同"（买卖合同+装修合同）模式销售房屋引发纠纷。开发商主导购房者与装修公司签订的装修合同，并非合同双方当事人对房屋进行装修的真实意思表示。依照《民法总则》第146条的规定，签订装修合同是双方以虚假的意思表示实施的民事法律行为，故该装修合同应为无效。虚假的意思表示隐藏的是签订买卖合同的真实意思表示，所以以虚假的装修合同表现出来的行为后果应该由真实的买卖合同来承接，故案涉房屋实际交易价款应为买卖合同价款与装修价款之和。

【关键词】"双合同"　虚假意思表示　隐藏行为　限价政策

【案件索引】

一审：广东省广州市荔湾区人民法院（2018）粤0103民初2800号（2018年6月25日）；

二审：广东省广州市中级人民法院（2018）粤01民终15723号（2018年10月9日）。

---

*　刘贤君——广州市中级人民法院房地产审判庭副庭长，三级高级法官；眭翘：广州市中级人民法院房地产审判庭三级法官助理。

一审独任审判员：张艳；

二审合议庭成员：刘贤君、谭红玉、郑怀勇。

【基本案情】

黄某健向一审法院提起本案诉讼，请求判令：（1）广州某进房地产开发有限公司（以下简称某进公司）向黄某健支付逾期办证违约金（从2017年11月1日起计至房屋产权过户登记手续办妥之日止，以已付购房款总额1603785元为基数，参照中国人民银行规定的金融机构计收逾期贷款利息的标准计算）；（2）某进公司在判决生效30日内办妥案涉房屋的房地产权证给黄某健；（3）某进公司承担本案全部诉讼费用。事实和理由：2013年11月21日，某进公司与黄某健签订《商品房买卖合同》，约定黄某健向某进公司购买案涉房屋。合同签订后，黄某健向某进公司付清了全部房款。根据《商品房买卖合同》第10条、第14条以及补充协议第9条、第10条的约定，购房人逾期履行付款义务的违约金标准为每日按总房价款的0.05%计算，而出卖人逾期履行交房、办证义务的违约金标准则为每日按总房价款的0.003%—0.008%计算，明显违背公平原则，请求法院予以调整。某进公司逾期办证，应承担违约责任，向黄某健支付违约金至办妥房屋产权过户手续之日。

某进公司辩称：不同意调整逾期办证违约金标准：（1）《商品房预售合同》是双方通过充分了解并协商签订的，是双方的真实意思表示，没有违反法律、行政法规的强制性规定，其中就逾期办证违约金作出分阶段分标准的约定对双方具有约束力，应按合同履行。（2）本案双方已就逾期办证违约金作出明确约定，因此不能参照中国人民银行规定的金融机构计收逾期贷款利息的标准计算。（3）黄某健未就“约定的违约金低于造成的损失”这一事实进行举证，因此本案不存在适用请求人民法院增加逾期办证违约金的情形。（4）某进公司正尝试努力为黄某健办理案涉房屋的产权登记，但由于产权登记需要业主提供相关办证资料，若业主不积极配合，将影响房产证的办理，故对逾期办证的后果应由谁承担，就目前事实与证据均无法确认，逾期办证违约金应计至本案判决生效之日止为宜，此后的逾期办证违约责任，可另案处理。

法院经审理查明：某进公司与购房人签订了《广州市商品房买卖合同（预售）》，合同约定房屋是装修交付。同时，购房人与案外人广东某大建筑安装工程有限公司（以下简称某大公司）签订《装饰工程委托协议书》。上述两份合同签订后，购房人支付了装修款和房价款，某大公司与某进公司分别开具了发票。后因某进公司逾期办证产生纠纷，购房人起诉要求支付逾期办证违约金等。购房人在一审未提供《装饰工程委托协议书》，二审时提供。购房人述称装饰工程委托协议书是在售楼部签订的，签完后由某进公司带回盖上某大公司公章。某进公司虽不予确认，但并未明确否认。至于装修款项，购房人称是支付到某进公司的账户。

【裁判结果】

广东省广州市荔湾区人民法院于 2018 年 6 月 25 日作出判决如下：一、自本判决发生法律效力之日起 30 日内，某进公司为黄某健办理案涉房屋的不动产权证并交付给黄某健。二、自本判决发生法律效力之日起 30 日内，某进公司向黄某健支付逾期办证违约金，以房屋价款 1320980 元为基数，参照中国人民银行制定的同期同类贷款基准利率上浮 40% 的标准，从 2017 年 11 月 1 日计至本判决发生法律效力之日止，违约金总额以本金为限。三、驳回黄某健的其他诉讼请求。

宣判后，黄某健提出上诉。广东省广州市中级人民法院于 2018 年 10 月 9 日作出（2018）粤 01 民终 15723 号民事判决，认定案涉装修合同无效，房屋交易价款为买卖合同价款与装修价款的总和。判令：一、维持一审判决第一项；二、变更一审判决第二项为：自本判决发生法律效力之日起 30 日内，广州某进房地产开发有限公司向黄某健支付逾期办证违约金（以房屋价款 1603785 元为基数，参照中国人民银行制定的同期同类贷款基准利率上浮 40% 的标准，从 2017 年 11 月 1 日计至房屋产权过户登记手续办妥之日止，违约金总额以本金为限）。

【裁判理由】

法院生效判决认为：黄某健在向某进公司购买案涉房屋时，签订了两份合同，一份是其与某进公司签订的《广州市商品房买卖合同（预售）》（以下简称买卖合同），另一份是其与某大公司签订的《装饰工程委托协议书》（以下简称装修合同），但黄某健称其签订装修合同时并无某大公司人员在场签约，而是在售楼部签约的，其签字后由某进公司带回盖上某大公司公章，对此事实某进公司虽未确认，但也未明确否认。结合商品房买卖中的现实情况和审判实践中的经验判断，采信黄某健的主张，本案装修合同实质为某进公司主导所签。

某进公司与黄某健签订的买卖合同除房屋交易价款外，其他内容是双方当事人的真实意思表示，未违反法律行政法规的强制性规定，应为合法有效。某进公司主导黄某健与某大公司签订的装修合同，并非合同双方当事人的真实意思表示。黄某健与某进公司签订的买卖合同中已经约定案涉房屋装修交付，可见，装修的义务主体应为某进公司，黄某健无须再行与他人就案涉房屋签订装修合同。某进公司主导黄某健与某大公司签订装修合同，约定装修款为 282805

元，实为将案涉房屋交易价款拆分为两部分，一部分为买卖合同价款 1320908 元，另一部分为装修价款 282805 元，有规避地方政府房地产调控限价政策、逃避税收的嫌疑，损害了社会公共利益。依照《民法总则》第 146 条“行为人与相对人以虚假的意思表示实施的民事法律行为无效。以虚假的意思表示隐藏的民事法律行为的效力，依照有关法律规定处理”的规定，黄某健与某大公司签订装修合同为虚假意思表示，并未真正履行，且有违法嫌疑，应为无效。但是，双方当事人隐藏的真实意思表示为案涉房屋实际交易价款为 1603785 元。因此，黄某健要求以房屋交易价款 1603785 元作为计算逾期办证违约金的基数，依法有据，应予支持。

按照双方当事人在买卖合同中的约定，某进公司至今未为黄某健办理产权证，构成违约，应当履行办证义务，并向黄某健支付逾期办证违约金。但双方当事人在合同中对双方违约责任的约定不平等，黄某健要求予以调整，一审法院参照中国人民银行制定的同期同类贷款基准利率上浮 40% 标准计付逾期办证违约金，并无不当。但是，本案房屋已经具备办证条件，按照买卖合同约定，违约金计付截止时间应为某进公司办妥案涉房屋产权证并交付给黄某健之日止。黄某健的诉讼请求要求计至房屋产权过户登记手续办妥之日止，属于其处分自身权利的行为，应予以照准。

【案例注解】

近年来，在政府对房地产市场不断出台调控政策情形下，部分楼盘开发商利用“双合同”（买卖合同 + 装修合同）模式销售房屋，严重影响了调控政策的实施效果，扰乱市场交易秩序，引发纠纷诉讼。开发商与购房者为了实现买卖房屋的目的而通谋所为虚假意思表示，签订“双合同”。我国《民法典》第 146 条对“通谋虚伪”行为的处理进行了规定，即“行为人与相对人以虚假的意思表示实施的民事法律行为无效。以虚假的意思表示隐藏的民事法律行为的效力，依照有关法律规定处理”。同时，开发商将案涉房屋交易价款拆分为两部分，一部分为买卖合同价款，另一部分为装修价款，有规避地方政府房地产调控限价政策、逃避税收的嫌疑，损害了社会公共利益。因此，对于虚假的装修合同应被认定为无效，而隐藏的真实的买卖合同则依照相关法律规定进行处理。本案认定装修合同无效，是希望通过利用司法审判职能作用，从法律评判上作出一个价值导向，来引导开发商和购房者遵守政策法规，依法依规从事房地产交易，以促进房地产市场健康稳定发展。

一、是否构成“通谋虚伪”——通谋虚伪意思表示的构成要件分析

通谋虚伪表示是《德国民法典》创设的概念，1896 年《德国民法典》第

117 条规定："须向他人做出的意思表示，系与相对人通谋而只是虚伪地做出的，无效。因虚伪行为，致另一法律行为隐藏的，适用关于该隐藏的法律行为的规定。"[1] 从文义分析，"通谋"，首先，主体应是两人及以上；其次，表意人与相对人之间必须有主观上的意思联络并达成合意。"虚伪"，即并非真意之表示、表意与真意不符。台湾学者王泽鉴认为，通谋虚伪表示的要件有三：一须有意思表示的存在，二须表示与真意不符，三须其非真意的表示与相对人通谋。[2] 笔者认为，构成通谋虚伪表示还须有虚伪故意。具体分析如下：

1. 意思表示的存在是民事法律行为构成的基本要件，表示与真意不符，是虚伪行为区别于意思表示一致的民事法律行为的要件。

2. 非真意表示一般分为两种情形：故意之意思与表示不一致的情形，称作虚伪表示；非故意之意思与表示不一致情形，称为错误表示，因此，通谋虚伪还应出于表意人之故意。

3. 表意人与相对人之间通过主观意思联络达成合意并形成通谋，应至少有一方通过积极的客观外在行为提出意思表示，另一方则可能是积极的回应，也可能是通过消极的默示行为予以配合。

4. 对于"隐藏行为"的明知，即表意人与相对人通谋时对于"隐藏行为"应当明知。从通谋虚伪表示的构成要件上来看，表意人与相对人之间是一种双向的虚伪意思联络，其真正希望发生的是隐藏的民事法律行为。因此，如果表意人或相对人中存在一方因重大过失而为虚伪表示的情形，也仅仅构成事实上的"秘密行为"而非法律意义上的"通谋"，而不适用《民法总则》第 146 条的规定。

5. "通谋"不同于《民法典》第 154 条规定的"恶意串通"，通谋虚伪表示之无效不以损害第三人为必备要件。

本案中，购房者为购买案涉房屋与开发商签订了《广州市商品房买卖合同(预售)》，合同约定了房屋买卖价款，装修交付。同时，购房者按照开发商的安排与某装修公司签订了《装饰工程委托协议书》，约定了装修价款。但从《装饰工程委托协议书》内容上看，双方当事人缺乏对相关装修条款的明确约定，没有约定各类装修对应的单价、面积、材料、品牌等，虽然约定了装修价款的总额，却没有关于金额如何构成的约定，异于日常的装修合同；此外，虽然《装饰工程委托协议书》形式上为委托装修合同关系，但从合同中关于小区统一装修方案条款，延期交房违约条款，生效、终止及解除情形条款等内容来看，该

---

1 《德国民法典》，陈卫佐译，法律出版社 2006 年版，第 36 – 37 页。

2 王泽鉴著：《民法总则》，北京大学出版社 2009 年版，第 285 页。

合同实质是对案涉房屋关于装修装饰方面的补充约定。因此,《装饰工程委托协议书》实际为《广州市商品房买卖合同(预售)》的补充。开发商为了规避政府的调控政策,实现利益最大化,采用“双合同”的模式销售房屋,具有明显的虚伪故意,并积极地采取行为主导购房者与某装修公司签订装修合同。购房者称其签订装修合同时并无装修公司人员在场,而是在售楼部签约,其签字后由开发商带回盖上装修公司公章。即购房者虽明知双方并非签订真实的装修合同,但仍在签订上述两份合同后,支付了房价款和装修款,其通过消极的默示行为予以配合,与开发商形成通谋。因此,本案的开发商与购房者之间构成通谋虚伪意思表示。

二、对“通谋虚伪行为”的效力评判

我国《民法典》第146条、第153条、第154条规定了民事法律行为无效的情形,法律行为评价为无效的情形大致有二:一是违背了当事人的真实意思表示,这充分体现了尊重当事人的意思自治和自由意志的民法理念。二是经立法者和裁判者进行价值判断和利益衡量后,对超出自由界限的法律行为进行否定性的评价,此种限制的最终落脚点为国家利益、社会公共利益以及他人合法权益。

通谋虚伪表示的效力属于绝对无效还是相对无效的问题,体现了不同的民法价值理念和取向,以及对善意第三人信赖利益保护的程度。我国《民法典》第146条从“伪装行为”和“隐藏行为”两个层面的法律关系进行分析,分两款规定了通谋虚伪行为的法律效力。

首先,关于伪装行为的效力。行为人与相对人以虚假的意思表示实施的民事法律行为,《民法典》规定为无效。“个人行为自由是作为民法基础的伦理人格主义的一个重要方面。人的本质要求人首先自己来设置其行为的目的,而非由他人来决定。因此,以伦理人格主义为准则的法律制度必须由个人的行为自由出发,只是为了共同体的利益才设置必要的界限”。[3]当事人的自由意志是民法公平正义的正当性基础,意思自治以意思表示真实为前提,若为虚假意思表示,显然有悖于当事人的真实意思,应被认定为无效。

其次,关于隐藏行为的效力。隐藏行为,是指被伪装行为所掩盖,代表表意人与相对人真实意思表示的行为,其效力应依照相关法律规定处理。该条款的规定是通谋虚伪表示相对无效的体现。相对无效的概念是适应社会经济发展、维护交易稳定的需要,以及为了保护善意当事人和第三人的正当利益发展而来。未将隐藏行为认定为绝对无效,可减少因契约无效所引发的各种负面影响,有

3 张金海:《意思表示的主观要素研究》,载《中国法学》2007年第1期。

利于效率价值、经济效益、自由意志的实现。隐藏行为根据具体情形，可呈现出有效、无效、效力待定、可撤销等多种法律状态。具体则依据《民法典》关于民事法律行为效力的规定进行处理。

本案中，购房者在向开发商购买案涉房屋时，签订了两份合同，一份是其与开发商签订的《广州市商品房买卖合同（预售）》，另一份是其与某装修公司签订的《装饰工程委托协议书》。购房者称其签订装修合同时并无某装修公司人员在场，而是在售楼部签约，其签字后由开发商带回盖上装修公司公章，对此事实开发商虽未确认，但也未明确否认。结合商品房买卖中的现实情况和审判实践中的经验判断，本案装修合同实质为开发商主导所签。开发商主导购房者与某装修公司签订的装修合同，并非合同双方当事人对房屋进行装修的真实意思表示。签订装修合同是双方以虚假的意思表示实施的民事法律行为，故该装修合同应被认定为无效。虚假的意思表示隐藏的是签订买卖合同的真实意思表示，该签订买卖合同的行为未违反效力性强制性规范，也未损害他人合法权益，应为合法有效。因此，以虚假的装修合同表现出来的行为后果应该由真实的买卖合同来承接，基于装修合同所产生的款项应归入买卖合同中。

三、非正式法源的国家政策在本案处理中的适用

国家政策在2017年《民法总则》施行后不再作为正式的法律渊源，但笔者认为，其仍可以作为裁判说理的依据。国家政策对法律具有一定的指导作用，是填补法律漏洞、协调法律规则内部矛盾的重要手段。同时，在司法裁判中，国家政策可以起到衡平的作用。衡平不能取代法律，但可以补充法律，从而成为司法正义的重要一面。作出合情合法的裁决是每一个法官的追求，是其对公平、正义普世理念的追求。不过，对国家政策的适用应控制在合理的限度，需考虑政策本身的合法性、适用的合法性，是否有违公序良俗等。

本案产生的背景是在政府对房地产市场不断出台调控政策下，2017年8月，广州市政府发布《关于严格落实房地产调控部署全面加强市场管理的通知》，要求进一步强化商品房价格监管，对房地产项目预售、销售定价不合理的，要坚决予以调整，对不接受政府价格指导的项目，一律不办理网签、不予核发预售许可证。2018年10月19日，广州市住房和城乡建设委员会发布《关于我市进一步规范房地产市场管理的说明》明确指出，市、区住建部门在保持我市调控力度不放松、保持成交价格稳定运行的前提下，对新建商品住房预售和网签价格指导机制进行优化，严禁开发企业拆分价格报备。广州市人民政府对房屋买卖的有关限购政策，其效力来源于《国务院关于坚决遏制部分城市房屋过快上涨的通知》（国发〔2010〕10号）的授权决定。目的是调控房地产交易行为，促进房地产市场健康稳定发展，符合整个国家和人民的共同利益。本案中，开

发商为规避政府的调控政策，实现利益最大化，利用“双合同”模式销售房屋，将案涉房屋交易价款拆分为两部分，有规避地方政府房地产调控限价政策、逃避税收的嫌疑，损害了社会公共利益。本案开发商违反了国家限价政策，是认定装修合同无效的一个裁判和说理依据，也是本案处理的重要考量因素。

【相关法条】

《中华人民共和国民法总则》第146条；
《中华人民共和国合同法》第60条；
《中华人民共和国民法典》第146条、第153条、第154条。

当事人拒绝法院释明、法院怠于释明或释明不当应如何处理

——上诉人广州某房地产公司与被上诉人陈某玲、钟某荣装饰装修合同纠纷案

茹艳飞　杨佩霞*

【裁判要旨】

诉讼过程中，当事人主张的法律关系的性质或者民事行为的效力与人民法院根据案件事实作出的认定不一致的，人民法院应作柔性释明，告知当事人可以变更诉讼请求，如果当事人拒绝，仍坚持原来诉讼请求的，基于尊重当事人的处分权和辩论权考虑，防止构成“突袭性裁判”，法院应从程序上裁定驳回起诉。如果法院怠于释明而径行对原告未予主张的内容予以裁判，属于《最高人民法院关于适用〈中华人民共和国民事诉讼法〉的解释》第325条第4项规定的违法剥夺当事人辩论权利的情形，应当发回重审。如果一审释明不当，二审法院可以直接向当事人释明，如果当事人同意变更诉讼请求且双方同意二审法院审理的，可以参照《最高人民法院关于适用〈中华人民共和国民事诉讼法〉的解释》第328条的规定进行审理；如果当事人不同意变更诉讼请求或者对方当事人不同意由二审法院进行审理的，应发回重审。

【关键词】拒绝法院释明　怠于释明　释明不当

---

* 茹艳飞——广州市中级人民法院四级高级法官；杨佩霞——广州市珠海区中级人民法院二级法官。

【案件索引】

一审：广东省广州市从化区人民法院（2018）粤0117民初2660号民事判决书（2018年11月15日）；

二审：广东省广州市中级人民法院（2019）粤01民终2472号民事裁定书（2019年4月19日）。

一审合议庭成员：薛志军、黎丽娟、黄丽民；

二审合议庭成员：茹艳飞、丁阳开、刘欢。

【基本案情】

广州市银某士房地产有限公司向一审法院起诉请求：（1）陈某玲、钟某荣支付第二期装修款308560元给广州市银某士房地产有限公司；（2）陈某玲、钟某荣支付第二期装修款的违约金（违约金以第二期装修款308560元为本金，按照日息万分之五的标准，从2018年6月23日计算至实际付清之日止）；（3）本案的诉讼费由陈某玲、钟某荣负担。

一审法院认定的事实：2017年9月23日，广州市银某士房地产有限公司与陈某玲、钟某荣签订《广州市商品房买卖合同（预售）》（以下简称《合同》）一份，约定陈某玲、钟某荣购买由广州市银某士房地产有限公司开发的位于广州市从化区街口街广从北路1098号广物荔山雅筑项目房屋，建筑面积为119.82平方米，总房价为1025899元。《合同》第8条“付款方式”约定，陈某玲、钟某荣以按揭贷款方式付款，首期款自合同签订之日起5日内支付全部房价款的30.79%，金额为315874元，剩余房款710025元须于2017年9月23日前申请银行按揭手续，并按照按揭方式付款。《合同》第10条约定，如陈某玲、钟某荣未能按《合同》第8条约定的期限将首期款支付至预售款监控账号，广州市银某士房地产有限公司有权要求陈某玲、钟某荣每日按未支付首期房价款的0.05%的标准支付违约金。《合同》第13条约定，广州市银某士房地产有限公司应在2019年1月31日前将涉案房屋交付给陈某玲、钟某荣使用。《合同》第14条约定，广州市银某士房地产有限公司未能按照合同的约定交付房屋的，从合同约定的交房日期的次日起计算至实际交房之日止，按照日万分之五的标准支付违约金。另，合同附件七《补充协议》约定，广州市银某士房地产有限公司支付的总违约金不超过陈某玲、钟某荣已付购房款的5%。《合同》第23条约定，广州市银某士房地产有限公司交付使用的商品房的装饰、设备标准应符合双方约定的标准，达不到约定标准的，陈某玲、钟某荣应在收楼当日如对室内的装饰、设备提出异议，由广州市银某士房地产有限公司按双方约定的标准进行维修或支付差价，但陈某玲、钟某荣不得借此拒绝收楼。

在上述商品房买卖合同签订当日，陈某玲、钟某荣作为委托方与广州市银某士房地产有限公司作为承接方签订了《委托装修合同》及附件一至附件三。《委托装修合同》约定，陈某玲、钟某荣委托广州市银某士房地产有限公司以包工包料、包设计、包改造、包清运等方式承接涉案房屋的室内装修，并一致确认广州市银某士房地产有限公司按本合同附件一《房屋平面图》和附件二《装修、设备内容及标准》对房屋进行装修装饰。《委托装修合同》第2条约定，陈某玲、钟某荣于2018年12月31日将涉案房屋钥匙委托物管公司进行管理，广州市银某士房地产有限公司和广州市银某士房地产有限公司选定的施工单位进场施工，并应于2019年1月31日前施工完毕。《委托装修合同》第3条约定，涉案房屋的装修总价款为771401元，已包含本合同约定装修内容的所有费用。双方一致同意陈某玲、钟某荣以如下方式付款：第一期装修款于2017年12月25日前支付委托装修总价的30%即231420元，第二期装修款于2018年6月23日前支付委托装修总价的40%即308560元，第三期装修款于2018年12月20日前支付委托装修总价的30%即231420元。《委托装修合同》第10条约定，陈某玲、钟某荣逾期付款的，每逾期一日，按委托装修总价的万分之五向广州市银某士房地产有限公司支付违约金。

又查，《委托装修合同》签订后，广州市银某士房地产有限公司于2018年7月11日，向从化区人民法院提起诉讼，请求判令陈某玲、钟某荣支付第二期装修款及相应的违约金，从化区人民法院于当日予以立案受理。

【裁判结果】

广东省广州市从化区人民法院于2018年11月15日作出（2018）粤0117民初2660号民事判决：一、被告陈某玲、钟某荣自本判决发生法律效力之日起10日内支付尚欠原告广州市银某士房地产有限公司的款项308560元；二、被告陈某玲、钟某荣自本判决发生法律效力之日起10日内支付原告广州市银某士房地产有限公司尚欠款项的利息（以尚欠款项308560为本金，按照中国人民银行公布的同期同类贷款基准利率，从2018年6月24日起计算至被告陈某玲、钟某荣实际付清之日止）；三、驳回原告广州市银某士房地产有限公司的其他诉讼请求。案件受理费11514元，由原告广州市银某士房地产有限公司负担5447元，被告陈某玲、钟某荣负担6067元。

判后，广州市银某士房地产有限公司不服一审判决，提起上诉。广州市中级人民法院于2019年4月19日作出（2019）粤01民终2472号民事裁定书：

一、撤销广东省广州市从化区人民法院（2018）粤0117民初2660号民事判决；二、发回广东省广州市从化区人民法院重审。

【裁判理由】

二审法院认为，广州市银某士房地产有限公司在一审时基于《委托装修合同》有效提起要求陈某玲、钟某荣支付装修款及违约金的诉讼，一审法院在诉讼过程中认定上述合同无效，该认定与当事人主张的民事行为的效力并不一致。根据2001年《最高人民法院关于民事诉讼证据的若干规定》第35条第1款的规定，诉讼过程中，当事人主张的法律关系的性质或者民事行为的效力与人民法院根据案件事实作出的认定不一致的，人民法院应当告知当事人可以变更诉讼请求，但一审法院并未向广州市银某士房地产有限公司释明可变更诉讼请求，而是径行对广州市银某士房地产有限公司未主张的法律关系予以裁判，既代替行使了广州市银某士房地产有限公司的起诉权利，又剥夺了陈某玲、钟某荣的抗辩权利，违反了人民法院审理民事案件的法定程序，故应发回重审。

【案例注解】

2019年修订的《最高人民法院关于民事诉讼证据的若干规定》（以下简称2019年《证据规定》）第53条对2001年制定的《最高人民法院关于民事诉讼证据的若干规定》（以下简称2001年《证据规定》）第35条的内容作出了重大修改。在2019年《证据规定》中，当事人主张的法律关系性质或者民事行为效力与人民法院根据案件事实作出的认定不一致时，法院不再负有释明的强制义务，不再刚性地要求当事人变更诉请，但为提高诉讼效率和实现纠纷一次性解决的目标，法院仍应承担一定的柔性释明义务，告知当事人可以变更诉请，并由当事人自行行使是否变更诉请的处分权。法官行使释明权，可以弥补当事人因诉讼技能不足而导致处分权行使不当的缺陷，亦可以避免增加当事人另诉的诉讼成本，全面践行司法为民宗旨。2019年《证据规定》虽然规定了柔性释明权的雏形，但并未规定以下两个层面的内容：一是如果法院行使释明权，告知当事人可以变更诉讼请求，而当事人拒绝变更，法院该如何处理？二是如果一审法院怠于行使释明权或者释明不当，二审或再审法院该如何纠错？

一、当事人拒绝释明不变更诉讼请求，法院应如何处理

（一）司法实践中的三种处理方式

法院行使柔性释明权后，如果当事人拒绝变更诉讼请求，因为法无明文规定，导致实践中出现了以下三种处理方式：

1. 驳回起诉。例如，在北京新某实经济发展有限责任公司、海南某实（集团）有限公司与华润某地（北京）股份有限公司（以下简称华某公司）房地产项目权益纠纷案中，最高人民法院认为根据2001年《证据规定》，经一审法院告知后，华某公司仍未变更诉讼请求，由于华某公司主张的法律关系性质与一审法院根据案件事实认定的不一致，一审法院不应作出实体判决，而应驳回华某公司的起诉。[1]

2. 驳回诉讼请求。例如，在广某公司与伊某公司建设工程施工合同纠纷案中，最高人民法院认为一审法院在审理期间已经告知广某公司其诉讼请求的依据不当，应予变更，但广某公司不予变更，根据2001年《证据规定》第2条第2款的规定，广某公司未举证证明其诉讼请求成立应承担诉讼风险，故一审法院判决驳回其诉讼请求适当。[2]

3. 按照法院认定的事实继续审理。例如，在前述北京新某实经济发展有限责任公司、海南某实（集团）有限公司与华润某地（北京）股份有限公司房地产项目权益纠纷一案中，一审法院在告知华某公司变更诉讼请求而华某公司不予变更的情况下仍然作出了实体判决。[3]

（二）本文的观点

笔者赞同第一种处理方式，即在法院告知当事人变更诉讼请求，而当事人不予变更的情况下，法院应裁定驳回起诉。因为如果直接判决驳回诉讼请求，一方面可能给当事人带来“一事不再理”的风险，导致当事人的实体权利无法得到救济；另一方面也可能导致同一事实出现两份截然不同的实体判决，从而影响司法权威。而如果是按照法院认定的事实继续审理，也违背了“不告不理”的基本诉讼原则，且法院认定的事实未经原、被告攻防论辩，侵害了原告的处分权和被告的辩论权。

故此，笔者认为针对此类型案件，应从程序上裁定驳回起诉为宜，理由有二：其一，尊重当事人的处分权。法官有释明的柔性义务，但是否接受释明则属于当事人自由处分诉讼权利的范畴，法院不能仅仅因为当事人不接受释明而判令其承担不利的后果。其二，当事人的起诉不符合起诉条件。当事人如果不变更诉讼请求，可视为在新的法律关系和民事行为效力的框架下没有具体的诉

1　参见最高人民法院（2004）民一终字第107号民事裁定书，载《最高人民法院公报》2006年第8期。

2　参见最高人民法院民事审判第一庭编著：《最高人民法院建设工程施工合同司法解释的理解与适用》，人民法院出版社2004年版，第631－635页。

3　参见最高人民法院（2004）民一终字第107号民事裁定书，载《最高人民法院公报》2006年第8期。

讼请求和事实理由，抑或提起诉讼的当事人已与本案无法律上的利害关系，不符合《民事诉讼法》第119条所规定的起诉条件，故应驳回起诉。[4]

二、法院怠于释明或释明不当，应如何处理

笔者认为，法院在当事人未变更诉讼请求的情形下，径行对原告未予主张的内容予以裁判，既代替原告行使了起诉权利，又剥夺了当事人在新的民事行为的效力或民事法律关系的条件下进行辩论的权利，导致审非所诉，判非所请，构成了“突袭性裁判[5]”，违反了《最高人民法院关于适用〈中华人民共和国民事诉讼法〉的解释》第325条第4项的规定，属于违反法定程序的情形，故应当发回重审。

释明不当是指当事人按照法院释明变更了诉讼请求，一审法院亦按照释明的诉讼请求作出了判决，但二审与一审对于法律关系的性质或民事行为的效力认定不一致。笔者认为，针对一审法院释明不当的情形，二审法院可以直接向当事人释明，如当事人同意变更诉讼请求且双方同意二审法院审理的，可以参照《最高人民法院关于适用〈中华人民共和国民事诉讼法〉的解释》第328条的规定进行审理；如果当事人不同意变更诉讼请求或者对方当事人不同意由二审法院进行审理的，应发回重审，因为在这种情形中，虽然当事人在一审提出的法律关系性质或民事行为效力与二审认定一致，但一审法院审理和当事人围绕着辩论的却是当事人变更后的诉讼请求，如果二审法院不发回重审而直接进行实体处理，同样剥夺了双方当事人的辩论权，亦存在一审终审的风险。

【相关法条】

《最高人民法院关于民事诉讼证据的若干规定》第53条；

《中华人民共和国民事诉讼法》第119条；

《最高人民法院关于适用〈中华人民共和国民事诉讼法〉的解释》第325条、第328条。

4　也有专家认为若当事人不变更诉讼请求，则属于原告起诉的双方当事人之间的法律关系不正确或者不存在，即诉讼主体被告有误，法院应当从程序上裁定驳回原告的起诉，以便使原告在明确法律关系后，重新起诉正确的被告。参见吴庆宝主编：《最高人民法院专家法官阐释民商裁判疑难问题》，人民法院出版社2007年版，第221页。

5　所谓突袭性裁判，是指法院在未能使当事人充分利用程序法所提供的攻击和防御机会的情形下所作出的裁判。参见吴庆宝、王松主编：《最高人民法院专家法官阐释民商裁判疑难问题·新民事诉讼法卷》，中国法制出版社，2013年版，第3页。

电信网络诈骗犯罪中犯罪集团的认定与主从犯的区分

——崔某明等22人电信网络诈骗案

庞美娟　谢韵静*

【裁判要旨】

电信网络诈骗犯罪大多为集团犯罪，呈现出有组织化、专业化、产业化的特征。犯罪集团的认定与主、从犯的区分，是该罪司法审判中的焦点和难点问题。第一，关于犯罪集团的认定，“犯罪组织的相对固定性”特征是区别犯罪集团与一般共同犯罪的关键，应重点审查犯罪分子间是否形成了较为严密的组织结构与运作方式。第二，关于主、从犯的区分，应按照电信网络诈骗犯罪成员的角色进行类型化分析。

【关键词】电信网络诈骗犯罪　犯罪集团　主犯　从犯

【案件索引】

一审：广东省广州市黄埔区人民法院（2017）粤0112刑初908号（2018年8月31日）；

二审：广东省广州市中级人民法院（2018）粤01刑终1976号（2019年4月22日）。

一审合议庭成员：张茵、卢天勇、丁树祥；

---

* 庞美娟——广州市中级人民法院刑二庭四级高级法官；谢韵静——广州市中级人民法院刑二庭法官助理。

二审合议庭成员：庞美娟、李晓刚、徐建军。

【基本案情】

广东省广州市黄埔区人民检察院指控：自2016年6月中旬起，我国台湾地区男子“达哥”（另案处理）先后纠集被告人迟某廷等组成25人（部分人员另案处理）的电信诈骗犯罪集团，在亚美尼亚共和国首都埃里温市设立诈骗窝点，对大陆居民实施电信诈骗活动。2016年7月至8月19日，该犯罪集团共成功实施19宗诈骗犯罪，共骗得人民币1244417元。

被告人崔某明对公诉机关指控其犯诈骗罪无异议，但辩称其不是管理窝点的负责人、不是主犯。其辩护人提出以下辩护意见：（1）对公诉机关指控的罪名不持异议。（2）本案不是集团犯罪，应为一般的共同犯罪。各被告人不是有预谋、有计划地实施诈骗犯罪，涉案犯罪团伙是临时的、松散的。（3）被告人崔某明是从犯，其不是组织者、策划者，只是一名三线人员，“达哥”才是主犯等辩护意见。

大多数被告人辩称该涉案团伙不是犯罪集团，崔某明、迟某廷等6名被告人辩称其不是主犯，其余部分被告人辩称其是从犯。

法院经审理查明：2016年6月中旬起，我国台湾地区男子“达哥”（另案处理）先后纠集被告人迟某廷、崔某明等人组成电信诈骗犯罪集团，在亚美尼亚共和国（以下简称亚美尼亚）首都埃里温市设立诈骗窝点，对大陆居民实施电信诈骗活动。该犯罪集团组织严密、分工明确、公司化运作。在诈骗形式上，该犯罪集团首先由一线成员冒充被害人所在地中国移动公司客服人员或通讯监管局工作人员，拨打被害人电话（或是向被害人发送事先制作的语音包，待被害人回拨后，由一线人员接听），谎称被害人个人信息泄露，被他人利用从事洗钱或诈骗等违法犯罪活动，建议报警处理；二线成员则假扮大陆公安人员接受被害人报警，制作电话报警笔录，并称被害人涉嫌洗钱或诈骗犯罪，若要洗脱嫌疑，需转由检察官处理（部分案件中二线人员取得被害人信任后，直接套取被害人的银行资金情况，要求对被害人进行资金清查以排除作案嫌疑，诱使被害人转账或汇款至所谓的“安全账户”）；三线成员则假扮处理案件的检察官等对被害人继续实施诈骗，要求被害人将资金转至“安全账户”进行资金清查。待被害人将资金转账或汇款至“安全账户”后，上述被告人则迅速通知相关人员取款或转账，将被害人资金占为己有。在诈骗分工上，被告人崔某明系该窝点的负责人，负责日常管理和人员培训、工作分配、总结开会等；被告人迟某廷系该窝点的采买和“键盘手”，负责租赁窝点房屋、接送新入职人员、提供被害人信息资料、外出采购生活用品、网络维护及向“达哥”汇报诈骗情况等；

被告人陈某栋协助被告人崔某明进行管理；被告人陈某维负责一线人员的培训及部分管理工作；被告人许某娟系该窝点的厨师，负责诈骗人员的日常饮食；被告人方某霞、彭某市等担任一线人员；被告人陈某栋、范某慈等担任二线人员；被告人崔某明、赖某鑫、谢某兴担任三线人员。在日常管理上，该犯罪集团严格按照北京时间作息、工作，统一提供往返机票、食宿，固定薪酬。其中，一线人员底薪每月人民币5000元并按诈骗成功数额的5%获取提成，二线、三线人员按照诈骗成功数额的8%获取提成。2016年7月至8月19日，该犯罪集团成功实施诈骗19宗，共骗得人民币1244416元。

【裁判结果】

广东省广州市黄埔区人民法院于2018年8月31日作出（2017）粤0112刑初908号刑事判决：认定被告人崔某明等6名被告人为主犯，以诈骗罪分别判处有期徒刑七年至十一年不等，并处罚金人民币7万元至12万元不等。认定其他16名被告人为从犯，以诈骗罪判处有期徒刑三年至五年不等，并处罚金人民币1万元至3万元不等。一审宣判后，被告人崔某明等6名主犯以及14名从犯提出上诉。广东省广州市中级人民法院于2019年4月22日作出（2018）粤01刑终1976号刑事裁定：驳回上诉，维持原判。

【裁判理由】

法院生效裁判认为：

1. 关于犯罪集团的认定。经查，本案22名被告人及同案人为实施电信网络诈骗犯罪有组织地携带作案工具前往亚美尼亚设立诈骗窝点，实行公司化管理，制定规章制度，统一安排食宿，统一提供作案工具、作案经费，各被告人分工配合并通过培训、开会学习总结诈骗经验，行为间相互支持、相互融合，形成了较为固定的犯罪组织，且诈骗数额特别巨大，被害人数较多、遍及全国，对社会造成极其严重的危害，该犯罪团伙依法应当认定为犯罪集团。各被告人为共同实施诈骗犯罪，参与犯罪集团，并分工合作、互相配合，均应对参与期间该犯罪集团实施的全部诈骗行为承担刑事责任，其中被告人崔某明、迟某廷、赖某鑫、陈某栋等涉及的犯罪数额为人民币1244416元，被告人陈某维涉及的犯罪数额为人民币1239816元，被告人吴某新等涉及的犯罪数额为人民币644285元。故辩护人提出涉案团伙不是犯罪集团、各被告人应对各自直接实施的诈骗数额承担责任的相关辩护意见，本院不予采纳。

2. 关于主、从犯的认定。经查，被告人崔某明受“达哥”指使组织涉案人员实施具体电信诈骗行为，负责窝点的全面工作，在犯罪集团中起组织、管理作用；被告人迟某廷受“达哥”指使负责诈骗窝点的设立筹备工作、协助被告人崔某明管理窝点、参与人员培训、提供诈骗对象的身份信息、提供后勤保障等，系积极参加者；被告人赖某鑫充当二线和三线人员，对成功实施诈骗犯罪起关键作用，系积极参加者；被告人陈某维充当二线人员，并负责一线人员的培训及部分管理工作，系积极参加者；被告人陈某栋充当二线人员，并协助被告人崔某明负责部分管理工作，系积极参加者；被告人谢某兴充当二线和三线人员，参与组织培训、担任第一批大陆人员的领队、纠集部分同批人员，系积极参加者。上述6名被告人在共同犯罪中起主要作用，而非次要或辅助作用。故该6名被告人及相应辩护人提出从犯的辩解辩护意见，本院不予采纳。

本案其他被告人在犯罪集团中不具有组织、管理作用，仅根据被告人崔某明的安排，参与部分犯罪环节，在共同犯罪中起次要作用，依法应当认定为从犯。其中，被告人吴某新充当二线人员，担任第三批大陆人员的领队、纠集部分同批人员，在同批人员中所起作用相对较大。但其参与犯罪集团仅有几天时间，且尚未直接诈骗成功，在犯罪集团中的参与程度较轻，对犯罪结果的发生仅起次要作用，依法应当认定为从犯。故上述被告人及相应辩护人提出是从犯的辩解辩护意见，本院予以采纳。

崔某明等22人以非法占有为目的，组成犯罪集团，在境外冒充司法机关工作人员，针对不特定多数大陆居民实施电信网络诈骗，数额特别巨大，其行为均已构成诈骗罪。

【案例注解】

近年来，电信网络诈骗犯罪呈高发态势，严重侵害人民群众财产安全和合法权益，已成为当今影响社会治安的突出违法犯罪问题。本案的犯罪模式为电信网络诈骗犯罪的典型模式，在犯罪主体、组织运作、成员分工、作案手段、诈骗方式等方面均具有电信网络诈骗犯罪的一般特点。故可以据此探析犯罪集团的两大基础性问题，一是如何认定犯罪集团；二是如何根据各成员的作用区分犯罪集团中的主犯、从犯。

一、电信网络诈骗犯罪中犯罪集团的认定

关于犯罪集团的概念，《刑法》第26条第2款规定：“三人以上为共同实施犯罪而组成的较为固定的犯罪组织，是犯罪集团。”此外，《最高人民法院、最高人民检察院、公安部关于办理电信网络诈骗等刑事案件适用法律若干问题的意见》规定，“三人以上为实施电信网络诈骗犯罪而组成的较为固定的犯罪组织，应依法认定为诈骗犯罪集团”。由此可见，判断电信网络诈骗犯罪中的犯罪

组织是否属于犯罪集团，最关键的标准在于该犯罪组织是否具有“相对固定性”特征。相对固定性主要指成员比较稳定，不变动且内部存在领导与被领导的关系。[1]这是区别犯罪集团犯罪与一般共同犯罪的首要标志。如果三人以上只是为了实行某一具体犯罪，或者偶尔结合，进行犯罪活动后即行散伙的，则不能认为是犯罪集团。[2]

近年来，随着诈骗犯罪的不断升级，电信网络诈骗犯罪组织化程度越来越高，不仅涉案人员较多，而且具有递进式的层级体系，运作方式上也日趋成熟，从原来结构松散、手段低级的小团体发展成一个相互依存、相互合作的产业链，呈现产业化发展、企业化运作的趋势。犯罪组织主要由领导管理者、骗局设计者、话务员、转账取款员等组成，体现出领导阶层幕后化、参谋阶层智囊化及执行阶层雇佣化的特点，各个环节、岗位均由专人或专业团队负责，且各个环节之间既有联系又相互独立。此外，从近两年法院审理的大型电信网络诈骗犯罪案件来看，部分犯罪组织逐渐发展为“境内外勾结”的犯罪团伙，即在境外拨打电话、发送虚假信息，后由境内“取款人”负责取款，组织规模庞大，层级森严，分工精细，本案即“境内外勾结”冒充公检法部门实施诈骗的典型案例。

在本案中，22名被告人及同案人为实施电信网络诈骗犯罪有组织地携带作案工具前往亚美尼亚设立诈骗窝点，实行公司化管理，制定规章制度，统一安排食宿，统一提供作案工具、作案经费，各被告人分工配合并通过培训、开会学习总结诈骗经验，行为间相互支持、相互融合，形成了较为固定的犯罪组织，且诈骗数额特别巨大，被害人数较多、遍及全国，对社会造成极其严重的危害，该犯罪团伙依法应当认定为犯罪集团。

二、电信网络诈骗犯罪中主、从犯的认定

作为一种特殊的共同犯罪形式，电信网络诈骗犯罪中主犯和从犯的认定比一般共同犯罪更为复杂。认定犯罪集团中主、从犯时，应根据各成员在集团犯罪中的地位、作用、角色及分工不同进行界分。为了避免自由裁量权的任意扩张，本文针对电信网络诈骗犯罪的特点，根据各参与者的作用大小进行类型化分析。

电信诈骗集团具备完整的诈骗网络，大多数诈骗组织呈“金字塔”形态分布，最顶端的是领导层，下设诈骗人员招募层、电信网络服务维护层、诈骗实施层以及提款层。相应地，按照电信网络诈骗犯罪的常见角色分工，主要分为指挥者、募集者、培训者、接线员和取款员。指挥者负责诈骗组织的整体谋划和安排；募集者、培训者根据指挥者的指示招募接线员和安排取款员，并对招

---

1 苏惠渔主编：《刑法学》，中国政法大学出版社1997年版，第319页。

2 张军主编：《刑法（总则）及配套规定新释新解（上）》，人民法院出版社2017年版，第319页。

募人员进行培训；接线员在接受培训后分组拨打电话或发送短信，取款员在诈骗钱款到账后及时将赃款变现取出或转账。至此，整个电信网络诈骗集团目的达成。下文将分别论述电信网络诈骗犯罪组织中的这几个主要角色的定位。

（一）指挥者

《刑法》第26条第1款规定：“组织、领导犯罪集团进行犯罪活动的或者在共同犯罪中起主要作用的，是主犯。”同时，第97条规定：“本法所称首要分子，是指在犯罪集团或者聚众犯罪中起组织、策划、指挥作用的犯罪分子。”据此可知，犯罪集团中的主犯主要有以下两类：一是在犯罪集团中起组织、策划、指挥作用的首要分子，二是在犯罪集团中起主要作用的其他主犯。电信网络诈骗犯罪的指挥者是负责组织、策划、指挥的犯罪分子，在集团犯罪中即为犯罪集团的首要分子。作为犯罪组织的核心和关键，指挥者对整个犯罪集团具有决定力和支配力，对犯罪集团的产生、发展和存续起着无可替代的作用。具体表现为组建并领导犯罪团伙、设立并管理诈骗窝点、主持制订诈骗行动计划、指挥其他成员实施具体诈骗行为，有的还亲手实施具体诈骗行为。在本案中，被告人崔某明系该窝点的负责人，负责日常管理和人员培训、工作分配、总结开会等，在犯罪集团中起组织、管理作用，应被认定为主犯。

（二）募集者和培训者

电信网络诈骗的组织流程为，指挥者首先搭建诈骗窝点，然后通过募集者招募员工，其后安排培训者对不同分工的犯罪具体实施人员进行分类培训，诈骗组织由此成立。募集者专门负责在境内组织招募人员到境外实施电信诈骗犯罪，对犯罪组织的扩大起到积极推动作用，是导致境外电信诈骗犯罪日益猖獗的一个非常重要的原因。培训者作为技术人员专门负责培训传授诈骗技巧方法，对于具有手段隐秘、智能化程度高、技术性强的电信网络犯罪活动起到技术支撑的重要作用。倘若低层级的接线员或者其他从犯被抓，在募集者和培训者的帮助下，组织者仍旧能东山再起，一如既往地重新、快速地成立新的电信诈骗犯罪团伙。

对募集者、培训者的主、从犯认定不能一概而论，而应根据其在整个诈骗行为中的程度、所起作用等情况，具体问题具体分析。为了更好地区分上述两类人员的主、从犯地位，本文尝试作以下归类：

1. 对于参与程度较深并起关键作用的募集者、培训者，应当认定为主犯。这些人员往往是犯罪集团的骨干分子，是导致严重危害结果发生的直接原因和主要原因。对于募集者，若其在共同犯罪中积极性很高，教唆他人实施犯罪行为，引起犯意，扩大犯罪规模，极大地提高了犯罪行为的社会危害性，则应当被认定为共同犯罪中的主犯。例如，本案中的被告人谢某兴，其担任第一批大陆人员的领队、纠集部分同批人员，并充当二线和三线人员，在犯罪集团中起关键作用，应认定为主犯。对于培训者，如果其主动实施培训活动，使犯罪组织成员能够在短时间内掌握犯罪技巧，对于他人顺利实施犯罪起到极大的推动作用，甚至协助参与部分管理工作，则应被认定为主犯。例如，本案被告人迟某廷协助被告人崔某明管理窝点、参与人员培训等；被告人陈某维充当二线人员，并负责一线人员的培训及部分管理工作，均应认定为本案的主犯。

2. 对于符合下列情形的募集者、培训者，应当认定为从犯：第一，行为人在犯罪组织中所起的作用较小。如上文所述，如果行为人仅仅根据指挥者指使完成人员的招募、培训工作，在犯罪组织中未积极主动地实施犯罪行为，也未起到参与组织、策划、管理的核心作用，可以排除主犯的认定。第二，行为人加入犯罪组织的时间较短。对于刚刚加入诈骗组织实施诈骗、犯罪时间不长的被告人，考虑到其在犯罪组织中的参与程度较低，可以认定为从犯。例如，本案中的被告人吴某新，其充当二线人员，担任第三批大陆人员的领队、纠集部分同批人员，在同批人员中所起作用相对较大。但其参与犯罪集团仅有几天时间，且尚未直接诈骗成功，在犯罪集团中的参与程度较轻，对犯罪结果的发生仅起次要作用，依法应当认定为从犯。第三，加入犯罪组织的主观恶性较小。近年老乡式、家族式诈骗团伙发展较快，有的是老乡之间彼此拉拢推荐，以老带新传授犯罪方法，组成团伙作案。倘若行为人系通过网络招聘、老乡介绍、路人搭讪等方式进入诈骗组织，加入后靠核心人员预支费用生活，实施诈骗也是遵从核心人员的安排和管理，根据行为人参与原因反映其主观恶性较小，应作出从犯的认定。第四，行为人分得赃款数额较少。如果行为人获得的固定底薪不高、提成比例较低，甚至只得到少量的生活费，实际分得赃款总体上仅占诈骗总收益极小部分的，应当认定为诈骗罪的从犯。

（三）接线员

接线员是电信网络诈骗犯罪中最为常见的角色。主要任务是拨打电话、发送短信等，居于直接与被害人取得联系并诱导被害人受骗的必要环节。在诈骗分工越来越细致的情况下，犯罪团伙将接线员分为一、二、三线接线员，以便对被害人进行层层深入诱导。

在电信网络诈骗中，接线员通常应被认定为从犯。以本案为例，一、二、三线接线员分别主要冒充电信人员、公安人员、检察人员，一、二线接线员负责拨打被害人电话或接听被害人回拨的电话，为三线接线员完成诈骗行为创造条件。虽然各层面人员所实施的行为对于诈骗活动的成功都不可或缺，但都仅仅参与了犯罪活动中的部分行为，并未起到组织、策划、安排、管理的核心作用，既非犯意的发起者、整个诈骗犯罪行为的预谋者或主要负责人，也未在犯罪活动中造成直接的严重危害后果。此外，一般接线员往往处于金字塔的底层位置，固定底薪不高、提成比例较低，实际分得赃款仅占诈骗总收益的极小部分，故往往将其认定为从犯。例如，本案除了崔某明等6名被告人以外的其他被告人，在犯罪集团中不具有组织、管理作用，仅根据被告人崔某明的安排，参与部分犯罪环节，在共同犯罪中起次要作用，依法应当认定为从犯。

由于接线员人数众多，不可否认，也存在将接线员认定为主犯的例外情形。倘若行为人参加实施共同犯罪活动程度较深、对造成的危害后果起到直接和关键作用、分赃数额较大，则应当认定为主犯。例如，行为人主动、积极拨打电话和发送短信，所拨打电话和发送短信的数量远远大于其他接线员；行为人诈骗的成功率屡创新高，所获得的实际收益远高于其他人；有的行为人除了具体地实施犯罪以外，还协助参与犯罪团伙的管理，则应被认定为主犯。本案中，被告人陈某栋充当二线人员，并协助被告人崔某明负责部分管理工作；被告人赖某鑫充当二线和三线人员，对成功实施诈骗犯罪起关键作用。以上两名被告人均系电信网络诈骗犯罪的积极参加者，在共同犯罪中起主要作用，而非次要或辅助作用，故属于犯罪集团中起主要作用的其他主犯。

（四）取款员

对于取款员的罪名认定，司法实践中历来都是模糊不清的，目前主要有两种做法，一种认定为诈骗罪的共犯，另一种认定为掩饰、隐瞒犯罪所得罪。区分诈骗罪的共犯和掩饰、隐瞒犯罪所得罪的关键就在于认定取款员在实施犯罪行为时是否事前与诈骗团伙之间有通谋。对事前通谋的认定，可以从帮助取款人与诈骗团伙取得联系的时间及持续作案时间、参与程度等进行综合考察。鉴于本案不涉及对取款员的处理，故本文对其作用的认定不予详述。

综上所述，对电信网络诈骗犯罪成员的主要角色进行类型化分析后发现，对指挥者一般应认定为主犯；对募集者、培训者应根据其所起作用、参与时间、参与原因、主观恶性、分赃情况等综合判定，具体问题具体分析；对接线员通常应认定为从犯，对受雇参与犯罪的接线员通常应认定为从犯，唯其积极参与犯罪并起关键作用时才认定为主犯；对取款员则应根据有无事前通谋认定为诈骗罪共犯抑或犯掩饰、隐瞒犯罪所得罪。

【相关法条】

《中华人民共和国刑法》第25条、第26条、第27条、第97条、第266条；

《最高人民法院、最高人民检察院关于办理诈骗刑事案件具体应用法律若干问题的解释》第1条、第2条。

图书在版编目（CIP）数据

法治论坛．第60辑／广州市法学会编．—北京：
中国法制出版社，2020.12
ISBN 978－7－5216－1507－4

Ⅰ．①法…　Ⅱ．①广…　Ⅲ．①法学－丛刊　Ⅳ．①D90－55

中国版本图书馆CIP数据核字（2020）第246078号

责任编辑：王佩琳　秦智贤　　封面设计：周黎明

法治论坛·第60辑

FAZHI LUNTAN·DI-60 JI

编者/广州市法学会
经销/新华书店
印刷/三河市紫恒印装有限公司
开本/710毫米×1000毫米　16开　　印张/24.5　字数/403千字
版次/2020年12月第1版　　2020年12月第1次印刷

中国法制出版社出版
书号 ISBN 978－7－5216－1507－4　　定价：88.00元

北京西单横二条2号
邮政编码 100031　　传真：010－66031119
网址：http：//www.zgfzs.com　　**编辑部电话：010－66038139**
市场营销部电话：010－66033393　　**邮购部电话：010－66033288**

（如有印装质量问题，请与本社印务部联系调换。电话：010－66032926）

编辑部版权声明

《法治论坛》稿件要求和格式规范

一、稿件要求

1.《法治论坛》文章以质量过硬为刊用标准，来稿要求是原创作品，未在正式刊物公开发表。

2.《法治论坛》侧重以法律实践问题为切入点进行理论探讨，文章要求观点鲜明、论述缜密、论据充分、格式规范。

3. 所有来稿请在正文末尾附上作者简介（包括法律职称）、手机号码、通讯地址、邮政编码、电子邮箱，以便编辑及时联系作者。

4. 投稿请用电子邮件方式，邮件主题：×××（作者姓名）投稿。

5. 提倡文责自负，反对抄袭剽窃。本出版物已获中国知网授权使用“学术不端文献检测系统”，查重率30%以下符合刊用要求。

二、格式规范

投稿请使用本出版物格式规范。格式规范如下：

（一）正文要有内容提要和关键词；

（二）注解采用脚注形式，并用横线与正文隔开；序号左顶格，以数字1、2、3……标示，全文连续编排。引用的专著、引用杂志的文章和引用的网络文章均用书名号。例：

范愉著：《纠纷解决的理论与实践》，清华大学出版社2007年版，第565页。

姜大伟：《离婚冷静期：由经验到逻辑——〈民法典〉第1077条评析》，载《华侨大学学报（哲学社会科学版）》2020年第4期。

引用期刊文章不需注明页码。援引自学位论文集的文章用书名号，学位论文集无需书名号。引用时应当标明作者毕业的学术单位、年份和学位层级，引用论文特定部分的内容应当标明页码或者章节，例如：李小明：《准政府组织的行政法定位及其权利规制》，吉林大学2016年博士学位论文，第139页。

（三）法条使用阿拉伯数字表述，脚注、参考文献法条亦然。

例：参见《中华人民共和国民法典》第1207条。

（四）参考文献引用的文章和引用的专著用书名号，均不需注明页码。例：

王卫国著：《破产法》，人民法院出版社1999年版。

［英］施米托夫著：《国际贸易法文选》，赵秀文译，中国大百科全书出版社1993年版。

杨兴培：《论刑事和解制度在中国的命运选择》，载《法学杂志》2006年第6期。

（五）有纸质产品的情况下，不建议引用网站内容。如果引用网站内容，请标明网站名字和频道、网址、最后访问时间。例：王利明：《标准合同的若干问题》，载中国民商法律网民事法学频道，http：//www. civillaw. com. cn/weizhang/default. asp？id＝22250，最后访问于2017年1月26日。

（六）引用报纸要注明版面。例：胡云腾：《聚焦〈刑法修正案（十一）〉草案》，载《法制日报》2020年7月22日09版。

《法治论坛》2017年1月起入选南京大学CSSCI集刊目录，文章将同时被中国知网（www. cnki. net）署名转载，如不同意转载，请在投稿时作出声明。

编辑部地址：广州市越秀区小北路113号8楼广州市法学会

邮编：510046

咨询电话：020－83525279

投稿邮箱：gzfzlt@126. com（不区分大小写）